Re-trabalhando as classes no diálogo Norte-Sul

ELÍSIO ESTANQUE
AGNALDO DE SOUSA BARBOSA
FABRÍCIO MACIEL
(ORGS.)

RE-TRABALHANDO AS CLASSES NO DIÁLOGO NORTE-SUL

TRABALHO E DESIGUALDADES NO CAPITALISMO PÓS-COVID

1290
UNIVERSIDADE D COIMBRA

ces
Centre for Social Studies
University of Coimbra

editora unesp

Direitos de publicação reservados à:
Fundação Editora da Unesp (FEU)
Praça da Sé, 108
01001-900 – São Paulo – SP
Tel.: (0xx11) 3242-7171
Fax: (0xx11) 3242-7172
www.editoraunesp.com.br
www.livrariaunesp.com.br
atendimento.editora@unesp.br

Dados Internacionais de Catalogação na Publicação (CIP) de acordo com ISBD
Elaborado por Vagner Rodolfo da Silva – CRB-8/9410

T288 Re-trabalhando as classes no diálogo Norte-Sul: trabalho e desigualdade no capitalismo pós-covid / organizado por Elísio Estanque, Agnaldo de Sousa Barbosa, Fabrício Maciel. – São Paulo: Unesp, 2024.

Inclui bibliografia.
ISBN: 978-65-5711-224-3

1. Ciências sociais. 2. Trabalho. 3. Desigualdade. 4. Capitalismo. 5. Pós-covid. I. Estanque, Elísio. II. Barbosa, Agnaldo de Sousa. III. Maciel, Fabrício. IV. Título.

2023-3588 CDD 300
CDU 3

Editora afiliada:
Asociación de Editoriales Universitarias de América Latina y el Caribe
Associação Brasileira de Editoras Universitárias

Sumário

Introdução

Com a presente obra procuramos apresentar uma reflexão abrangente sobre as atuais dinâmicas de transformação do capitalismo contemporâneo. A diversidade de abordagens recobre um amplo conjunto de temas cujo ponto de convergência gira em torno das desigualdades sociais em suas diferentes categorias, incluindo a classe social, a questão racial, identidades de gênero e orientação sexual etc. Os impactos do recente ciclo de crises – a crise financeira, a pandemia de covid-19, a política internacional e a fragilização dos regimes democráticos – desafiam-nos a aprofundar o debate sociológico, a crítica à globalização e às atuais tendências do mundo laboral e da sociedade nos mais diversos continentes. Merecem especial destaque os efeitos de todas essas transformações – econômicas, sociais, culturais e políticas – na reorganização da estrutura de classes e das modalidades de ação coletiva. Se as velhas controvérsias sobre as classes sociais e a organização produtiva inspiraram os processos de institucionalização das ciências sociais e da sociologia na sua primeira fase, cremos que hoje, passados cerca de duzentos anos desse ciclo de "grandes transformações", é pertinente convocar um conjunto de acadêmicos de várias origens para apresentarem seus estudos e reflexões sobre as atuais tendências de mudança no mundo global do século XXI.

Considerando desde logo o berço do capitalismo moderno, a Europa Ocidental, é bom lembrar que, lado a lado com as inúmeras convulsões sociais, guerras e conflitos que marcaram as sociedades industriais durante mais de duzentos anos, do hemisfério Norte e do Sul Global, assistiu-se também a significativos desenvolvimentos e progressos sociais, por exemplo em matérias como a revolução tecnológica e digital, cujas repercussões incidem em todo o mundo. Porém, sendo o mundo tão desigual e assimétrico, as linhas de mudança desenham-se sob figurinos, sentidos e ritmos condicionados pelas assimetrias previamente estabelecidas. Mais recentemente, ao longo do último meio século, o surgimento da globalização neoliberal conduziu a uma crescente desregulação das economias com a consequente estagnação (ou recuo) das políticas sociais e o acentuar constante das desigualdades sociais, mesmo nos países da União Europeia, onde o Estado-providência mais avançou na segunda metade do século XX. E, ainda mais contemporaneamente, o contexto da pandemia de covid-19 contribuiu para exponenciar a aceleração do mundo e catalisar novas ameaças: por um lado, alertou-nos para os excessos da globalização neoliberal, para os riscos ambientais, a hegemonia do capital financeiro sobre a economia produtiva, o desgaste das democracias e o crescimento do populismo de extrema direita; por outro, tal cenário coloca-nos agora perante uma encruzilhada de desafios, com a transição digital e a desestruturação do anterior modelo laboral a exigirem novas respostas, em que a economia circular, o desenvolvimento sustentável e a reindustrialização ganham um novo significado. Importa saber, perante o referido cenário global, que novas linhas de mudança se desenham, qual o sentido da nova divisão internacional do trabalho e como se estruturam as novas barreiras de classe.

Uma das grandes tendências que vêm suscitando intensos debates nas últimas décadas merece atenção especial neste livro. Ela se vincula às crescentes assimetrias globais e à intensificação do desequilíbrio de poder herdado do passado. E esse passado, que está na gênese do capitalismo ocidental moderno, liga-se historicamente à questão colonial. Muito embora esta obra não seja especificamente sobre esse tema, parece-nos óbvia, perante o momento histórico que atravessa hoje o capitalismo global, a importância dessa matéria, desde logo pelas implicações que tem com a atual problemática das desigualdades sociais, necessariamente colocando em jogo novas dinâmicas e complexidades em suas diferentes modalidades, desde o problema da classe às novas divisões identitárias que estão desenhando novos movimentos e inspirando novos debates acadêmicos. Em tal contexto, a discussão em torno das desigualdades exige abordagens interseccionais nas quais a variável *classe* se conjuga com outras tais como o *gênero* e a *raça*. Por essa ordem de razões os debates centrados nas relações de trabalho, suas transformações e desafios sugerem um novo diálogo com as desigualdades raciais e de gênero e com os movimentos sociais subjacentes, como é o caso dos movimentos negro e feminista e suas contaminações recíprocas.

Ainda que o campo econômico e o sistema produtivo persistam como eixo central do crescimento econômico e da acumulação capitalista, as relações sociais de produção perderam centralidade – para boa parte da teoria social – na definição das divisões classistas e, sobretudo, da conflitualidade na era do neoliberalismo. Paralelamente, a *classe* como principal sujeito da mudança sociopolítica cedeu espaço diante da força crescente da chamada *política identitária*. Nesse sentido, as questões do pós-colonialismo, da violência e do preconceito racial, dos movimentos feministas, bem como das lutas LGBTQIA+ têm colocado em pauta novos questionamentos, seja dialogando com a classe, seja situando-se à margem da crítica sistêmica de inspiração marxista. Por outro lado, as temáticas ligadas ao mundo do trabalho e da *crítica social* também se deslocaram para uma dimensão mais culturalista e estética (no sentido da *crítica estética*, como apontaram Boltanski; Chiapello). Com efeito, a *classe* e as *relações sociais de produção* perderam capacidade explicativa e força política, enquanto o neoliberalismo global evidenciou um poder crescente do capital e um arrefecimento generalizado das classes trabalhadoras e do movimento sindical internacional. Mais recentemente, as novas divisões identitárias inspiraram novas correntes teóricas com crescente impacto nos debates acadêmicos e na sociedade.

É certo que a questão racial não é um tema novo na sociologia (Samir Amin, William E. Du Bois, Frantz Fanon, Immanuel Wallerstein, Loïc Wacquant, Achille Mbembe, dentre muitos outros, já tematizaram o problema). No contexto brasileiro, o mito do "racismo cordial" ou da "democracia racial" *à la* Gilberto Freyre foi desde cedo objeto de questionamento, nomeadamente sob influência de Florestan Fernandes (seguido por Octavio Ianni e vários outros). Mas até mesmo em Portugal esse estereótipo fez escola desde os tempos do salazarismo, em pleno período colonial – e isso apesar da proliferação de piadas racistas após o fim dessa guerra –, embora os casos e os debates pós-coloniais mais recentes tenham mostrado que o racismo estrutural permanece, lá como cá. No Brasil, o discurso populista-nacionalista, na primeira metade do século XX, e a narrativa da primazia da classe que vigorou a partir do início da década de 1960 (Guimarães, 2002), sob influência da aproximação cultural entre o Brasil e a África e do crescimento do movimento negro, abrindo caminho, por exemplo, em regiões como a Bahia, levaram a uma maior expressividade da "cultura afro-brasileira", que ajudou a confrontar o mito da miscigenação ou da cordialidade freyriana. A ideia de uma possível diluição do problema racial perante o aparente aumento dos antagonismos de classe ganhou expressão acompanhando o discurso antifascista (de meados do século passado), em que figuras como Bastide (1944), inspirado em Jorge Amado, pareciam olhar o curso da história no Brasil como uma evolução da matriz identitária negra, fundada no espiritualismo de influência africana, para uma confluência entre a "negritude" e o proletariado branco. Aos olhos de Jorge Amado, seguido por Bastide, o sindicalismo parecia ganhar influência junto da população, perante o aumento da luta de classes e a expectável "união dos proletários". Porém, tornou-se evidente que, ao lado de um alegado "Adeus ao proletariado", segundo a concepção de A. Gorz (1980), a classe trabalhadora, ao contrário de muitos diagnósticos, se fragmentou e enfraqueceu cada vez mais como sujeito político, parecendo render-se ao poder do capital sob a batuta da globalização neoliberal das últimas décadas.

Na verdade, as profundas transformações ocorridas nas últimas décadas alteraram radicalmente o mundo laboral, marcado cada vez mais por infinitas divisões e vulnerabilidades perante um mercantilismo agressivo que inventa cadeias de valor com base na multiplicação de capitais, nos títulos, nas ações das bolsas de valores e na especulação financeira. O capital a gerar capital tornou-se mais aliciante e auspicioso do que os projetos de investimento produtivo, enquanto a inovação no campo da informática e do universo digital ajudava a suprimir milhões de empregos, substituídos pelos novos equipamentos digitais, automatismos e plataformas geridas por algoritmos e *Big Data*. Daí a proliferação de novas desigualdades sociais, de novas subclasses, a criação de fraturas abissais e formas de dominação, entre incluídos e excluídos, ricos e pobres, homens e mulheres, o Norte e o Sul Global, brancos e negros etc. Em suma, as atuais divisões e desigualdades do mundo não substituem as antigas, antes se juntam a elas acrescentando novas assimetrias e aumentando a complexidade, a instabilidade e a aceleração da modernidade tardia em que vivemos (Rosa, 2022). Para além das velhas clivagens entre centro e periferia do sistema mundial, as oposições entre o Norte e o chamado Sul Global resultam de uma crescente conscientização da natureza complexa e do obscurecimento de formas profundas de desigualdade e preconceito que as ideologias dominantes esconderam durante séculos.

A dominação colonial e o pós-colonialismo impuseram todo um conjunto de narrativas que ajudaram a "naturalizar", esconder e calar as vítimas maiores de um sistema iníquo e desumano em muitas das suas vertentes. A dominação eurocêntrica encontrou legitimação tanto na ação de controle como na própria imposição de uma linguagem que ajudou a naturalizar a subalternidade do colonizado (Quijano, 2005; Mignolo, 2020; Robinson, 2023). Assim, o patriarcado ancestral conjugou-se com os regimes escravagistas para impor de forma brutal uma opressão e domínio que transportaram, e transportam, ao longo dos séculos, variadas formas de violência e silenciamento, de que as divisões de raça e gênero são exemplos, criando ao mesmo tempo um "véu" de obscurecimento e negação da condição negra (Du Bois, 2021 [1903]). Esse cancelamento do ser, essa inferiorização dos corpos negros de homens e mulheres – num movimento de disseminação ideológica que inculcou em suas mentes a naturalização da superioridade de uma raça sobre outra – levou as vítimas da branquitude colonial a sonhar tornarem-se brancos, como nos mostrou Frantz Fanon (2008 [1952]) mediante a fala dos seus doentes. Mas essa colonização da mente negra não impediu que crescessem os sentimentos e ressentimentos acumulados durante séculos, os quais persistiram após o fim oficial do colonialismo nas Américas e no Sul Global. Perante a emergência dos debates mais recentes, importa questionar os velhos cânones e divisões teóricas rígidas dentro das ciências sociais do Ocidente, em convergência com propostas de Michael Burawoy (2022), dentre outros. Há que se buscar inspiração nessas novas linguagens, mas sem abandonar o legado teórico dos antigos clássicos, ou seja, recentrar o diálogo entre autores, colocar as visões críticas do Norte a conversar com porta-vozes dos setores oprimidos do Hemisfério Sul, recuperando nas epistemologias do Sul o contraponto para a hegemonia eurocêntrica (Santos, 2017).

Como sabemos, as desigualdades e a violência de base racial foram historicamente incorporadas na própria lógica capitalista, em especial em países de capitalismo periférico, como é o caso do Brasil. O poder capitalista que opera em escala global, como bem argumenta Klaus Dörre (2022), exerce uma expropriação dos subalternos praticamente sem resistência. As velhas lutas do operariado industrial recuaram e foram substituídas por um sindicalismo de base corporativa nos setores ainda estáveis do mercado de trabalho. Em paralelo, o neoliberalismo foi promovendo subclasses abaixo do limiar da respeitabilidade social, perante a multiplicação e o desdobramento de novos e mais frágeis vínculos laborais, com as subcontratações, o tráfico ilegal de mão de obra, formas flexíveis de trabalho temporário, hoje em dia vinculadas à expansão do campo digital, dos *platform workers*, da *uberização* etc. O trabalho barato e por vezes escravizado – ainda que em muitos casos com qualificações escolares avançadas, como ocorre na Europa, mas também cada vez mais na América Latina – parece, no entanto, ser aceito sem resposta pelos trabalhadores e grupos sociais guetizados e esquecidos pelo sistema. A nova "classe-que-vive-do-trabalho", da qual fala Ricardo Antunes (2018), é alheia a quaisquer mecanismos de proteção ou sequer a alguma condição humanamente digna (Huws et al., 2017; Maciel, 2021), mas ainda assim parece impotente para voltar a agir enquanto ator coletivo (como nos tempos estudados por Karl Marx e Friedrich Engels), chame-se ele proletariado ou "precariado" (Standing, 2013). Porventura estes segmentos, precários e dispersos, se se deixarem influenciar por outros movimentos e grupos identitários (de tipo racial, étnicos, ambientais, de gênero ou orientação sexual), hoje em dia em muitos contextos mais vibrantes do que os sindicatos, poderão vir a instigar futuras ondas de rebelião de tipo polanyiano ou thompsoniano (Thompson, 1988; Braga, 2020), no entanto não é seguro que isso aconteça. E se acontecer, poderão abrir as portas, não do socialismo, mas talvez do retorno ao autoritarismo nacionalista e populista (Estanque, 2015). Na verdade, essas camadas sociais são constituídas por uma miríade quase ilimitada de condições precárias e indignas, como formas subcontratuais, informalidades, vítimas de tráfico de mão de obra, trabalho doméstico, nomadismo digital etc., sem esquecer ainda o pequeno empreendedor, o microempresário, ele próprio tantas vezes vivendo no limite da subsistência e da dignidade (Barbosa, 2012), o homem do quiosque que trabalha intensamente com a sua família para poder aguentar o seu pequeno negócio.

Os organizadores deste livro inserem-se numa rede de relações acadêmicas internacionais, integrando projetos e programas de cooperação e mobilidade que envolvem universidades e centros de pesquisa do Brasil (Unesp-Franca), de Portugal (Universidade de Coimbra) e da Alemanha (Universidade Friedrich-Schiller, em Jena). Essas ligações poderão constituir uma vantagem acrescida que nos coloca em posição privilegiada para promover esta iniciativa editorial, dando sequência aos protocolos multilaterais em vigor entre as referidas instituições.

Assim, programamos o nosso livro pensando em três domínios essenciais, articulados entre si, e que consideramos que se ajustam aos mencionados objetivos de internacionalização das ciências sociais, em sua interdisciplinaridade. Em termos temáticos consideramos: em *primeiro lugar (i)*, um domínio mais genérico e reflexivo sobre as nossas sociedades, em que as grandes linhas de reflexão se dão em torno da complexidade e dos ritmos de mudança no quadro do capitalismo global, mas com a preocupação de manter o diálogo Norte-Sul, suas interconexões e potenciais formas de cooperação (nomeadamente no contexto pós-pandemia); em *segundo lugar (ii)*, um enfoque centrado nas relações de trabalho e nos processos de desregulação, fragmentação e precariedade nos sistemas de emprego; e em *terceiro lugar (iii)*, uma linha mais direcionada aos processos recentes de reestruturação das classes (quer enquanto estruturas sociais objetivas, quer enquanto atores sociopolíticos) e em estreita ligação com os movimentos e contramovimentos (identitários, populistas, feministas, antirracistas, anti-homofóbicos etc.), no quadro do recente ciclo de neoliberalismo, da pandemia e das implicações socioeconômicas da atual guerra na Europa.

Agradecimentos

Os organizadores agradecem as instituições que propiciaram as condições adequadas ao trabalho científico e tornaram essa obra possível: Universidade de Coimbra, com especial destaque para o Centro de Estudos Sociais: Projetos V2WORK e LATWORK; Universidade Estadual Paulista – UNESP/Franca, com especial destaque para os Programas de Pós-Graduação em Planejamento e Análise de Políticas Públicas, Serviço Social e Direito; Universidade Federal da Bahia, com especial destaque para o Programa de Pós-Graduação em Ciências Sociais; Universidade Federal Fluminense; Fundação de Amparo à Pesquisa do Estado de São Paulo – FAPESP (Procs.: 2020/03409-0; 2018/09494-0); Conselho Nacional de Pesquisa Científica e Tecnológica – CNPq (Proc.: 436597/2018-7).

Referências bibliográficas

ANTUNES, R. (2018). *O privilégio da servidão*: o novo proletariado de serviço na era digital. São Paulo: Boitempo.

BARBOSA, A. de S. (2012). Empresários de "pés descalços": reflexões sobre a formação sociocultural do empresariado no polo industrial de Franca-SP. *Revista de Desenvolvimento Econômico*, Salvador, n.26, p.66-73, dez. 2012.

BASTIDE, R. (1944). Itinerário da democracia (I, II e II). *Diário de São Paulo*, mar. 1944, apud GUIMARÃES, A. S. (2002). *Classes, raças e democracia*. São Paulo: Editora 34.

BRAGA, R. (2020). A "Thompsonian" pattern of labour unrest? Social Movements and Rebellions in the Global South. *Mundos do Trabalho*, v.12, p.1-17.

BURAWOY, M. (2022). Walking on two Legs. Black Marxism and the Sociological canon. *Critical Sociology*, v.48, n.4-5, p.571-86.

DÖRRE, K. (2022). *Teorema da expropriação capitalista*. São Paulo: Boitempo.

DU BOIS, W. E. B. (2021 [1903]). *As almas do povo negro*. São Paulo: Veneta.

ESTANQUE, E. (2015). *Classe média e lutas sociais*. Campinas: Editora da Unicamp.

FANON, F. (2008 [1952]). *Pele negra, máscaras brancas*. Salvador: Edufba.

GORZ, A. (1980). *Adieux au prolétariat*: au de-là du socialisme. Paris: Galilée.

GUIMARÃES, A. S. (2002). *Classes, raças e democracia*. São Paulo: Editora 34.

HUWS, U. (2019). *Labour in Contemporary Capitalism*: What Next? London: Palgrave/MacMillan.

MACIEL, F. (2021). *A nova sociedade mundial do trabalho*: para além de centro e periferia? 2.ed. rev. e ampl. Rio de Janeiro: Autografia.

MIGNOLO, W. (2020), *Histórias locais/projetos globais*: colonialidade, saberes subalternos e pensamento liminar. Porto Alegre: Editora UFMG.

QUIJANO, A. (2005). Colonialidade do poder, eurocentrismo e América Latina. In: *A colonialidade do saber*: eurocentrismo e ciências sociais – perspectivas latino-americanas. Buenos Aires: Clacso, p.117-42.

ROBINSON, C. J. (2023). *Marxismo negro*: a criação da tradição radical negra. São Paulo: Editora Perspectiva.

ROSA, H. (2022). *Alienação e aceleração*: por uma teoria crítica da temporalidade tardo-moderna. Petrópolis: Editora Vozes.

SANTOS, B. de S. (2017). *A New Vision of Europe*: Learning from the South. London: Routledge.

STANDING, G. (2013). *O precariado*: a nova classe perigosa. São Paulo: Editora Autêntica.

THOMPSON, E. P. (1988). *A formação da classe operária inglesa*, v.I, II e III. São Paulo: Paz e Terra.

Parte 1

Aceleração e precariedade no capitalismo pós-covid 19

1
Aceleração – A encruzilhada histórica no capitalismo tardio: uma análise sociológica da crise do coronavírus[1,2]

*Hartmut Rosa**

1. Introdução

Embora seja definitivamente muito cedo para a perspectiva de uma coruja de Minerva, que só obtém seu conhecimento na retrospectiva histórica, já que a crise social, política e econômica desencadeada pelo surgimento do vírus SARS-CoV-2 ainda não foi solucionada nem superada, quase todos os observadores no âmbito das ciências sociais concordam que essa crise causou uma ruptura global e marcante nos padrões de interação predominantes nos âmbitos socioeconômicos e políticos e nas cadeias processuais, sinalizando, portanto, uma cisão histórica. Por "crise" entendo, como veremos a seguir, não apenas o surgimento do vírus e suas consequências para a saúde, mas também as medidas políticas em reação a ele e suas consequências jurídicas, sociais e econômicas em escala global.

Em primeiro lugar, gostaria de definir, de modo mais preciso, a essência e a forma de manifestação dessa crise, valendo-me de recursos da teoria da

---

1 Esta é a versão revisada e ampliada de um artigo publicado sob o título "Pfadabhängigkeit, Bifurkationspunkte und die Rolle der Soziologie. Ein soziologischer Deutungsversuch der Corona-Krise" [Dependência do caminho, pontos de bifurcação e o papel da sociologia. Uma tentativa sociológica de interpretação da crise do coronavírus], publicado pela primeira vez no *Berliner Journal für Soziologie* (ano 30, 2020, p.191-213).

2 Tradução: Geraldo de Carvalho. Revisão técnica: Fabrício Maciel.

* Instituto de Sociologia da Universidade Friedrich Schiller, Jena, Alemanha.

aceleração, sendo que o foco, por sua natureza, não estará no aspecto médico-virológico do fenômeno, e sim no sociopolítico. Posteriormente, analisarei quais possibilidades daí resultam, em minha opinião, para uma mudança social de caminho e sistêmica – e defendo que tais possibilidades *realmente* surgem – e qual é o papel que a sociologia, enquanto disciplina científica, pode e deve desempenhar nessa situação histórica. Meu principal enfoque será dado a este último aspecto e à questão acerca de qual metodologia a sociologia pode usar melhor para realizar a tarefa que lhe foi atribuída.

2. Definindo a crise: a cisão causada pela covid-19

Não há dúvida de que o vírus SARS-CoV-2 seja, primeira e diretamente, uma enorme tragédia humana, por ter infligido e continuar a infligir sofrimento a milhões de pessoas no mundo, em razão de doença e morte, de pobreza e dificuldades surgidas em virtude da pandemia. Esse sofrimento por vezes assume um caráter diferente e maior no Sul Global do que no Norte, mas, em outros aspectos, os padrões de resposta à pandemia e suas consequências são absolutamente semelhantes; porém, acima de tudo, a crise também mudou os padrões globais de interação e conduziu a um processo que alguns observadores agora descrevem como "desglobalização". Além disso, combinado com as medidas de política sanitária adotadas, ele causa graves problemas econômicos para um sistema econômico global que, sem dúvida, antes dessa crise já se encontrava assentado em bases precárias. Por tal razão, também abriga sérios perigos políticos, especialmente em articulação com as recentes convulsões internacionais na esteira da guerra na Ucrânia, como pode ser visto, por exemplo, na transformação de estruturas democráticas em autoritárias, na revogação de direitos civis elementares e no retorno de formas de fechamento do Estado nacional, sendo algumas destas as mais primitivas. No entanto, por ora, vou deixar de lado este aspecto dos acontecimentos e perguntar, a partir de uma perspectiva teórico-social sóbria, qual significado sistêmico-estrutural pode ser atribuído à atual crise.

Minha tese é a de que, de fato (e diferentemente do que pode parecer sob a perspectiva da teoria dos sistemas ou da teoria ortodoxa do capitalismo), estamos lidando com um violento abalo estrutural e uma *desestabilização* do sistema social e de organização das sociedades de domínio global, pois tal sistema, tanto no Norte quanto no Sul, ainda que com sérias assimetrias econômicas, é, em minha opinião, caracterizado por um modo específico de estabilização, que procurei identificar em muitas publicações como um *modo de estabilização dinâmica*.

Estabilização dinâmica significa que as instituições básicas da sociedade – a organização capitalista da economia, a organização democrático-representativa da política, o trabalho científico orientado para a pesquisa, a organização do Estado do bem-estar social, bem como as instituições educacionais e o mundo da arte – só conseguem se reproduzir e se manter no modo de intensificação. Portanto, dependem sistematicamente do crescimento (econômico), da aceleração (técnica e cultural), bem como da ativação política e, associadas a eles, de capacidades constantes de inovação para estabilizar seu *status quo* e manter sua estrutura. Como resultado, isso leva a uma tendência de escalada genuína que, em muitas áreas (por exemplo, na forma do incremento do volume de transporte, do consumo de matérias-primas e da produção de bens), permite que os aumentos, em sua substância, aconteçam, ao longo de muitas décadas, de maneira exponencial, em vez de linear.[3]

Uma sociedade moderna, assim pode ser resumida essa percepção, é caracterizada pelo fato de que ela precisa crescer e dinamizar-se constantemente para se manter e, por conseguinte, pelo fato de que sua energia cinética necessariamente aumenta. As consequências físico-econômicas reais desse *modus operandi* ficam claras ao olharmos para os dados, mas, sobretudo, para o *perfil do movimento material* da Terra: desde o século XVIII, o mundo (se o considerarmos, por assim dizer, como um todo, visto de fora) encontra-se em um processo de dinamização – decerto não uniforme, desigual e, muitas vezes, violento – que literalmente o coloca em movimento cada vez mais rápido. Desde 1800, a produção global de bens e serviços, o movimento físico do solo e o processo metabólico tecnicamente mediado com a natureza, o número de veículos de todos os tipos e o número de pessoas e bens que eles colocam em movimento, bem como a emissão de substâncias tóxicas e poluentes aumentaram de forma contínua e quase exponencial,

---

3 Doze impressionantes curvas desse crescimento exponencial podem ser encontradas em Bernd Sommer e Harald Welzer (2014, p.425). Outros dados podem ser encontrados em Peter Wagner (2018, p.43ss.). De acordo com esses dados, por exemplo, a produção econômica nos países capitalistas do Ocidente cresceu setenta vezes apenas entre 1820 e 1980.

em alguns casos em cem ou mil vezes mais. Se observarmos o perfil de movimento da Terra, ou seja, a *massa* média de pessoas, matérias-primas e mercadorias movimentadas em um determinado momento, e a velocidade desse movimento, obteremos uma curva de crescimento exponencial que, com exceção de pequenas flutuações, praticamente desconhece pausas ou limites. Com certeza, recessões econômicas ou guerras reduziram temporariamente a velocidade da produção e do movimento por curtos espaços de tempo e, em geral, de modo local, o que, porém, quase sempre gerou novas oportunidades de mais crescimento e aceleração. Como demonstrado por Paul Virilio (1980, 1994) em seus trabalhos, as guerras, em particular, serviram, de maneira quase invariável, como poderosos motores de aceleração e mobilização.

Quando postulo uma potencial ruptura no sistema como resultado das reações mundiais ao vírus SARS-CoV-2 e agora também à guerra na Ucrânia, ela aparece precisamente na visão desse perfil de movimento físico da Terra e, portanto, diretamente em uma perspectiva que se sustenta em critérios científicos: após mais de dois séculos de aceleração e dinamização quase ininterruptas, o mundo de repente desacelerou, tornou-se abrupta e radicalmente mais lento em seu movimento físico-material.[4] Parecia que alguém havia colocado freios gigantescos nas rodas da produção, do transporte, e também da vida social e cultural. Essa constatação se mantém mesmo quando se percebe que nem todas as áreas de transporte, produção e vida social foram afetadas, e que em alguns setores, em especial na área da saúde, mas também em algumas áreas como a produção de gêneros alimentícios básicos, dispositivos digitais ou até mesmo papel higiênico, podem ser observados processos significativos de crescimento e aceleração e que houve um aumento maciço nos processos de produção digital e de comunicação em geral. De fato, considero a forte dissociação entre a desaceleração do

4 Fato que pode até ser medido: um extenso estudo elaborado por uma equipe internacional de 76 cientistas constata "the longest and most coherent global seismic noise reduction in recorded history" [a mais longa e coerente redução global de ruídos sísmicos já registrada na história] (Lecocq et al., 2020, p.1342), afirmando também: "A strong correlation between seismic noise and independent measurements of human mobility suggests that seismology provides an absolute, real-time estimate of human activities" [Uma forte correlação entre o ruído sísmico e as medições independentes da mobilidade humana sugere que a sismologia fornece uma estimativa absoluta e em tempo real das atividades humanas] (Lecocq et al., 2020, p.1338).

transporte físico-real e a aceleração da circulação, comunicação e produção digitais um dos efeitos colaterais estruturalmente mais significativos da crise causada pela covid-19. Ela manifesta, até certo ponto, o que Virilio já postulava por volta de 1990 com sua visão de uma "inércia frenética" como um estado final distópico da civilização: uma sociedade na qual o raio de movimento físico das pessoas reduz-se de forma contínua, enquanto a "circulação" e a velocidade dos fluxos digitais continuam a aumentar (Virilio, 1992). O fato de que a primeira parte dessa visão, ou seja, a "paralisação" parcial dos fluxos humanos e a desaceleração do perfil de movimento físico da Terra, que antes parecia puramente utópica ou distópica, mas que agora pôde e, em parte, ainda pode ser observada na realidade, pode servir como um indicador da novidade dessa situação. A desaceleração ou, melhor, a *desaceleração compulsória*, tornou-se evidente em todas as áreas da vida e da mobilidade, mas decerto de forma mais espetacular no tráfego aéreo: até 85% dos voos foram cancelados. Os céus da Europa foram esvaziados em poucos dias; quem, até um ano antes da pandemia, teria considerado tal situação possível? Porém, e sobretudo, foram intensamente afetadas as cadeias de transporte e comércio entre o Norte e o Sul e entre o Leste e o Oeste, chegando até mesmo a serem interrompidas em algumas áreas. A desaceleração representa, assim, um severo fato social e material, globalmente observável; diagnosticá-la não é uma fantasia retrógrada, nostálgica nem mesmo reacionária, como afirmam alguns críticos desse diagnóstico. Em especial no mundo da produção e do transporte, puderam ser observadas reduções globais maciças, às vezes superiores a 80% em volume, e as atividades culturais e educacionais também chegaram (ou haviam chegado) em muitos lugares a uma paralisação quase completa (Dambeck; Tack, 2020).

Nenhum efeito estufa, nenhuma onda de calor, nenhum tornado, nenhum movimento Fridays for Future nem tampouco uma Conferência do Clima lograra anteriormente algum efeito significativo de desaceleração. O segundo fato significativo é que a desaceleração *não* foi o efeito direto do vírus em si, senão que uma consequência de decisões e ações políticas de governos democraticamente eleitos, que acionaram os freios com a aprovação dos parlamentos e o consentimento da maioria dos governados. Não foi o vírus que tirou os aviões do céu e interrompeu os jogos das ligas de futebol, mas a ação política do Estado. Por que este fato é digno de nota? Porque há cinquenta anos os mesmos atores políticos têm se mostrado dispostos em muitos aspectos, mas completamente incapazes, de tomar medidas efetivas contra as engrenagens da aceleração (impulsionadas principalmente pela acumulação de capital) ou contra seus efeitos colaterais ecologicamente prejudiciais. Desde o primeiro relatório do Clube de Roma (Meadows et al., 1972), surgiram muitos livros, partidos e movimentos que escreveram, gritaram e entraram em combate contra a lógica da intensificação e o consumo de recursos por ela impulsionado; as Conferências do Clima se sucederam, uma declaração política se seguiu à outra, mas, basicamente, o que mudou foi: nada. O número de carros produzidos e estradas pavimentadas, o número e a tonelagem de caminhões, o número e o volume de navios porta-contêineres e de navios de cruzeiro, de passageiros no transporte local e de longa distância, trens de alta velocidade: todos eles aumentaram rapidamente não apenas na Ásia e na América Latina, mas também na Europa. E no transporte aéreo, como a mais recente esfera física de mobilização, houve um crescimento exponencial no número de aeronaves, voos e passageiros em todos os lugares. Os mecanismos propulsores pareciam completamente imunes a qualquer tipo de crítica ao crescimento e à aceleração, e até mesmo os sinais e as consequências cada vez mais nítidos da crise climática e as resoluções e declarações políticas em reação aos mesmos ricocheteavam na rígida lógica de intensificação das sociedades modernas e das economias capitalistas. Entretanto, em abril de 2020, uma parte considerável das engrenagens de repente parou, ou pelo menos a força motriz foi claramente reduzida. O fato de o mundo todo *não* ter sido parado não diminui a realidade segundo a qual, pela primeira vez na história da modernidade, o movimento físico-material na Terra foi desacelerado por uma ação política consciente (e não como um efeito colateral não intencional de crises econômicas ou militares). E mesmo que, por exemplo, o volume de redução das emissões globais diárias de CO_2 tenha sido de "apenas" 17%, como uma equipe de autores liderada por Corinne Le Quéré e Rob Jackson (2020, p.647-8) calculou em um artigo publicado na revista *Nature Climate Change* a partir dos dados do Projeto Carbono Global, trata-se, de qualquer forma, de mais de um bilhão de toneladas de emissões de CO_2 que foram economizadas como consequência direta da desaceleração deliberada provocada pela ação governamental. Em comparação, a crise do mercado financeiro de 2008, contra a qual foram tomadas todas as medidas políticas imagináveis, teve apenas um débil impacto no perfil do movimento, o que se refletiu em uma redução temporária nas emissões globais de CO_2 de apenas 1,4% em 2009, mas que foi seguida por um aumento de 5,1% em 2010.[5]

3. Consequências para a teoria social

Repetindo: esta violenta incisão nas rotinas de ação e nas cadeias de processos da modernidade, que alterou seriamente as lógicas rotineiras de ação e os padrões de interação em amplas áreas da sociedade, até inclusive as práticas cotidianas das pessoas, foi o resultado de uma ação política direcionada e planejada. Tal fenômeno surge como um fato surpreendente, pois essa mesma ação estatal se apresentou e provou ser quase por completo impotente, tanto em face da crise climática global, que, de acordo com pesquisas, foi percebida pelos eleitores alemães em 2019 como, de longe, o problema político mais premente,[6] quanto em face da desigualdade e da injustiça globais, sentidas como cada vez mais graves, na evolução (nacional e internacional) da renda e da riqueza. Diante da lógica inerente aos mercados (financeiros), ao desenvolvimento técnico e aos hábitos de consumo, a ação política parecia quase ineficaz, e nada parecia ser possível fazer contra a "carcaça de aço" da lógica capitalista do crescimento.

De fato, há duas abordagens teórico-sociais influentes que conseguiram explicar essa impotência de forma aparentemente conclusiva: a teoria dos sistemas e o (neo)marxismo com sua teoria da dominação estrutural determinista. Ambas as abordagens demonstram ser limitadas em sua força explicativa em vista das reações sociais à crise do coronavírus; e essa insuficiência, assim mostrarei, é de natureza sistemática em ambos os casos.

A base da teoria dos sistemas, orientada pelos trabalhos de Luhmann, conforme defendida por Armin Nassehi, por exemplo, é a convicção de que a diferenciação funcional caracteriza o princípio central e a essência

---

5 O artigo de Le Quéré et al. (2020) apresenta vários outros dados que comprovam de forma impressionante a desaceleração radical nos setores de produção, transporte e consumo de energia.

6 Em uma pesquisa do Instituto Forsa realizada no verão de 2019, 37% dos entrevistados apontaram a proteção do meio ambiente e do clima como a questão mais importante, 29% a imigração e a integração de refugiados e, surpreendentemente, apenas 13% a pobreza e a desigualdade social (Forsa, 2019).

das sociedades modernas: por meio da conversão da estruturação social do "antigo princípio europeu" da ordem hierárquica de classes para um modo de diferenciação sistêmico-funcional, a sociedade moderna perdeu seu ápice e seu centro; ela se tornou policontextual e, portanto, "complexa", como diz o mantra incessantemente repetido por essa escola teórica. Os sistemas funcionais diferenciados da economia, ciência, política, direito, religião etc. podem, quando muito, perturbar ou "agitar" uns aos outros de forma problemática, mas não controlar uns aos outros de maneira direcionada, uma vez que cada sistema funcional segue pertinazmente, para não dizer obstinadamente, seu próprio código operacional. Por conseguinte, não há mais uma perspectiva compartilhada sobre o mundo, uma definição comum de problemas, uma "ação conjunta".

As consequências dessa diferenciação funcional, de acordo com a convicção da teoria dos sistemas, podem ser vistas na crise climática, por exemplo: no sistema político, não importa o quanto ela seja tensamente comunicada como "crise", ela só se torna relevante para a economia quando "compensa" de algum modo em relação à capacidade e à disposição de pagamento. E não se pode controlar politicamente *como* essa compensação acontece em cada caso (assim já dizia Luhmann em 1986). E, de fato, a realidade parecia provar que essa teoria estava certa: o consumo global de matérias-primas não renováveis, a produção de resíduos tóxicos e as emissões de gases de efeito estufa cresceram ano após ano de uma forma que se mostrou imune a todas as Conferências do Clima, decisões políticas ou até mesmo aos protestos sociais. Nem mesmo os milhões de jovens do movimento Fridays for Future, vistos com ligeira ironia pelos teóricos dos sistemas, puderam fazer algo contra. O mesmo quadro pode ser visto quando se observam os fluxos de distribuição global: a disparidade entre ricos e pobres continua a aumentar a despeito de todos os protestos e críticas; oito homens juntos dispõem da mesma quantidade de riqueza que os quase quatro bilhões de pessoas pertencentes à metade mais pobre da população mundial.[7]

Mas então, em março de 2020, esse quadro de repente sofreu uma fissura: a sociedade pareceu ter um ápice e um centro; de um dia para o outro,

7 Foi assim que o relatório sobre a distribuição da riqueza da Oxfam (2017) calculou o valor para o ano de 2016. Embora a base de cálculo desses números possa ser discutível em alguns pontos, há pouca dúvida sobre a tendência geral. Cf. também, naturalmente, Thomas Piketty (2016).

o Estado se tornou o ator central e subordinou todos os pontos de vista a um único objetivo: a luta contra o coronavírus. Sem violência e derramamento de sangue, ele fechou as fronteiras nacionais, tirou 85% dos aviões do ar, fechou escolas e universidades, interrompeu campeonatos de futebol, interveio maciçamente na produção. E não foi apenas um ato destrutivo de paralisação: ele também iniciou processos de pesquisa, ativou sistemas de saúde e obrigou a medidas direcionadas à produção de bens, medicamentos ou ferramentas especificamente para a contenção da pandemia. E onde isso não aconteceu, como no Brasil de Bolsonaro, os governantes sofreram uma intensa pressão para se legitimarem. No país talvez mais radical do mundo em termos de mercado, os Estados Unidos, o presidente ordenou sumariamente que um de seus produtores mais poderosos, a General Motors, produzisse respiradores em vez de carros. Essa revogação radical da lógica da diferenciação funcional, ou melhor, sua subordinação a uma ação política concentrada e conjunta e, além disso, para grande surpresa dos teóricos dos sistemas, até mesmo *eficiente* e direcionada, faz suspeitar que a visão teórica dos sistemas sobre a sociedade moderna era pouco complexa: "Está acontecendo algo que sempre dissemos ser impossível", declarou Armin Nassehi (2020a), tão perplexo quanto conclusivo, em abril de 2020 em uma entrevista à revista alemã *Der Spiegel*.

O que Nassehi quis dizer com tal afirmação fica claro quando lemos seu último livro, *Das große Nein* [O grande não], publicado pouco antes da crise do coronavírus. Sua tese reza que, na sociedade moderna, seria *estruturalmente* impossível instalar até mesmo um *veto player* na sociedade como um todo (capaz, por exemplo, de impedir as emissões de gases de efeito estufa). É isto que geraria continuamente o protesto social.

> A experiência básica da modernidade demonstra que o mero esclarecimento sobre as desproporções ou a mera percepção sobre o que deve ser feito [...] não é capaz de simplesmente ser traduzido em ações, o que não deixa de ser uma experiência humilhante. Em última análise, ela contradiz a ideia de conceitos intencionais de ação. Mas ela talvez seja [...] a percepção central de uma auto-observação sociologicamente informada da sociedade moderna [...]. A modernidade social se assemelha ao que, na esfera política, é chamado de separação de poderes. É um processo evolutivo, cuja direção geral preconiza não poder mais haver instâncias que reúnam todos os âmbitos, anulando-os para gerar um único

> princípio. [...] Em termos sociológicos: *Essa estrutura da diferenciação* [...] *suspende a posição do veto player, exclui posições que seriam capazes de liderar, parar, determinar o sistema geral.* [...] Todas as estruturas são orientadas para o fato de que a sociedade não pode agir a partir de um único molde e de *que qualquer iniciativa é refratada pela diferença de perspectivas da sociedade, pelas autonomizações de suas funções e, principalmente, pela não acessibilidade do comportamento concreto dos indivíduos.* (Nassehi, 2020b, p.68-9; primeiro grifo do original, segundo grifo nosso)

Justamente porque a tese de Nassehi sobre a "experiência humilhante" de uma impotência social, incapaz de agir diante de problemas globais manifestos, poderia reivindicar nas últimas décadas um alto grau de plausibilidade para si mesma, insisti em minhas primeiras declarações sobre as consequências da crise do coronavírus no fato de que a surpreendente eficiência e o rigor da ação durante a crise representaram uma experiência excepcional de autoeficácia política para a sociedade. Tal experiência fez perceber que ela, realmente, dispõe de um órgão e de um modo de interromper processos sociais e de concentrar, de forma direcionada, a ação social (até o comportamento físico dos indivíduos).

Diferentemente da suposição de Nassehi, isso revela que a sociedade moderna, sob a lógica da diferenciação funcional e sistêmica, por trás do princípio estrutural considerado fundamental pela teoria dos sistemas, continua a ter um senso de unidade (que não está simplesmente ultrapassado em termos do antigo princípio europeu) e, com ele, uma capacidade política de ação capaz de lhe dar, em tempos de crise, um poderoso ápice e um centro no Estado. A ideia de que a política seja simplesmente *um* sistema ao lado de todos os outros provou, na primavera de 2020, ser um erro de avaliação categórico. Em vez disso, o que se demonstrou foi que a manutenção da diferenciação funcional, o livre processamento subsistêmico, é, em primeiro lugar, uma "instituição" social criada e garantida pelo Estado, a qual, em segundo lugar, só perdura incontestável enquanto se mostrar desejável ou "funcional" aos olhos dos atores politicamente poderosos (o que em democracias razoavelmente eficazes inclui, naturalmente, o *demos*) e aos olhos dos discursos de legitimação dominantes.

Por sua vez, os protagonistas daquela outra corrente poderosa da teoria social, que eu gostaria de chamar de teoria da dominação estrutural determinista e à qual, além de autores como Nancy Fraser ou David Harvey, incluo meus dois colegas Klaus Dörre e Stephan Lessenich, de modo independente das diferenças entre eles, reagem à perplexidade da teoria dos sistemas com um leve sorriso, como querendo insinuar: "Mas é como sempre lhes dissemos!". Sob essa designação um tanto complexa, agrupo as abordagens da teoria social que, do ponto de vista analítico-estrutural e ontológico-social, fixam-se em uma distinção antagônica em "em cima-embaixo" que predetermina a perspectiva sobre as possibilidades de ação do Estado. Como regra, elas se inspiram no neomarxismo, que argumenta em termos de teoria de classes, mas também, em parte, em projetos pós-estruturalistas vinculados à teoria da governamentalidade. Para os representantes dessa escola de pensamento, nunca houve qualquer dúvida de que o Estado é um ator central extremamente poderoso, um ator que age e reage no interesse da acumulação de capital ou das classes dominantes e é capaz de intervir, a qualquer momento, na autonomia operacional dos subsistemas. O fato de, por exemplo, o Estado poder impor seus objetivos em todos os subsistemas, se necessário com violência, e de o fazer repetidamente, parece ser um truísmo para esses autores. E, com efeito, os representantes dessa posição podem fazer remissão às intervenções maciças do Estado com a finalidade de resgatar bancos e empresas durante e após a crise financeira de 2008/2009, assim como ao controle dos desenvolvimentos sempre favorável ao capital e, nas últimas décadas, geralmente neoliberal, no setor da saúde ou da educação, por exemplo, ou à reiterada regulamentação violenta dos fluxos migratórios. Também nessa enorme crise econômico-financeira, o critério da "relevância sistêmica" foi decisivo para fundamentar e justificar a intervenção estatal: bancos e empresas financeiras foram "salvos" por serem sistemicamente relevantes. Caso contrário, os ciclos econômicos e o sistema econômico estariam ameaçados de colapso, o que serviu de justificativa para a ação política "contrária ao sistema". Para os neomarxistas com sua argumentação da teoria de classes, não há, assim, a menor dúvida de que o Estado, agindo com poder, é o instrumento dos "governantes" ou da classe dominante: ele impõe com rigor os interesses destes e usa oportunidades como a pandemia do coronavírus como um pretexto bem-vindo para conter interesses emancipatórios. Para os protagonistas desse pensamento, o que quer que aconteça na ação estatal e por meio dela é, em última análise, feito no interesse (econômico) dos ricos e poderosos, mesmo que seja em seu próprio interesse esclarecido, ciente da necessidade de compromissos de classe, concessões e suportes ideológicos. A ação do Estado é definida, em especial, pelas relações de poder marcadas pelas situações de classe e, nesse sentido, é, por assim dizer, estruturalmente determinada.

Aqui, no entanto, revela-se um abismo marcante entre os projetos teóricos, não raro muito elaborados, e as análises e os diagnósticos políticos concretos dos representantes dessa corrente de pensamento: enquanto os esboços teóricos, por exemplo, no sentido da teoria da regulamentação, da teoria da hegemonia ou da teoria do capitalismo tardio, na sua maioria reconhecem as dinâmicas próprias, as ambivalências e as margens de ação do Estado e da negociação política, as análises políticas mostram com frequência uma tendência fatal à redução (simplificadora), segundo a qual, "de qualquer maneira", os ricos e poderosos vencem no final.[8] Logo, o fato de os Estados estarem se mostrando atualmente como atores políticos poderosos não é motivo de otimismo para essa posição, mas, ao contrário, é temido como um sinal do desmantelamento de todas as garantias de proteção contra os interesses ilimitados do capital e da dominação. De fato, leio as declarações feitas até então por meus colegas neomarxistas sobre a crise da covid-19 como tendo uma fixação, de forma quase monomaníaca, nessa perspectiva estrutural de cima para baixo. A isso soma-se o fato de Dörre (2020a, p.26) atribuir minha posição (juntamente com a de todos os outros que têm esperança) a uma "nova ideologia alemã" no sentido do Marx inicial, uma ideologia que ignora o fato de o Estado ser apenas o prolongamento do braço do capital.[9] Assim como para a teoria dos sistemas, também para os representantes da abordagem determinista estrutural da teoria da dominação qualquer esperança de mudança ou de melhoria fracassa em face de uma poderosa regularidade estrutural.

---

8 Um exemplo desse hiato entre a complexidade teórica e o redutivismo do diagnóstico parece-me estar na diferença entre a teoria de Lessenich do capitalismo tardio (vide a seguir, p.28) e sua análise da "sociedade da externalização", mais sob a ótica da teoria da dependência (Lessenich, 2016). Em minha opinião, esse redutivismo também está presente quando Dörre simplesmente reduz o Estado ao resultado estrutural ou à "condensação material" das relações de poder desiguais entre as classes sociais (Dörre, 2020a, p.31): é precisamente essa redução que faz que a ação do Estado pareça estruturalmente determinada.

9 Marx e Engels foram os primeiros a explicitar sua concepção da relação entre base e superestrutura e o papel do Estado em *A ideologia alemã* (Marx; Engels, 1973).

Nesse aspecto, o único problema é que essa regularidade estrutural não é, de forma alguma, capaz de explicar as reações surpreendentemente semelhantes dos Estados nacionais no mundo todo ao surgimento do vírus SARS-CoV-2, não apenas na Europa, como na China e na Coreia, no Chile e na Argentina, nos Estados Unidos e na África do Sul, na Austrália e na Nova Zelândia. Embora a "relevância sistêmica" tenha sido uma das palavras-chave do momento ao se falar de decisões políticas sobre aberturas e fechamentos, apropriações estatais, intervenções e redistribuições diante da crise do coronavírus, o termo agora tem um significado completamente diferente se comparado à crise financeira. A ação do Estado não foi direcionada à proteção dos bancos, dos mercados e da acumulação de capital, mas, por vezes, colocou radicalmente em risco seu funcionamento e prosperidade a fim de proteger os idosos e as pessoas debilitadas por condições pré-existentes, as quais corriam um risco maior com o vírus. Independentemente da questão com relação aos danos e às devastações de fato causados pela covid-19, a convicção predominante era a de que seriam sobretudo tais grupos populacionais que deveriam temer o coronavírus, enquanto este, em geral, causa nos demais tão somente sintomas leves, quando muito semelhantes aos da gripe. Porém, a morte dos muito idosos, dos doentes e dos debilitados e a necessidade de triagem obviamente não se configuram como um problema sistêmico para os mercados financeiros e a acumulação de capital. Pelo contrário, a pandemia prometia, cinicamente falando, eliminar os "desequilíbrios demográficos" e aliviar a longo prazo os seguros-saúde e os sistemas previdenciários. Essa visão seria, é claro, cínica ao extremo, no entanto com certeza estaria consoante com o "interesse da dominação", se pensarmos apenas em termos daquela regularidade estrutural.

Logo, o que a crise revelou foi o surgimento de uma fenda, de uma lacuna entre a ação decidida do Estado e a acumulação de capital: a política se impôs, pelo menos de modo indireto e, às vezes, até mesmo decididamente, contra os interesses de todos os setores econômicos e lógicas do mercado financeiro, e o fez em nome de um tipo completamente diferente de relevância: quando, durante os meses de crise, se falava em relevância sistêmica, tinha-se em mente a vida biológica e social, não o sistema econômico. De repente, profissionais de enfermagem e médicos passaram a ter relevância (sistêmica), não mais as taxas de crescimento e os dados das bolsas de valores. O que surgiu foi uma prioridade temporária da lógica da reprodução sobre a lógica da produção. E, nessa situação, a ação do Estado defendeu a primeira, não *contra os interesses dos dominados*, mas inteiramente *no interesse destes*. Assim como Nassehi constatou que algo "que sempre dissemos ser impossível" estava acontecendo, os protagonistas da abordagem estrutural determinista da teoria da dominação também teriam de admiti-lo. Mas não o fazem. Eles nem sequer explicam a súbita ruptura estrutural e estratégica que reside na revogação deliberada dos princípios determinantes da estabilização dinâmica; ao contrário, limitam-se à observação (certamente correta) de que esta crise, em muitos lugares, está piorando a situação dos subalternos, bem como às previsões sombrias, como logo mostrarei, sem suporte analítico e devastadoras do ponto de vista normativo ou político, segundo as quais agora se esperaria um quadro de "maciça dessolidarização" e desmantelamento ecológico (Dörre, 2020d). No sentido da lógica da subsunção, toda a crise é então inserida em uma narrativa teórica segundo a qual a ação política só é capaz de ter uma consequência, ou seja, tornar a classe dominante (no Norte) mais rica e os vulneráveis (no Sul) mais pobres: "Nas zonas de pobreza tanto do Norte quanto do Sul, encontramos confirmado o que sempre foi válido em relação às pandemias. A desigualdade aumenta e prejudicará principalmente aqueles que, em breve, nem o prato para a sopa terão mais", escreve Klaus Dörre (2020d, p.178). E Stephan Lessenich responde à pergunta sobre quem se beneficia com o tratamento nacional da crise que se observa: "Em primeiro lugar, os que lucram com as condições prevalecentes. E são pessoas como eu, por exemplo. Mas, a longo prazo, se acontecer, são muito, muito poucos, talvez os que ainda possam enriquecer economicamente mesmo na crise" (Lessenich, 2020). Aqueles que procuram denunciar como ideologia o reconhecimento e a formulação da fenda sociorreal e político-real entre a ação do Estado e a acumulação de capital parecem-me compulsivamente fixados no *status quo*; como mostrarei em mais detalhes, eles estão praticando, em última análise, de maneira involuntária, uma política conservadora e a defesa dos interesses do capital.

Um Estado politicamente capaz, que representa os interesses das pessoas e da vida contra os interesses do capital: essa talvez não seja, decerto, a imagem politicamente dominante da modernidade capitalista e tampouco se tornou realidade durante a crise, nem mesmo de forma temporária. Mas, de súbito, ela se deixou *vislumbrar*; de repente, sua realização se tornou de novo concebível como algo emergente, pois a capacidade de tal ação estatal faz parte da realidade estrutural das sociedades modernas. E os modelos para descrevê-la estão plenamente disponíveis, por exemplo na teoria do capitalismo tardio desenvolvida por Claus Offe e Jürgen Habermas já na década de 1970, que situou estruturalmente, no próprio Estado, a lacuna supramencionada como uma oposição entre o princípio democrático baseado na igualdade e o princípio produtor de desigualdade da apropriação econômica privada (Offe, 2006; Habermas, 1973; cf. também Strecker, 2013; Borchert; Lessenich, 2016). O próprio Stephan Lessenich fez muito nos últimos anos para manter viva e atual essa mesma teoria. Com certeza os problemas estruturais identificados por Offe e Habermas não surgiram posteriormente da maneira por eles prevista; porém, na contradição entre a relevância do sistema e a relevância da vida, que se tornou *politicamente* visível na crise, é evidente que *o poder de ação estrutural* está vinculado às reivindicações da última.

No entanto, não é por acaso que tanto a posição estrutural determinista da teoria da dominação quanto a posição da teoria dos sistemas não levem mais em conta essa possibilidade de ação política *contra as lógicas estruturais dominantes*, as quais, em última análise, resultam de uma diferenciação funcional que serve aos imperativos de crescimento da acumulação de capital e parecem ter a solidez de uma lei natural, a ponto de se tornarem cegas a ela. Todavia, por razões de *dependência do caminho* social, a ação conjunta contra os princípios estruturais sociais dominantes e os imperativos de ação que deles emanam só é possível e provável em situações históricas excepcionais. Na seção seguinte, elucidarei que a crise do coronavírus representou exatamente esse estado histórico singular de emergência, e talvez ainda represente em associação com os efeitos da guerra na Ucrânia, o que abre a possibilidade de uma mudança de caminho.

4. A crise como um ponto de bifurcação histórica singular

Mesmo que as interpretações sociológicas ainda divirjam amplamente, não há dúvida de que, desde o início de 2020, o sistema socioeconômico global passou por uma sensível e grave perturbação em suas cadeias de produção e interação, muitas vezes de abrangência mundial, em suas rotinas de ação e regras de tomada de decisão e, em alguns casos, até mesmo uma reversão de seus imperativos de ação. Em função da crise do coronavírus, muitos

Estados suspenderam, embora não completamente, porém em grande parte, a lógica e a dinâmica próprias dos mercados, bem como dos âmbitos cultural, educacional e científico, e restabeleceram a primazia social da política sobre os princípios básicos da diferenciação funcional e da acumulação de capital. A profundidade dessa interferência também pode ser vista na restrição mundial de direitos civis elementares, como a liberdade de reunião, e na regulamentação do comportamento físico pelo Estado, inclusive na esfera pessoal. Entretanto, a parada parcial de um sistema baseado na estabilização dinâmica não significa, de modo algum, sua reinvenção ou redesenho; assemelha-se muito mais a causar um acidente. A desaceleração, por conseguinte, parece convergir, com necessidade estrutural, diretamente a um colapso do sistema – pelo menos se durar mais tempo e não der lugar a um novo impulso de aceleração. Isso significa que parece haver apenas as duas alternativas: mudar o modo de estabilização social de forma revolucionária ou colocar, o mais rápido possível, os imperativos de dinamização mais uma vez em execução. Em 2023, inicialmente tudo leva a crer que o mundo optou pela última opção.

O surgimento do vírus poderia marcar, todavia, uma virada político-social a longo prazo, o prelúdio de uma mudança de paradigma. A razão para tanto está, por um lado, na experiência da autoeficácia coletiva e na capacidade de ação política, experiência esta inesperada e não considerada possível, mesmo e especialmente pelos sociólogos, e que se tornou aparente na aplicação dos freios às rodas motrizes da estabilização dinâmica. Nada pode impedir *estruturalmente* que os atores sociais em ação transfiram essa experiência de poder de ação, agora que a crise do coronavírus está amplamente contida, por exemplo para lidar com a crise climática ou com a gritante desigualdade das condições de riqueza e, em especial, com as relações entre o Norte e o Sul. Por outro lado, a razão para a oportunidade de uma mudança de paradigma social reside justamente na própria crise. As mudanças de paradigma sociopolítico podem ser entendidas, de acordo com o modelo do historiador da ciência Thomas S. Kuhn, como eventos que podem ocorrer quando um paradigma operacional entra em uma crise acentuada.[10] Em tempos "normais",

10 Kuhn desenvolveu essa concepção de paradigmas e mudanças revolucionárias de caminho em seu livro *Estrutura das revoluções científicas* (1989). Com relação à sua transferência para sociedades e formas de vida, vide Rosa (2012, 1995).

as instituições sociais e os atores que nelas atuam procedem de acordo com regras e rotinas fixas e bem treinadas; em suas percepções de problemas, tarefas e padrões de processamento, eles seguem caminhos determinados, que podem estar tão profundamente enraizados que a mudança parece quase inconcebível, mesmo quando surgem novos tipos de dificuldades. Nas ciências sociais, popularizou-se para tanto o conceito de dependência do caminho: enquanto as instituições e as cadeias de interação a elas conectadas funcionarem razoavelmente, o preço de uma mudança de caminho parece por demais alto e os riscos de tentar algo novo são grandes demais, em especial em vista da enorme complexidade social.

Contudo, em determinadas circunstâncias, em certos pontos do decurso da história que podem ser entendidos como "pontos de bifurcação" históricos, abrem-se repentinamente oportunidades para uma mudança de caminho, uma vez que as anomalias ocorridas não mais podem ser ignoradas (cf. Knöbl, 2010; Goldstone, 1998). Trata-se de momentos de crise em que se questiona a continuação das operações institucionais, em que *não* está claro como será daí em diante, pois as cadeias de processos foram quebradas. Em tais bifurcações, parece desejável a muitos atores retornar ao antigo caminho e reavivar, da maneira mais rápida possível, as rotinas bem ensaiadas. Mas também é possível seguir um novo caminho. Esses são os raros momentos históricos nos quais os atores sociais podem realmente *fazer* história, quando, diferentemente de outras épocas, são suas *ações* as mais importantes, porque são momentos de indecisão e abertura histórica. Logo, se tanto Dörre quanto Nassehi enfatizam que as intenções dos ativistas políticos ou dos críticos sociais, por mais bem-intencionados que sejam, ao final se chocam contra as leis inerentes das lógicas estruturais sistêmicas ou materiais (e, portanto, permanecem como ideologia), minha antítese é a de que, em primeiro lugar, a ação política orquestrada e modeladora da sociedade é, muito provavelmente, estruturalmente inerente à sociedade moderna e que, em segundo lugar, ela pode se tornar eficaz nos momentos de crise do processamento sistêmico ou, então, *depois* deles. Kuhn identifica esses momentos como o ponto de partida das revoluções *científicas*, contudo deixa claro que obteve esse modelo a partir da observação do *mundo político* e o transferiu para a ciência. Em consequência, não é de surpreender que, para a análise do processamento social, o conceito de operação processual em "tempos normais" e de mudanças de paradigma, causadoras de rupturas em tempos de crise, tenha sido transferido de volta para as ciências sociais por autores como Sheldon S. Wolin (1980, 1969), Gary Gutting (1980) ou Joachim Raschke (1980).

Minha tese, dessa forma, após um diagnóstico temporal, é a de que, em vista da imobilização e da crise das instituições sociais centrais, encontramo-nos em um ponto de bifurcação histórico. Conforme observado, parece que, nos aspectos gerais, as antigas rotinas e cadeias de processos estão sendo de novo colocadas em movimento, como se simplesmente estivesse ocorrendo uma "normalização" de acordo com o antigo modelo: os antigos caminhos operacionais estão sendo continuados. Entretanto, essa conclusão pode ser prematura. Em primeiro lugar, em muitos aspectos as consequências da pandemia ainda não foram superadas, e nem mesmo são totalmente previsíveis. Se alguns historiadores afirmam que a experiência da pandemia de peste na Europa do século XIV foi uma das principais causas da profunda transformação que levou à modernidade nos séculos XVII e XVIII (Friedell, 2007), então será certamente muito cedo para fazer uma avaliação final sobre as consequências da pandemia de covid-19. E em segundo lugar: somente quando os incêndios mais intensos tiverem sido extintos e os suprimentos básicos tiverem sido restaurados é que começará presumivelmente o processo social e político de reflexão sobre o que exatamente aconteceu e como poderia ser a continuação. *Somente quando o fogo for extinto ou a inundação for contida é que os moradores das casas danificadas pela crise refletirão se não seria melhor construir de outra forma ou se mudar dali.* Aqui, não há modelos sociológicos ou econômicos que possam prever o que acontecerá em seguida. Como, nessa situação, a continuação das cadeias de processos sociais e, assim, a continuação da história, está *de fato em aberto*, fica *essencialmente excluída* a hipótese de um prognóstico científico sério. O que importa agora não é o *saber*, e sim a *ação*. É aqui que entra em cena o que Hans Joas (1992) chama de "criatividade da ação", e o que Hannah Arendt (1994) identificou como a "natalidade" dos seres humanos, querendo dizer com isso a capacidade, como atores criativos, de sair de caminhos bem ensaiados, de suspender modos e cadeias de reação vigentes e de criar algo genuinamente novo. Com certeza, só se pode falar de um recomeço quando as estruturas existentes também forem alteradas: as estruturas de classe e propriedade, as estruturas de produção e distribuição, os padrões de consumo, as instituições políticas. É impensável uma mudança de paradigma apenas no nível da ação.

5. O papel da sociologia na encruzilhada

Se estiver correta a tese de que, em um ponto de bifurcação histórico, não pode haver, em si, nenhum modelo científico ou teoria que possa prever o curso do desenvolvimento, e se, ao mesmo tempo, não houver nenhum conhecimento sério disponível sobre o prosseguimento futuro da crise, não seria melhor para a sociologia se abster de declarações e avaliações públicas? Essa abstenção está sendo recomendada atualmente por colegas de renome. Jürgen Habermas (2020), por exemplo, observa:

> Nossas sociedades complexas são constantemente confrontadas com grandes inseguranças, mas estas ocorrem de modo local e desigual e são tratadas em um ou outro subsistema da sociedade de forma mais ou menos discreta pelos especialistas responsáveis. Em contraste, a insegurança existencial agora se espalha global e simultaneamente, e nas mentes dos próprios indivíduos conectados às mídias. [...] Além disso, a insegurança está relacionada não apenas à superação dos perigos da epidemia, mas também às consequências econômicas e sociais totalmente imprevisíveis. Nesse aspecto, e isso sabemos, não existe, por enquanto, diferentemente do caso do vírus, nenhum especialista que possa estimar essas consequências com segurança. Os especialistas em ciências econômicas e sociais deveriam se abster de fazer prognósticos incautos. Uma coisa pode ser dita: nunca houve tanto saber sobre nosso não saber e sobre a obrigação de agir e viver sob incerteza.

É interessante notar que ele parece justamente confirmar o diagnóstico de um ponto de bifurcação social. Mas será que o fato de não se *saber* o que fazer agora significa que a sociologia deveria permanecer em silêncio? Em minha opinião, isso seria um atestado de incapacidade, sobretudo para aquele ramo da disciplina que se entende como "sociologia pública", conforme defendido, por exemplo, por Michael Burawoy (2015). Se a ciência da sociedade simplesmente não tivesse nada a dizer durante uma crise social fundamental, poder-se-ia de fato perguntar para que ela serve e para que seus representantes são pagos.

Decisivo para o que a sociologia pode fazer em tal situação é a resposta à questão de como ela se apresenta ou quer se apresentar na crise. Minha proposta, na esteira de Max Weber e Charles Taylor, é que a sociologia não deveria se ver como uma instância de *saber* autoritário, mas como uma instituição de *autointerpretação* social. Os seres humanos são, como diz Taylor, animais fundamentalmente autointerpretativos; a situação (de crise) em que uma sociedade se encontra é sempre codeterminada pelo processo de sua interpretação coletiva e discursiva. Portanto, autores como Taylor, Giddens e Habermas cunharam para as ciências sociais o termo "dupla hermenêutica": sua característica é reinterpretar, com os recursos conceituais das ciências sociais, uma autointerpretação social que se coagulou na realidade institucional (Taylor, 1975; Giddens, 1997, p.12; Habermas, 1981, p.162). Sua tarefa aqui é fazer sugestões para uma "melhor explicação" [*best account*], ou seja, para a melhor interpretação possível da situação social em um determinado momento histórico. Como observado por Manfred Prisching, isso é exatamente o que as pessoas esperam da sociologia (pública), em especial em situações de crise: "Diante de uma sociedade que se tornou incompreensível, elas simplesmente querem saber o que está acontecendo" (Prisching, 2018, p.155).[11]

A qualidade de tais propostas, entretanto, é medida por sua plausibilidade à luz de todos os dados, fontes de conhecimento, experiências e resultados disponíveis. Como demonstrado por Max Weber em seu apelo apaixonado por uma ciência engajada, mas livre de juízos de valor, essa qualidade aumenta principalmente por meio da busca rigorosa do princípio da probidade intelectual, o qual exige que, sobretudo, sejam levados a sério e devidamente ponderados os argumentos e resultados que contradizem a própria convicção e posição (Weber, 1988; cf. também Müller, 2020, p.58ss.). Em relação à crise do coronavírus, isso significa, como se em alto-mar e aberto a todo momento a revisões, recorrer a tudo o que, à luz do conhecimento sociológico existente sobre a sociedade, contribui, por intermédio dos conceitos teóricos disponíveis, para compreender a situação de crise, suas consequências, a dinâmica e os desenvolvimentos que ela revela. As sugestões de interpretação assim geradas possuem necessariamente um caráter *ad hoc*: amanhã, outro desenvolvimento, um novo evento ou uma nova descoberta

11 Devo essa referência a Richard A. Brand, que, em sua excelente dissertação de mestrado sobre *Sociologia pública entre autonomia e engajamento* (FSU Jena, 2020), reexplorou as possibilidades e os limites de uma "sociologia pública" e, ao fazê-lo, retoma o caminho de Burawoy de volta a Weber.

podem fazer com que a interpretação pareça antiga ou falsa. Como já dito, elas não se veem como conhecimento sacrossanto, e sim como o que são, ou seja, interpretações que não apenas enfrentam críticas constantes no discurso público, como também se esforçam diretamente para serem modificadas por objeções e contradições e, assim, tornarem-se "melhores explicações". Dessa forma, as análises sociológicas contribuem para essas "explicações" nas sociedades modernas que, por fim, se tornam autointerpretações sociais eficazes e socialmente operativas e se coagulam em (novas) instituições. Os sociólogos têm, sobre outros grupos populacionais (também, por exemplo, sobre políticos e jornalistas), a vantagem de que os recursos para cumprir essa tarefa lhes são fornecidos pela própria sociedade: eles têm o tempo, têm (pelo menos na posição de professores) um salário seguro, têm acesso a todos os bancos de dados e recursos intelectuais, têm o *know-how* metodológico e os meios teóricos para desenvolver essas propostas de interpretação em uma base sólida, à luz de todos os dados disponíveis e dos "problemas culturais prementes", e, ademais, têm a reputação necessária para serem ouvidos em suas percepções. Uma sociologia que agora se cala, em minha opinião, não é digna desses recursos.

Para desenvolver uma "melhor explicação" da crise atual (ainda que sempre provisória), duas perguntas fundamentais precisam ser respondidas: 1) Para onde a sociologia precisa olhar se quiser entender a dinâmica que se desenrola? 2) (Como) ela pode ajudar os atores sociais a encontrarem uma saída criativa para a crise? Ela pode e deve se posicionar normativamente à luz de alternativas concebíveis? É claro que, aqui, essas questões não poderão ser discutidas de maneira exaustiva. Contudo, gostaria de oferecer algumas reflexões sobre ambos os pontos, que, em sua totalidade, buscam o duplo objetivo de, primeiramente, contribuir para a formulação de uma "melhor explicação" atual e, em segundo lugar, mostrar o que, na atualidade, a sociologia pode e deve fazer.

5.1. Para onde olhar?

A pandemia do coronavírus pegou a sociedade despreparada e de surpresa, apesar de alguns avisos isolados, influenciando-a e mudando-a seriamente de um dia para o outro em todos os níveis operacionais, desde a política global até as ações cotidianas mais íntimas. As perguntas óbvias que os jornalistas fazem repetidamente aos sociólogos, em consequência, são: *O que está acontecendo conosco? O que está acontecendo com a sociedade? Como será após a crise?* Minha primeira resposta, baseada, naturalmente, em meus trabalhos preliminares, foi em março de 2020: *Estamos em um processo de desaceleração sem precedentes históricos.* As reações que recebi à época, em especial de colegas, me surpreenderam e, em parte, me intrigaram. O diagnóstico de desaceleração foi difamado como fantasia política romântica de um certo meio[12] ou, pior ainda, como uma ideologia retrógrada que leva a uma nova "terceira alternativa" entre demagogos de direita e nostálgicos de esquerda contra a emancipação e o progresso (Balzer, 2020). No geral, a descrição da situação estaria errada; a desaceleração ocorreria apenas para as classes média e alta, que estariam saturadas. Klaus Dörre reforçou essa mesma opinião quando me acusou de dar "uma perspectiva individual a partir dos meios saturados", cuja generalização "só poderia ser percebida como cínica por todos aqueles que sofrem maciçamente com as restrições" (Dörre, 2020c).

Além do fato de essas acusações visarem à difamação moral (o professor rico pensa apenas em si mesmo) e ao descrédito intelectual (o professor rico também é suficientemente tolo para generalizar sua própria perspectiva), elas são factualmente ingênuas e falsas em um sentido que é altamente significativo para o ponto em discussão aqui, pois, em termos da crise do coronavírus, a desaceleração não é um conceito normativo ou uma fantasia, de direita ou de esquerda, porém, como já argumentei, um simples fato. Quando as pessoas são demitidas de seus empregos e presas em suas casas por meio de toques de recolher, esta certamente não é uma situação positiva, mas, ainda assim, é uma forma de imobilização em termos de mobilidade física e produtividade econômica. E quando inúmeras cadeias de processos foram interrompidas em escala global, isso resultou em uma liberação maciça e sem precedentes de recursos de tempo anteriormente restritos. Mesmo que esses recursos de tempo tenham sido novamente consumidos, em muitos lugares, por novas tarefas e desafios, isso levou à experiência generalizada de uma desaceleração (embora temporária), pois as agendas em muitos ambientes foram esvaziadas de modo sucessivo, em vez de preenchidas,

12 Armin Nassehi no programa "Tagesthemen" [Temas do dia] da emissora de televisão alemã ARD em 1º abr. 2020.

o que, para muitos atores, foi um fenômeno substancialmente novo. Para uma análise adequada das condições existentes, seria uma atitude ilegítima declarar como irrelevantes essa experiência e esses fatos, apontando que também haveria situações ou meios sociais nos quais, agora, o tempo estaria se tornando escasso e estaria ocorrendo um aumento do estresse (o que, sem dúvida, é verdade, pois os recursos de tempo liberados foram distribuídos de forma muito desigual em termos de estrutura social e, dependendo da posição, também foram vivenciados de maneira muito diferente, ou seja, como uma ameaça existencial ou como uma agradável pacificação).[13] Tal atitude conquista instantaneamente a simpatia do público, uma vez que sinaliza atenção e apreço pelos socialmente mais vulneráveis. Essa atenção é decerto justificada, e uma interpretação da crise do coronavírus que não levasse em conta o sofrimento, com especial intensidade entre aqueles que foram forçados a enfrentar dificuldades existenciais econômicas, físicas ou psicossociais não seria uma "melhor explicação". Tampouco o seria, porém, uma interpretação tão fixada nesse sofrimento que se sentiria compelida a ignorar[14] ou até mesmo negar os processos e fenômenos reais de desaceleração e, com eles, as experiências, percepções e interpretações de outras camadas sociais. Um partidarismo *normativo* unilateral para os desfavorecidos pode certamente ser justificado do ponto de vista de algumas abordagens sociológicas – como a teoria crítica, à qual eu mesmo me associo, ou também a "sociologia pública" no sentido de Burawoy. Por outro lado, um estreitamento unilateral da perspectiva analítica visando apenas à realidade experiencial das classes desprivilegiadas pode ser retoricamente justo, mas do ponto de sociológico

---

13 De fato, é possível demonstrar que, em uma sociedade que só consegue se estabilizar dinamicamente, a ausência de crescimento econômico eleva a longo prazo as pressões por intensificação e otimização e, portanto, também os fatores produtores de estresse, sobretudo para as classes desprivilegiadas: dentro dessas estruturas a desaceleração não é uma solução, mas um fenômeno disfuncional.

14 Isso incluiu, por exemplo, o fato de que a curva diária do estado de espírito da população, que, há cinco anos, vem sendo pesquisada pelo jornal *Die Zeit* e é medida quando os leitores clicam para indicar se estão bem ou não, mostrou pela primeira vez em sua história, durante a crise do coronavírus, uma oscilação positiva significativa: o número de pessoas que declararam estar bem aumentou em meados de março de 2020, ou seja, exatamente no pico das restrições, de 66%, índice quase invariavelmente constante, para mais de 74% e, em seguida, apenas diminuiu novamente muito pouco. Decerto esse índice só se refere ao estado de espírito dos leitores do *Die Zeit*, mas ele é analiticamente tão relevante quanto a infelicidade de outros grupos populacionais (Morasch, 2020).

é simplesmente pouco profissional: como mostrarei em seguida, isso leva a propostas distorcidas de interpretação, em detrimento precisamente daqueles que se acredita estar defendendo.

É claro que uma interpretação da crise como desaceleração seria, além disso, incompleta se não levasse em conta a tendência contrária simultaneamente manifesta da aceleração digital: enquanto a dinâmica físico-material desacelerou e o raio de movimento de muitas pessoas se restringiu a um pequeno circuito em torno de seu local de residência, em muitas áreas os eventos, as produções e as interações digitais aumentaram em larga escala. Uma "melhor explicação" da pandemia, como mostrado, poderia interpretar esse fato em termos da visão de Virilio de uma inércia frenética: enquanto a mobilidade física ficou paralisada, os fluxos de dados correram na velocidade da luz. Ademais, uma proposta de interpretação sociológica estruturalmente sensível da pandemia teria que levar em conta a circunstância, já discutida acima, de que o papel do Estado (nacional) na vida social mudou drasticamente durante a crise. A integração desses dois aspectos em uma única "melhor explicação" teria então que partir do fato de que não foi o vírus que criou o efeito de frenagem, mas sim a reação política a ele (com o apoio da maioria de todas as populações). Para entender os recursos motivacionais dessa reação, a sociologia deve combinar a perspectiva analítica da "terceira pessoa", que descreve os eventos sociais, por assim dizer, "de fora", com base em dados mensuráveis, com a perspectiva dos estudos culturais da "primeira pessoa", ou com uma perspectiva da teoria da ação. Minha própria sugestão aqui é que essa reação pode ser interpretada como uma tentativa desesperada de *disponibilização* (médica, técnica, política) do vírus como um fenômeno que simboliza uma indisponibilidade quase monstruosa e, como tal, incorpora o pesadelo da modernidade (Rosa, 2020). Essa tentativa de uma "melhor explicação" nunca será completa e nunca poderá ser única: as autointerpretações sociais estão sempre evoluindo na disputa discursiva de perspectivas heterogêneas. No entanto, é tarefa da sociologia fornecer recursos argumentativos para essa disputa e ajudar a garantir que as interpretações dominantes e, em última análise, poderosas, não se tornem reducionistas, pouco diferenciadas ou ideológicas.

5.2. Como interpretar? Contribuir para quê?

Se aplicarmos à crise persistente (e perpetuada por fatores outros como a mudança climática e a guerra na Ucrânia) o modelo desenvolvido por Kuhn de uma alternância entre longas "fases normais" sociais, nas quais as cadeias de processos são operacionalmente fechadas, de modo que as ações dos atores seguem rotinas fixas e habituais, e fases de crise tendencialmente "revolucionárias", nas quais essas regras de repente não mais se aplicam e os padrões habituais de reação ficam perturbados ou não causam impacto algum, então, conforme exposto acima, é inevitável que não se saiba o que acontecerá em seguida – e que a maneira pela qual as cadeias de processos continuam depende também de acasos e da tomada de decisões. O próprio Kuhn fala em uma situação de possíveis mudanças de paradigma, mesmo na ciência, de processos de "conversão" e "persuasão das massas" que não mais seguem algoritmos fixos (cf. Kuhn, 1989, p.105-6 e 168). Em suma, trata-se de uma questão de *ação política* se a sociedade, após a pandemia, retoma a longo prazo o antigo caminho da estabilização dinâmica ou, então, toma um novo caminho no sentido da "natalidade". Isso significa que, obviamente, não pode haver um método sociológico para decidir a disputa sobre a direção a ser tomada. Porém, o que a sociologia pode muito bem fazer é uma "discussão e uma interpretação axiológicas" no sentido de Max Weber, que viu a tarefa pública mais elevada da disciplina em fornecer *clareza* analítica em uma situação social confusa sobre o que está em jogo e sobre as possíveis alternativas (Weber, 1988, p.510ss.).

Especificamente relacionado à situação atual, isso implica uma missão para a sociologia, qual seja, destacar a alternativa entre retornar ao antigo caminho e ousar uma reinvenção criativa e, em especial, alertar sobre o fato de que o paradigma operacional predominante de estabilização dinâmica se encontrava em grandes dificuldades mesmo antes da crise do coronavírus e foi confrontado com uma série de graves situações problemáticas. A constante pressão voltada para o crescimento, a aceleração e a inovação, que vêm atuando há séculos, gerou uma realidade social caracterizada, em todos os níveis operacionais, por um modo de *agressão* e os correspondentes fenômenos de crise. Assim, pode-se perfeitamente afirmar que a relação mundial dominante na modernidade tardia, baseada na intensificação, causa um esgotamento (*burn out*) no nível micro e um aquecimento (*burn up*) no nível macro climático e no nível mesopolítico[15] e, além disso, gera uma injustiça gritante nos padrões de distribuição global de riquezas e riscos. Mas isso não é tudo: apesar do investimento cada vez maior em energia física, política e psíquica, as taxas de crescimento necessárias à estabilização dificilmente poderão ser alcançadas – às crises ecológicas, democráticas e psicológicas da modernidade tardia soma-se, por conseguinte, independentemente da pandemia, uma crise econômica pronunciada, que se manifesta, entre outros fatores, pelo fato de que mesmo as taxas de juros negativas, como uma anomalia capitalista manifesta, não são mais capazes de fornecer os suficientes impulsos de crescimento. Por isso, um retorno ao *status quo ante* após o esperado fim da crise do coronavírus nunca pareceu ser uma alternativa social promissora.

Porém, renomados representantes da área proclamam, com a mais profunda convicção, que a crise *não é uma oportunidade* de mudança e melhoria das condições sociais, sobretudo para os menos favorecidos, mas, ao contrário, é de se esperar um agravamento da situação destes, e, em conformidade com todo o conhecimento sociológico, o capitalismo será ainda mais brutal após a crise, o egoísmo do Estado-nação e do indivíduo será ainda maior, os conflitos de distribuição serão ainda mais intensos e a solidariedade será ainda menos provável. Mas tal visão me parece ser, do ponto de vista analítico, simplesmente falsa e, do ponto de vista político-normativo, desastrosa, pois ela contribui para, *em uma situação socialmente aberta, consolidar as condições existentes e legitimar "cientificamente" o retorno aos caminhos já trilhados*. Quem argumenta dessa forma corre o risco, mesmo que não intencional, de operar uma reificação, se não uma "reação": quem o faz, paralisa todos os impulsos sociais que pressionam por uma mudança de paradigma, mina todas as esperanças nesse sentido, deixa em abandono as pessoas no lado perdedor, essas próprias pessoas das quais supostamente se pretendia cuidar, e contribui para pacificá-las no exato momento em que seria possível uma mudança. Da torre de marfim das universidades e academias seria, então, transmitida a mensagem: *Vão para casa, não há chance de melhorar*

15 Aqui me refiro ao projeto do Conselho Europeu de Investigação *The Age of Hostility: Understanding the Nature, Dynamics, Determinants, and Consequences of Citizens's Electoral Hostility in 27 Democracies* [A era da hostilidade: entendendo a natureza, a dinâmica, os determinantes e as consequências da hostilidade eleitoral dos cidadãos em 27 democracias], liderado pelo cientista político britânico Michael Bruter, da London School of Economics.

sua sina, tudo ficará ainda muito pior. Isso não é "sociologia pública", parece-me quase um cinismo acadêmico: uma rejeição de qualquer esperança de melhoria, formulada como uma crítica incisiva, promove a restauração.

Portanto, em minha opinião, o que Richard J. Bernstein constatou para as ciências sociais, já em 1976, aplica-se de forma plena, à luz da crise do coronavírus, às duas posições teóricas delineadas anteriormente, a teoria dos sistemas e a abordagem determinista estrutural da teoria da dominação:

> Tem havido, na ciência social dominante, uma tendência esmagadora à reificação, a tomar erroneamente padrões sociais e políticos historicamente condicionados por uma realidade bruta imutável, que se encontra simplesmente "lá fora" para ser confrontada. [...] Tem havido uma tendência a generalizar a partir de regularidades de um paradigma moral vigente e a afirmar que estamos descobrindo leis universais [...]. O defeito mais sério nesse esforço são [...] as bases ideológicas ocultas [...] que têm consequências perniciosas ao limitar a imaginação humana e as possibilidades políticas e sociais. (Bernstein, 1976, p.106)

Uma sociologia responsável a serviço da clareza weberiana, em vez disso, se concentraria na dupla lacuna revelada pela crise do coronavírus entre a relevância do sistema ou a dinâmica da intensificação imposta economicamente, por um lado, e a relevância da reprodução ou da vida, por outro, bem como entre um fenômeno de crise global (o vírus SARS-CoV-2), por um lado, e as reações limitadas do Estado-nação a ele, por outro, promovendo assim a liberação e a implantação de recursos criativos de configuração social para uma mudança de paradigma. Parte dessa análise é apontar que o paradigma dominante da sociedade entrou em uma crise profunda, que já existia antes da covid-19, mas que se manifestou com a pandemia, de forma que o modo normal operacional foi suspenso em muitas áreas, motivo pelo qual é dada *agora* a oportunidade de uma mudança de caminho. A reação à crise demonstrou de maneira impressionante que, para tanto, há um instrumento eficaz disponível na forma do Estado capaz de agir. Somente uma sociologia desse tipo seria capaz de contribuir indiretamente para melhorar o destino das classes subalternas, dos pobres, oprimidos e privados de direitos, que são os que mais sofrem com a crise, e permitir que eles se tornem sujeitos políticos eficazes.

Referências bibliográficas

ARENDT, H. (1994). *Vita Activa oder Vom tätigen Leben.* Munique: Piper.

BALZER, J. (2020). Querfront der Entschleunigung. *Zeit online,* 6 abr. 2020. Disponível em: https://www.zeit.de/kultur/musik/2020-04/achtsamkeit-corona-krise-andreas-gabalier-hartmut-rosa. Acesso em: jun. 2020.

BERNSTEIN, R. J. (1976). *The Restructuring of Social and Political.* Nova York: Harcourt Brace Jovanovich.

BORCHERT, J.; LESSENICH, S. (2016). *Claus Offe and the Critical Theory of the Capitalist State.* London: Routledge.

BURAWOY, M. (2015). *Public Sociology*: Öffentliche Soziologie gegen Marktfundamentalismus und globale Ungleichheit. Weinheim: Beltz Juventa.

DAMBECK, H.; TACK, A. (2020). Die Welt kommt zum Stillstand. *Der Spiegel,* 25 mar. 2020. Disponível em: https://www.spiegel.de/wirtschaft/corona-krise-massive-rueckgaenge-im-flug-schiffs-und-autoverkehr-a-c859587d-6ca6-439b-a420-f0583741170c. Acesso em: jul. 2020.

DÖRRE, K. Ausnahmezustand. (2020a). Zur politischen Ökonomie einer Seuche. *Zeitschrift für sozialistische Politik und Wirtschaft,* n.237, p.26-32.

______. (2020b). Die Corona-Pandemie: Kein Sprungbrett in eine Postwachstumsgesellschaft. In: VOLKMER, M.; WERNER, K. (org.). *Die Corona-Gesellschaft*: Analysen zur Lage und Perspektiven für die Zukunft. Bielefeld: transcrição, p.311-22.

______. (2020c). Nicht jede Krise ist eine Chance. *Jacobin,* 17 abr. 2020. Disponível em: https://jacobin.de/artikel/klaus-dorre-corona-krise-chance/. Acesso em: jun. 2020.

______. (2020d). Die Corona-Pandemie – eine Katastrophe mit Sprengkraft. *Berliner Journal für Soziologie,* ano 30, p.165-90.

FORSA. (2019). Klimawandel ist für die meisten Deutschen das größte Problem. Ergebnisse einer Forsa-Umfrage. *Die Zeit,* 19 ago. 2019. Disponível em: https://www.zeit.de/gesellschaft/zeitgeschehen/2019-08/klimaschutz-herausforderung-klimawandel-deutschland-trendbarometer-umfrage. Acesso em: jun. 2020.

FRIEDELL, E. (2007). *Kulturgeschichte der Neuzeit.* 2.ed. Munique: Beck.

GIDDENS, A. (1977). *Studies in Social and Political Theory.* Nova York: Basic Books.

GOLDSTONE, J. A. (1998). Initial Conditions, General Laws, Path Dependence, and Explanation in Historical Sociology. *American Journal of Sociology,* n.104, p.829-45.

GUTTING, G. (org.). (1980). *Paradigms and revolutions*: Appraisals and Applications of Thomas Kuhn's Philosophy of Science. Notre Dame: Notre Dame University Press.

HABERMAS, J. (1973). *Legitimationsprobleme im Spätkapitalismus.* Frankfurt a. M.: Suhrkamp.

______. (1981). *Theorie des Kommunikativen Handelns.* v.1: *Handlungsrationalität und gesellschaftliche Rationalisierung.* Frankfurt a. M.: Suhrkamp.

______. (2020). Jürgen Habermas über Corona: "So viel Wissen über unser Nichtwissen gab es noch nie". Entrevista de Markus Schwering. *Frankfurter Rundschau,* 7 abr. 2020, atualizado em 15 abr. 2020. Disponível em: https://www.fr.de/kultur/gesellschaft/juergen-habermas-coronavirus-krise-covid19-interview-13642491.html. Acesso em: jun. 2020.

JOAS, H. (1992). *Die Kreativität des Handelns*. Frankfurt a. M.: Suhrkamp.

KNÖBL, W. (2010). Path Dependency and Civilizational Analysis. Methodological Challenges and Theoretical Tasks. *European Journal of Social Theory*, n.13, p.83-97.

KUHN, T. S. (1989). *Die Struktur wissenschaftlicher Revolutionen*. Frankfurt a. M.: Suhrkamp.

LE QUÉRÉ, C. et al. (2020). Temporary Reduction in Daily Global CO_2 Emissions during the COVID-19 Forced Confinement. *Nature Climate Change*, n.10, p.647-53.

LECOCQ, T. et al. (2020). Global Squealing of High-Frequency Seismic Noise due to COVID-19 Pandemic Lockdown Measures. *Science*, n.369, p.1338-43.

LESSENICH, S. (2016). *Neben uns die Sintflut. Die Externalisierungsgesellschaft und ihr Preis*. Berlim: Hanser.

______. (2020). Die 'Sparsamen Vier' sind der Inbegriff von Asozialität. Entrevista de Jörg Schindler com Stephan Lessenich. *Der Spiegel*, 5 jun. 2020. Disponível em: https://www.spiegel.de/politik/ausland/corona-und-europaeische-solidaritaet-die-sparsamen-vier-sind-schlicht-der-inbegriff-von-asozialitaet-a-7dcdc93e-2150-47a7-ae21-ea095748248d. Acesso em: jun. 2020.

LUHMANN, N. (1986). *Ökologische Kommunikation*. Wiesbaden: Westdeutscher Verlag.

MARX, K.; ENGELS, F. (1973 [1845/6]). Die deutsche Ideologie. In: MARX, K.; ENGELS, F. *Werke (MEW)*, v.3. Berlim: Dietz.

MEADOWS, D. H.; MEADOWS, D. L.; ZAHN, E.; MILLING, P. (1972). *Die Grenzen des Wachstums*: Bericht des Club of Rome zur Lage der Menschheit. Stuttgart: Deutsche Verlags-Anstalt.

MORASCH, V. (2020). Warum so glücklich? *Time online*, 13 maio. 2020. Disponível em: https://www.zeit.de/2020/21/stimmungskurven-corona-krise-entschleunigung-stressabbau-ruhe-glueck. Acesso em: jun. 2020.

MÜLLER, H.-P. (2020). *Max Weber. Eine Spurensuche*. Berlim: Suhrkamp.

NASSEHI, A. (2020a). *Es geschieht gerade etwas, von dem wir immer gesagt haben: Das geht nicht*. Entrevista de Tobias Rapp com Armin Nassehi. *Der Spiegel*, 1º abr. 2020. Disponível em: https://www.spiegel.de/kultur/soziologe-ueber-corona-ich-freue-mich-wenn-die-normalen-krisen-wieder-da-sind-a-72abdc71-b2a3-4bdf-9964-c34ff33e24b8. Acesso em: abr. 2020.

______. (2020b). *Das große Nein*: Eigendynamik und Tragik des gesellschaftlichen Protests. Hamburgo: Edition Kursbuch.

OFFE, C. (2006 [1972]). *Strukturprobleme des kapitalistischen Staates*. Frankfurt a. M.: Campus.

OXFAM. (2017). *8 Männer besitzen so viel wie die ärmere Hälfte der Weltbevölkerung*. Disponível em: https://www.oxfam.de/ueber-uns/aktuelles/2017-01-16-8-maenner-besitzen-so-viel-aermere-haelfte-weltbevoelkerung. Acesso em: jun. 2020.

PIKETTY, T. (2016). *Das Kapital im 21*: Jahrhundert. Munique: Beck.

PRISCHING, M. (2018). Vortragserfahrungen – über vertane Chancen der Öffentlichen Soziologie. In: SELKE, S.; TREIBEL, A. (org.). *Öffentliche Gesellschaftswissenschaften. Grundlagen, Anwendungsfelder und neue Perspektiven*. Wiesbaden: Springer VS, p.147-67.

RASCHKE, J. (1980). Politischer Paradigmenwandel in den westlichen Demokratien. In: ELLWEIN, T. (org.). *Politikfeld-Analysen 1979*. Opladen: Westdeutscher Verlag, p.284-99.

ROSA, H. (1995). Paradigma und Wertbeziehung. Zu Sinn und Grenzen des Paradigmenkonzeptes in den Sozialwissenschaften. *Logos. Zeitschrift für systematische Philosophie*, Neue Folge, n.2, p.59-94.

______. (2012). *Weltbeziehungen im Zeitalter der Beschleunigung*. Berlim: Suhrkamp.

______. (2020). Wir können die Welt verändern. *Time online*, 28 abr. 2020. Disponível em: https://www.zeit.de/2020/19/corona-pandemie-oekonomie-zukunft-klimakrise. Acesso em: maio 2020.

SOMMER, B.; WELZER, H. (2014). Ökologie: Klimawandel, Knappheiten und Transformationen im Anthropozän. In: LAMLA, J.; LAUX, H.; ROSA, H.; STRECKER, D. (org.). *Handbuch der Soziologie*. Constança: UVK, p.419-32.

STRECKER, D. (2013). Rückkehr der Krisentheorie? Ein Blick voraus auf Claus Offes Frühwerk. *Zeitschrift für Politische Theorie*, n.4, p.247-53.

TAYLOR, C. (1975). Interpretation und die Wissenschaft vom Menschen. In: TAYLOR, C. *Erklärung und Interpretation in den Wissenschaften vom Menschen*. Frankfurt a. M.: Suhrkamp, p.154-219.

VIRILIO, P. (1980). *Geschwindigkeit und Politik*: Ein Essay zur Dromologie. Berlim: Merve.

______. (1992). *Rasender Stillstand*: Essay. Munique: Hanser.

______. (1994). *Krieg und Kino*: Logistik der Wahrnehmung. Frankfurt a. M.: Fischer.

WAGNER, P. (2018). *Fortschritt*: Zur Erneuerung einer Idee. Frankfurt a. M.: Campus.

WEBER, M. (1988 [1917]). Der Sinn der "Wertfreiheit" der soziologischen und ökonomischen Wissenschaften. In: WEBER, M. *Gesammelte Aufsätze zur Wissenschaftslehre*. Tübingen: Mohr, p.489-540.

WOLIN, S. S. (1969). Political Theory as a Vocation. *American Political Science Review*, n.63, p.1062-82.

______. (1980). Paradigms and Political Theories. In: GUTTING, G. (org.). *Paradigms and Revolutions*: Appraisals and Applications of Thomas Kuhn's Philosophy of Science. Notre Dame: Notre Dame University Press, p.160-91.

2
Caminhar em duas pernas: o marxismo negro e o cânon sociológico

Michael Burawoy[*]

Depois de anos de "ciência normal" e profissionalismo crescente, a sociologia está começando a se retorcer em suas raízes. E a árvore está tremendo. Uma fonte de entusiasmo é a entrada, há muito esperada, de W. E. B. Du Bois, agora no centro do debate sociológico. Aldon Morris tornou-se uma figura fundamental na promoção de Du Bois, tanto em seu livro de 2015, *Scholar Denied* [Acadêmico negado], quanto como presidente da American Sociological Association [Associação Americana de Sociologia], entre 2020 e 2021. Mas depois dele há muitos outros, inclusive uma nova geração de sociólogos, engajados no projeto de "descolonizar" a sociologia. Um centro de insurgência é a Brown University, onde José Itzigsohn, juntamente com colegas e alunos, tem sido um importante catalisador. No recente simpósio da Brown organizado por ele, minha própria incursão no mundo de Du Bois foi recebida com críticas de Jordanna Matlon e Freeden Blume Oeur, cujos artigos aparecem nesta edição da *Critical Sociology*.[1]

Esta não é a primeira vez que a sociologia é perturbada por uma insurgência. No final da década de 1960 e na década de 1970, a entrada do marxismo

---

* Professor na Universidade de Berkeley, Califórnia, nos Estados Unidos. O presente capítulo foi previamente publicado em língua inglesa na revista *Critical Sociology*, v.48, n.4-5, 2022, p.571-86.

1 *Decolonizing Sociological Theory and Knowledge*, Brown University, 22 out. 2021.

e do feminismo levou a sociologia da crise à renovação. Da mesma forma como aconteceu com o marxismo e o feminismo, hoje os movimentos sociais em busca de justiça social, especialmente justiça racial, produziram ondas de choque em todo o meio acadêmico dos Estados Unidos. Assim como a revista *The Insurgent Sociologist* abrigou uma sociologia crítica na década de 1970, agora sua descendente, a *Critical Sociology*, abriga debates sobre novos rumos da sociologia, sob a direção empreendedora de seu editor, David Fasenfest.

Embora a teoria crítica da raça tenha se infiltrado em outras disciplinas, e embora a década de 1970 tenha visto movimentos sociais militantes exigindo justiça racial, seja ela integracionista ou separatista, ainda assim a sociologia da raça – com notáveis exceções – não passou por uma radicalização substancial ou duradoura. Pessoas como Frantz Fanon, C. L. R. James, Walter Rodney, Oliver Cromwell Cox – todos de origem sociológica – e, acima de tudo, W. E. B. Du Bois raramente entravam nos cursos básicos. Isso agora está mudando. A questão não é mais se devemos levar Du Bois a sério, mas como levá-lo a sério.

Indiscutivelmente, Du Bois foi um dos maiores intelectuais públicos do século XX – o primeiro afro-americano a receber um doutorado em Harvard, estudante de doutorado na Universidade de Berlim e duas vezes professor na Universidade de Atlanta. Ele foi poeta, romancista e editor, além de acadêmico.

Ele era pan-africanista, socialista, líder dos direitos civis, ativista da paz e simpatizante do comunismo. Como sabemos pela bibliografia sempre em expansão de biografias e comentários de Du Bois, nenhum esboço isolado – curto ou longo – pode fazer justiça a seus talentos, sua originalidade e sua independência como sociólogo e historiador. Como acadêmico, ele transformou nossa compreensão da Guerra Civil e da Reconstrução, desenvolveu uma abordagem global e anticolonial para a articulação de raça e classe, bem como de gênero. Como sociólogos, deparamo-nos com a questão: O que fazer com Du Bois?

Todos nós três – eu, Jordanna Matlon e Freeden Blume Oeur – concordamos que a sociologia há muito tempo precisa de uma sacudida de Du Bois, um movimento em direção à descolonização da disciplina. Mas cada um de nós propõe fazer isso de maneiras diferentes. Blume Oeur me apresenta, com razão, como um reformista. Delineei as versões entre Du Bois e as três figuras canônicas, Marx, Weber e Durkheim, obrigando, no processo, a uma releitura do cânone existente e a um endurecimento de Du Bois (Burawoy, 2021). No artigo original, "Decolonizing Sociology", concluí que o cânone ficaria radicalmente diferente após a inclusão de Du Bois, assim como ficou radicalmente diferente após a introdução de Marx na década de 1970. Sim, reforma, mas reforma com consequências revolucionárias ou, como André Gorz (1968) costumava dizer, reforma não reformista.

Jordanna Matlon (no prelo) se desespera com minhas conversas imaginárias de Du Bois com Marx, Weber e Durkheim. Ela escreve que o cânone não é apenas "fundamentalmente incompleto", mas "fatalmente falho". Sendo eurocêntrico, muitas vezes cego para raça e gênero, bem como para a ordem imperial na qual nasceu, o cânone é irremediável. Ele precisa ser abandonado. Essa é, de fato, uma posição revolucionária, mas a questão é como organizar essa revolução.

Blume Oeur (no prelo) é mais cauteloso. Em vez de dispensar o cânone, ele se baseia generosamente no que considera positivo em meu reformismo, ou seja, a centralidade do diálogo ou da conversa. Fazendo eco a Ali Meghji e Toni Morrison, ele considera que há muito a ganhar com a conversação. Ele ilustra esse ponto apresentando três conversas: Du Bois encontra Du Bois, Burawoy encontra Burawoy e Burawoy encontra Du Bois. Esses são diálogos íntimos, preocupados tanto com a reconstrução do teórico quanto com a reconstrução da teoria ou, como ele felizmente chama, "pós-sombra". Seu amplo envolvimento além das fronteiras disciplinares sugere que ele não tem interesse em colocar figuras canônicas em um pedestal. Ele perturba a sociologia – e aqui acho que ele está na mesma página que Matlon – ao romper as fronteiras disciplinares.

Minha resposta encontra Matlon e Blume Oeur no meio do caminho. Apesar de eu defender a ideia da sociologia como uma "disciplina" contestada de programas de pesquisa concorrentes e interdependentes, fundada em um diálogo entre figuras canônicas, admito prontamente que há sempre o perigo de colonizar novos membros como condição para sua entrada (Collins, 2016). Por muito tempo, de fato, a sociologia domesticou Du Bois ao reduzir seus escritos a *The Philadelphia Negro* [O negro da Filadélfia] (Du Bois, 1996a [1899]) e *The Souls of Black Folk* [As almas do povo negro] (Du Bois, 1989 [1903]), suprimindo o radicalismo dos últimos sessenta anos de sua vida prolífica. Com efeito, ao se concentrar nos primeiros Du Bois, no sociólogo profissional que construiu a Escola de Atlanta, e depois ao comparar Du Bois a Robert Park, *The Scholar Denied* (2015), de Aldon Morris, subestima o desafio de Du Bois para a sociologia.

Uma característica elementar, mas crucial, da "análise de conversação" é que a pessoa com quem se fala molda o resultado. Se Morris coloca Du Bois em uma conversa com Park, o resultado é um Du Bois empirista. Colocar Du Bois em uma conversa com Marx, Weber ou Durkheim não apenas empurra o último para uma análise do colonialismo e do imperialismo, mas também limita o Du Bois que emerge do diálogo. Portanto, é importante colocar os escritos de Du Bois não apenas em um diálogo transversal dentro da "disciplina" da sociologia, mas também localizá-lo em um segundo diálogo histórico dentro de uma "tradição" intelectual radical, seja ela uma tradição radical negra ou, como argumentarei, uma tradição marxista negra.

Chamo isso de andar sobre duas pernas. Colocar Du Bois em uma conversa com Marx, Weber e Durkheim traz o cânone para o século XXI e nos dá um Du Bois distintamente sociológico. Sua eficácia, no entanto, também depende de trazer à tona uma conversa separada de Du Bois com C. L. R. James, Frantz Fanon e Stuart Hall, entre outros. Essa tradição marxista negra é importante por si só, mas também reforça o diálogo canônico. Os dois diálogos estão eles mesmos em diálogo, assim como quando andamos dependemos de duas pernas que se movem em sincronia uma com a outra. Esse andar sobre duas pernas também foi uma característica da canonização de Marx na década de 1970. Por um lado, houve conversas marxianas que levaram à releitura de Durkheim – com foco em seu radicalismo embutido na perfeição da divisão do trabalho representada como uma espécie de socialismo de guilda, deslocando assim a teoria do consenso de valor – e à releitura de Weber, levando a um foco nas relações de dominação, descentralizando assim sua teoria da ação social. Por outro lado, os sociólogos marxistas também promoveram um marxismo sociológico que levou os escritos de Marx a novas direções, novas teorias do Estado, do processo de trabalho e da classe. Por exemplo, Erik Wright (1979) empreendeu uma crítica marxiana às visões weberianas de classe, mas, ao mesmo tempo, Wright (1978) estava conversando com marxistas sobre sua teoria de "localizações contraditórias de classe". Cada conversa fertilizou a outra. Meu próprio envolvimento com a sociologia industrial – ela própria influenciada por Weber e Durkheim – em *Manufacturing Consent: Changing in the Labor Process under Monopoly Capitalism* [Mudança no processo trabalhista sob o capitalismo monopolista] (Burawoy, 1979) fortaleceu e foi fortalecido por minhas conversas com o marxismo em *The Politics of Production: Factory Regimes under Capitalism and Socialism* [Regimes de fábrica sob o capitalismo e o socialismo] (Burawoy, 1985). O florescimento de ambos os diálogos dependia do florescimento de cada um. Eu poderia ter apresentado um argumento semelhante para a maneira como o feminismo entrou na sociologia – um debate dentro do feminismo sustentou um debate contra a sociologia.

Dessa forma, minha resposta a Matlon e Blume Oeur caminha sobre duas pernas. A primeira parte do artigo reafirma e expande a discussão dos diálogos canônicos por meio da inclusão de Du Bois, enquanto a segunda parte amplia os diálogos marxistas ao esboçar uma conversa entre Du Bois e Frantz Fanon.

Diálogos canônicos

Para que a sociologia seja uma disciplina que se desenvolva, é necessário que ela tenha fundamentos ou raízes a partir dos quais possa crescer. Isso é verdade para qualquer disciplina científica. A sociologia, contudo, é incomum, pois é fundada em figuras canônicas. Isso faz dela uma ciência turbulenta, até mesmo indisciplinada, precisamente porque dá voz a diferentes perspectivas que surgem na sociedade civil. A sociologia cresceu com o surgimento da sociedade civil na Europa do século XIX e nos Estados Unidos, adotando o ponto de vista da sociedade civil, uma esfera analiticamente distinta da economia e do Estado. Dentro desse ponto de vista, há uma multiplicidade de perspectivas, refletida nas relações antagônicas entre nossas figuras canônicas.[2]

Mas por que "figuras"? Por que teóricos em vez de teorias? Aqui, eu me baseio em C. Wright Mills, que definiu a sociologia como estando na intersecção da biografia e da história – a maneira como as pessoas fazem história, mas não sob condições de sua própria escolha. Ao examinar o trabalho de vida de intelectuais individuais, entendemos como suas ideias são forjadas, como são moldadas por circunstâncias históricas em transformação e como,

2 A teoria pós-colonial busca fundamentar a sociologia no contexto colonial que ela oculta, enquanto eu enraízo a sociologia na sociedade civil que ela afirma.

ao mesmo tempo, podem contribuir para essa mudança. Com relação a isso, W. E. B. Du Bois é o sociólogo arquetípico, pois tinha plena consciência de como suas ideias mudavam ao longo do tempo à medida que ele se envolvia com o mundo ao seu redor.[3] Marx, Weber e Durkheim não são tão autoconscientes para entender como suas ideias mudaram com o tempo, mas, como sociólogos, podemos realizar essa tarefa por eles.[4] É isso que queremos dizer quando afirmamos que a sociologia é uma ciência reflexiva, ou seja, uma ciência que reflete sobre as condições de sua própria produção.

Isso já é demais para os metafundamentos, mas por que Marx, Weber e Durkheim em particular? Matlon sugere que eles foram arbitrariamente retirados do início do século XX por Talcott Parsons e depois sustentados pelo poder, apesar de suas óbvias inadequações empíricas. Eles podem compartilhar uma visão comum de ação social, como argumentou Parsons, mas isso, afirma Matlon, é uma preocupação paroquial perto de sua incapacidade de abordar adequadamente as características definidoras da modernidade, em especial a opressão racial. Logo, está mais do que na hora de abandoná-las. Embora haja muita verdade no que ela diz, não acredito que seja toda a verdade. Se fosse o caso de o funcionalismo estrutural ser um corpo teórico totalmente arbitrário, então aqueles que o seguiram seriam discípulos irracionais sem sensibilidade crítica. Entretanto, é claro que ele atraiu algumas grandes mentes da época – Robert Bellah, Neil Smelser, Alex Inkeles, Seymour Martin Lipset, Edward Shils, e a lista continua, chegando até a geração seguinte, que inclui Jeffrey Alexander, Mark Gould, Victor Lidz e outros. Havia um núcleo de verdade na arquitetura da teoria parsonsiana – abordando a questão fundamental do que mantém a sociedade unida.

---

3 Outro arquétipo, sensível à intersecção da biografia e da história, é Simone de Beauvoir, curiosamente abandonada pelas feministas. Eles compartilham uma "sombra posterior" semelhante, ou seja, uma reconstrução contínua e a colocação da experiência vivida em seu contexto histórico mais amplo. Aqui estou pensando tanto em sua autobiografia em vários volumes, quanto em *O segundo sexo* (Beauvoir, 1989 [1949]). Este último tem suas partes biográficas e históricas, mas elas estão separadas uma da outra.

4 Seguindo um método "em contraponto" ["*contrapuntal*"] (Said, 1994), Bhambra e Holmwood (2021) fazem um excelente trabalho ao introduzir o contexto colonial, em grande parte ausente, nos escritos de figuras canônicas, e ao traçar as lições para uma sociologia contemporânea. Eles também adotam uma abordagem de conversação com vistas à reconstrução. No entanto, eles não consideram as tradições que esses teóricos canônicos geraram.

Teorização do cânone

Nossas figuras canônicas, em consequência, não são arbitrárias. No artigo original, propus que elas compartilham os quatro atributos a seguir:

- elas possuem uma teoria da história e, portanto, do futuro;
- elas possuem fundamentos morais que orientam o desenvolvimento de suas visões do passado e do futuro, muitas vezes utópicas;
- elas possuem metodologias originais que permitem que o cientista social compreenda o mundo, juntamente com estudos exemplares que dão origem a perspectivas originais;
- elas têm uma disposição crítica em relação à sociedade – sua reprodução e sua dinâmica – que é analiticamente separada do Estado e da economia.

Por trás desses atributos está uma teoria do cânone

Primeiro, *os teóricos canônicos estabelecem as bases para os programas de pesquisa que definem a sociologia* como a conhecemos. A ligação entre Marx, Weber e Durkheim, por um lado, e a pesquisa empírica, por outro, não é simples nem direta, mas existe. Como Arthur Stinchcombe (1982) argumentou, eles continuam sendo um ponto de referência contínuo por razões muito boas. Invertendo o famoso aforismo de Alfred North Whitehead (1916, p.413) – "uma ciência que hesita em esquecer seus fundadores está perdida" –, podemos dizer: uma sociologia que esquece seus fundadores está perdida. À medida que o cânone muda, os programas de pesquisa mudam de acordo. Assim, com a entrada de Marx no cânone, os focos de pesquisa também mudaram, e assim mudarão, é claro, com a entrada de Du Bois. As figuras fundadoras permanecem inspiradoras para a condução da pesquisa, de modo independente do conteúdo substantivo. Ao relermos Marx, Weber e Durkheim, descobrimos continuamente novos elementos em seu pensamento e novas conexões entre os elementos.

Segundo, *o cânone não é fixo, mas muda com o tempo.* O cânone tem sua própria história. A genialidade de Parsons (1937) foi romper com a pré-história incoerente da sociologia para criar uma disciplina inicialmente forjada a partir de uma convergência construída de Weber, Durkheim,

Marshall e Pareto, uma teoria antiutilitarista apresentada em *The Structure of Social Action*. Tanto a teoria voluntarista da ação quanto o funcionalismo estrutural que se seguiu não eram tão paroquiais quanto simplesmente muito gerais, ignorando as particularidades e a historicidade da sociedade. Mesmo nas mãos de Parsons, o cânone mudou: Marshall e Pareto foram abandonados, deixando-nos com Weber e Durkheim, com Freud à espreita nas sombras.

Como Alvin Gouldner (1970) demonstrou em *The Coming Crisis of Western Sociology*, os pressupostos e as questões da teoria parsonsiana estavam fora de sincronia com a turbulência da época – as lutas pelos direitos civis, o movimento das mulheres, o movimento antiguerra das décadas de 1960 e 1970. Isso acabaria por levar ao desaparecimento de Parsons e à canonização de Marx, porém isso não aconteceu de forma espontânea. Foi o resultado de uma luta dentro da disciplina, entendida como um campo de poder – uma luta em parte julgada por, mas não redutível à correspondência ou falta de correspondência com os movimentos sociais da época. Hoje, entramos em outro período de luta sobre a inclusão de Du Bois, que deveria causar tremores em nossa disciplina.[5]

Terceiro, *o cânone é um conjunto de relações entre teorias que se desenvolvem por meio do diálogo*. O cânone não é um conglomerado de teóricos ou teorias discretas e desconectadas. Não se pode adicionar aleatoriamente um novo teórico, supondo que o restante permanecerá o mesmo. Eles estão dinamicamente interconectados. A genialidade da teoria voluntarista da ação social está na capacidade de Parsons de mostrar uma convergência fortuita nas teorias de ação de quatro grandes cientistas sociais. Essa teoria da ação poderia com facilidade corresponder ao mundo, dado seu nível de abstração, mesmo que não tratasse explicitamente de "raça".[6] Igualmente problemática foi a maneira como ela procurou unificar a sociologia e, de fato, a ciência social em torno de

5 O feminismo tem tido uma relação ambígua com o cânone, talvez porque tenha recusado um único representante de sua tradição, forçando sua entrada na sociologia como um movimento social com múltiplos representantes. Deixado de lado, o feminismo desenvolveu uma antipatia pela canonização. Não é de surpreender que Raewyn Connell, por exemplo, seja ao mesmo tempo uma importante feminista e iconoclasta do cânone. Apesar da ausência de uma "revolução feminista" na sociologia (Stacey e Thorne, 1985), pode-se dizer que o feminismo teve um impacto permanente no campo como uma teoria crítica (Ray, 2006). Ainda não se sabe se Du Bois será de fato canonizado e, nesse caso, se ele poderá abrir as portas para o feminismo.

6 Quando Parsons (1965) finalmente abordou a questão da raça, ele tendeu a enfatizar o progresso e a inclusão.

uma única estrutura. Como argumentei anteriormente, a sociologia como um todo tem como ponto de vista as perspectivas conflitantes encontradas na sociedade civil. Ela é composta por programas de pesquisa concorrentes e, muitas vezes, antagônicos, que disputam poder e apelo. O domínio de um deles com a exclusão de todos os outros indica uma ordem totalitária e, portanto, esse domínio não pode perdurar em uma sociedade pluralista.

A entrada de Marx pôs fim à ideia de convergência e estabeleceu a importância do diálogo entre concorrentes ou antagonistas – diálogos que levaram a uma releitura de cada um, como indiquei antes. Nessa visão, a tarefa não é simplesmente "acrescentar" Du Bois, mas colocar Du Bois em diálogo com Marx, Weber e Durkheim. Essa reabertura da disciplina equivale a um rejuvenescimento, e veremos quem sobreviverá.

O que devemos fazer com o cânone?

Ao apresentar uma teoria do cânone – fundacional, dinâmica e relacional –, eu implicitamente apresentei um argumento para sua retenção. Esta não é a única perspectiva. De fato, há uma série de respostas. Profundamente investidos no cânone original de Marx, Weber e Durkheim, alguns não fazem concessões; outros acrescentam uma variedade de figuras ao núcleo, transformando os cursos de teoria em uma mistura eclética. Essa é uma ação de retaguarda.[7] Uma segunda abordagem para o cânone é se retirar dele. Os positivistas consideram que a teoria social do século XIX já foi superada há muito tempo pela pesquisa contemporânea, tanto no tópico quanto no método. Aqui, também encontramos teóricos pós-coloniais que consideram a troica profundamente falha em virtude de sua episteme colonial, seu eurocentrismo. Isso não envolve necessariamente a rejeição de figuras canônicas; elas podem se tornar parte de um espectro inclusivo junto com outros teóricos, o que Julian Go (2016) chama de *realismo perspectival*. Raewyn Connell (2007) faz algo semelhante ao promover a teoria sul-ocidental. Nessa visão, não há tentativa de julgar entre teoria boa e ruim. Uma terceira abordagem é

7 Em seu estudo sobre cursos de pós-graduação em teoria, Markovsky (2008) mostra que Marx, Weber e Durkheim continuam sendo fundamentais, mas há pouco consenso sobre quem mais deveria ser incluído.

revolucionária, em outras palavras, a substituição do cânone antigo por um novo cânone. Aqui, podemos encontrar a sociologia du boisiana de Itzigsohn e Brown (2020). Certamente, havia marxistas e feministas na década de 1970 que queriam substituir o cânone antigo por um totalmente novo.

A quarta posição, que é a que eu prefiro, é reconstruir o cânone. Ela envolve considerar um novo candidato ao colocá-lo em diálogo com o cânone existente.[8] Ou seja, o que propus em meu artigo original (Burawoy, 2021): um primeiro diálogo que mostrava ideias paralelas de Durkheim e do início de Du Bois; um segundo diálogo que mostrava a divergência das ideias de Weber e Du Bois; e um terceiro diálogo no qual Du Bois apresenta uma nova estrutura marxista. Não posso repetir essas conversas aqui.

Blume Oeur e Meghji (2021) concordam – as conversas são essenciais para uma sociologia decolonial. Em um mundo conflituoso, os monólogos são sempre imperiais. Mas e quanto aos resultados do diálogo? Como concluí, Du Bois levanta cinco desafios ao cânone sociológico convencional: uma ciência explicativa que adote uma perspectiva global e histórica sobre o capitalismo, centrada na raça e na classe, começando com o tráfico de escravizados e continuando com o colonialismo e o imperialismo; uma ciência moral que ofereça uma dimensão utópica e que exija uma análise antiutópica dos limites mutáveis do possível; uma ciência reflexiva que coloque os cientistas sociais dentro do mundo que estudam, bem como dentro de campos de investigação contestados; uma ciência interdisciplinar que reconheça as fronteiras disciplinares para ultrapassá-las, em particular, uma fertilização cruzada entre as ciências sociais, a história e as humanidades; e uma ciência pública que force a sociologia a sair de seu casulo acadêmico, entrando na arena pública com teoria social e análise empírica, estruturando debates públicos e questões públicas.[9]

---

8 Não consigo esquecer o choque, o desânimo e a frustração dos alunos de pós-graduação quando ensinei marxismo em sintonia com o trabalho de Talcott Parsons. Esse projeto começou em Chicago, quando eu era aluno de pós-graduação no seminário de Adam Przeworski sobre teorias do Estado encontradas em Gramsci, Althusser, Balibar, Godelier e Poulantzas. Fiz uma pergunta insistente a Adam: Como esse estruturalismo francês difere do funcionalismo estrutural? Para acalmar esse aluno perturbador, ele propôs que déssemos um curso sobre marxismo e funcionalismo, o que fizemos em várias ocasiões. Levei esse curso comigo para Berkeley, mas dei continuidade a ele com cursos sobre a história do marxismo.

9 Blume Oeur está correto ao apontar que há uma convergência na maneira como concebi a sociologia reflexiva e na maneira como Du Bois pratica a sociologia: o ponto de partida expe-

Isso não significa que abandonamos o cânone – em vez disso, significa reformular as bases definidoras do cânone dos, digamos, quatro atributos originais para os mais novos que acabamos de descrever. Significa reler as figuras canônicas em relação aos novos atributos. No que diz respeito à ciência explicativa, por exemplo, ela convida os sociólogos a reler a consciência coletiva de Durkheim por meio da ideia de dupla consciência (Fields, 2002), a casta pelas lentes da raça, as formas anormais da divisão do trabalho pelas lentes da injustiça e da estratificação racial. Significa reler e centralizar o relato de Weber sobre o capitalismo agrário, a etnia e o conceito silencioso de imperialismo (McAuley, 2019), assim como temos de voltar a nos concentrar nos escritos posteriores de Marx sobre a Guerra Civil dos Estados Unidos, o colonialismo e as lutas nacionalistas (Anderson, 2010). Talvez uma ou outra das figuras canônicas desapareça no interrogatório, contudo a prova do pudim estará no diálogo. Não haverá demissão peremptória.

Mas o diálogo também promove a teoria social de Du Bois. Em primeiro lugar, dada a forma como o pensamento de Du Bois se desenvolve ao longo de sua vida, as sucessivas conversas (imaginárias) com Durkheim, Weber e Marx destacam as mudanças em sua sociologia – o empirista, o socialista utópico e o marxista – e seu engajamento político em transformação. Em segundo lugar, o diálogo com Durkheim, Weber e Marx obriga o desenvolvimento de uma estrutura mais sustentada, destacando as contradições e anomalias em seu pensamento – contradições e anomalias que, quando abordadas, nos ajudam a levar o pensamento de Du Bois adiante. Um teórico é tão bom quanto as contradições que gera, deixando que os seguidores as elevem, tematizem e lutem com elas. Terceiro, o diálogo gera uma teoria mais sistemática e generalizável, facilitando a extração de implicações do passado para o presente e o futuro. Como teóricos sociais, é isso que fazemos: dar sentido à teoria social por meio da sistematização dos clássicos. Fizemos isso com Marx, fizemos isso com Weber, fizemos isso com Durkheim de várias maneiras e começamos a fazer isso com Du Bois, colocando-o em diálogo com essas e outras figuras ilustres, bem como consigo mesmo, analisando as mudanças em seu próprio pensamento.

---

riencial, a atenção ao processo social, situando os microprocessos em seu macrocontexto e, finalmente, a importância da reconstrução da teoria (Burawoy, 1998). Eu não havia pensado nisso até que ele apontou.

Como exemplo, considere um diálogo entre Weber e Du Bois sobre as origens do capitalismo. Em seu famoso ensaio *The Souls of White Folk* [As almas do povo branco],[10] Du Bois (1999 [1920], p.17-29) faz a mesma pergunta que Max Weber (2001 [1905]) em *A ética protestante e o espírito do capitalismo*: Quais são as origens da civilização ocidental? Sendo produtos da civilização ocidental, ambos acreditam em sua importância, mas enquanto Du Bois a vê como emergindo da apropriação violenta de artefatos materiais e culturais por meio do colonialismo e depois do imperialismo, Weber enfatiza a singularidade cultural do Ocidente como um processo de sistematização ou racionalização, sem negar a importação de ideias e invenções de outros lugares. Se o diálogo força um weberiano a considerar o imperialismo e suas justificativas religiosas, ele desafia Du Bois a contemplar como os elementos não ocidentais são transformados pelas instituições ocidentais, como o marfim, por exemplo, do Congo é transformado em teclas de piano que possibilitam os concertos para piano de Chopin. O que acontece na produção do teclado e da música que ele reproduz? Afinal de contas, Weber escreve longamente sobre a racionalização da produção industrial e da música clássica.

Todas as teorias, se é que são teorias, são teorias parciais, adotam posturas em relação ao mundo e, portanto, necessariamente têm uma certa cegueira embutida em suas suposições. Isso não é verdade apenas para Marx, Weber e Durkheim, mas também para Du Bois – a cegueira se revela por meio do diálogo. Na segunda parte dessas reflexões, aponto para as limitações de Du Bois, reveladas por intermédio do diálogo dentro da tradição marxista negra, especificamente aqui com os escritos de Frantz Fanon.

Diálogos marxistas

Dos diálogos de Blume Oeur, gostaria de extrair dois tipos. Por um lado, há o diálogo que ele constrói entre Du Bois e Burawoy, levando à crítica mútua e ao autoesclarecimento. Isso corresponde ao diálogo transversal

---

10 Não confundir aqui com "The Souls of Black Folk" (1989 [1903]), certamente a obra de maior projeção de Du Bois. O ensaio "The Souls of White Folk" foi publicado originalmente em *The Independent*, em 10/08/1910, e posteriormente revisado para publicação como segundo capítulo da obra *Darkwater: voices from within the veil*, de 1920. (N. T.)

entre os membros concorrentes e antagônicos do cânone, que ocorre dentro de um campo disciplinar de poder. Por outro lado, há o diálogo de Du Bois com seu passado, reconsiderando afirmações que ele fez anteriormente, o que Blume Oeur chama de "pós-sombra". Estendo a ideia a um diálogo histórico no qual uma tradição de pensamento se desenvolve mediante a reconstituição contínua de si mesma em bases móveis. Se for bem-sucedido ou "progressivo", esse diálogo interno cresce como uma árvore – com raízes, um tronco e galhos (e até mesmo ramos). Alguns galhos morrem e caem da árvore, enquanto novos galhos surgem e florescem.[11]

Marxismo vivo

Marx, Weber e Durkheim geraram suas próprias tradições, fundamentando programas de pesquisa em expansão. A tradição marxista é a mais claramente elaborada das três e é a que me interessa aqui. Ela tem raízes nos postulados de Marx e Engels: os seres humanos são produtores e reprodutores ativos de suas vidas; a história é uma sucessão de modos de produção, cada um com sua própria dinâmica; a luta de classes impulsiona a transição de um modo de produção para o outro, culminando em um comunismo projetado, mas não especificado, que leva à autorrealização do potencial humano; as ideias que formamos sobre a sociedade são um produto de nosso envolvimento prático com o mundo, e isso se aplica ao próprio marxismo. Como acontece com as raízes, essas raízes afundam e se deslocam à medida que a árvore marxista cresce. O tronco da árvore é a teoria de Marx sobre a ascensão e a queda do capitalismo, exposta nos três volumes de *O capital* – a obra-prima sem a qual o restante teria um significado incidental. Do tronco da árvore nascem seus galhos – teorias auxiliares que surgem em diferentes lugares e épocas, com o objetivo de lidar com as contradições e anomalias da teoria original de Marx.

11 Minha compreensão da ciência como o desenvolvimento de programas de pesquisa deriva da filosofia pós-positivista da ciência de Lakatos (1978). Afasto-me da suposição de Lakatos de que a ciência avança por meio da substituição de programas de pesquisa "degenerados" por "progressivos". Acredito que uma disciplina, como a sociologia, necessariamente contém programas de pesquisa concorrentes, sem qualquer tendência de convergência em um programa singular. Veja Burawoy (1989).

A tradição marxista avança com base em Marx, mas também contra Marx. Veja a teoria de Marx sobre a ascensão e queda do capitalismo. Ela de fato captou características importantes do capitalismo competitivo. Entretanto, o capitalismo competitivo não deu origem ao socialismo – embora tenha havido tentativas sérias –, mas ao capitalismo organizado, ou seja, o capitalismo organizado pelo Estado em um sistema de imperialismo. O marxismo alemão foi definido, por conseguinte, por debates sobre como lidar com essa anomalia, ou seja, a capacidade do capitalismo de se retificar diante das crises, por um lado, e o reformismo dos sindicatos e partidos políticos, por outro. Enquanto Rosa Luxemburgo manteve sua política revolucionária com uma teoria original do imperialismo, Eduard Bernstein adotou a teoria oposta do socialismo evolucionário, deixando Karl Kautsky para teorizar uma posição no meio-termo.

O marxismo russo incluía debates que surgiram de um solo muito diferente, uma economia atrasada, em grande parte agrária, com uma pequena classe trabalhadora concentrada em poucas cidades. Os bolcheviques – Lênin, Trotsky e Bukharin – esperavam que a Revolução Russa desencadeasse uma revolução no Ocidente que viria em auxílio do Estado incipiente. O marxismo ocidental, em suas várias vertentes – Gramsci, Lukács, Escola de Frankfurt etc. –, perguntava por que não havia ocorrido uma revolução bem-sucedida no Ocidente e respondia com teorias do capitalismo monopolista, do capitalismo tardio e do imperialismo.

O marxismo do Terceiro Mundo, influenciado pela experiência soviética, mas também pela revolução camponesa chinesa, teve que desenvolver outro ramo do marxismo – Mao, Rodney, Fanon e outros – que chamasse a atenção para o subdesenvolvimento sistemático do Sul pelo Norte. Em outras palavras, o marxismo se desenvolveu por meio do reconhecimento de condições específicas de luta, exigindo teorias "auxiliares" em novos ramos que também implicavam a rearticulação dos fundamentos da tradição. As raízes não podem permanecer fixas se a árvore quiser sobreviver.

Como W. E. B. Du Bois se encaixa nessa tradição? Aqui, há uma batalha sobre o apego: Du Bois, juntamente com C. L. R. James, Oliver Cromwell Cox, Frantz Fanon, Walter Rodney e Stuart Hall, para citar apenas cinco outras figuras, pertence à tradição marxista ou a uma tradição radical negra alternativa? Ao enfatizar diferentes características de suas volumosas obras, eles podem, é claro, pertencer a ambas. Certamente, essas seis figuras se identificaram como pertencentes à tradição marxista. Assim, acho difícil seguir Cedric Robinson (1983) em sua afirmação de que eles – James e Du Bois, em particular – se afastaram do marxismo no final de suas vidas.[12] Em seu engajamento com esses intelectuais radicais, Reiland Rabaka (2009) e Anthony Bogues (2003) discernem uma tradição radical negra distinta, mas, ao fazer isso, reduzem o marxismo a um corpo estático de pensamento – o que eles chamam de marxismo convencional, organizado, ortodoxo, eurocêntrico ou branco –, um marxismo que eles descartam de imediato.

Inquestionavelmente, o marxismo teve seus ramos dogmáticos e doutrinários. De fato, quando ele se torna uma ideologia dominante, como aconteceu em vários países, é provável que se calcifique, como vimos, mais obviamente, no caso do marxismo soviético. O marxismo, contudo, não pode ser reduzido a seus ramos degenerados. Ele continua sendo uma tradição viva e deve permanecer assim enquanto o capitalismo governar a Terra. Um marxismo vivo se revitaliza ao assumir os novos desafios que a história lança, desafios que são deliberadamente escolhidos. Acredito que a sociologia se beneficiaria se seguisse outras disciplinas e tirasse das sombras um marxismo negro vital – um marxismo que lida com a questão da opressão racial como elemento central do desenvolvimento do capitalismo.[13]

Fenomenologia da subjugação racial

Aqui, faço apenas um gesto em direção a esse marxismo negro, esboçando uma conversa entre Fanon e Du Bois. Em vez de se afastar do marxismo, mostrarei como Fanon e Du Bois se voltam para o marxismo. Dessa forma, traçarei paralelos, primeiro entre *The Souls of Black Folk*, de Du Bois, e *Pele negra, máscaras brancas*, de Fanon, como estudos sobre a fenomenologia do racismo e, segundo, entre *Black Reconstruction in America* [Reconstrução

12 Em sua crítica marxista a Cedric Robinson, Tommy Shelby (no prelo) questiona vários elementos da análise de Robinson, a saber, sua essencialização do legado africano, sua rejeição do pensamento ocidental como irremediavelmente eurocêntrico e sua noção de que a tradição radical negra deve emergir da revolta negra, com os intelectuais como meras correias de transmissão. No que diz respeito a Du Bois, Shelby o caracteriza como um "marxista analítico".

13 Há paralelos nos debates entre as feministas radicais e as feministas marxistas. Veja, por exemplo, MacKinnon (1982), que se baseia muito no marxismo, mesmo quando o demarca de forma contundente do feminismo radical.

negra na América], de Du Bois, e *Os condenados da terra*, de Fanon, como o desenvolvimento do marxismo negro.

No livro *The Souls of Black Folk*, Du Bois (1989 [1903], p.5) apresenta a famosa ideia de consciência dupla, "essa sensação de sempre olhar para si mesmo mediante os olhos dos outros, de medir a própria alma pela fita de um mundo que olha com desprezo e pena". Esforçando-se para ser americano, mas rotulado de "negro" e "problema", o afro-americano aspira a "fundir seu duplo eu em um eu melhor e mais verdadeiro" (Du Bois, 1989 [1903], p.5). Nesta sua obra, Du Bois procura demonstrar a humanidade dos afro-americanos e seu desejo de se integrarem à sociedade dos Estados Unidos, especialmente por meio da educação, mas sem abandonar sua característica africana, sua música e sua religião. Fica evidente, contudo, que a integração é uma façanha fútil: quanto mais eles tentam, mais são rejeitados.[14]

Paralelamente, em *Black Skin, White Masks*, Fanon (1967 [1952]) descreve como os imigrantes martinicanos na França descobrem que são desprezados como negros em vez de serem abraçados como franceses. Eles também se esforçam para se tornar franceses – demonstrando sua facilidade com a língua, buscando parceiros sexuais da raça oposta como tentativas desesperadas de superar a desumanização que enfrentam. Cada movimento em direção à sociedade branca, no entanto, apenas cimenta sua exclusão, pois a própria tentativa se torna objeto de zombaria e repulsa dos brancos. Enquanto Du Bois apela – embora sem sucesso – para que os brancos reconheçam uma elite afro-americana, a décima talentosa, reconhecendo uma estratificação interna na comunidade negra, Fanon dá pouca atenção às divisões dentro da comunidade de imigrantes. Du Bois, afinal, é um sociólogo e constrói um rico relato da vida dentro do véu, ao passo que Fanon, como psicanalista, reduz o relato do racismo a uma dominação unidimensional do branco sobre o negro. Apesar das diferenças, apesar do contexto muito diferente – o Sul de Jim Crow na virada do século XX, em oposição à França após

14 José Itzigsohn e Karida Brown (2015) mostram como a teoria da dupla consciência não se limita a *The Souls of Black Folk*, mas é desenvolvida em *Dusk of Dawn* [Crepúsculo do amanhecer] (Du Bois, 2002 [1940]), onde Du Bois reflete sobre a psicologia social da raça em ambos os lados do véu. Eles argumentam que a teoria da dupla consciência avança ideias paralelas de autoformação em William James, George Herbert Mead, Charles Horton Cooley e Alfred Schutz, lançando as bases da teoria de Du Bois sobre a modernidade racializada. Na opinião de Itzigsohn e Brown, não há ruptura entre a fenomenologia racial de Du Bois e seu marxismo.

a Segunda Guerra Mundial –, o resultado é o mesmo em ambos os casos: a luta pelo reconhecimento se mostra sem esperança, aprofundando sua dupla consciência e impulsionando-os ao ativismo político.

O caminho de Fanon para o marxismo[15]

Depois de praticar terapia institucional por dois anos, Fanon deixa a França em 1953 e vai para o hospital psiquiátrico de Blida-Joinville, na Argélia, onde confronta os efeitos psíquicos da violência colonial bruta, tanto nas vítimas quanto nos agressores. Torna-se evidente que a psiquiatria não tem resposta para a opressão colonial, pois, segundo ele, as patologias psicológicas decorrem da panela de pressão social, política, econômica e ideológica do colonialismo. Fanon se junta à Frente de Libertação Nacional (FLN), organizada para derrubar o colonialismo. Escrevendo em *Os condenados da terra* (1963 [1961]), ele argumenta que, mantido pela violência, o colonialismo só pode ser deposto pela violência. Esse é o lado destrutivo da violência, mas Fanon também vê a violência como uma força construtiva na criação de uma nova sociedade. A subjugação colonial como opressão internalizada só pode ser expurgada por meio da catarse da contraviolência, que traz unidade aos colonizados, responsabilizando os futuros líderes pelos liderados.

Se a primeira fase é um ataque às estruturas do colonialismo – o que Gramsci chamou de *guerra de movimento* –, a segunda é uma guerra de posição, uma luta pelo futuro pós-colonial. Fanon define dois caminhos para a descolonização. Por um lado, há a estrada nacional burguesa, liderada pela incipiente classe burguesa composta por funcionários públicos, professores, pequenos comerciantes, enfermeiros, jornalistas e advogados, apoiada pela classe trabalhadora negra, uma aristocracia trabalhista empenhada em pré-servir a (relativa) segurança que conquistaram com o colonialismo. A burguesia nacional está concentrada em substituir os colonizadores, os

15 Assim como alguns enfatizam a fenomenologia da dupla consciência de Du Bois e minimizam a mudança para o marxismo, outros fazem o mesmo com Fanon – *Os condenados da terra* é lido por meio de *Pele negra, máscaras brancas* e o marxismo é deixado de lado. Veja, por exemplo, Gordon (2015) e Hammer (2017). Em ambos os casos, estou sugerindo que há uma "ruptura epistemológica" com o marxismo, refletida em sua política, sua análise e sua autoidentificação.

negros substituindo os brancos, mas sem mudanças fundamentais na estrutura social. Lembrando *Pele negra, máscaras brancas,* Fanon desdenha dessa burguesia nacional imitativa, apêndice da burguesia metropolitana, que busca uma vida de ostentação. Eles não são uma verdadeira burguesia capaz de acumular capital. As consequências são catastróficas. Sem uma base material para o compromisso de classe, a inauguração da democracia liberal dá lugar a um estado de partido único que, por sua vez, se degenera em uma ditadura de um homem só.

Antecipando que a estrada nacional burguesa terminará em catástrofe, Fanon pede uma luta de libertação nacional que busque uma transformação radical da estrutura de classe, uma transição para um socialismo democrático e participativo, impulsionado por uma fusão orgânica de intelectuais dissidentes, fugindo da cidade, e um campesinato vulcânico que irrompe em violência contra a disposição da terra. A guerra de posições que se seguiu é uma luta pela hegemonia entre esses dois blocos, um bloco urbano por trás da estrada nacional burguesa e um bloco rural por trás da luta de libertação nacional, cada um disputando o apoio das classes intermediárias, em particular o lumpemproletariado que se estabeleceu nas periferias urbanas e os chefes tradicionais, que já foram um biombo para os colonizadores. Com o fim do colonialismo, os colonos apoiam a burguesia nacional. Escrito em 1961, *Os condenados da terra* é um documento profético, que antecipa a trajetória de muitos Estados africanos. Mas ele também oferece um caminho para uma nova sociedade radical, tornando-se a bíblia da revolução na África e em outros países. Uma clara ruptura com *Pele negra, máscaras brancas,* ele "amplia" o legado de Marx, Lênin, Gramsci e Mao para inspirar as lutas pela independência da África, centradas nas divisões de classe dentro dos colonizados, além da divisão racial primária entre colonizadores e colonizados.

O caminho de Du Bois para o marxismo

Em comparação com Fanon, o caminho de Du Bois para o marxismo é mais longo. Quando nem o conhecimento sistemático da vida dos afro-americanos nem suas qualificações educacionais e realizações intelectuais superiores tinham muito peso junto aos guardiões da academia, Du Bois voltou-se cada vez mais para a esfera política. Quando o Movimento Niagara, iniciado em 1905, transformou-se na Associação Nacional para o Progresso das Pessoas de Cor (NAACP) em 1910, Du Bois tornou-se o renomado editor de sua revista, *The Crisis.* Marcando sua mudança para uma abordagem mais militante da política, Du Bois (1996b [1909]) escreveu uma celebração de John Brown e seu grupo militante de abolicionistas que foram derrotados em Harpers Ferry em 1859, um ensaio geral para a Guerra Civil. Desde cedo, Du Bois flertou com o movimento socialista, já que ele havia participado de reuniões dos social-democratas em Berlim (1892-1894). A partir de 1907, seu compromisso tornou-se mais aberto a ponto de se filiar ao partido socialista em 1911, mesmo que por apenas um ano.

Seus ensaios em *Darkwater*, publicados em 1920, estavam repletos de elogios a um socialismo democrático que exigia a democratização da propriedade dos meios de produção. No entanto ele advertiu que não pode haver socialismo até que o problema racial seja resolvido – não se pode construir o socialismo sobre as costas das "raças mais escuras", a maioria da população mundial. Ainda um socialista utópico, mas não um marxista, ele permaneceu agnóstico com relação à Revolução Russa. Em 1926, visitou a União Soviética pela primeira vez e ficou impressionado com o combate à pobreza e à desigualdade e com a ausência de racismo, porém ainda não estava convencido de sua relevância para os Estados Unidos. À medida que se tornava mais impaciente em relação à mudança social, especialmente no que diz respeito ao racismo persistente, e à medida que se aprofundava em *O capital* e em outros escritos marxistas pela primeira vez, seu radicalismo cada vez mais profundo o colocou em conflito com a NAACP. O conflito chegou ao ápice em 1934, quando ele foi efetivamente demitido do cargo de editor do *The Crisis*, e então voltou à Universidade de Atlanta para presidir o Departamento de Sociologia e concluir sua obra-prima, *Black Reconstruction in America.* Essa foi sua obra-prima marxista.

Du Bois derrubaria a visão contemporânea da Reconstrução como um desastre absoluto causado pela emancipação de afro-americanos "ignorantes" e pelas "práticas corruptas" de seus líderes eleitos. Para ele, longe de ser uma catástrofe, a Reconstrução foi um "fracasso esplêndido" que abrigou a possibilidade de uma democracia inter-racial. Vinte e cinco anos antes, em um artigo publicado na *American Historical Review*, Du Bois (1910) havia defendido a Reconstrução como um experimento progressivo que trouxe ao Sul constituições estaduais democráticas, legislação social igualitária e educação pública gratuita, tudo realizado, se não iniciado, pelos afro-americanos, mesmo enfrentando o reinado do terror branco. Em 1935, Du Bois deu a essa avaliação uma formulação marxista totalmente nova, curiosamente paralela à trajetória de Fanon analisada em *Os condenados da terra*: luta anticolonial, democracia pós-colonial, degeneração autocrática.

Du Bois começa com a dinâmica do capitalismo global. A crescente demanda por algodão, provocada pelo crescimento da indústria têxtil na Inglaterra, e a tendência inerente da escravidão de esgotar a mão de obra e a terra se combinaram para intensificar as ambições expansionistas da classe dos fazendeiros. O Norte entrou na Guerra Civil não contra a escravidão em si, mas para evitar que a Confederação invadisse os estados livres. Esse foi o contexto para uma guerra de movimento gramsciana – a mobilização de classes no Sul –: trabalhadores negros, trabalhadores brancos e fazendeiros. O ponto central do argumento de Du Bois é que os exaustos exércitos do Norte alistaram, embora com relutância, negros fugitivos das plantações, sem os quais a vitória estaria fora de seu alcance. Meio milhão de pessoas escravizadas desertaram para os exércitos do Norte – algumas se alistaram em combate, enquanto outras prestaram serviços e forneceram suprimentos. Du Bois, de forma provocativa, chamou-a de Greve Geral para enfatizar a ação coletiva dos afro-americanos, lembrando uma revolução proletária.

A dependência do Norte em relação aos povos escravizados motivou a Proclamação de Emancipação de 1863, bem como o esforço de Reconstrução após a guerra, garantido pela presença militar do Norte e pelo importantíssimo *Freedmen's Bureau*. A aprovação das 13ª, 14ª e 15ª emendas – a abolição da escravidão, a definição da cidadania como um direito de nascença e a proteção dos direitos de voto – tornou-se o contexto de uma guerra de posição visando ao avanço de uma democracia inter-racial. Enquanto Fanon via duas alternativas – socialismo democrático e capitalismo dependente – na luta pós-colonial pela hegemonia, Du Bois via uma série de possibilidades, moldadas pelo equilíbrio das forças raciais e de classe. As perspectivas para a democracia inter-racial eram mais promissoras na Carolina do Sul e menos promissoras na Geórgia, no Alabama e na Flórida, enquanto a Louisiana e o Mississippi ficavam no meio, mas em todos os estados a base material de uma democracia em andamento – redistribuição de terras – nunca seria realizada.

O experimento revolucionário chegou ao fim após onze anos, quando o equilíbrio de poder no Congresso mudou para os democratas. O capital do

Norte fez uma aliança com a classe de fazendeiros derrotada, que orquestrou um retorno à supremacia branca oferecendo benefícios materiais e psicológicos aos brancos pobres. Os fazendeiros fizeram vista grossa e, muitas vezes, colaboraram com o terror extrajudicial, enquanto os negros foram forçados a dividir a colheita com o apoio do aluguel de condenados.[16] Isso preparou o terreno para a segregação de Jim Crow.

Compromisso mútuo: Du Bois *versus* Fanon

Du Bois avança da utopia socialista imaginária encontrada em Darkwater (Du Bois, 1999 [1920]) para a utopia real da *Black Reconstruction* (Du Bois, 1998 [1935]), ou seja, de uma utopia abstrata para uma análise marxista das condições de possibilidade de uma democracia inter-racial, avaliada em termos das forças materiais e políticas em ação – forças que operavam nos níveis local, regional, estadual e global. Ao considerar a Reconstrução, Du Bois teve a vantagem da retrospectiva, negada a Fanon, que tentou discernir um futuro caminho pós-colonial para o socialismo. Ao fazer isso, Fanon minimizou a importância do capital internacional, argumentando que a dependência dos recursos naturais da África e de seus mercados inexplorados obrigaria concessões – até mesmo reparações – para viabilizar um caminho socialista independente. Na realidade, o capital internacional e os Estados ocidentais têm estado prontos demais para subverter projetos socialistas que mal saíram do papel.

Se Fanon subestimou o poder do capital internacional, Du Bois tinha suas próprias limitações. Apesar de ser extremamente sensível às forças de classe que atuavam na dinâmica da Reconstrução, quando se tratava dos movimentos de independência da África, seu pan-africanismo de longa data levou a melhor sobre seu marxismo (Du Bois, 2007 [1945]). Embora reconhecesse o perigo que o capital internacional poderia representar para a África pós-colonial, ele ignorou a importância das divisões internas de classe que estavam no centro das preocupações de Fanon. Certamente, uma das razões para a visão cor-de-rosa de Du Bois sobre a independência africana

16 Foi com Chris Muller (2018) que aprendi muito sobre a intrincada relação entre o cultivo de cotas e o arrendamento de condenados.

estava em sua experiência limitada das divisões internas. Enquanto Fanon vivia essas divisões, Du Bois só podia observar a África a distância. Ele foi impedido de entrar no continente por causa de sua política anticolonial e, quando se tornou possível visitá-lo após a Segunda Guerra Mundial, seu passaporte foi negado pelo Departamento de Estado.

Ainda assim, acredito que há algo mais profundo em jogo aqui. Sua primeira visita à África foi reveladora. Ela ocorreu em 1923, quando Du Bois visitou a Libéria como representante do presidente Cooley na posse do presidente C. D. B. King. Ele passou um tempo com a liderança afro-americana sem saber que eles impunham um regime colonial tão brutal quanto o dos brancos europeus. Tão encantado com a liderança afro-americana da Libéria, Du Bois apoiou com entusiasmo o investimento da Firestone nas plantações de borracha da Libéria, mesmo que mais tarde viesse a se arrepender dessa decisão (Levering Lewis, 2000, p.123-6; Robinson, 1990).

A romantização da África por Du Bois, já manifestada em *The Negro* (Du Bois, 2016 [1915]), coloriu sua visão, mas a coloração se estendeu além da África para qualquer país em que ele simpatizasse com os objetivos da liderança. Juliana Góes (no prelo) analisa a adesão de Du Bois à reivindicação da elite brasileira de democracia racial baseada na miscigenação, ignorando a situação dos afro-brasileiros. A miscigenação pode ter sido um antídoto atraente para a segregação de Jim Crow, no entanto dificilmente sinalizava um paraíso racial. Anaheed Al-Hardan (2021) explora como a defesa de Du Bois em favor de Israel após a Segunda Guerra Mundial obscureceu a subjugação dos palestinos, ainda que isso também mudasse mais tarde quando ele observou a geopolítica em torno da Crise de Suez de 1956. Não podemos ignorar o fato de que, durante toda a sua vida, Du Bois se identificou com líderes, começando com seu discurso de despedida de Wendell Phillips na infância, seu discurso de formatura em Fisk sobre Bismark e, de forma ainda mais controversa, sua dissertação em Harvard sobre Jefferson Davis, sem mencionar sua defesa posterior de Stálin e Mao. Seu compromisso com o "décimo talentoso" e, mais tarde, com o "centésimo orientador" deu grande importância às reivindicações de liderança.

Em resumo, sugeri paralelos entre Fanon e Du Bois: como sua fenomenologia inicial da raça se tornou um beco sem saída, levando-os a se voltarem para o marxismo. Tanto *Black Reconstruction* quanto *Os condenados da terra* situam as lutas de classe e raça em uma economia política, analisando os caminhos tomados e não tomados em direção às metas imaginadas de abolição, democracia e socialismo, respectivamente. Se a força de Fanon está em sua análise das lutas internas, sua fraqueza está na subestimação das forças internacionais. A genialidade de *Black Reconstruction* é a união do nacional e do global – lutas internas moldadas pelo capitalismo internacional e que o moldam simultaneamente. E, no entanto, quando se trata de estudar o resto do mundo – África, América Latina, Oriente Médio, Ásia – ele é culpado por minimizar as divisões internas e dar credibilidade às perspectivas das classes dominantes, refletindo uma fé na liderança que permeia seus escritos. Contudo, ainda assim, há o paradoxo da Reconstrução Negra, em que a liderança desempenha um papel, mas limitado pelas forças de classe. Por que seu marxismo não se estendeu à África? Será que Du Bois estava vivendo as contradições de um sujeito racializado dentro de uma nação imperial, primeiro como embaixador do imperialismo norte-americano e, mais tarde, identificando-se com os sentimentos anti-imperiais do pan-africanismo, porém, em ambos os casos, ignorando os interesses de classe dos líderes estrangeiros? Em contraste, Fanon fez dos interesses de classe de uma burguesia nacional o ponto central de seu relato sobre a África.

Apesar de seus projetos diferentes, tanto *Os condenados da terra* quanto *Black Reconstruction* têm um parentesco próximo com os clássicos marxistas – desde *O dezoito Brumário*, de Marx, até *Imperialismo: o último estágio do capitalismo*, de Lênin, *História da Revolução Russa*, de Trotsky, e *Cadernos do cárcere*, de Gramsci. O que tanto Du Bois quanto Fanon acrescentam, é claro, é a centralidade da dominação racial. Dentro do marxismo, isso os diferencia, juntamente com C. L. R. James, Walter Rodney, Stuart Hall e outros, promovendo um *marxismo negro*, um ramo espesso e vibrante de uma árvore em constante expansão.

Conclusão

Inicialmente concebida como uma psicologia social da subjugação racial, a dupla consciência de Du Bois – "um americano, um negro, duas almas, dois pensamentos, dois esforços não reconciliados; dois negócios em guerra em um corpo escuro" – expande-se em uma tensão entre sua reivindicação da civilização africana e sua crítica ao capitalismo racial centrado nos Estados

Unidos. Se a primeira pode ser encontrada em *The Negro* (Du Bois, 2016 [1915]), *Black Folk, Then and Now* (Du Bois, 2014 [1939]) e *The World and Africa* (Du Bois, 2007 [1947]), a segunda se desenvolve em *Black Reconstruction* (Du Bois, 1998 [1935]), *Russia and America: An Interpretation* (Du Bois, 1950). Simplificando, sua dupla consciência começa em um nível individual, ascende ao nível da sociedade em *A Negro Nation within the Nation* (Du Bois, 1970 [1935]) e *Dusk of Dawn* (Du Bois, 2002 [1940]) e, em seguida, passa para um nível global, um diálogo entre o pan-africanismo e o marxismo, sendo uma versão inicial o romance *Dark Princess* (Du Bois, 2007 [1928]).

Da mesma forma, passei da dupla consciência para um *duplo diálogo*: o primeiro é um diálogo entre teóricos canônicos dentro da disciplina da sociologia, concebida como um campo de poder; o segundo é um diálogo dentro de um crescimento semelhante a uma árvore de uma tradição marxista negra. Um campo implica um envolvimento transversal, enquanto uma árvore implica desenvolvimento histórico. As árvores são plantadas em campos, logo, as disciplinas abrigam tradições concorrentes que, por meio do diálogo, fortalecem, aprofundam e revigoram umas às outras. Minhas reconstruções da sociologia e do marxismo se baseiam na vida e na obra de W. E. B. Du Bois.

Na busca de Blume Oeur (no prelo) por "diálogos íntimos", ele me pede para "ofuscar" a importância da minha pesquisa inicial na Zâmbia para a descolonização da sociologia. Recém-saído da universidade, tomado pela euforia da independência africana, fiquei chocado com a ordem racial contínua que encontrei no *Copperbelt* da Zâmbia, como a barra de cores reverberou intocada no setor de mineração após a independência. Relacionei a continuidade da barra de cor aos interesses de classe operantes na pós-colônia, os da burguesia nacional, do Estado, do capital multinacional, dos estratos gerenciais divididos, dos sindicatos e da classe trabalhadora zambiana. Ser "decolonial" nesse contexto era, assim, relativamente simples. Significava, pelo menos para mim, provincializar *Os condenados da terra*, o que tentei fazer em *The Color of Class on the Copper Mines* (Burawoy, 1972). Segui Fanon ao enfocar a base de classe da pós-colônia, mas, ao fazê-lo, subestimei a importância do capital internacional e descaracterizei o Estado pós-colonial.[17]

17 Seguindo Du Bois, dediquei muito tempo a repensar ("revisitar") pesquisas anteriores, inclusive meu estudo sobre mineração na Zâmbia (Burawoy, 2014).

Naquela época, eu não estava pensando nos legados coloniais na Grã--Bretanha, mesmo quando eles estavam se tornando um tema crescente no trabalho de Stuart Hall, Paul Gilroy e outros. Eles mostram como é muito mais complicado pensar no significado de "descolonização" no coração do capitalismo avançado com suas formações ideológicas complexas. A ruptura de Fanon com o colonialismo é muito diferente das ideias de rearticulação de Hall (Hammer, 2017). Seguindo Antonio Gramsci, Hall concluiu que o avanço de um anticolonialismo radical não poderia, por si só, desalojar a hegemonia. Em vez disso, o radicalismo apenas se marginaliza e é facilmente derrotado se não houver uma luta direta com a própria hegemonia. Entretanto, sem essa tradição radical, a hegemonia permanece impermeável à crítica. Em suma, precisamos rearticular a sociologia confrontando-a com tradições alternativas. É necessário andar sobre duas pernas.

Agradecimentos

Agradeço a José Itzigsohn e seus colegas da Brown por organizarem o empolgante simpósio sobre descolonização da sociologia. Agradecimentos especiais a Jordanna Matlon e Freeden Blume Oeur por escreverem artigos tão estimulantes, dando-me muito o que pensar, e a David Fasenfest por me dar a oportunidade de responder. Agradeço, como sempre, a Chris Muller, que leu cuidadosamente um rascunho, ajudando-me a entender o que eu estava tentando dizer. Por fim, sou grato por uma bolsa de estudos de um ano no Du Bois Research Institute da Universidade de Harvard, onde apresentei pela primeira vez uma versão abreviada deste artigo.

Referências bibliográficas

AL-HARDAN, A. (2021). Sociology revised: W. E. B. Du Bois, Colonialism and Sociology. In: MORRIS A. et al. (orgs.) *International Handbook on W. E. B. Du Bois*. Nova York: Oxford University Press.

ANDERSON, K (2010). *Marx at the Margins*. Chicago, IL University of Chicago Press.

BEAUVOIR, S. (1989 [1949]). *The Second Sex* [O Segundo Sexo]. New York: Vintage Books.

BHAMBRA, G.; HOLMWOOD, J. (2021). *Colonialism and Modern Social Theory*. Cambridge: Polity Press.

BLUME OEUR, F. (no prelo) *Cannon fodder and the intimacy of dialogues*: Critical Sociology.

BOGUES, A. (2003). *Black Heretics, Black Prophets* [Hereges negros, profetas negros]. New York: Routledge.

BURAWOY, M. (1972). *The Colour of Class on the Copper Mines*: From African Advancement to Zambianization. [Do avanço africano à zambianização]. Manchester: Manchester University Press para o Institute of African Studies, University of Zambia.

______. (1979) *Manufacturing Consent*: Changing in the Labor Process under Monopoly Capitalism [Mudança no processo trabalhista sob o capitalismo monopolista]. Chicago, IL: University of Chicago Press.

______. (1985) *The Politics of Production*: Factory Regimes under Capitalism and Socialism [Regimes de fábrica sob o capitalismo e o socialismo]. London: New Left Books.

______. (1989) Two Methods in Search of Science: Skocpol vs. Trotsky. *Theory and Society*, n.18, p.759-805.

______. (1998) The Extended Case Method. *Sociological Theory*, v.16, n.1, p.4-33.

______. (2014) The Colour of Class Revisited: four decades of postcolonialism in Zambia [A cor da classe revisitada: quatro décadas de pós-colonialismo na Zâmbia]. *Jornal de Estudos da África Austral*, v.40, n.5, p.961-79.

______. (2021) Decolonizing Sociology: the significance of W. E. B. Du Bois [Descolonizando a sociologia: o significado de W. E. B. Du Bois]. *Critical Sociology*, v.47, n.4-5, p.545-54.

COLLINS, P. H. (2016). Du Bois's Contested Legacy [O legado contestado de Du Bois]. *Ethnic and Racial Studies*, v.39, n.8, p.1398-406.

CONNELL, R. (2007). *Southern Theory*: The Global Dynamics of Knowledge in Social Science. Cambridge: Polity Press.

DU BOIS, W. E. B. (1910). Reconstruction and its Benefits. *The American Historical Review*, v.15, n.4, p.781-99.

______. (1920). *Darkwater*: voices from within the veil. New York: Harcourt, Brace and Company.

______. (1950). *Russia and America*: An Interpretation. Nova York. Disponível em: https://credo.library.umass.edu/view/full/mums312-b222-i001.

______. (1970 [1935]). A Negro Nation within the Nation [Uma nação negra dentro da nação]. In: FONER, P (org.) *W. E. B. Du Bois Speaks*: Speeches and Addresses, 1920-1963. Nova York: Pathfinder Press, p.77-86.

______. (1989 [1903]). *The Souls of Black Folk* [As almas do povo negro]. Nova York: Penguin Books.

______. (1996a [1899]). *The Philadelphia Negro*: A Social Study. Philadelphia, PA: University of Philadelphia Press.

______. (1996b [1909]). *John Brown*. Nova York: International Publishers.

______. (1998 [1935]). *Black Reconstruction in America* [Reconstrução Negra na América]. Nova York: The Free Press.

______. (1999 [1920]). *Darkwater*: Voices from within the Veil [Vozes de dentro do véu]. Mineola, NY: Dover.

______. (2002 [1940]). *Dusk of Dawn*: An Essay toward an Autobiography of a Race Concept [Crepúsculo do amanhecer: ensaio para uma autobiografia de um conceito de raça]. New Brunswick, NJ: Transaction Publishers.

______. (2007 [1928]). *Dark Princess: A Romance*. Nova York: Oxford University Press.

______. (2007 [1945]). *Color and Democracy* [Cor e Democracia]. Nova York: Oxford University Press.

______. (2007 [1947]). *The World and Africa* (O mundo e a África). Nova York: Oxford University Press.

______. (2014 [1939]). *Black Folk Then and Now* [O povo negro depois e agora]. Nova York: Oxford University Press.

______. (2016 [1915]). *The Negro* [O Negro]. Lanham, MD: Dancing Unicorn Press.

FANON, F. (1963 [1961]). *The Wretched of the Earth* [Os miseráveis da Terra]. Nova York: Grove Press.

______. (1967 [1952]). *Black Skin, White Masks* [Pele negra, máscaras brancas]. Nova York: Grove Press.

FIELDS, K. (2002). Individuality and Intellectuals: an Imaginary Conversation between W. E. B. Du Bois and Emile Durkheim (Individualidade e intelectuais: uma conversa imaginária entre W. E. B. Du Bois e Emile Durkheim). *Theory and Society*, v.31, n.4, p.435-62.

GO, J. (2016). *Postcolonial Thought and Social Theory* [Pensamento pós-colonial e teoria social]. Nova York: Oxford University Press.

GÓES, J. (no prelo). Du Bois and Brazil: reflections on Black transnationalism and African diaspora. *Revista Du Bois*.

GORDON, L. (2015). *What Fanon Said*: A Philosophical Introduction to His Life and Thought. Nova York: Fordham University Press.

GORZ, A. (1968). *A Strategy for Labor*. Boston, MA: Beacon Press.

GOULDNER, A. (1970). *The Coming Crisis of Western Sociology*. Nova York: Basic Books.

HAMMER, R. (2017). Epistemic Ruptures: history, practice, and the anticolonial imagination (Rupturas epistémicas: história, prática e imaginação anticolonial). *Political Power and Social Theory*, n.32, p.153-80.

ITZIGSOHN, J.; BROWN, K. (2015). Sociology and the Theory of Double Consciousness (Sociologia e a teoria da dupla consciência). *Du Bois Review*, v.12, n.2, p.231-48.

______. (2020). *The Sociology of W. E. B. Du Bois* [A sociologia de W. E. B. Du Bois]. Nova York: Editora da Universidade de Nova York.

LAKATOS, I. (1978). *The Methodology of Scientific Research Programmes* [A metodologia dos programas de pesquisa científica]. Cambridge: Cambridge University Press.

LEWIS, D. L. (2000). *W. E. B. Du Bois*: The Fight for Equality and the American Century, 1919-1963 [A luta pela igualdade e o século americano, 1919-1963]. Nova York: Henry Holt.

MACKINNON, C. (1982). Feminism, Marxism, Method and the State: an agenda for theory. *Signs*, v.7, n.3, p.515-44.

MARKOVSKY, B. (2008). Graduate Training in Sociological Theory and Theory Construction (Treinamento de pós-graduação em teoria sociológica e construção de teoria). *Sociological Perspectives*, v.51, n.2, p.423-47.

MATLON, J. (no prelo). Politics, Crisis and the Canon: a commentary on Michael Burawoy's 'decolonizing sociology – the significance of W. E. B. Du Bois'. *Critical Sociology*.

MCAULEY, C. (2019). *The Spirit vs. the Souls*: Max Weber, W. E. B. Du Bois, and the Politics of Scholarship. Notre Dame, IN: University of Notre Dame Press.

MEGHJI, A. (2021). *Decolonizing Sociology*. Cambridge: Polity Press.

MORRIS, A. (2015). *The Scholar Denied*: W. E. B. Du Bois and the Birth of Modern Sociology [O acadêmico negado: W. E. B. Du Bois e o nascimento da sociologia moderna]. Oakland, CA: University of California Press.

MULLER, C. (2018). Freedom and Convict Leasing in The Postbellum South (Liberdade e aluguel de condenados no sul pós-guerra). *American Journal of Sociology*, v.124, n.2, p.367-405.

PARSONS, T. (1937). *The Structure of Social Action*. New York: McGraw Hill.

______. (1965). Full Citizenship for The Negro American? In: ______; CLARK, K. B. (orgs.). *The Negro American*. Boston, MA: Beacon Press, p.709-54.

RABAKA, R. (2009). *Africana Critical Theory*: Reconstructing the Black Radical Tradition, from W. E. B. Du Bois and C. L. R. James to Frantz Fanon and Amílcar Cabral. Lanham, MD: Lexington Books.

RAY, R. (2006). Is The Revolution Missing or Are We Looking in The Wrong Places. *Social Problems*, v.53, n.4, p.459-65.

ROBINSON, C. (1983). *Black Marxism*: The Making of the Black Radical Tradition. Chapel Hill, Carolina do Norte: University of North Carolina Press.

______. (1990). Du Bois and Black Sovereignty: the case of Liberia. *Race & Class*, v.32, n.2, p.39-50.

SAID, E. (1994). *Culture and Imperialism* [Cultura e Imperialismo]. Nova York: Vintage Books.

SHELBY, Tommi (2021). Afro-Analytical Marxism and The Problem of Race (Marxismo afro-analítico e o problema da raça). Anais e discursos da American Philosophical Association.

STACEY, J.; THORNE, B. (1985). The Missing Feminist Revolution in Sociology. *Social Problems*, n.32, p.301-16.

STINCHCOMBE, A. (1982). Should Sociologists Forget Their Mothers and Fathers? *The American Sociologist*, n.17, p.2-11.

WEBER, M. (2001 [1905]). *The Protestant Ethic and the Spirit of Capitalism* [A ética protestante e o espírito do capitalismo]. London: Routledge.

WHITEHEAD, A. N. (1916). The Organization of Thought. *Science*, n.22, p.409-19.

WRIGHT, E. O. (1978). *Class, Crisis and the State*. London: New Left Books.

______. (1979). *Class Structure and Income Determination*. New York: Academic Press.

3
Reprodução social no capitalismo do século XXI

Ursula Huws[*]

É um truísmo do feminismo socialista que a reprodução do capitalismo depende de forma crucial do trabalho não remunerado que ocorre dentro de casa. Esse trabalho alimenta a próxima geração de trabalhadores, fornece-lhes cuidados físicos e nutrição e ensina-lhes as competências sociais e culturais de que precisam para sobreviver no mercado de trabalho. Uma vez que tenham ingressado nesse mercado de trabalho, ainda que de forma incompleta, ele mantém os seus corpos, lava as suas roupas, prepara a sua comida e mantém as suas casas a funcionar. Se o seu grau de incapacidade for grande ou se forem doentes ou velhos para desempenharem um trabalho remunerado, esse trabalho não remunerado ainda lhes presta cuidados. Tal trabalho de manutenção pessoal e reprodução social é realizado por pessoas para si e para os outros e está inserido em divisões mais amplas do trabalho que têm um caráter de gênero, mas também são moldadas pela classe e etnia.[1] É apoiado, em graus variados em diferentes contextos nacionais, por outras formas de trabalho prestadas pela família alargada e comunidades mais amplas, por várias instituições estatais e por mão de obra formal ou informalmente paga.

---

* Universidade Metropolitana de Londres.

1 Para a discussão do papel da migração na reprodução social da classe trabalhadora ao nível global, ver Ferguson; McNally (2014).

Existem evidências abundantes de que as mulheres prestam uma parcela desproporcionalmente alta desse trabalho não remunerado. Por exemplo, a compilação internacional mais recente de estatísticas sobre trabalho de prestação de cuidados não remunerados (OECD, 2014) mostra disparidades muito grandes entre os países, como era esperado, mas nenhum sinal de que a diferença média tenha desaparecido em qualquer um dos lugares. A proporção de horas de trabalho doméstico dos homens relativamente às mulheres é de 10:25 no Paquistão e 6:22 na Turquia, mas permanece em 1,49 mesmo na Suécia igualitária, em 1,61 nos EUA e 1,85 na Grã-Bretanha. Mesmo nos melhores casos, portanto, as mulheres ainda prestam significativamente mais esse tipo de trabalho do que os homens. Gershuny (2018) agrupa o trabalho de prestação de cuidados e a limpeza, cozinha e administração numa categoria mais alargada de "tempo comprometido" que, na sua análise, mostra, apesar das variações, uma "tendência geral de convergência de gênero, com a proporção a cair regularmente", mas com a taxa de mudança a desacelerar. Uma análise exaustiva das tendências dos últimos cinquenta anos realizada por Altintas e Sullivan também mostrou que, apesar das amplas diferenças entre os países, tem havido um movimento geral no sentido de aumentar a igualdade de gênero na divisão doméstica do trabalho, embora isso pareça estar a diminuir em países com maior igualdade de género (Gershuny, 2018). Nos Estados Unidos, por exemplo, a diferença de gênero em minutos de trabalho doméstico por semana diminuiu de 195 minutos em 1965 para 65 minutos em 2010. No entanto, isso não ocorreu tanto porque os homens estavam a fazer mais (a média masculina aumentou apenas 24 minutos nesse período), mas porque as mulheres estavam a fazer menos, com uma queda média de 105 minutos. Por vezes é assinalado que, se somarmos o número de horas de trabalho remuneradas e não remuneradas realizadas por homens e por mulheres, os totais não são muito diferentes, mas, como Gershuny (2018, p.12) refere: "Isso não é igualdade, já que os homens fazem substancialmente mais trabalho remunerado, e as mulheres fazem substancialmente mais trabalho não remunerado. E essa desigualdade tem, por sua vez, consequências importantes para a desigualdade de rendimento".

Em virtude dessa assimetria fundamental, há muito tempo que é argumentado por feministas que a emancipação das mulheres depende de forma crucial da emancipação tanto dos homens como das mulheres em relação à responsabilidade pelo trabalho reprodutivo não remunerado. Contudo, a opinião acerca de como abordar a questão encontrava-se fortemente dividida.

Várias feministas da primeira vaga argumentaram que o capitalismo suprimiu os tipos de produção anteriormente realizados em casa, transferindo-os para a fábrica, e que o trabalho doméstico consistia agora apenas de trabalho improdutivo que não criava valor para a economia.[2] O comunismo, afirmavam as feministas marxistas, seria capaz de libertar as mulheres do fardo exaustivo de realizar esse trabalho ao coletivizá-lo, na forma de restaurantes, lavanderias, "centros de costura de roupas" e creches fornecidos pelo Estado. Outras feministas da primeira vaga colocavam a sua fé nas novas tecnologias para automatizar o trabalho doméstico e, assim, trazer igualdade entre os sexos, como imaginado por H. G. Wells no seu *A Modern Utopia*, de 1905.

Houve também intensos debates sobre o trabalho doméstico entre as feministas da segunda vaga, que escreveram na década de 1970. Algumas feministas socialistas sustentaram que a socialização do trabalho doméstico era uma pré-condição necessária para a libertação, defendendo a existência de lavanderias públicas, creches e similares.[3] Como reconhecimento do papel desempenhado pelos serviços públicos no seu fornecimento, isso sustentou uma onda de ativismo político feminista em prol da expansão dos serviços públicos e, posteriormente, na sua defesa contra os cortes nos gastos do Estado social. Uma posição variante – interessada em estabelecer protótipos no aqui e agora – experimentou formas de vida comunitária nas quais o trabalho doméstico poderia ser dividido igualmente entre homens e mulheres (Segal, 2007). Em contraposição à posição feminista socialista havia uma feminista radical, notadamente defendida por Dalla Costa e S. James (1973) e James Federici (1975), que propunha que o trabalho doméstico deveria ser pago, uma posição que agora evoluiu sob a forma de argumento do rendimento básico incondicional. Também houve discussões neste período sobre o potencial da automação para nos libertar da necessidade de trabalho doméstico.[4]

2 Ver, por exemplo, Kollontai (1977 [1909]); Zetkin (1906); Clark (1982 [1919]).

3 Ver, por exemplo, Gardiner (1975, p.47-58); Himmelewit; Mackintosh (1975); Seccombe (1974, p.59-71).

4 Ver, por exemplo, Zimmerman (1983); Terry; Calvert (1997).

Todas essas posições sofriam, em certa medida, de cegueira de classe, de daltonismo e de centralização ocidental, tendendo a presumir um lar normativo baseado na família nuclear, com um chefe de família masculino e uma dona de casa feminina, tornando invisível não apenas o trabalho não remunerado levado a cabo no seio da família alargada e da comunidade em geral, mas também o trabalho remunerado desempenhado por trabalhadores domésticos nos lares. Elas também, em geral, não conseguiram prever a capacidade do capitalismo de se expandir para incorporar o trabalho doméstico no seu âmbito.

É essa expansão do capitalismo baseada na comodificação e mercantilização do trabalho doméstico que constitui o foco deste ensaio. Argumento aqui que uma investigação crítica da dinâmica de mudança do trabalho doméstico é uma pré-condição essencial para entender a atual reestruturação do capitalismo – e, portanto, do trabalho – no contexto da globalização e digitalização, e que, além disso, tal análise é útil não apenas para compreender as convulsões sociais e econômicas em curso no mercado de trabalho, mas também para desenvolver estratégias de reprodução social que simultaneamente abram novas opções para homens e mulheres na organização das suas vidas pessoais e criem o potencial para a construção de novos tipos de serviços públicos com base em padrões de emprego digno.

O enquadramento conceitual: recorrendo a Marx

Recorri a Marx para desenvolver uma estrutura conceitual para esta análise.[5] A esfera doméstica não é um tópico abordado específica ou separadamente nos escritos de Marx. No entanto, a sua presença implícita permeia o seu pensamento e é abordada indiretamente em diversos contextos, relacionando-se com diferentes aspetos do capitalismo. Argumento aqui que os reunir para construir uma imagem completa da esfera doméstica é útil não apenas para entender a dinâmica da mudança no capitalismo conforme ela evoluiu desde a época de Marx, ou para apontar algumas das contradições que foram deixadas inexploradas por Marx e Engels e questões que ficaram por responder no futuro, mas também para compreender o que se passa na

5 Este enquadramento conceitual é discutido de maneira mais aprofundada em U. Huws (2019).

economia global no final da segunda década do século XXI, a fim de informar as respostas socialistas e feministas.

No entendimento de Marx sobre o capitalismo, a esfera doméstica desempenha vários papéis cruciais simultaneamente. Em primeiro lugar, é um local de *acumulação primitiva* (onde podem ser encontradas atividades cujo valor de uso pode tornar-se a base para o valor de troca quando este se torna a base de novas mercadorias). É também (em alguns casos) um local de *produção* de mercadorias para o mercado. Simultaneamente, é um local de *consumo* e de *reprodução social* e, de forma mais específica, o local onde ocorre a *reprodução da força de trabalho*.

A esfera doméstica tem as suas próprias relações sociais internas, com alguns membros exercendo poder sobre o trabalho de outros, trabalho que pode ser pago ou não. A complexidade social, sexual e emocional dessas relações domésticas internas pode ser ilustrada pelo próprio lar sem dinheiro de Marx, no qual o trabalho reprodutivo da sua esposa e filhas era suplementado pelo trabalho pago de uma criada, Helene Demuth, que também era a mãe do seu filho – formalmente não reconhecido – e também camarada política.

Quer se deseje ou não investigar profundamente as contradições de tais relações sociais intrafamiliares, o próprio fato de a maioria dos lares incluir mais de uma pessoa representa desafios para o que talvez seja a pedra angular mais celebrada de *O capital*: a teoria do valor, da qual o custo de subsistência do trabalhador é um componente principal (que deve ser subtraído do valor total produzido pelo trabalhador para calcular a mais-valia que cabe ao capitalista). Enquanto os trabalhadores entram no mercado de trabalho (e criam valor para seus empregadores) como indivíduos, eles consomem, geram filhos e reproduzem a sua própria força de trabalho em lares compartilhados. A subsistência de quem, então, deve ser incluída no custo de subsistência do trabalhador? E como isso é distribuído se mais de um membro do agregado familiar está envolvido em trabalho produtivo?

Marx e Engels não ignoravam essa contradição. Em *A ideologia alemã*, é argumentado que os outros membros do agregado familiar são, com efeito, escravizados pelo chefe do agregado familiar (o *marido*), constituindo a sua propriedade pessoal:

> A divisão do trabalho [...] baseia-se na divisão natural do trabalho na família e a separação da sociedade em famílias individuais opostas umas às outras é dada simultaneamente à distribuição e, na verdade, à distribuição desigual, tanto quantitativa quanto qualitativa, do trabalho e dos seus produtos, portanto propriedade: o núcleo, a primeira forma, que reside na família, em que a esposa e os filhos são escravos do marido. Essa escravidão latente na família, embora ainda muito grosseira, é a primeira propriedade, mas mesmo nessa fase inicial ela corresponde perfeitamente à definição dos economistas modernos que a chamam de poder de dispor da força de trabalho de outros. (Marx; Engels, 1845)

A partir dessa premissa foi possível concluir que, quando a maquinaria foi introduzida, diminuindo a exigência de força muscular física, e mulheres e crianças foram colocadas a trabalhar para os capitalistas, elas o fizeram como escravas desse chefe de família. Engels escreveu em 1877:

> [há um] aumento imediato do número de trabalhadores assalariados por meio da inscrição de membros da família que não tinham trabalhado anteriormente em troca de salário. Assim, o valor da força de trabalho do homem é distribuído pela força de trabalho de toda a família – isto é, depreciado. Agora, quatro pessoas em vez de uma devem realizar não apenas trabalho, mas também trabalho excedente para o capital. Assim, o grau de exploração aumenta junto com a exploração material [...] Antigamente, a compra e venda da força de trabalho era uma relação entre pessoas livres; agora compram-se menores ou crianças; o trabalhador agora vende esposa e filho – ele se torna um traficante de escravos. (Engels, 1956 [1877], p.89)

O argumento válido é que a participação de mulheres e crianças no mercado de trabalho reduz o custo de subsistência de um trabalhador individual (cujo salário, fica implícito, cobria anteriormente o custo de subsistência de toda a família), mas a condição dessas mulheres e crianças como trabalhadores independentes é, no mínimo, ambígua.

A posição deles também, é claro, abre questões mais amplas sobre como Marx e Engels viam as relações de gênero. Contudo, não é o objetivo deste ensaio explorar tais questões, por mais importantes que sejam. Em vez disso, o meu objetivo é focar o agregado familiar/esfera doméstica como um espaço socioeconômico no qual as mudanças no capitalismo podem ser examinadas de uma forma completa que torna possível ver não apenas como novos tipos de mercadoria emergem, mas como esses processos de mercantilização mudam a composição da classe trabalhadora, atraindo cada vez mais trabalhadores para as relações de trabalho conflituais que constituem a essência do capitalismo e, em associação a isso, transformam a natureza do trabalho de reprodução social. Examinar essas mudanças em detalhes lança luz sobre a relevância contínua de vários conceitos-chave que podem ser encontrados explicitamente propostos ou mais implicitamente sugeridos em *O capital*: a relação entre mudança tecnológica e taxa decrescente de rendimento do capital; o papel do exército industrial de reserva no exercício de pressão descendente sobre os salários; o barateamento do preço dos bens de consumo como maneira de afastar os trabalhadores da produção de subsistência e de transformá-los em consumidores forçados de mercadorias produzidas em massa; a substituição de bens por serviços.

Uma característica fundamental dessa análise é a distinção entre o que Marx chamou de trabalho "produtivo" e "improdutivo", que constitui a pedra angular da teoria do valor (teoria do valor-trabalho). Uso essa distinção (rebatizando "trabalho improdutivo" como "trabalho reprodutivo")[6] e analiso as mudanças na distribuição desses tipos de trabalho, em particular olhando para as mudanças complexas e mutáveis entre formas de trabalho "improdutivo/reprodutivo" e "produtivo", bem como entre formas de trabalho remuneradas e não remuneradas.

Tipos de trabalho

É nos agregados familiares que quase toda a força de trabalho é produzida e reproduzida, e onde a maior parte do consumo final ocorre. Portanto, é necessário traçar o que ocorre no ambiente doméstico em contraste com as formas de trabalho sob o capitalismo, sejam elas produtivas ou reprodutivas, remuneradas ou não, a fim de compreender as mudanças no caráter do trabalho.

---

6 Esta reconceitualização do trabalho improdutivo como trabalho reprodutivo é explicada em U. Huws (2013).

Nesse sentido, começo por classificar todo trabalho segundo seis categorias amplas.[7] Na seção seguinte, examinarei a dinâmica de mudança dentro e entre essas categorias, à medida que o trabalho é transformado pela reestruturação contínua e destrutiva do capitalismo que ocorre ao longo do tempo. Essas categorias são necessariamente amplas e esquemáticas, mas espero que sirvam como uma estrutura que torna visíveis as relações instáveis e mutáveis entre elas.

Trabalho não remunerado em casa e na comunidade – trabalho de subsistência para a reprodução social

A primeira dessas categorias refere-se ao tipo de trabalho não remunerado que ocorre fora do âmbito da economia monetária, produzindo apenas valores de uso. Parte desse trabalho, como o realizado por caçadores-coletores ou na agricultura de subsistência, antecede o capitalismo em muitos séculos. Entretanto, muitas formas persistiram na era capitalista. Estas não envolvem apenas atividades relacionadas com a reprodução física e manutenção familiar (cuidados corporais de si e dos outros, preparação de alimentos, limpeza etc.), mas também a produção e reprodução social e cultural (ensinar as crianças a falar, cantar, contar histórias, adornar etc.). O fato de esse trabalho não ser pago não implica necessariamente que seja totalmente voluntário. Pode ser realizado de forma involuntária, dentro de relações sociais coercivas e com sanções para aqueles que transgridem as normas sociais e culturais. Mas é claro que pode ser igualmente uma fonte de alegria. Na medida em que inclui a possibilidade de utilizar a inteligência para resolver novos problemas criativamente em vez de repetir mecanicamente uma atividade conhecida, esse tipo de trabalho é talvez o mais próximo que muitas pessoas chegam da experiência do que Marx descreveu nos *Grundrisse* como "trabalho livre" nos seguintes termos:

> Essa superação de obstáculos é em si uma atividade libertadora – e [que], além disso, os objetivos externos são despojados da aparência de urgências naturais meramente externas, e se tornam colocados como objetivos que o

7 Esta tipologia é explicada em mais detalhes em Huws (2019).

> próprio indivíduo postula – portanto, como autorrealização, objetivação do sujeito, logo, liberdade real, cuja ação é, precisamente, trabalho. (Marx, 1973 [1857-58], cap.12)

Por outras palavras, esse tipo de trabalho pode ser considerado como não alienado. Situa-se firmemente fora das relações capitalistas.

Trabalho de serviços (*service work*) privado remunerado em residências ou quintas – mão de obra servil

O segundo tipo de trabalho, que também antecede o capitalismo, é o realizado por empregados assalariados, como Helene Demuth, ex-empregada de Marx. Marx foi enfático ao afirmar que essa forma de trabalho não era "produtiva" no sentido de produzir mais-valia.

Certos trabalhos de serviçais podem, assim, assumir igualmente a forma de mercadorias (potenciais) e até mesmo dos mesmos valores de uso considerados como objetos materiais. Eles não são, porém, trabalho produtivo, porque na verdade não produzem "mercadorias", mas "valores de uso" imediatos (Marx, 1863).

Se o trabalho é ou não "produtivo" não depende, na sua visão, das suas características materiais, mas deriva das relações sociais de produção nas quais é produzido:

> Um ator, por exemplo, ou mesmo um palhaço, de acordo com essa definição, é um trabalhador produtivo se trabalha ao serviço de um capitalista (um empresário) a quem oferece mais trabalho do que aquele que recebe sob a forma de salário; enquanto um alfaiate que vai à casa do capitalista e remenda as suas calças, produzindo um mero valor de uso, é um trabalhador improdutivo. O trabalho do primeiro é trocado por capital, o do segundo por renda. O trabalho do primeiro produz uma mais-valia; no segundo, a renda é consumida. (Marx, 1863)

Daqui pode ser deduzido que a prestação de serviços só se transforma em trabalho produtivo se for fornecida por um intermediário capitalista que lucra com a prestação do serviço, em vez de ser fornecida diretamente ao utilizador final.

Trabalho de serviços privado remunerado para empresas – trabalho de serviço capitalista

Minha terceira categoria de trabalho consiste em trabalho de serviços (*service work*) que fez essa transição e que é fornecido aos clientes por trabalhadores empregados por empresas de serviços, por exemplo lojas, restaurantes, hotéis, empresas de transporte, empresas de segurança, empresas de limpeza ou escolas particulares.

Serviço público pago

Meu quarto tipo de trabalho, como os dois primeiros, é aquele que se dedica à prestação de serviços públicos, categoria que cresceu vertiginosamente no século XX. Na medida em que envolve o fornecimento de valores de uso diretamente à população ou a órgãos estatais, não é "produtivo" para o capital. Isso não quer dizer, é claro, que não beneficie indiretamente o capitalismo, por exemplo ao fornecer infraestrutura, policiar a população ou contribuir para a reprodução da força de trabalho. É, por conseguinte, como as duas primeiras categorias, o que Marx teria chamado de trabalho "improdutivo", e o que eu preferiria chamar de trabalho "reprodutivo".

Trabalho remunerado para empresas de indústrias produtivas – trabalho de produção capitalista

Minha quinta categoria é aquela a que Marx deu mais atenção: trabalho envolvido na produção de mercadorias para o mercado. Essa categoria – que ele esperava que continuasse a crescer sob o capitalismo – coloca os trabalhadores numa relação diretamente conflitual com o capital (uma relação que também se aplica no caso do trabalho de serviço capitalista), com os capitalistas procurando apropriar-se da maior parte possível do valor do trabalho dos trabalhadores como mais-valia. Nesse processo, os capitalistas usam todos os meios disponíveis para baratear o valor do trabalho e/ou aumentar a produtividade, incluindo dispor de membros do exército industrial de reserva para substituir os trabalhadores organizados e a introdução de máquinas que simplificam as tarefas e desqualificam os trabalhadores.

Trabalho não remunerado em casa e na comunidade – trabalho de consumo

Minha categoria final é a que recebeu pouca atenção na teoria marxista, mas que, defendo, desempenha um papel importante tanto na facilitação da transformação do trabalho "reprodutivo" em trabalho "produtivo", quanto na intensificação da exploração dos trabalhadores "produtivos". Trata-se do trabalho não remunerado realizado pelos consumidores associado à compra, operação, manutenção e transporte de mercadorias adquiridas no mercado. Muitas das tarefas envolvidas nesse trabalho de consumo abarcam atividades que antes eram realizadas por trabalhadores "produtivos" pagos que foram transformadas em trabalho não pago mediante um processo de externalização, muitas vezes auxiliado pela tecnologia. Tal pode incluir coisas como o *self-service* em supermercados, a compra de bilhetes *on-line* ou o uso de caixas eletrônicos.[8] O trabalho de consumo não produz mais-valia diretamente, mas está implicado na externalização de tarefas anteriormente desempenhadas por trabalhadores pagos e poderia, em consequência, ser considerado como contribuindo de forma indireta para a exploração do trabalho dos trabalhadores produtivos pelos capitalistas.

Logo, estas seis categorias dividem-se em dois tipos de trabalho "produtivo" (trabalho de serviço capitalista e trabalho de produção capitalista) e quatro tipos de trabalho "reprodutivo", dois dos quais são pagos (seja como trabalho servil fornecido diretamente às famílias ou como trabalho de serviço) e dois não remunerados (trabalho de subsistência e trabalho de consumo).

A história do capitalismo pode ser considerada sinopticamente como a história da transformação dinâmica de cada um desses tipos de trabalho, com (como Marx previu) o efeito geral de direcionar uma proporção cada vez maior de trabalho humano para a categoria "produtiva", na qual ele é disciplinado e produz valor para os capitalistas. Como a maioria dessas

8 Isto é discutido com maior profundidade por Huws (2003, cap.11).

transformações ocorre dentro do agregado familiar, ou depende do agregado familiar para a sua reprodução, o agregado familiar/ambiente doméstico oferece o observatório ideal para analisá-las A próxima parte deste ensaio oferece uma visão geral dessas mudanças. As limitações de espaço, é claro, significam que essa visão geral é esquemática e demasiado simplificada.

A dinâmica da mudança no trabalho

Acumulação primitiva – a geração de novas mercadorias

A maioria das mercadorias tem um valor de uso (além de um valor de troca) e, portanto, satisfaz as necessidades humanas que existiam antes do capitalismo, suprindo-as por intermédio do mercado. Pode dizer-se, assim, que a maioria das mercadorias são substituições de bens ou serviços produzidos no domicílio ou no seu entorno por trabalho não remunerado em períodos anteriores. Dessa maneira, a origem da indústria do vestuário pode ser traçada até à fiação, tecelagem, tricô e costuras domésticas, e o mesmo pode ser dito acerca do fabrico de ferramentas, sabão, cerâmica, móveis e de uma infinidade de outros produtos. É claro que essas indústrias não surgiram da noite para o dia, mas como resultado de mudanças complexas nas relações sociais e econômicas, como os papéis dos comerciantes e a monopolização de certas rotas e mercados e dos rentistas, incluindo os donos das primeiras fábricas que forneciam o espaço para tecelões manuais independentes trabalharem em vez de empregá-los diretamente.[9]

Por mais longa e tortuosa que seja a transição de uma atividade doméstica não remunerada ou baseada na comunidade para a plena produção de mercado sob o controle de um capitalista, as atividades não remuneradas realizadas no domicílio ainda representam um reservatório de atividades que podem ser comercializadas para se tornar a base de novas indústrias de bens ou serviços: de cosméticos à psicoterapia; de máquinas de lavar ao leite em pó para bebês; de refeições prontas à Netflix. Esse processo de geração de novas mercadorias não deve ser visto como algo que aconteceu apenas no passado, e sim como parte de um processo contínuo que está ganhando força no século

9 Ver: Thompson (1963), Wood (1999), Braudel (1967/79).

XXI, quando novas mercadorias são geradas, *inter alia*, da biologia humana, afeto e sociabilidade, bem como arte e cultura.[10]

Desigualdades sociais e a dinâmica de mudança no trabalho de serviços remunerado

A introdução do trabalho remunerado nos agregados familiares e nas comunidades alargadas nas quais as famílias estão inseridas também é anterior ao desenvolvimento do capitalismo e tem origens complexas. O poder de dispor do trabalho alheio não se baseou, historicamente, em relações puramente de mercado, mas está ligado a outras hierarquias sociais – de gênero, castas, status etc. – e nem sempre envolveu a troca de dinheiro. No entanto, a relação mestre-(ou senhora-)servo persistiu e evoluiu ao longo dos séculos e continua a fazê-lo.

Embora, na maioria das economias desenvolvidas, haja menos domicílios burgueses ou quintas familiares que empregam funcionários internos, há um grande número de domicílios que utilizam, ocasional ou regularmente, os serviços pagos de empregados de limpeza, cuidadores, babás, trabalhadores manuais, jardineiros e assim por diante. Quando esses trabalhadores são contratados diretamente, eles enquadram-se na categoria de trabalho servil "improdutivo" ou "reprodutivo", pago com a renda familiar excedente.

Se o trabalho é para um único agregado familiar, está implícito um grau de desigualdade social em muitas dessas relações – deve-se presumir que a renda do patrão ou patroa é consideravelmente maior do que a do criado, para que haja excedente suficiente para pagar o seu salário. A entrada em larga escala de mulheres de classe média no mercado de trabalho na maioria das economias desenvolvidas na última parte do século XX foi possibilitada em grande parte pelo trabalho muito mais barato de outras mulheres, muitas delas migrantes, que limpavam as casas das primeiras e tomavam conta dos seus filhos.[11]

Existem, contudo, outros tipos de serviços prestados aos agregados familiares de forma ocasional em que a premissa da desigualdade social não

10 Discuto isto com maior profundidade em Huws (2014).

11 Ver por exemplo Ehrenreich; Hochschild (2004).

é necessariamente verdadeira. Isso inclui uma gama de serviços especializados, como limpeza de janelas, poda de plantas, cabeleireiro, instalação de eletrodomésticos ou colocação de prateleiras; serviços que podem muito bem ser prestados a agregados familiares com rendimentos inferiores aos dos trabalhadores. Quando os prestadores desses serviços operam como comerciantes independentes, ou fazem o trabalho contra pagamento em dinheiro na economia informal, eles não estão a produzir mais-valia e devem, em consequência, ser classificados como trabalho servil.

O tamanho dessa população de trabalhadores pagos de serviços reprodutivos expande-se e contrai em resposta a outros desenvolvimentos na economia. A procura aumenta em resposta à urbanização, com os agregados familiares migrantes privados dos serviços prestados fora do mercado pela família alargada e vizinhos disponíveis nas comunidades rurais. Também aumenta em resposta a uma grande procura de mão de obra feminina fora de casa – exigindo alguma substituição para o trabalho reprodutivo não remunerado que elas forneceriam de outra forma. A polarização social aumenta a procura, produzindo famílias ricas com o desejo de contratar empregados para manter um estilo de vida luxuoso.

A procura por esse tipo de trabalho diminui se houver oferta de serviços públicos que contribuam para a reprodução social. Também diminui quando empresas capitalistas intervêm para fornecer tais serviços no mercado, extraindo mais-valia dos trabalhadores que empregam para fornecê-los. Esses processos são descritos a seguir.

Remercadorização dos serviços públicos

Talvez uma das características mais marcantes do capitalismo no século XX tenha sido a acomodação particular alcançada entre capital e trabalho após a Segunda Guerra Mundial, que resultou em muitas economias ocidentais desenvolvidas na criação de Estados de bem-estar social, nos quais os recursos públicos eram usados para fornecer serviços reprodutivos sociais aos cidadãos, principalmente em saúde, educação e assistência social. Tal desenvolvimento, muitas vezes visto como uma "desmercadorização" da prestação capitalista de serviços no período anterior, também pode ser visto como uma resposta da classe capitalista ao medo real de que as classes trabalhadoras da Europa (e talvez até da América do Norte) se voltariam para o comunismo.[12]

Desde a queda do Muro de Berlim em 1989 e o colapso da União Soviética em 1991, anunciando a abertura da maior parte do mundo aos mercados capitalistas e o triunfo do neoliberalismo, esse medo perdeu a sua força. Os serviços públicos tornaram-se uma nova arena de acumulação capitalista; a simples produção de valores de uso sob o controle do Estado foi transformada mediante a privatização ou terceirização em serviços que podem ser explorados com fins lucrativos pelos capitalistas.[13] No processo, um grande número de trabalhadores foi desse modo transformado de trabalhador de serviço público reprodutivo (*reproductive public service workers*) em trabalhadores produtivos que produzem mais-valia para os capitalistas.

Expansão de serviços privados "produtivos"

O crescimento do número de trabalhadores que trabalham para capitalistas que prestam serviços privados vem em parte de um influxo de trabalhadores do setor público, conforme descrito anteriormente. Contudo, também resulta de uma tendência muito mais antiga em que o fornecimento de serviços privados às famílias, antes prestados por empregados ou comerciantes diretamente empregados, agora é prestado por empresas com fins lucrativos, de lavanderias a fornecedores de refeições prontas. O crescimento dessas indústrias de serviços é impulsionado por uma complexa interação entre oferta e procura que não pode ser dissociada de outras mudanças na estrutura das relações sociais no agregado familiar e nas divisões do trabalho relacionadas.

Do lado da procura, como no caso dos serviços "reprodutivos" já descritos, a migração para as cidades (onde as moradias são precárias e faltam terras), combinada com a falta de tempo devido à necessidade de todos os membros da família procurarem trabalho remunerado, dificulta ou impossibilita que esses serviços sejam prestados pela mão de obra dos próprios membros da família. Os migrantes recém-chegados também podem não ter

12 Ver, por exemplo, Esping-Andersen (1990).

13 Discuti isto com maior profundidade em Huws (2011).

as redes sociais que lhes permitam encontrar fornecedores desses serviços informalmente e empregá-los de modo direto. Do lado da oferta, as empresas prestadoras de serviços são capazes de recrutar com facilidade trabalhadores vulneráveis e fazê-los trabalhar arduamente, barateando o custo dos serviços e, assim, tornando-os acessíveis para um número maior de pessoas. Isso coloca pressão competitiva sobre os custos dos serviços que não são fornecidos por empresas, acelerando por sua vez a mudança de trabalho de serviços "reprodutivo" para "produtivo". O caráter humilhante do papel de servo também pode desempenhar um papel no reforço dessa tendência em alguns casos, em especial onde o trabalho é racializado, com alguns trabalhadores preferindo dispor livremente da sua força de trabalho no mercado, por mais explorador que seja o empregador, em vez de lidar com as humilhações diárias de trabalhar para um senhor tirânico, com as suas associações com a servidão. Aqueles que no passado trabalharam de forma independente, por outro lado, podem experimentar a mudança pelo viés negativo, com o emprego forçado sob condições capitalistas privando-os da autonomia de que desfrutavam anteriormente como comerciantes independentes.

Na segunda década do século XXI, torna-se evidente que ambos os processos vêm ocorrendo numa escala enorme. Por um lado, a terceirização de serviços públicos criou uma força de trabalho global em crescimento exponencial de trabalhadores de serviços capitalistas, alguns fornecendo serviços físicos (por exemplo, prestadores de cuidados ou guardas prisionais) e alguns serviços baseados em informação que podem ser fornecidos a distância/*on-line* (como manutenção de TI ou lidar com dúvidas de requerentes de assistência social). Mesmo que retenham os valores éticos dos funcionários públicos, esses trabalhadores sociais agora fazem parte da força de trabalho produtiva, muitas vezes trabalhando para corporações gigantes que fornecem os mesmos serviços terceirizados para clientes do setor público e privado.

Por outro lado, os serviços prestados em ambiente privado estão a ser arrastados para o âmbito de outra nova geração de empresas multinacionais: as plataformas *on-line*. Em expansão exponencial desde a crise financeira de 2008, tais plataformas representam agora uma proporção significativa da oferta de serviços domésticos, como limpeza (por exemplo, Taskrabbit, Helpling, Housekeep), serviços de manutenção doméstica (como Trustatrader, Mybuilder, Local Heroes), cozinha (Feastly, Chefxchange etc.), entrega de comida (Foodora, Deliveroo, Uber Eats etc.), serviços de táxi (tais como Uber, Lyft), além de uma variedade de outros serviços, incluindo serviços de babá (por exemplo, Findababysitter, Childcare.co.uk), passeadores de cães (como PetSitter, Fetch!), aulas particulares a crianças em idade escolar (a exemplo de Tutorhub e Mytutor) e assim por diante.[14] No presente, a maioria dessas plataformas não se considera como empregadores, e elas usam modelos de negócios que envolvem receber algum tipo de rendimento (uma taxa fixa ou uma porcentagem do empregador, do trabalhador ou de ambos). No entanto, elas exercem um controle considerável sobre as condições de trabalho e os ganhos dos trabalhadores e, nos casos em que os testes legais são aplicados, em geral os trabalhadores são considerados trabalhadores subordinados, em vez de "contratados independentes" como as plataformas os consideram.

O comportamento rentista dessas plataformas não é diferente daquele adotado pelos primeiros proprietários de fábricas no início da Revolução Industrial. Parece ser um modelo de negócio transitório que será substituído, à medida que estas plataformas atingem a maturidade, pelos modelos de emprego mais convencionais de outras empresas de serviços (como lojas, cafés, armazéns etc.) que, no século XXI, também praticam cada vez mais formas *just-in-time* de gestão da organização do trabalho (como o uso de contratos de zero hora) que são mediadas digitalmente.[15]

Em suma, o grupo de trabalhadores que agora trabalham para empresas privadas que fornecem serviços reprodutivos às famílias está crescendo de maneira rápida, alimentado por essas duas fontes diferentes e cada vez mais convergentes.

Substituição de bens por serviços

Esse enorme influxo de mão de obra para a prestação de serviços privados, sob o controle dos capitalistas, não é, obviamente, toda a história. Na verdade, visto por uma longa lente histórica, é um mero ponto de passagem numa tendência maior: a substituição de bens por serviços. Há um limite

---

14 Escrevi mais sobre isto em Huws (2017, p.29-48).

15 Para uma discussão mais completa destas tendências, ver Huws (2016, p.7-26).

para o quanto a produtividade de um trabalhador individual de serviços pode ser aumentada, por mais que esse trabalhador seja forçado a trabalhar. Um empregado de limpeza com um esfregão só pode cobrir um certo espaço em metros quadrados do chão num determinado momento; uma enfermeira pode atender fisicamente apenas um determinado número de pacientes; os músculos de um entregador de *delivery* podem pedalar apenas alguns quilômetros.

Uma vez estabelecido um modelo de negócios, e tendo os concorrentes entrado no campo seguindo o mesmo modelo, talvez com custos iniciais mais baixos e mão de obra mais barata, a lei do retorno cada vez menor do investimento é estabelecida. A necessidade implacável de expansão do capitalismo exige algo mais radical do que apenas mais do mesmo, sobretudo durante os períodos de reestruturação após as suas crises recorrentes. É aqui que entram a ciência e a tecnologia.

Uma das características mais marcantes da história do capitalismo – na verdade, alguns diriam, a sua principal característica – tem sido o padrão pelo qual as ondas de inovação geraram novas mercadorias para satisfazer necessidades que antes eram atendidas por meio do trabalho de trabalhadores de serviços, fossem pagos ou não, produtivos ou reprodutivos. Nos primórdios do capitalismo, invenções como o tear mecânico, a prensa tipográfica e o comboio a vapor substituíram as formas anteriores de trabalho manual (algumas, se não todas, anteriormente realizadas em casa) e aumentaram a produtividade dos restantes trabalhadores por ordem de grandeza. Tornaram possível a produção em larga escala de mercadorias padronizadas que antes tinham de ser laboriosamente feitas à mão. Mas esses novos meios de produção também precisavam ser fabricados. Assim, tinha de haver fábricas para fazer teares, bem como fábricas para produzir tecidos; fábricas de cubas e fábricas de sabão; criando o proletariado sobre o qual Marx escreveu tão eloquentemente.

O século XX forneceu inúmeras ilustrações dessa tendência – e o mesmo acontece com o século XXI. Cada crise do capitalismo desencadeou uma onda de reestruturação, e cada reestruturação lançou o desenvolvimento de novas indústrias de manufatura de *commodities*, muitas das quais surgem ou substituem o que eram anteriormente indústrias de serviços, muitas vezes introduzindo *commodities* "economizadoras de trabalho" que afetam tanto o trabalho reprodutivo pago como o não pago, desde aspiradores de pó à Alexa da Amazon. À medida que a quantidade total de manufatura cresce em todo o mundo, também aumenta o número de trabalhadores envolvidos diretamente na forma de exploração do trabalho que envolve a produção dessas mercadorias – não apenas nas fábricas, mas ao longo de toda a cadeia de valor, desde o projeto até à distribuição.

A externalização do trabalho e o crescimento do trabalho não remunerado

A promessa de mercadorias que economizam mão de obra é que elas reduzirão a quantidade de trabalho reprodutivo não remunerado que os membros da família devem realizar, e um dos principais incentivos para comprá-las é o tempo que será economizado – tempo que, é claro, é um prêmio precisamente por causa da intensificação da pressão capitalista sobre os trabalhadores para produzir no âmbito do seu emprego "produtivo". Todavia, o consumo dessas *commodities* cria novos tipos de trabalho não remunerado, pois as empresas terceirizam para os clientes o máximo possível de tarefas para aumentar a produtividade dos trabalhadores remunerados ou reduzir o custo de produção: desde a digitação de pedidos até à recolha de pacotes; desde a verificação de mercearias até à montagem de móveis.

O apertar do nó

Pode-se concluir desta breve análise que as características do capitalismo descritas por Marx ainda estão conosco. Continua a expandir-se exponencialmente, penetrando cada vez mais áreas da vida e arrastando-as para o mercado onde o trabalho vivo pode ser usado para a produção de mais-valia. O número de trabalhadores atraídos para esse relacionamento continua a crescer.

O local de trabalho (ou, para ser mais específico, a relação de trabalho entre trabalhador e capitalista) continua a ser o palco de antagonismo onde é travada a luta sobre qual proporção do tempo do trabalhador é trocada por quanto dinheiro (ou, dito de outra forma, quanta mais-valia pode ser extraída do trabalho do trabalhador). Muitos dos parâmetros dessa troca, porém, são estabelecidos no agregado familiar/ambiente doméstico, que também pode ser visto como o caldeirão onde são fermentadas as mudanças no âmbito e na estrutura do capitalismo, bem como o local em que as suas contradições se desenrolam.

O agregado familiar representa, simultaneamente, um reservatório tanto de oferta quanto de procura: de força de trabalho e de novas mercadorias. É onde aquela matéria-prima básica do capital – o tempo de trabalho humano – é produzida e disputada numa luta multidimensional. Algum tempo de trabalho é fornecido, mais ou menos voluntariamente, ou pelo menos por acordo, pelos trabalhadores aos seus empregadores durante as suas horas formais de trabalho. Outro tempo é arrebatado do agregado familiar pelo capital de forma mais dissimulada: o tempo que foi gasto no passado na educação e criação, e no presente na manutenção do corpo. Ainda mais tempo é roubado pela crescente extensão da jornada de trabalho: por exemplo, o tempo gasto na preparação e na deslocação para o trabalho; ou o tempo gasto fora do horário formal de trabalho para lidar com mensagens do empregador. A isso deve ser adicionado o tempo que serve de contributo para outros capitalistas sob a forma de trabalho de consumo: o tempo gasto, por exemplo, numa fila telefônica à espera para falar com um funcionário do *call center* para maximizar a produtividade desse funcionário; ou ir ao supermercado. Quanto mais pobre de tempo for o agregado familiar, maiores serão os conflitos entre os seus membros sobre a divisão doméstica do trabalho e maior será a pressão para comprar mais mercadorias no mercado na esperança de poupar tempo. O que obviamente leva a uma maior pressão para ganhar mais dinheiro a fim de pagar por essas mercadorias/bens de consumo. O que leva a uma contração ainda maior do tempo doméstico. Assim se aperta o nó do capitalismo. E assim cresce o capitalismo. À medida que o século XXI se aproxima da sua terceira década, a análise de Marx não poderia ser mais relevante.

Implicações políticas

Então, quais são as implicações políticas desses desenvolvimentos? É claro que a atual onda de reestruturação capitalista está provocando uma mercantilização e comodificação da reprodução social em grande escala.

Por um lado, com a queda do valor real dos salários e o triunfo dos regimes de bem-estar neoliberais que consolidaram o seu domínio após a crise de 2008, a expectativa é agora, na maioria das economias, desenvolvidas ou em desenvolvimento, que tanto as mulheres quanto os homens realizem trabalho remunerado no mercado de trabalho, para que as suas famílias se mantenham à tona, deixando cada vez menos tempo disponível para o trabalho dirigido à subsistência. Essa situação é agravada pelas reduções nos serviços sociais prestados pelo Estado. Mediante a contração do tempo, as pessoas procuram cada vez mais o mercado para o fornecimento de serviços básicos de reprodução social. A mão de obra empregada pelos capitalistas que prestam esses serviços é, entretanto, cada vez mais precária e mal remunerada. Na qualidade de consumidores, as pessoas têm interesse em que esses serviços sejam tão baratos e facilmente disponíveis quanto possível; mas enquanto trabalhadores querem segurança, salários decentes e horários previsíveis.

Deve ser enfatizado que os utilizadores e consumidores desses serviços de mercado são muitas vezes *as mesmas pessoas*. Minha pesquisa mostrou que os utilizadores de plataformas *on-line* de serviços domésticos não ganham mais (embora tenham maior probabilidade de trabalhar em período integral) do que a média. De fato, 84% dos que trabalham no fornecimento de serviços domésticos também são clientes, enquanto 91% dos que trabalham como motoristas ou entregadores para plataformas *on-line* também são clientes desses serviços (Huws, 2019). Logo, a relação entre esses trabalhadores e os seus clientes não pode ser caracterizada como a de uma nova classe de servos que serve a burguesia. Pelo contrário, o novo mercado de serviços de reprodução social deve ser visto como algo que acontece no seio da classe trabalhadora: uma classe trabalhadora na qual o trabalho de reprodução social muda de forma instável entre as categorias descritas anteriormente, às vezes pago, às vezes não pago, às vezes efetuado no ambiente doméstico por membros da família, às vezes fornecido externamente, às vezes adquirido como um serviço, às vezes como um produto. Mas esta é uma classe trabalhadora cada vez mais atomizada, com os seus membros não necessariamente reconhecíveis uns aos outros como tais.

A forma como a oferta e a procura de serviços domésticos são mediadas por plataformas *on-line* mitiga o desenvolvimento de solidariedades dentro da classe trabalhadora entre as pessoas na sua qualidade de trabalhadores e consumidores. Assim como os clientes podem fazer compras no Wal-Mart, mesmo sabendo que o preço baixo dos produtos se baseia na exploração do trabalho de produção na China e do trabalho de varejo/distribuição mais perto de casa, porque eles sentem que não têm escolha a não ser procurar os preços mais baixos, as plataformas *on-line* são igualmente procuradas como marcas globais que podem oferecer baixos preços, de maneira independente de como os seus trabalhadores são tratados. Além disso, como são oriundos das franjas mais dispensáveis e vulneráveis do mercado de trabalho, aqueles que trabalham para essas plataformas podem muito bem ser imigrantes, sem competências linguísticas para se comunicar de forma eficaz com os clientes e não reconhecíveis como vizinhos ou parentes. Percepções potencialmente desumanas desses trabalhadores como "o outro" são exacerbadas por práticas como, por exemplo, requisitos para avaliar o seu desempenho usando aplicativos móveis. Utilizadores mais sofisticados podem até explorar conscientemente essa facilidade, sabendo que, se fornecerem uma avaliação negativa ao trabalhador, poderão persuadir a plataforma a dar-lhes um desconto no preço (talvez sem saber que isso pode levar a que o trabalhador não seja pago ou mesmo que ele seja desconectado da plataforma). A erosão das solidariedades dentro de uma classe trabalhadora atomizada não é certamente exclusiva da economia de plataforma; mas ela é acentuada pelas práticas de gestão digital.

Uma dependência de serviços mediados por plataformas para substituir trabalho doméstico não pago também exacerba as diferenças sociais. Embora seja possível ver esse mercado simplesmente como uma troca de serviços entre os pobres em tempo e os pobres em dinheiro, esse quadro também deve levar em conta os diferentes graus de pobreza em ambas as frentes. Aqueles que auferem salários mais baixos também trabalham provavelmente mais horas (minha pesquisa descobriu que o trabalho de plataforma é na maioria das vezes realizado como complemento de um trabalho principal por aqueles que estão financeiramente desesperados), então aqueles que sem dúvida têm a maior necessidade desses serviços também são os menos capazes de pagá-los, aumentando uma espiral contínua de pressão financeira, pressão de tempo e estresse (Huws, 2019).

Tal mudança no mercado de serviços reprodutivos não é, obviamente, sem precedentes. A história da classe trabalhadora sempre envolveu uma tal mistura dinâmica de trabalho. Os leitores dos relatos de Henry Mayhew (1851) sobre a vida nas ruas metropolitanas em *O trabalho de Londres e os pobres de Londres* lembrar-se-ão da imagem vívida que ele evocou de vendedores de mercadorias acotovelando-se nas calçadas para oferecer de tudo, desde batatas assadas até serviços de limpeza de chaminés. As interações entre os fornecedores e compradores desses bens e serviços provavelmente não eram muito diferentes daquelas entre os cuidadores itinerantes, apressados, com o celular na mão, de uma consulta de quinze minutos com um cliente idoso para o seguinte, e os entregadores da Deliveroo e Uber Eats e os seus clientes nas ruas de Londres no século XXI.

Podemos, no entanto, afirmar com alguma certeza que esta nova onda de mercantilização e comodificação do trabalho doméstico e da reprodução social em geral é um desenvolvimento que poucas feministas e socialistas previram. Aponta para a inadequação das estratégias tradicionais consideradas de maneira isolada, sejam elas reivindicações pela socialização do trabalho doméstico, pagamento pelo trabalho doméstico ou soluções tecnológicas para o "problema do trabalho doméstico".

Primeiro, fica claro que a reivindicação de socialização do trabalho doméstico e de criação de bons empregos no setor público para fornecer serviços domésticos é vulnerável em duas frentes. Por um lado, a tendência de substituição de serviços por bens pode ser uma forma de contornar esses serviços, consignando ao mercado funções que os planos originais pretendiam desmercantilizar. Por outro lado, como a história recente tem mostrado, os serviços públicos são muito vulneráveis à privatização e à terceirização/subcontratação/*outsourcing* – outra forma de recomodificação/remercantilização. Campanhas por maior desmercantilização correm o risco de se tornarem meras ações de retaguarda para minimizar cortes e reverter a incursão do mercado, incapazes de promover programas radicais de melhoria.

Em segundo lugar, a exigência de pagamento pelo trabalho doméstico surge como problemática se tratada isoladamente, ainda que seja reformulada como uma exigência de rendimento básico para todos, de modo independente do gênero ou situação familiar. Se essa reivindicação for feita isoladamente dos esforços para proteger o fornecimento de serviços públicos universais prestados de maneira coletiva, pode ser vista apenas como um meio para permitir que os cidadãos comprem cada vez mais bens e serviços domésticos no mercado. E, como vimos, as forças de mercado não controladas não nos livram necessariamente do fardo do trabalho doméstico. Enquanto algumas tarefas são facilitadas, outras novas são impostas, com a consequente contração do tempo a criar um círculo vicioso na economia política da reprodução social em que o custo dos bens e serviços necessários para compensar a falta de tempo resulta numa perda adicional de tempo. Dependendo da forma como um rendimento básico é pago, a sua introdução pode ser redistributiva para os menos remunerados e para as famílias com crianças e, tal como a reivindicação por melhores serviços públicos, poderia ser progressista. No entanto, não poderia, por si só, resolver as contradições da mercantilização e do mercado capitalista. Em outras palavras, o problema não pode ser resolvido apenas por meio da "injeção" de mais dinheiro.

Por fim, é evidente que não existe uma solução tecnológica simples para o problema do trabalho doméstico. Apesar de as tecnologias serem controladas por corporações e servirem os interesses de geração de lucro, elas não podem cumprir a sua promessa de eliminar a necessidade de trabalho penoso. A dinâmica da reestruturação capitalista cria empregos mal pagos para os trabalhadores, mesmo enquanto eles criam mercadorias baratas, com os ganhos dos primeiros nunca alcançando o custo das últimas, numa espiral crescente de exploração.

Todavia, é possível que as tecnologias digitais utilizadas pelas plataformas *on-line* para fazer corresponder a oferta e a procura de serviços domésticos, aliadas às exigências de prestação pública desses serviços, criem as bases para um novo tipo de Estado de bem-estar: aquele em que serviços reprodutivos como creches, serviços de limpeza, refeições para os sem-teto e cuidados de enfermagem para os doentes crônicos são fornecidos mediante procura, em resposta à necessidade social, por trabalhadores bem pagos do setor público, empregados por órgãos democraticamente responsáveis.

O trabalho doméstico, ao que parece, está no epicentro do capitalismo. E o trabalho de reprodução social, que o sustenta, também representa o seu potencial de expansão futuro. As estratégias socialistas e feministas para enfrentá-lo terão, portanto, que enfrentar o próprio capitalismo se quiserem promover a libertação das mulheres e, ao formular essas estratégias, será necessário combinar reivindicações por serviços públicos, reivindicações por rendimento mínimo garantido e reivindicações por projetos de tecnologias desenhadas a partir "de baixo" que sirvam as necessidades das famílias e comunidades em vez das grandes empresas.

Referências bibliográficas

BRAUDEL, F. (1967-1979). *Civilization and Capitalism*: 15th-18th Century.

CLARK, A. (1982 [1919]). *Working Life of Women in the Seventeenth Century*. London: Routledge and Kegan Paul.

DALLA COSTA, M.; JAMES, S. (1973). *The Power of Women and the Subversion of the Community*. Bristol: Falling Wall Press.

EHRENREICH, B.; HOCHSCHILD, A. R. (2004). *Global Woman*: Nannies, Maids and Sex Workers in the New Economy. New York: Henry Holt.

ENGELS, F. (1956 [1877]). *On Marx's Capital*. Moscow: Progress Publishers, p.89.

ENGELS, F.; MARX, K. (1845). Division of Labour and Forms of Property – Tribal, Ancient, Feudal. In: *The German Ideology*, part 1 A.

ESPING-ANDERSEN, G. (1990). *Three Worlds of Welfare Capitalism*.

FEDERICI, S. (1975). *Wages Against Housework*. Bristol: Power of Women Collective and Falling Wall Press.

FERGUSON, S.; MCNALLY, D. (2014). Precarious Migrants: Gender, Race and the Social Reproduction of a Global Working Class. In: PANITCH, L.; ALBO, G. [orgs.] *Socialist Register 2015*: Transforming Classes. London: Merlin Press.

GARDINER, J. (1975). Women's Domestic Labour. *New Left Review*, v.I, n.89, jan.-fev., p.47-58.

GERSHUNY, J. (2018). *Gender Symmetry, Gender Convergence and Historical Work-Time Invariance in 24 Countries*. Oxford: Centre for Time Use Research, University of Oxford.

HIMMELEWIT, S.; MACKINTOSH, M. (1975). Women's Domestic Labour. *Bulletin of the Conference of Socialist Economists*, v.4, n.2.

HUWS, U. (2003). Who's Waiting? The Contestation of Time. In: *The Making of a Cybertariat*: Virtual Work in a Real World. New York: Monthly Review Press.

______. (2011). Crisis as Capitalist Opportunity: New Accumulation Through Public Service Commodification. In: PANITCH, L.; ALBO, G.; CHIBBER (orgs.). *Socialist Register 2012*: The Crisis and the Left. London: Merlin Press.

______. (2013). The Underpinnings of Class in the Digital Age: Living, Labour and Value. In: PANITCH, L.; ALBO, G. (orgs.). *Socialist Register 2014*: Registering Class. London: Merlin Press.

______. (2014). *Labor in the Global Digital Economy*: The Cybertariat Comes of Age. New York: Monthly Review Press.

______. (2016). Logged Labour: A New Paradigm of Work Organisation? *Work Organisation, Labour and Globalisation*, v.10, n.1, p.7-26.

______. (2017). Where Did Online Platforms Come From? The Virtualization of Work Organization and the New Policy Challenges it Raises. In: MEIL, P.; KIROV, V. (orgs.). *The Policy Implications of Virtual Work*. Basingstoke, UK: Palgrave Macmillan, p.29-48.

______. (2019). *Labour in Contemporary Capitalism*: What Next? London: Palgrave Macmillan.

HUWS, U.; SPENCER, D. C.; HOLTS, C. (2019). *The Platformisation of Work in Europe*. Brussels: Foundation for European Progressive Studies.

KOLLONTAI, A. (1977 [1909]). The Social Basis of the Woman Question. In: *Selected Writings of Alexandra Kollontai*. Translated by A. Holt. London: Allison & Busby.

MARX, K. (1973. [1857-58]). *Grundrisse*, Chapter 12. London: Penguin.

______. (1863). *Theories of Surplus Value*, Chapter IV. Moscow: Progress Publishers.

MAYHEW, H. (1851). *London Labour and the London Poor*: a Cyclopædia of the Condition and Earnings of Those That Will Work, Those That Cannot Work, and Those That Will Not Work. London: G. Woodfall and Son.

OECD (2014). *Gender, Institutions and Development Database*. Paris: Organisation for Economic Co-operation and Development. Disponível em: stats.oecd.org. Acesso em: 30 nov. 2023.

SECCOMBE, W. (1974). The Housewife and Her Labour Under Capitalism. *New Left Review*, v.I, n.83, jan.-feb., p.59-71.

SEGAL, L. (2007). *Making Trouble*: Life and Politics. London: Serpents Tail.

TERRY, J.; CALVERT, M. (orgs.). (1997). *Processed Lives*: Gender and Technology in Everyday Life. New York: Routledge.

THOMPSON, E. P. (1963). *The Making of the English Working Class*.

WOOD, E. M. (1999). *The Origin of Capitalism*. New York: Monthly Review Press.

ZETKIN, C. *Social-Democracy and Women's Suffrage*. Translated by J. Bonhomme. London, 1906. Disponível em: www.marxists.org. Acesso em: 30 nov. 2023.

ZIMMERMAN, J. (org.). (1983). *The Technological Woman*: Interfacing with Tomorrow. New York: Praeger.

4
Capitalismo pandêmico: e agora?[1]

Ricardo Antunes[*]

A trágica confluência entre a pandemia e o capitalismo

No pensamento de esquerda, há unanimidade no reconhecimento de que não foi a pandemia do coronavírus que criou o mundo em que estamos vivendo. Desemprego, destruição da natureza, contrarrevolução, extrema direita, neofascismo, neonazismo, xenofobia, homofobia, racismo, sexismo, dentre tantas outras aberrações, tudo isso já existia antes da eclosão da pandemia global do coronavírus. O que a pandemia fez foi desnudar esse cenário horroroso, além de ampliá-lo e exasperá-lo ao limite.

As causas dessas tendências nós encontramos a partir da eclosão da *crise estrutural* do capital em 1973, depois das intensas batalhas que ocorreram em várias partes do mundo em 1968, ano em que o *mundo capitalista quase*

1 Este artigo é uma versão atualizada e bastante alterada de *Pandemic Capitalism: What Now?*, publicado originalmente em *Left Strategies in the Covid Pandemic and Its Aftermath – Yearbook 2022*, Walter Baier, Eric Canapa e Haris Golemis (org.), London, Merlin Press, 2022.

* Professor titular de Sociologia do Trabalho no IFCH/UNICAMP. Autor, dentre outros livros, de *Capitalismo pandêmico* (Boitempo, publicado também na Itália e Áustria); *O privilégio da servidão* (publicado também na Itália e Espanha); *Os sentidos do trabalho* (Boitempo, publicado também na Argentina, Inglaterra/Holanda, EUA, Itália, Portugal e Índia); *Riqueza e miséria do trabalho no Brasil*, vol. I, II e III (Boitempo) e *Adeus ao trabalho?* (Cortez, publicado também na Argentina, Itália, Espanha, Argentina, Venezuela, Colômbia, EUA e Holanda/Inglaterra). Coordena a coleção *Mundo do Trabalho* (Boitempo). Foi Visiting Professor na Universidade de Coimbra (2019); na Universidade Ca' Foscari de Veneza (2017) e Visiting Research Fellow na Universidade de Sussex, Inglaterra (1997/8).

derreteu! De lá para cá, expandiram-se a erosão, devastação, corrosão e destruição do trabalho, da natureza, da humanidade, dos gêneros, das raças e etnias, das comunidades indígenas, da juventude etc.

É como se todos os demônios do capital saíssem das suas garrafas fechadas de modo desenfreado e turbinado, o que consolidou o *sistema de metabolismo antissocial do capital* (Mészáros, 2002)[2] como sendo dotado de uma engrenagem cada vez mais impositivamente *expansionista*, irremediavelmente *destrutiva* e, no limite, *incontrolável*. O aquecimento global, com suas terríveis consequências humanas e sociais, é mais do que emblemático da tragédia em que se encontra o mundo atual.

E esse contexto se acentuou a partir da crise de 2008/2009, impactando fortemente a classe trabalhadora, ampliando os níveis de miséria e de empobrecimento em praticamente todas as partes do mundo, gerando ainda mais desigualdade social, desemprego, subemprego, informalidade e precarização. Assim, se o cenário social mundial antes da pandemia já contabilizava uma massa imensa de trabalhadores/as desempregados/as, informais, terceirizados/as, precarizados/as e intermitentes, com a eclosão da nova pandemia de covid-19 esse quadro de destruição se agudizou de maneira significativa.[3]

A confluência, simultaneidade e inter-relação existente entre crise econômica, desigualdade social e pandemia, ao encontrar uma situação anterior já crítica, acabou por intensificar ainda mais essa realidade social dilacerada, em especial nos países do Sul Global, na periferia do capitalismo, nos quais as consequências são mais intensas e brutais. Mas é importante destacar que essa tragédia atingiu duramente também os países capitalistas ditos avançados, que se encontram no hemisfério Norte.

Nos Estados Unidos, por exemplo, pudemos ver uma multidão de trabalhadoras e trabalhadores sem-teto, dormindo em calçadas, em praças públicas e em estacionamentos desenhados como baias, cada qual com seu minúsculo espaço ao relento. Mais de 30 milhões de desempregados solicitaram seguro-desemprego nos primeiros meses da pandemia, sem deixar de

2 Se Mészáros define como *sistema de metabolismo social do capital*, o *antissocial* é de nossa responsabilidade.

3 Neste artigo, retomo algumas das teses e formulações apresentadas especialmente em Antunes (2022).

lembrar que o mais rico país do mundo estampou a completa falência de seu sistema de saúde, concebido pelo neoliberalismo e restrito somente àqueles/as que dispunham de seguro-saúde privado, uma vez que Trump havia destruído o *Obama Care*, deixando os Estados Unidos no topo das mortes por coronavírus ao longo de todo o ano de 2020 (Antunes, 2022).

Nos países do Sul, os exemplos emblemáticos de Índia, México, Brasil, África do Sul, dentre tantos outros, demonstraram a brutalidade da realidade que a pandemia encontrou, dado que a superexploração do trabalho, os altos índices de precarização e de desemprego, existentes antes da pandemia, acabaram por facilitar a forte contaminação da covid-19, em especial nas populações mais pobres, onde vive a classe trabalhadora das periferias, causando níveis de mortalidade mais intensas junto às mulheres negras pobres, indígenas e imigrantes.

Não é por acaso então que, no continente africano, marcado respectivamente por séculos de dominação colonial, imperial e imperialista, tudo isso resultou em mais dependência, exploração, miserabilidade e degradação da vida, que se intensificaram fortemente durante a pandemia. Basta recordar que, em fins de 2021, a África havia vacinado por completo menos de 8% de toda a sua população, o que agravava ainda mais seu isolamento e sofrimento.

Particularmente em relação ao trabalho, a pandemia sepultou de forma definitiva as teses do *fim do trabalho*, cujos equívocos foram uma vez mais evidenciados durante o *lockdown*. Sem o uso da força global de trabalho, reduziu-se e mesmo travou-se a criação de *valor* e de *riqueza apropriada privadamente*. Não foi outro o motivo de desespero dos capitalistas, pois sem *trabalho vivo não há valorização do capital*. Foi exatamente por isso que as burguesias globais pressionaram pela volta da produção.

Como o capital não pode prescindir do *trabalho*, ele procura explorar cada vez mais, relativa e absolutamente, a classe trabalhadora, ainda que de modo diferenciado e desigual, o que o leva a explorar com mais intensidade, por exemplo, o trabalho feminino, o trabalho dos negros, dos imigrantes, intensificando ainda mais a *desigual divisão sociossexual-racial e étnica do trabalho* (Antunes, 2022). Iside Gjergji (2019), ao analisar criticamente a prática de *tortura* e a vivência do *suplício* na sociedade do capital, demonstrou que essas formas destrutivas em relação ao ser social atingem mais duramente o *corpo-classe*. Algo similar vem se passando durante a pandemia, pois os maiores níveis de contaminação do coronavírus ocorrem no *corpo* da *classe-que-vive-do-trabalho* (Antunes, 2015, 1999), particularmente no *corpo-classe* das mulheres, negras e negros, indígenas, imigrantes, refugiadas, LGBTQIA+ etc.

Como a *pandemia* não nasceu nem se propagou à margem nem por fora do *sistema de reprodução sociometabólico do capital,* mas é consequência e resultante das destruições da natureza, de que são exemplos o aquecimento global, a economia baseada em combustíveis fósseis, em carvão, em queimadas, em extração mineral, vê-se que ela pouco ou nada tem de fenômeno "natural", e sim é uma trágica consequência do *modus operandi* do sistema do capital que, em sua busca incessante pela valorização do capital, cada vez mais se expande e acumula riquezas, destruindo tanto a força humana de trabalho, quanto a natureza.

Essa tendência, que vem se acentuando sobremaneira no mundo atual, levou a que István Mészáros (2002, cap.15) desenvolvesse a tese, central em sua análise, da *taxa de utilização decrescente do valor de uso* das mercadorias. Como o capital depende cada vez mais da venda incessante de mercadorias, sejam elas materiais ou imateriais, para gerar mais valor e riqueza e assim se reproduzir, há uma inexorável *tendência decrescente do valor de uso das mercadorias,* a qual se expressa na redução da sua vida útil, de modo a agilizar o ciclo reprodutivo do capital. Seu resultado, então, se evidencia: há uma predação da natureza cada vez maior. Apesar de todo o *blá-blá-blá* que é utilizado nos encontros dos países mais ricos, como na COP-26 em Glasgow, em 2021, onde se evidenciou, uma vez mais, a incapacidade de se oferecer um estancamento desse processo descontrolado de destruição ambiental.

E é exatamente por causa da exacerbação do aquecimento global, da contaminação dos rios e dos mares, da produção de agrotóxicos e transgênicos, das queimadas, da indústria bélica e do agronegócio que nos arriscamos a dizer que, além de sua conhecida *destrutividade,* o capitalismo, sob a pandemia, nos evidenciou também seu traço de *letalidade*, já presente em seu traço belicista. Foi partindo dessa análise que podemos dizer que adentramos na era do *capital pandêmico* ou *virótico* (Antunes, 2022). E se esse *sistema de metabolismo antissocial* não encontrar barreiras reais, a humanidade se verá cada vez mais em situações sem retorno, nas quais a própria extinção humana pode ser projetada.

Só uma vez o universo se viu em situação relativamente similar: foi em 1918, durante a chamada "gripe espanhola", que atingiu o mundo e deixou mais de 50 milhões de mortos. Com a pandemia de covid-19, findos os "anos dourados" do capitalismo, estamos ingressando em um mundo onde a pandemia se converteu em um "*experimenta in corpore vili* [experimentos num corpo sem valor], como aqueles que os anatomistas realizam em rãs" (Marx, 2013 [1867], p.528). A América Latina não ficou imune a esta crise simultaneamente econômica, social, política e sanitária. Antes mesmo da eclosão da pandemia, o Brasil tinha, em fins de 2019, cerca de 40% da classe trabalhadora na informalidade, o que lhe tornava uma presa fácil para o coronavírus. Não foi por acaso que os altos níveis de contaminação da covid-19 levaram ao adoecimento e à morte sobretudo da população trabalhadora negra, mulher, indígena e imigrante (Antunes, 2022).

As consequências, então, estão sendo profundas e nefastas, como veremos a seguir. Foi em meio a essa tragédia sanitária global que o Brasil viu sua realidade se agravar a ponto de aumentarem de forma exponencial as incertezas em relação ao seu presente e futuro. Sua história recente (que parecia caminhar positivamente nos primeiros anos do século XXI) teve que se defrontar com uma situação duplamente trágica: a eclosão da pandemia e a emergência do neofascismo, que acabaram por ocorrer de maneira concomitante.

O exemplo recente do Brasil: entre a reforma e a contrarrevolução

No início deste século, o futuro parecia se abrir para o Brasil, que acabava de eleger Luiz Inácio Lula da Silva à presidência da República, em 2002. Parecia que o país ingressava em uma nova fase auspiciosa, com a vitória eleitoral de sua principal liderança operária, que conquistou mais de 53 milhões de votos, pelo principal partido de esquerda latino-americano, o Partido dos Trabalhadores (PT).

Sem que nos déssemos conta, o país já não era mais aquele de 1980. Um enorme processo de "desertificação neoliberal" vinha molecularmente desintegrando a estrutura econômica, social, política e ideológica desde a vitória de Collor, em 1989. Um lento e persistente processo de *transformismo* (Gramsci, 2001, v.2) já havia atingido em profundidade tanto Lula quanto o PT, cuja práxis política, quanto mais avançava sua ação visando a novas vitórias eleitorais, mais se afastava do conjunto da classe trabalhadora. Pouco a pouco, então, o PT foi abandonando as ações de perfil mais classistas e anticapitalistas e pautando sua ação em direção aos embates institucionais e eleitorais. E o preço pago por isso não foi pequeno, como veremos.

Assim, quando Lula venceu as eleições presidenciais em 2002, ele o fez por intermédio de uma frente ampla que tinha como vice-presidente um representante da grande burguesia brasileira. O PT, que nasceu como um dos mais importantes partidos operários do Brasil, da América Latina e mesmo do Ocidente, estava, passo a passo, se transformando, dentro da esquerda, numa variante de *Partido da Ordem*.[4]

Foi assim que, sobretudo nos dois governos de Lula (2003-2011), tivemos, por um lado, a implementação de políticas sociais que beneficiaram os setores populares, impulsionando um expressivo ciclo de crescimento econômico capaz de ampliar em muito os níveis de emprego. Mas é necessário recordar que suas ações políticas não confrontaram os fundamentos da política econômica neoliberal, mas lhe acrescentaram um acento social. Por isso, o PT no governo soube combinar uma ação estatal de tipo neokeynesiana com os pilares básicos do neoliberalismo, ainda que levemente abrandados, o que nos leva a defini-lo como uma variante do *social-liberalismo*. Combinando uma política econômica e social que comportava mais elementos de *continuidade* do que de *ruptura* com o neoliberalismo, o PT no poder implementou uma política policlassista que se mostrou muito melhor do que aquela praticada pelo governo neoliberal explícito de Fernando Henrique Cardoso, entre os anos de 1995 e 2003.

Como então Lula conseguiu tanta popularidade, em seus dois governos? Isso se deveu essencialmente ao fato de que, em especial no seu segundo mandato, de 2007 a 2011, em um cenário econômico favorável, houve um significativo crescimento econômico, uma vez que Lula, desde suas origens, sempre defendeu que a economia brasileira deveria se basear na expansão do mercado interno, dada a enorme carência (e possibilidades de ampliação) de consumo da classe trabalhadora.

Vale dizer também que seu governo incentivou fortemente a produção de *commodities*, tais como minério, etanol, soja etc., voltados de forma predominante para a exportação e que estavam em uma fase de intensa demanda

---

4 Ver Antunes (2018) e, especialmente, Antunes (2011). Sobre Partido da Ordem, ver Marx (2022 [1852]).

no mercado internacional. Do mesmo modo, para contar com um forte apoio das diversas frações burguesas, Lula implementou políticas de grande incentivo à produção industrial, reduzindo tributos da produção de automóveis, eletrodomésticos e construção civil.

Dessa maneira, sempre respeitando o "superávit primário" exigido pelo ideário neoliberal, podemos dizer que a principal diferença em relação ao neoliberalismo de Fernando Henrique se encontrava na implementação de uma política social assistencialista ampla. Conhecido como Bolsa-Família, esse programa teve grande abrangência social e reduziu, sem entretanto eliminar, os altos índices de pobreza e mesmo miséria que particularizam o capitalismo brasileiro. Junto a isso, a política de valorização do salário mínimo sempre foi superior àquela praticado por Fernando Henrique.

Porém, é necessário enfatizar que não houve nem reforma agrária profunda, nem urbana e nem financeira. Estas sim seriam capazes de começar a desmontar alguns pilares que estruturam o capitalismo brasileiro. Sem isso, os ganhos obtidos durante os governos do PT foram, um a um, destruídos nos governos de Temer e de Bolsonaro. Se Lula foi, em um primeiro momento, exitoso ao implantar uma política de conciliação entre capital e trabalho, a mesma sorte não teve Dilma Rousseff, que viu seu segundo mandato ser precocemente encerrado por intermédio do Golpe de 2016 que levou ao seu *impeachment* e ao término abrupto dos governos do PT (Antunes, 2022). E Lula viu o apoio generalizado das classes dominantes para que sua prisão pudesse se efetivar, em 2018.

Com a chegada da crise ao Brasil, cujos primeiros sinais já eram visíveis em 2013, não só o amplo apoio que os governos do PT encontravam junto às frações burguesas, mas também aquele que sempre teve junto às classes populares começaram a gradativamente desmoronar. As revoltas de junho de 2013 foram um claro sinal de que a base policlassista que sustentou os governos anteriores do PT se desintegrava.

Já nas eleições presidenciais de 2014, uma parte significativa da grande burguesia começou a dar sinais de descontentamento, exigindo a implementação de uma política econômica de ajuste fiscal mais acentuadamente neoliberal. E quanto mais o governo Dilma as implementava, mais pressão faziam as frações burguesas e também mais se fragilizava o apoio da classe trabalhadora, que até então garantia uma sólida base popular e social aos governos do PT.

A derrocada final veio com a Operação Lava Jato, uma investigação judicial voltada quase exclusivamente para punir os crimes de corrupção que eram atribuídos ao PT e cuja finalidade central, como se evidenciou depois, era eliminar Lula do cenário político, mediante sua condenação e prisão. Essa "operação" contou com apoio total da grande imprensa, sendo que a direita e a extrema direita intensificaram suas ações políticas "contra a corrupção" e pela "volta da ditadura militar".

A aparência de "legalidade" ao *impeachment* de Dilma foi garantida pelo Judiciário e sobretudo pelo Parlamento, cuja prática golpista já havia sido implementada durante o Golpe Militar de 1964. O que nos leva a recordar a crítica de Marx (2022 [1852]), feita em meados do século XIX, quando afirmou que o Parlamento francês foi humilhado e perdeu o resto de respeito que ainda encontrava junto à população.

Foi desse modo que, combinando *judicialização da política* e *politização da justiça*, em agosto de 2016, o Parlamento brasileiro aprovou o *impeachment* de Dilma e sua substituição pelo golpista Michel Temer, então vice-presidente. Temer havia inclusive sido indicado por Lula para a chapa com Dilma, contudo foi um dos articuladores principais do golpe. Uma vez mais se confirmou a impossibilidade de uma efetiva conciliação entre entificações sociais – o capital e o trabalho – que, no limite, são inconciliáveis. Sem realizar reformas estruturais, iniciava-se a primeira fase da contrarrevolução no Brasil.

Reeditando experimentos golpistas recentes, como em Honduras e no Paraguai, a América Latina já vinha praticando um novo tipo de golpe, no qual a atuação parlamentar substitui o clássico golpe militar, tão frequente na história do continente. Abriu-se o caminho para que o ex-militar Jair Bolsonaro fosse eleito, pela via direta, em 2018.

Adentramos, então, na segunda fase da *contrarrevolução preventiva* (Fernandes, 1975), que ocorre mesmo quando não há risco de revolução, visando reorganizar a dominação burguesa no Brasil e combinando uma forma política autocrática com o ideário regressivo ultraneoliberal. Com a diferença de que a ação fora protagonizada pela extrema direita e pelos fascistas, o que levou o Brasil a uma nova era das trevas e das cavernas (Antunes, 2022). Não sem deixar de lembrar que a eleição de Bolsonaro, em 2018, foi também resultado da conjuntura internacional de contrarrevolução que beneficiou a expansão da extrema direita, em especial a partir da vitória eleitoral de

Trump nos Estados Unidos, além da crise brasileira, a partir do Golpe de Temer, como já indicamos.

Se quisermos definir o governo Bolsonaro, podemos dizer que o ex-capitão expulso do Exército por indisciplina é uma variante neofascista com claros traços *bonapartistas*. Trata-se de uma figura política que não se origina diretamente das classes burguesas, mas lhes representa de maneira fiel, ainda que, para tanto, tenha que assumir a *aparência* de que se encontra acima das classes.

Foi por isso que, durante sua campanha eleitoral, Bolsonaro dizia ser o único "contra o sistema", embora de fato seja um vulgar *gendarme* da classe dominante. Seu traço neofascista se expressa em sua incessante busca por se perpetuar no poder, pelo golpe e pela ditadura. Trata-se, então, de um governo autocrata, fortemente militarizado (que colocou mais de 6 mil militares em atividades civis remuneradas na burocracia federal). Por outro lado, a burguesia, vendo fracassar todos os seus candidatos tradicionais, exigiu que Bolsonaro se comprometesse com uma política econômica ultraneoliberal, predatória e regressiva. Esta foi a única condição exigida para apoiá-lo.

Numa síntese direta: Bolsonaro é uma espécie de *Trump dos grotões* (Antunes, 2022) que não encontra nenhum similar na história recente da República no Brasil. Por tudo isso, parece legítimo entendê-lo como tendo sido a expressão da "ralé da sociedade burguesa" que "finalmente constituiu a sagrada falange da ordem"; foi assim que o "herói Crapulinski" se instaurou nas Tulherias como o "salvador da sociedade" (Marx, 2022 [1852]). Foi por isso que o defini como um governo de tipo lúmpen (Antunes, 2022).

As consequências de suas ações destrutivas ficaram conhecidas em todo o mundo: degradação do trabalho, devastação ambiental, negacionismo exacerbado, xenofobia, racismo, sexismo, homofobia, golpismo, apologia das ditaduras, isto é, tudo que há de mais nefasto, no mundo atual, encontra espaço nas ações de Bolsonaro. Sua mescla de governo autocrata e política neoliberal primitiva encontra alguma similitude, na América Latina, na ditadura militar de Pinochet, uma aberração que antecipou o neoliberalismo no mundo. O golpe militar, tão almejado por Bolsonaro, como vimos há pouco, fracassou em janeiro de 2013.

Particularmente em relação à destruição da legislação social protetora do trabalho, conquistada ao longo de mais de um século de lutas operárias, presenciamos sua total destruição, de modo que precarização, desemprego, informalidade, intermitência, miséria e fome foram as principais características do cotidiano da classe trabalhadora durante o desgoverno Bolsonaro.

E no que diz respeito à devastação da natureza, o Brasil se tornou o país onde a liberação dos agrotóxicos ampliou-se expressivamente; o incentivo às queimadas e à devastação da Amazônia não parou de crescer; as ações de corte ilegal de madeiras e de extração de minérios expandiram em todos os espaços possíveis, de modo a atender as burguesias predadoras cuja acumulação não encontra limites.

Sua política em relação ao combate à pandemia pode ser exemplificada como sendo a *síntese* de todas as devastações que se intensificaram enormemente desde 2018. Pautada por uma concepção negacionista que chegou inclusive a se configurar como genocídio, sobretudo contra as populações indígenas e das periferias, o Brasil contabilizou, em fins de 2022, quase 700 mil mortos por falta de vacinas e de atendimento médico. Um exemplo emblemático dessa tragédia foi a morte de uma trabalhadora doméstica negra, a primeira vítima da covid-19 no estado do Rio de Janeiro, contaminada durante o trabalho pelos patrões infectados recém-retornados da Itália, o que demonstra como as discriminações de *classe, gênero e raça* – o *corpo de classe* – estão presentes nas milhares de mortes que atingiram as trabalhadoras mulheres pobres, negras e negros das periferias, indígenas, para os quais os índices de mortalidade são os mais altos.

A política de boicote à vacinação somente foi eliminada mais de um ano após o início da pandemia, quando se instalou no Senado brasileiro uma Comissão Parlamentar de Inquérito (CPI) que, ao fim de seu trabalho, acusou Bolsonaro de inúmeros crimes, responsabilizando-o por milhares de mortos e de contaminados.

A opção do governo neofascista por defender a *economia* e o *capital contra a vida* foi a grande responsável pelo morticínio no Brasil. E a *política contra a vida* e *pela acumulação* foi levada ao limite por Bolsonaro, dificultando e impedindo que amplos setores da classe trabalhadora fizessem *lockdown*. Também por esse motivo, a classe trabalhadora foi a que teve os maiores índices de mortalidade.

Situação que se agravou ainda mais nos trabalhos informais, intermitentes, uberizados, terceirizados e nos desempregados, uma vez que, estando fora da legislação do trabalho, acabaram por sofrer de forma mais direta as consequências do *capitalismo pandêmico*. E foi justamente esse segmento mais precarizado e empobrecido da classe trabalhadora que deu a impulsão social e política que permitiu a derrota eleitoral de Bolsonaro e a consequente vitória de Lula em 2022. O neofascismo e o golpismo sofreram sua primeira derrota no Brasil, ainda que estejam muito arraigados nos estertores da sociedade brasileira.

A eleição de outubro de 2022 foi, por isso, a mais difícil desde a redemocratização do Brasil. Lula derrotou Bolsonaro no segundo turno, com quase 2 milhões de votos a mais, diferença por certo muito pequena e que mostrou a força do voto conservador, de direita e extrema direita, em todos os seus matizes. Mas vale enfatizar que a vitória eleitoral deveu-se à votação que Lula obteve junto à classe trabalhadora (em especial a que recebe até dois salários mínimos) e graças ao estrondoso voto que lhe foi conferido pela população do Nordeste.

Para vencer, coube a Lula (e ao PT) organizar e comandar uma *frente ampla* (da esquerda até a direita, incluindo a neoliberal), tendo como eixo a *luta contra a ditadura, contra o golpe e contra o neofascismo*. Registre-se que, desde a aprovação da reeleição no Brasil, em 1997, Bolsonaro foi o primeiro presidente derrotado em sua tentativa de reeleição. Sua política do horror, indigência, aberração, vilipêndio e devastação converteu-se em seu principal coveiro.

As dificuldades, entretanto, serão enormes e aqui vamos somente tangenciá-las. Como fará Lula para combater a miséria e o desemprego, explosivos ambos, sem perder o apoio de setores das classes dominantes que migraram de Bolsonaro para Lula na reta final e que exigem a preservação de seus interesses privados? Como conseguirá manter o apoio da classe trabalhadora mais empobrecida que lhe garantiu a vitória em uma proposta que reitera o princípio da conciliação policlassista?

Como poderá conviver com um Legislativo pautado pelas práticas da negociação sem valores e princípios? E mais, como fará para controlar as Forças Armadas que, além de ultraconservadoras, foram impregnadas pelo bolsonarismo, de que foram exemplos os QGs dos neofascistas na porta dos quartéis que foram responsáveis pela ação golpista que desembocou no 8 de janeiro de 2023? Por esses e tantos outros desafios, pode-se constatar que a nova batalha não será nada fácil.

O que nos leva a indicar que uma mudança substantiva no Brasil somente poderá resultar de uma forte confrontação social e política, capaz de aglutinar um leque de forças populares urbanas e rurais que estão organizadas nos movimentos sociais, sindicatos de classe, partidos de esquerda, movimentos de auto-organização etc.

Esses polos de luta e resistência da classe trabalhadora devem decididamente abandonar a prioridade da ação institucional e atuar de forma prioritária de modo extraparlamentar, fortalecendo e ampliando as experiências de organização e auto-organização presentes nos movimentos sociais antirracistas, nas revoltas feministas e LGBTQIA+, nas lutas das periferias, nas comunidades indígenas, no movimento ambientalista anticapitalista, nas revoltas da juventude etc., que são contrárias ao binômio exploração/opressão. Isso porque somente por intermédio de um forte movimento social e político de classe se poderá derrotar o capitalismo brasileiro, que está, ao mesmo tempo, entre as grandes economias do mundo mas tem um nível de desigualdade horroroso e que precisa ser derrotado. E se essa é a realidade não só do Brasil, Índia, África do Sul, México, mas de várias partes do mundo, não temos outra alternativa senão *reinventar* um *novo modo de vida*. É disso que trataremos na última parte de nosso artigo.

Reinventar um novo modo de vida: por onde começar?

Uma indagação inicial se impõe: será que a *classe-que-vive-do-trabalho* está fadada a permanecer paralisada e prisioneira de um sistema de reprodução social que se apresenta em sua fase de maior destruição e letalidade? Será que não há alternativas?

Nosso entendimento é o de que a eclosão da pandemia do capital foi de tal magnitude que vários segmentos da população começam a se indagar acerca de como será possível superar este *sistema de metabolismo antissocial* que se mostrou incapaz de manter e cuidar exatamente do que a humanidade tem de mais vital, que é a *preservação da vida*. Parece encontrar adesão em vários setores sociais a tese de que a pandemia desnudou e exasperou o sentido destrutivo e letal que comanda a sociedade atual.

Do mesmo modo que ocorreu nas grandes revoluções sociais do mundo contemporâneo, como as da França e Rússia, o nível de destrutividade presente no mundo atual torna novamente imperiosa a sua superação profunda e radical. O que nos obriga a encontrar *no presente* as condições necessárias para que um novo *modo de vida* possa ser vislumbrado, como ocorreu em 1789, sob o comando da burguesia nascente, ou em 1917, sob a impulsão do proletariado emergente. A possibilidade de eclosão dessas duas revoluções, nós a encontramos aos constatarmos as tantas mazelas existentes no feudalismo francês e na Rússia czarista, depois de séculos de dominação.

O imperativo crucial de nosso tempo é, então, reinventar um novo *modo de vida*, cujo *ponto de partida* deve ser encontrado na vida cotidiana, na qual florescem as questões vitais que colocam em movimento a humanidade. Isso ocorre porque é na cotidianidade, em suas ações imediatas e espontâneas, que encontramos os momentos basilares do processo de humanização e de emancipação do ser social.

A propósito desse tema central, recordo aqui as indicações seminais que György Lukács nos apresentou em sua *Para uma ontologia do ser social*, quando afirmou que

> enquanto na cotidianidade normal cada decisão que não se tornou completamente rotineira vem presa em uma atmosfera de inumeráveis *se* e *mas* [...], nas situações revolucionárias e mesmo em seus processos preparatórios, essa negativa infinitude de questões singulares se condensa em poucas questões centrais que, porém, se apresentam à grande maioria dos homens como problemas que indicam o destino das suas vidas, que, em contraposição à cotidianidade "normal", assumem já na imediatidade a qualidade de uma pergunta formulada com a clareza e que se deve responder claramente. (Lukács, 1981, v.2)

Urge, então, compreender quais são essas "questões centrais" nas quais se encontram as *raízes* das mazelas do *sistema de reprodução sociometabólico do capital*, tal como ocorreu nas grandes revoluções de 1789 e 1917.

No capitalismo contemporâneo, pautado, como vimos, pela destrutividade e letalidade, é possível antever que estamos adentrando em uma fase excepcional da nossa história na qual *tudo que parece sólido pode derreter*. E se a humanidade que depende de seu trabalho para sobreviver não se mostrar capaz de reinventar um *novo modo de vida*, talvez, como nunca antes, estejamos efetivamente próximos da extinção da vida humana.

Portanto, nossa formulação pode ser assim resumida: para que um processo de transformação social profunda possa florescer, em pleno século XXI, é preciso desde logo conceber o mundo em sua globalidade e totalidade, do Sul ao Norte e vice-versa, sem hierarquias pré-estabelecidas. Esse é o primeiro passo para que possamos compreender *quais são as questões vitais de nosso tempo*.

De nossa parte, vamos indicar três eixos essenciais que, em nosso entendimento, se constituem nos pontos de partida centrais. De modo direto: é preciso eliminar os flagelos basilares que hoje caracterizam o capitalismo. É por isso que urge eliminar *simultaneamente* tanto a degradação do trabalho quanto a devastação da natureza e as opressões de gênero, raça, etnia que estão levando a classe-que-vive-do-trabalho a um nível de desumanização, exploração, espoliação e expropriação que não encontra em nenhum momento anterior, dentro da história do capitalismo, uma fase tão devastadora e destrutiva quanto a atual.

Se esses flagelos não eliminam tantos outros presentes contemporaneamente, nossa hipótese é a de que eles são os *pontos de partida vitais e centrais* que se mostram capazes de colocar a humanidade em ação, visando à transformação radical da sociedade e assim a dar início a um complexo processo de emancipação social que só poderá ser desencadeado se encontrar ancoragem e impulsão a partir dos questionamentos que nascem no interior da própria vida cotidiana. Começando pela absoluta prioridade em obstar a destruição da natureza, que chegou ao limite da sobrevivência humana.

A pandemia nos ofereceu algumas pistas mais imediatas e urgentes: foram as cidades em *lockdown* durante a pandemia que conseguiram momentaneamente reduzir os níveis de poluição letal. Sem a circulação de carros, sem a produção industrial poluente, sem a agroindústria nefasta, os níveis de poluição do ar tiveram significativa redução em várias cidades, o que somente foi possível porque a produção e a circulação baseadas na energia fóssil foram estancadas.

Isso evidenciou que uma efetiva recuperação ambiental e da natureza nos impõe *imediatamente* a redução e posterior eliminação, tanto da *produção* como do *consumo destrutivos*, ambos fundamentais para a acumulação de capital e profundamente destrutivos para a humanidade. É exatamente por isso que lutar pela recuperação da natureza nos obriga a nos contrapor direta e frontalmente ao capital.

Tão vital quanto a questão ambiental é o resgate da dignidade do trabalho, tendo em vista que hoje, quando se olha o mundo em escala global, constamos que há centenas de milhões de trabalhadores/as sem emprego ou com trabalhos precários que impedem a sua sobrevivência dotada de sentido. Veja-se o exemplo do trabalho imigrante global, que perambula pelo mundo em busca de qualquer *labor*, visando tão somente sobreviver. O desafio, então, pode ser assim resumido: é imperioso redesenhar o mundo do trabalho, no qual o ato laborativo seja voltado para a *produção de bens socialmente úteis* e não mais para criar a riqueza do capital. Isso permitirá à classe trabalhadora realizar jornadas menores, recuperando o trabalho como *atividade vital, livre, autodeterminada, baseada no tempo disponível.* O que nos obriga a lutar pela eliminação do *trabalho assalariado* que, ao estruturar o capital, desestrutura a humanidade.

Na contraposição: o *trabalho que estrutura a humanidade só poderá florescer desestruturando o capital* (Antunes, 2010).[5] Um trabalho que deverá buscar a preservação da vida humana e da natureza (ambas interconectadas, *natureza orgânica/inorgânica* e *natureza humana*), impedindo tanto o enriquecimento privado e a acumulação sem limites do capital, quanto a devastação da natureza e do meio ambiente. Assim, torna-se imperioso redesenhar um *novo sistema de metabolismo verdadeiramente social* que seja efetivamente contrário aos imperativos expansionistas, incontroláveis e destrutivos do sistema de capital.[6]

Se a esses pontos de partida basilares adicionarmos um terceiro complexo vital, que é o de conquistar a *igualdade substantiva* (Mészáros, 2002) entre gêneros, sexos, etnia/raça, seremos capazes de *simultaneamente* avançar de maneira decisiva nas lutas contra o racismo, homofobia, xenofobia, sexismo, negacionismo e assim avançar socialmente *para além do capital.*

A conjunção das lutas da classe trabalhadora com os movimentos sociais, os movimentos antirracistas, as rebeliões feministas, antipatriarcais e anticapitalistas, acrescidas das resistências das comunidades originárias, será capaz de articular os embates tanto contra a *exploração de classe*, como contra as *opressões de gênero, raça, etnia* etc.

Por certo, se poderá objetar que tal formulação é *utópica.* Poderemos responder, do mesmo modo, que foram "*utópicas*" as revoluções burguesas

---

5 Ver especialmente o Capítulo 1.

6 Foi recuperando pistas analíticas de Marx, Gyorgy Lukács e especialmente István Mészáros que Kohei Saito defendeu a *inseparabilidade ontológica existente entre ser social e natureza.* Ver Saito (2019, 2020).

no século XVIII, as revoluções socialistas no século XX, a magistral Comuna de Paris em 1871, a revolução no Haiti em 1791. Ou ainda as comunidades indígenas na América, que foram verdadeiramente sustentáveis e comunais, assim como as comunidades negras que se rebelaram contra a escravização.

Um incrédulo, no entanto, poderá indagar: Mas o socialismo não morreu? Aqui, no entanto, também nós podemos contra-argumentar: quantos séculos o capitalismo levou para se tornar dominante? No mínimo, se partirmos dos inícios do processo de *acumulação primitiva* até a Revolução Industrial, foram cerca de três séculos. Esse foi o tempo que o capital levou para eliminar o sistema feudal.

Pois bem: se tomarmos como marco a Comuna de Paris, de 1871, podemos dizer que as revoluções socialistas foram derrotadas no primeiro século e meio de tentativas. Dessa maneira, teremos ainda pelo menos outro século e meio para ao menos empatar com o tempo que o capital levou para destruir o feudalismo. Agora, o nosso imperativo é de outro jaez: trata-se de *inventar um novo modo de vida para além do capital*.

Referências bibliográficas

ANTUNES, R. (1999). *Os sentidos do trabalho*: ensaios sobre a afirmação e a negação do trabalho. São Paulo: Boitempo.

______. (2015). *Adeus ao trabalho?*: ensaio sobre as metamorfoses e a centralidade do mundo do trabalho. São Paulo: Cortez.

______.(2018). *O privilégio da servidão*. São Paulo: Boitempo.

______. (2022). *Capitalismo pandêmico*. São Paulo: Boitempo.

FERNANDES, F. (1975). *A revolução burguesa no Brasil*. São Paulo: Zahar.

GJERGJI, I. (2019). *Sociologia della tortura*: Immagine e pratica del supplizio postmoderno. Veneza: Edizioni Ca' Foscari.

GRAMSCI, A. (2001). *Cadernos do cárcere*, v.2. São Paulo: Civilização Brasileira.

LUKÁCS, G. (1981). *Ontologia dell'essere sociale*, v 2. Roma: Riuniti.

MARX, K. (2022 [1852]). Sobre Partido da Ordem. In: *O 18 Brumário de Luís Bonaparte*. São Paulo: Boitempo.

______. (2013 [1867]). *O capital*: crítica da economia política, livro 1: O processo de produção do capital. São Paulo: Boitempo.

MÉSZÁROS, I. (2002). *Para além do capital*: rumo a uma teoria da transição. São Paulo: Boitempo.

SAITO, K. (2019). *Karl Marx's ecosocialism*. Nova York: Monthly Review Press. 2019.

______. (2020). Marx's Theory of Metabolism in the Age of Global Ecological Crisis. *Historical Materialism*, v.2., n.28, p.3-24.

Parte 2

Trabalho, direitos, crises e indignidade

5
A crise do trabalho como crise da reprodução social: Notas sobre como repensar as fontes do poder da classe trabalhadora no capitalismo pós-covid[1]

*Paula Varela**

Os estudos sobre a crise do trabalho ganharam força nos últimos anos, no calor da crise do capitalismo neoliberal que se manifesta em nível mundial. Entre as abordagens recentes, podem ser identificados dois tipos de perguntas de pesquisa que ocupam um lugar central. A primeira é aquela que tem como foco a hipótese do "fim do trabalho". A discussão sobre o "fim do trabalho" não é, de modo algum, nova. Pelo contrário, podemos dizer que é um debate recorrente desde a década de 1970[2] e que essa recorrência está diretamente relacionada com os períodos de crise do capitalismo, momentos em que o horizonte do fim do trabalho surge, em parte porque as taxas de emprego caem, em parte porque se configura (em geral nas mãos de porta-vozes liberais) como um discurso preparatório para um maior empobrecimento dos trabalhadores e trabalhadoras. Atualmente, a tese do fim do trabalho aparece vinculada aos debates sobre a automatização e coloca em evidência a questão do que fazer ante a possibilidade de um futuro de desemprego em massa (Rifkin, 2014; Brynjolfsson; McAfee, 2014; Ford, 2015). A segunda abordagem, que se constrói em interlocução com a anterior e na

---

1 Tradução de Agnaldo de Sousa Barbosa.

* Universidade de Buenos Aires/CEIL-Conicet

2 Para uma análise destas reedições do debate sobre o fim do trabalho, ver o texto de David Broder (2021).

qual se enquadram nossas investigações,[3] é a daqueles que rejeitam a tese do fim do trabalho (e a utopia de um capitalismo sem exploração do trabalho humano) e se interrogam sobre os determinantes e as características da veemente precarização do trabalho. Destacamos aqui os estudos de Ricardo Antunes (2005, 2018); Beverly Silver (2003); E. O. Wright (2018); Kim Moody (2017); Enrique de la Garza Toledo (2009); Úrsula Huws (2019); e a nova geração de pesquisadores, como Aaron Benanav (2021), Jamie Woodcok (2021) ou Juan Sebastián Carbonell (2022), para citar apenas alguns.

Quero trazer aqui o que pode ser considerado *uma terceira abordagem para pensar a crise do trabalho: pensá-la como uma crise de reprodução social dos trabalhadores e trabalhadoras.* Complementarmente à questão da precarização do trabalho, a pergunta sobre a crise da reprodução social permite uma série de deslocamentos teóricos que considero extremamente importantes para a compreensão da crise contemporânea do trabalho e também para o debate sobre os seus possíveis pontos de convergência.

O que se entende por crise da reprodução social?

Antes de entrar nos pormenores da noção de crise da reprodução social, permitam-me algumas breves considerações sobre a teoria da reprodução social na qual se inscreve este conceito, o que ajudará a situar o nosso ponto de vista teórico em certos campos de debate do feminismo, dos estudos do trabalho e do marxismo (ou marxismos). Surgida no calor da segunda onda feminista (década de 1970), a teoria da reprodução social (TRS) procurou construir um ponto de vista original a respeito do que ficou conhecido como "o debate sobre o trabalho doméstico" (Rodríguez; Cooper, 2005), após a publicação do livro de Lise Vogel, *Marxismo y opresión de las mujeres: hacia una teoría unitaria*, em 1983.[4] Nele, Vogel faz pelo menos três desloca-

3 A investigação que desenvolvemos no CEIL-CONICET (http://www.ceil-conicet.gov.ar/) e no CITTA-IEALC da Universidade de Buenos Aires (http://iealc.sociales.uba.ar/grupos-de-estudio/coletivo-de-investigacion-de-las-trabajadoras-y-los-trabajadores-en-la-argentina-atual-citta/).

4 Em 2013, a revista *Historical Materialism* publicou uma reedição com um excelente estudo introdutório de Susan Ferguson e David McNally (2013). As edições francesa e brasileira tinham previsão de publicação em 2022 e esperamos ter a versão espanhola em 2023.

mentos teóricos em relação ao "debate sobre o trabalho doméstico" de que participaram importantes intelectuais e ativistas como Margaret Benston, Mariarosa Dalla Costa, Selma James, Jean Gardiner, Christine Delphy, Wally Seccombe, entre outras. O primeiro é *deixar de falar de "trabalho doméstico" e passar a falar de "trabalho de reprodução social"* para todas as tarefas (realizadas ou não na esfera doméstica) que são necessárias para produzir e reproduzir a vida e, com isso, a força de trabalho como mercadoria única e indispensável ao sistema capitalista. O segundo, diretamente ligado ao anterior, é o deslocamento que consiste em *identificar e iluminar outras esferas em que esse trabalho de reprodução social é realizado* (majoritariamente a cargo das mulheres), *como a esfera pública* (escolas, hospitais, lares etc.) e *a esfera privada mercantilizada* (as indústrias da educação, da saúde, dos cuidados e da limpeza). Isso implicou um alargamento da visão desse trabalho fortemente feminizado que, embora continue a ter a casa e a família como centro, ultrapassa este *locus* específico, está imbricado na esfera do trabalho assalariado, feminizando também nichos do mercado de trabalho, e assume formas e institucionalidades diferentes conforme a conjuntura capitalista em questão e o quadro socioinstitucional em que está imerso. O terceiro é o que consiste em *sublinhar que o trabalho de reprodução social é uma das formas por meio das quais o capital garante a disponibilidade de força de trabalho, mas não a única: entre as outras estão as migrações, os processos de desapropriação e as formas de trabalho forçado* (escravatura, tráfico, prisões etc.). Esse deslocamento é muito importante porque coloca o outrora "debate sobre o trabalho doméstico" no centro de um debate mais amplo sobre as formas como o capitalismo resolve a sua necessidade de força de trabalho e, dessa maneira, vincula-o diretamente às análises do capitalismo e à morfologia da classe-que-vive-do-trabalho, para usar a representação de Antunes (2005). Em suma, a TRS é uma teoria sobre a opressão das mulheres no capitalismo, mas é também (por seu intermédio) uma teoria que permite analisar a configuração da classe trabalhadora historicamente situada. Entre as autoras que atualmente estão desenvolvendo essa perspectiva podemos mencionar Tithi Bhattacharya (2017), Cinzia Arruzza (Arruzza; Bhattacharya, 2020), Susan Ferguson (2020, 2021), entre outras. Nancy Fraser pode ser considerada uma autora com forte parentesco com essa perspectiva teórica, tendo em conta aquilo que ela denomina sua concepção alargada do capitalismo e do lugar que nele ocupa a reprodução social (Fraser, 2022).

Gostaria de lançar mão justamente de um conceito de Fraser que nos permite ver essa teoria "em ação": o conceito de *crise de reprodução social*[5] (Fraser, 2016). Há, em particular, dois elementos que tornam o conceito de crise de reprodução um conceito-chave para a atualidade. Em primeiro lugar, ele se *refere a uma contradição inerente ao capitalismo: a contradição entre a necessidade de o capital dispor permanentemente de força de trabalho para empregar e explorar* (e para expulsar de acordo com as necessidades de acumulação de capital) *e a necessidade de essa força de trabalho se reproduzir da forma mais estável (constante) e mais barata possível.*[6] Nesse sentido, a crise da reprodução social é uma crise que existe permanentemente de forma latente no capitalismo (não solucionável) e que assume uma forma aberta em determinados momentos, como na atualidade, a par da crise geral do capitalismo neoliberal. Tal relação necessária e insolúvel entre o capitalismo e a crise da reprodução social é o que torna esse conceito mais incisivo que outros semelhantes (e talvez mais populares), como a "crise dos cuidados", porque também nos permite observar historicamente como o capitalismo resolveu de modo temporário essa crise de várias formas (e perguntarmo-nos quais as chances de resolvê-la agora e por intermédio de que políticas). Em segundo lugar (e muito relevante do meu ponto de vista), e ao contrário de algumas visões que pensam a reprodução social centrando-se apenas na esfera doméstica ou comunitária, *a crise da reprodução social deve ser pensada nas três esferas que determinam a possibilidade (ou não) de reproduzir a vida dos trabalhadores: a esfera do trabalho assalariado*, pois grande parte da reprodução da força de trabalho se dá mediante os bens e serviços que os trabalhadores adquirem no mercado por meio dos salários; *a das políticas estatais voltadas para a reprodução social por meio das* instituições de educação, saúde e assistência; *e*

5 Nos últimos anos, e particularmente desde a covid-19, costuma-se falar cada vez mais frequentemente da "crise dos cuidados". É, sem dúvida, um enorme avanço (impulsionado pela Nova Onda Feminista) que esta questão esteja na agenda das ciências sociais e também do debate público mais geral (embora muito mais para nomeá-la do que para a resolvê-la). No entanto, pelas características teóricas que desenvolverei mais adiante, creio que é mais correto falar de "crise de reprodução social", na medida em que ela remete, necessariamente, para um aspecto sistêmico das crises do capitalismo, razão pela qual pensar na sua superação obriga a pensar na superação do sistema como um todo.

6 Alguns teóricos, como Amaia Pérez Orozco (2014), chamam a esta contradição "capital-vida". E, de fato, é uma espécie de contradição "prima" (se me permitem o termo) da contradição entre capital e natureza. No seu último livro, *Cannibal Capitalism*, Fraser (2022) desenvolve ambas as contradições como constitutivas do capitalismo.

a do trabalho não remunerado no âmbito doméstico ou comunitário, no qual as mulheres arcam com a responsabilidade (quase impossível de ser cumprida) de garantir a vida dos membros da família. Em síntese, para pensar a crise da reprodução social, *é necessário articular o que acontece na esfera da produção com o que acontece na esfera da reprodução*, evitando qualquer visão dicotomizada que as torne independentes ou os fetichize (Varela, 2020).

Se olharmos para esses três níveis interligados, encontramos uma boa imagem do que queremos dizer com a crise da reprodução social atual e qual é o lugar das mulheres nessa crise.

No âmbito *do trabalho assalariado, tal crise é marcada por um aumento cada vez mais acentuado* (não só na América Latina, mas também nos países centrais) do *trabalho precário, do subemprego, do chamado "contapropismo" ou "empreendedorismo"* (que em grande parte esconde o trabalho assalariado sem direitos) e da *informalidade*. Essa precariedade vem produzindo o fenômeno dos "trabalhadores pobres", ou seja, trabalhadoras e trabalhadores que, embora tenham um trabalho remunerado, não conseguem adquirir os bens necessários à sua própria reprodução e à da sua família. Ainda que esse fenômeno afete o conjunto dos trabalhadores, é particularmente forte no setor dos serviços, que é o nicho mais feminizado do mercado de trabalho.

No *âmbito das políticas estatais relacionadas com a reprodução social*, em particular as relacionadas às instituições de educação, saúde e assistência, *a crise da reprodução social pode ser observada nos planos de ajuste fiscal que afetam a prestação de serviços públicos como a educação* (inicial, básica e secundária), a saúde (hospitais, centros de saúde, atendimento domiciliar) e assistência (a crianças, idosos, pessoas com deficiência ou incapazes de vender a sua força de trabalho). Ou seja, aquilo que nós, na América Latina, conhecemos há muitos anos como as clássicas medidas de ajuste neoliberal, as quais afetam de maneira direita a prestação de serviços públicos que são fundamentais para a reprodução da vida (e que se intensificam com os planos do Fundo Monetário Internacional, como o que está em vigor neste momento na Argentina). Aqui há uma questão interessante que eu gostaria de destacar: essas políticas de ajuste fiscal afetam a classe trabalhadora como um todo, contudo, mais particularmente as mulheres da classe trabalhadora, pois elas são afetadas em duplo sentido: como trabalhadoras desse setor de serviços que está fortemente feminizado, e como principais usuárias dos referidos serviços, já que são elas as principais responsáveis por garantir a reprodução social de si mesmas e de suas famílias. Essas políticas se articulam, muitas vezes, com facilidades concedidas pelo próprio Estado para que a reprodução social institucionalizada se transforme num nicho atrativo para a acumulação de capital por meio da privatização aberta, da subcontratação de convênio para a prestação desses serviços.

Por último (mas não menos importante), é o que acontece no nível do ambiente familiar ou da comunidade, que é limitado por ambas as políticas referidas: *menos recursos econômicos* obtidos por meio dos salários ou da remuneração da força de trabalho, devido à pauperização de grandes setores da classe trabalhadora; menos *serviços públicos* para a reprodução social, devido às políticas de ajustamento fiscal; e *menos tempo disponível* para o trabalho não remunerado de reprodução social (ou seja, mais pobreza de tempo), motivado pela necessidade de prolongar o dia de trabalho total com mais trabalho assalariado (para aumentar o rendimento) e mais trabalho não remunerado (o seu próprio e o de outras mulheres envolvidas em cadeias de cuidados). Tal situação, particularmente vivida pelas mulheres da classe trabalhadora como a impossibilidade de sustentar os cuidados materiais e afetivos da família, reforça a inserção precária no mercado e produz uma cadeia de pauperização que pressiona para baixo o valor da força de trabalho no seu conjunto.

Em suma, a crise da reprodução social é o resultado da intersecção entre as três esferas diferentes, mas indissociáveis, em que se desenrola a reprodução social da vida (e da força de trabalho) no capitalismo: a esfera do trabalho remunerado ou assalariado, a das políticas públicas de reprodução social e a do trabalho não remunerado em casa ou na vizinhança. E coloca as mulheres trabalhadoras no centro dessa crise.

A pandemia de covid-19 tornou mais evidente tal crise da reprodução social e mostrou também o protagonismo nela desempenhado pelas mulheres, não só em termos das principais pessoas afetadas, mas também em termos das principais protagonistas do trabalho de reprodução social. *É sobre esta posição específica dos trabalhadores na reprodução social, em particular na sua fração assalariada, que quero me debruçar na próxima seção, para pensá-la como fonte de poder da classe que vive do trabalho.*

O poder sociorreprodutivo e a configuração de uma posição estratégica

Pensar a crise do trabalho em termos da crise da reprodução social permite-nos também *centrarmo-nos no trabalho de reprodução social* como *fonte de poder da classe trabalhadora*. Ou seja, entrar no terreno da questão de saber quais são hoje, neste capitalismo neoliberal, os pontos de apoio nos quais a classe-que-vive-do-trabalho pode se alavancar para levar adiante uma luta contra o capital.

A questão das fontes do poder dos trabalhadores e trabalhadoras[7] é um clássico da sociologia do trabalho e também do marxismo,[8] e pode considerar-se clássica também a distinção elaborada primeiro por E. O. Wright (2000) e depois por Beverly Silver (2003) entre poder estrutural e poder associativo.[9] O primeiro refere-se ao poder que decorre da posição dos assalariados no sistema econômico, o qual abre a possibilidade de interromper ou restringir a acumulação de capital, quer o pensemos estritamente ao nível de um local de trabalho (por exemplo, mediante uma greve ou uma sabotagem na fábrica), quer ao nível de um ramo ou setor em que a logística possui especial relevância – e que, como dizia Marx, completa o processo produtivo (por exemplo, por meio de uma greve de caminhoneiros). Esse tipo de poder estrutural está diretamente relacionado com o conceito mais específico de "posição estratégica" que John Womack (2008) destacou (retomando a ideia de Dunlop) para apontar a necessidade de reorientar a atenção para a

7 Ao contrário de outros autores, prefiro falar de "fontes de poder" em vez de "recursos de poder" para sublinhar que, dado o caráter relacional do poder da classe trabalhadora (sempre em termos antagônicos com o capital), não existem "recursos" disponíveis (como um leque de opções), mas que essas fontes de poder se transformam (ou não) em recursos da classe trabalhadora em função das estratégias que esta classe dá a si própria na sua relação com o capital. Tal como acontece com os debates sobre a revitalização sindical (Varela, 2016), a análise do poder dos trabalhadores requer necessariamente uma discussão explícita da relação entre meios e fins. Voltaremos a esta questão mais adiante.

8 Para um balanço recente das várias abordagens aos recursos energéticos, ver Marticorena e D'Urso (2021).

9 Com base nesta primeira distinção, têm-se registrado vários desenvolvimentos teóricos, entre os quais tem adquirido importância o *enfoque dos recursos de poder* (PRA, na sigla em inglês para *Power Resources Approach*). Para uma abordagem dessa perspectiva, ver Schmalz (2017) e Schmalz, Ludwig e Webster (2018). Para uma crítica interessante da PRA, ver Gallas (2016, 2018).

localização econômica e mesmo técnica dos trabalhadores num ramo ou setor quando se considera o seu poder de fogo.[10] Beverly Silver destaca uma outra forma de poder estrutural situada ao nível do mercado de trabalho (*market place bargaining power*), o qual está ligado a características particulares que esse mercado pode adquirir, como o baixo desemprego e/ou a exigência de uma mão de obra especificamente qualificada, o que permitiria a um setor de trabalhadores um maior poder de negociação.[11] O poder associativo, por seu lado, é aquele que deriva da unidade dos trabalhadores e da formação de organizações operárias, quer estas assumam formas mais sindicais ou mais políticas. E. O. Wright distingue três níveis em que esse poder associativo pode ser exercido ou materializado: comissões internas ou formas sindicais no local de trabalho (tradicionalmente fortes em alguns países, como a Argentina); sindicatos vinculados ao nível setorial ou ao ramo de atividade; e partidos políticos que atuam ao nível do sistema político.

Com base na descrição dessas duas fontes primárias de poder dos trabalhadores (extremamente úteis para pensarmos não apenas em termos analíticos, mas também políticos), quero propor a necessidade de incorporar uma terceira categoria na análise: *a posição sociorreprodutiva como fonte específica e diferenciada do poder da classe-que-vive-do-trabalho.* Por posição sociorreprodutiva refiro-me à localização dos trabalhadores assalariados[12] que

10 Como salientam Daniel James e John French (2007) na sua crítica a Womack, a análise da localização econômica e técnica dos trabalhadores tem sido um elemento central da história da classe trabalhadora (por exemplo, na figura de David Montgomery), sem que isso impeça de forma alguma a incorporação de outros elementos (como os políticos, culturais ou ideológicos) na análise do exercício do poder pelos trabalhadores. No entanto, como assinala Womack, no final do século XX, a problematização da localização econômica e técnica foi perdendo peso à medida que impunha, nas ciências sociais em geral, a tese do fim do trabalho e da morte da classe operária.

11 A forte segmentação do mercado de trabalho, o aumento dos fluxos migratórios, os elevados percentuais de trabalho informal e/ou formas de subemprego, aos quais se somam as possibilidades de teletrabalho para certos tipos de emprego (o que rompe com a espacialidade do mercado de trabalho), são tendências atuais que tornam difícil pensar na transformação deste tipo de fonte de poder num poder efetivo dos trabalhadores contemporâneos, particularmente em países como a Argentina.

12 Considerando que parte do trabalho de reprodução social é realizado de forma não remunerada ao nível do âmbito familiar (ou âmbito familiar alargado) e que parte desse trabalho é realizado ao nível da comunidade ou da vizinhança (por vezes não remunerado e por vezes remunerado, como no caso das transferências diretas de dinheiro do Estado), é importante ressaltar que quando me refiro à posição sociorreprodutiva como fonte de poder da classe trabalhadora, estou me referindo especificamente às trabalhadoras e trabalhadores que realizam esse

desempenham tarefas no sistema institucionalizado de reprodução da força de trabalho, seja ele público ou privado (saúde, educação, assistência). Essa localização implica uma fonte específica de poder que advém da *possibilidade de afetar diretamente as condições de reprodução da vida dos trabalhadores no seu conjunto*.

Por que distinguir o poder sociorreprodutivo como uma fonte de poder dos trabalhadores em vez de considerá-lo como uma forma de poder estrutural?[13] Porque, ao contrário do poder estrutural, tal fonte de poder não advém estritamente da localização dos trabalhadores no sistema econômico-produtivo. Pelo contrário, o poder estrutural dos trabalhadores da saúde, da educação e da assistência (para mencionar os principais ramos da reprodução social assalariada) tem sido analisado como baixo ou escasso, na medida em que uma greve, seja no local de trabalho (escola, hospital ou lar de idosos) ou em todo o ramo, não produz uma interrupção ou restrição importante da acumulação de capital (na melhor das hipóteses, produz uma interrupção da acumulação de um capitalista individual de alguma instituição privada de reprodução social). Isso significa que, em geral, os trabalhadores desses setores são considerados como possuidores de reduzido poder de fogo em relação aos trabalhadores das indústrias estratégicas ou da logística. No entanto, há uma particularidade na localização desses trabalhadores que importa real-

---

trabalho de forma assalariada nas instituições de reprodução social, como a educação, a saúde e assistência. Embora outras formas de trabalho de reprodução social também envolvam uma fonte de poder (o que pode ser visto, por exemplo, no slogan feminista "se pararmos, o mundo para"), a "posição sociorreprodutiva" dos trabalhadores assalariados tem características particulares que merecem um tratamento específico.

13 Schmalz (2017) considera o que denomina "poder reprodutivo" como uma forma de poder estrutural (tal como o "poder de circulação") e aplica-o a qualquer trabalhador que efetue um trabalho de reprodução social sem distinguir se este é feito em instituições ou em casa. Essa concepção, contudo, tem a meu ver dois pontos fracos. Em primeiro lugar, amplia de tal forma o conceito de "poder estrutural" que acaba por dissociá-lo da posição dos trabalhadores no sistema produtivo: por exemplo, o poder de circulação é um recurso que pode ser utilizado pelos trabalhadores, mas também pelos patrões. Um exemplo disso são os bloqueios de estradas pelos empresários agrícolas na Argentina para negociar com o Estado o nível de retenção de impostos. Em segundo lugar, dissolve em uma noção algo abstrata de poder estrutural as características específicas do poder sociorreprodutivo, as quais derivam da posição particular ocupada por esses assalariados (enquanto assalariados) – não no sistema produtivo, mas no sistema sociorreprodutivo. Como veremos adiante, o que se considera aqui como "poder sociorreprodutivo" está diretamente relacionado às características não só do trabalho concreto realizado por cada trabalhador, mas também à forma coletiva que o trabalho assume nos estabelecimentos (hospitais, escolas, lares etc.) em que é realizado.

çar: *sua posição não no sistema econômico-produtivo, mas na sua condição de possibilidade. Referimo-nos à reprodução da força de trabalho como condição de possibilidade para a acumulação de capital e ao perigo que significa, por conseguinte, sua interrupção.* É aqui que reside o núcleo duro da particularidade dessa posição dos trabalhadores e, consequentemente, da sua fonte de poder de classe: esse trabalho que produz e reproduz a vida, ao fazê-lo, produz e reproduz a mercadoria mais preciosa (sempre para o capital), *a força de trabalho*. O abalo da produção e reprodução *institucionalizada* da força de trabalho *tem impactos indiretos na acumulação de capital* (ao contrário do que ocorre com o poder estrutural), *mas diretos nas famílias trabalhadoras e, por meio delas, na comunidade*; e afeta o que é considerado um direito, não obstante ser constantemente atacado pelas políticas de ajuste fiscal: *o direito à vida*, sob a forma de direitos à educação, à saúde e à assistência aos que se encontram em situação de vulnerabilidade. A seguir, quero apontar algumas particularidades desse lugar para pensá-lo como fonte de poder, em suas contradições e potencialidades.

Em primeiro lugar, é importante referir que esse tipo específico de emprego tem assumido uma importância crescente no mercado de trabalho global. Conforme assinalam diferentes autores que analisam as mudanças na morfologia da classe trabalhadora (Antunes, 2018; Silver, 2003; Moody, 2017; Benanav, 2020; Smith, 2020), o que se observa em termos globais, com dinâmicas distintas por região e país, é um aumento relativo do setor dos serviços. Dentro do setor dos serviços, um dos ramos que mais cresceu foi o da reprodução social assalariada, que possui as características gerais do setor dos serviços e as características particulares do trabalho de reprodução social. As características gerais relacionam-se ao fato de se tratar de um setor de baixa produtividade e de mão de obra intensiva.[14] As particulares devem-se ao fato de ser um setor extraordinariamente feminizado e de baixos salários, sobretudo se considerarmos a elevada qualificação exigida para grande parte desse trabalho (educação, saúde e cuidados). É fundamental destacar este último ponto, pois existe um ciclo de retroalimentação entre o caráter feminizado do trabalho de reprodução social, os seus baixos salários e a desqualificação da sua tarefa pelo Estado e pelo mercado. Como se trata de

---

14 Para uma discussão sobre a produtividade no setor dos serviços, ver Benanav (2020) e Smith (2020).

um trabalho que, no capitalismo, foi historicamente atribuído às mulheres na esfera privada do lar (e, portanto, não remunerado), quando ele é assalariado, segue os padrões do trabalho desvalorizado (mesmo nos casos em que é realizado por homens). A isso soma-se o fato de ser frequentemente considerado um trabalho pouco qualificado, quando, pelo contrário, exige uma série de competências que levam muito tempo para se adquirir. Parte significativa dessa aprendizagem ocorre em casa (e faz parte da reprodução generalizada da força de trabalho que desenvolve competências diferenciadas para homens e mulheres), estando sujeita àquilo a que Daniele Kergoat (2003) chama a "naturalização das qualificações das mulheres" (ou seja, considerar que certas qualificações adquiridas são, de fato, "naturais" e, em consequência, menos valiosas). Mas uma outra parte (significativa) ocorre nas instituições formais de ensino, cujas qualificações são desvalorizadas pelo próprio Estado (assim como pelo mercado): formação de professores, escolas de enfermagem, auxiliares de saúde, acompanhantes terapêuticos, assistentes sociais, prestadores de cuidados. Desse modo, as características específicas do trabalho em serviços são aprofundadas pelo caráter feminizado deste tipo de trabalho, o que implica uma desvalorização econômica e também em termos de reconhecimento. Em síntese, quando falamos de trabalho assalariado para a reprodução social, estamos nos referindo a um setor numericamente importante da força de trabalho, que faz parte do crescente setor dos serviços e que tem, como característica específica, uma forte feminização, motivo pelo qual a análise detalhada da sua localização se torna relevante na discussão sobre o poder da classe trabalhadora.

Em segundo lugar, alguns dos seus ramos de atividade, em particular a saúde e os cuidados, possuem estruturas laborais com uma elevada concentração de trabalhadores que, em alguns casos, superam os números da indústria de transformação. Kim Moody (2017) destacou essa característica ao analisar o setor nos Estados Unidos, onde a chamada "*indústria de saúde*" privada (*healthcare industry*) criou locais de trabalho com mais de 5 mil trabalhadores. Com efeito, o mesmo se pode dizer de instituições públicas como o Hospital Posadas (um dos maiores da Província de Buenos Aires, Argentina), onde trabalham cerca de 5.300 pessoas.[15] Essa concentração

---

15 Este hospital está localizado na província de Buenos Aires. Tem uma superfície de 80.000 m^2, com mais de oito edifícios externos. A sua área de influência abrange aproxima-

(que não se verifica na área da educação) está relacionada com o processo de trabalho desse tipo de trabalho de reprodução social, em que é necessário articular diferentes tarefas num mesmo espaço físico (não só porque isso reduz os custos, tendo em vista que traslados médicos são onerosos, mas também porque reduz os riscos para a saúde).

Em terceiro lugar, uma caraterística salientada por Beverly Silver (2005) e que é de crucial importância: a impossibilidade de relocalização desse tipo de estruturas laborais. Como se sabe, um dos mecanismos mais utilizados nos últimos anos diante de uma greve de trabalhadores (sobretudo como ameaça, mas também como prática) tem sido a relocalização: transferir a fábrica ou o serviço em agitação e levá-lo para outra cidade, outro país e até outro continente.[16] Algumas estruturas laborais são mais fáceis (ou seja, mais baratas) de relocalizar que outras: um *centro de atendimento telefônico* pode ser relocalizado e montado em uma semana, uma fábrica de peças para automóveis, não. Ora, um hospital ou uma escola não podem ser relocalizados porque são estruturas cujo objetivo (a reprodução da força de trabalho) está vinculado ao seu enraizamento territorial (onde vive a força de trabalho). Acresce que, no caso dos cuidados de saúde, a sua instalação exige um grande investimento em infraestrutura, o que implica, sobretudo no setor privado, um custo central a se ter em conta no confronto entre capital e trabalho.

Em quarto lugar, o trabalho de reprodução social apresenta também limites determinantes à automatização das tarefas (Silver, 2003). Esse elemento, que é essencial para compreendê-lo como um nicho do mercado de trabalho em que não se observam tendências para o "desemprego tecnológico", é também decisivo para pensar em termos de poder da classe trabalhadora. A dificuldade para a automação do trabalho de reprodução social está relacionada com as características do trabalho concreto, com as elevadas qualificações que exige (que discutimos anteriormente) e com as especificidades

damente 6 milhões de habitantes, e inclui os distritos de Morón, Ituzaingó, 3 de febrero, Hurlingham, La Matanza, Merlo, San Miguel, José C. Paz, Moreno. Em termos de infraestrutura, dispõe de cerca de 530 leitos para adultos, crianças e grávidas, 146 leitos para cuidados intensivos, 12 salas de cirurgia, 8 hospitais de dia, com cerca de 20 mil altas anuais, 950.000 consultas anuais, 19.000 cirurgias, 3.500 partos. Ver: Documento de Trabajo N°2 del Seminario de Investigación Los trabajadores en la Argentina actual, Carrera de Sociología, UBA.

16 Como enfatizou enfaticamente Beverly Silver (2003), no debate sobre as visões unilaterais da relocalização, qualquer relocalização implica levar a relação capital-trabalho para outra geografia e, com ela, levar o movimento da classe trabalhadora.

dessas qualificações, entre as quais se destacam, pela importância, as capacidades afetivas e de cuidado que são impossíveis de serem desempenhadas pelas máquinas (pelo menos até o momento). Isso também significa que os trabalhadores que a executam não são tão facilmente substituíveis, porque professores, enfermeiros e assistentes sociais não podem ser formados em um semestre. Em suma, é um tipo de mão de obra que, em caso de conflito de classes, não pode ser facilmente substituída por uma máquina ou por contingentes de trabalhadores desempregados ou disponíveis (se não tiverem as qualificações necessárias).[17]

Em quinto lugar, é importante salientar a extensão territorial e configuração da rede que caracteriza essa extensão. Refiro-me, em particular, ao setor da educação. Ao contrário do que pontuamos para o setor da saúde, a educação não gera estruturas de trabalho com grande concentração de trabalhadores. Tal fato, que pode ser visto como uma fraqueza, tem, no entanto, uma contrapartida: a sua organização envolve pequenos ou médios estabelecimentos dispersos pelos territórios urbanos. Cada bairro (para utilizar uma unidade de medida flexível) possui uma instituição de ensino estabelecida na comunidade. Essas instituições não estão, contudo, totalmente isoladas umas das outras: as condições de trabalho e de remuneração de seus

17 Nesse sentido, o setor da reprodução social assalariada possui uma característica distintiva em relação a outros setores de serviços, nos quais, como salienta Jason Smith (2020), a não automatização está relacionada com um cálculo de custo-benefício (a mão de obra barata não torna a automatização rentável) e com o fato de haver uma enorme disponibilidade de mão de obra (barata) para preencher postos de trabalho precários. "Se o que determina se um capitalista emprega maquinaria é a questão de se o custo do trabalho objetivado na máquina é inferior ao custo do trabalho que ela substitui, então uma queda abrupta dos salários pode, de fato, ser decisiva para a decisão de um empresário não empregar maquinaria, mesmo que o quisesse fazer" (Smith, 2020, p.132, tradução nossa). Contrariamente a esta tendência apontada por Smith, um dos fenômenos observados em vários países nos últimos anos é a existência de postos de trabalho vagos (tanto na saúde como na educação) que não são substituídos devido à falta de mão de obra disponível. Este fenômeno tem a ver com os baixos salários do setor, o que significa que a mão de obra qualificada para as tarefas de reprodução social assalariada prefere buscar outro tipo de emprego mais bem remunerado. De acordo com o *Royal College of Nursing* (RNC), da Inglaterra, durante a greve histórica de dezembro de 2022, havia 47 mil postos de trabalho de enfermagem por preencher na Inglaterra devido aos "baixos salários". Este fato é cinicamente utilizado, em muitas ocasiões, a favor de programas de ajuste governamental para encerrar serviços ou horários em instituições públicas, o que reforça a tendência para a privatização e o crescimento da indústria da saúde, educação e cuidados como um nicho para a acumulação de capital.

empregados são as mesmas ou muito semelhantes;[18] o conteúdo concreto do seu trabalho (e as fricções que este produz) é também o mesmo; os problemas da comunidade que se expressam nas escolas funcionam também como elementos comuns (com as heterogeneidades segundo os territórios). Em outras palavras, é uma rede de estabelecimentos ligados por condições de trabalho, remuneração, trabalho concreto e problemas que afetam a comunidade como um todo. Por sua vez, ao contrário de uma oficina de fábrica ou de uma linha de produção, a sala de aula continua a ter um elevado grau de autonomia (apesar do cerco das avaliações padronizadas e dos sistemas de controle do trabalho docente). Isso permite que cada um desses terminais da rede (as escolas) seja constituído por espaços de certa autonomia que, em determinadas instâncias do processo educativo, podem ser espaços de politização de base. São essas características que tornam possível, nos casos em que a ação coletiva assume os rumos da coordenação, a realização de greves educativas locais ou regionais com forte impacto comunitário. Ao contrário do que acontece com algumas lutas de trabalhadores que são facilmente isoladas e até invisíveis para o restante da comunidade, essa estrutura reticular permite planejar ações conjuntas, em rede, funcionando como uma contratendência ao isolamento como estratégia de sufocamento da luta.

Isso nos leva à *sexta e última característica*, que é talvez a mais importante para os propósitos da nossa discussão: o fato de que *as instituições em que esse trabalho é realizado combinam no tempo e no espaço*, pelas próprias características do trabalho de produção e reprodução da vida, *necessidades dos trabalhadores enquanto assalariados com as necessidades dos trabalhadores enquanto classe-que-vive-do-trabalho, isto é, da classe trabalhadora como um todo* (e não apenas de sua fração assalariada). *As instituições de reprodução social são territórios anfíbios e, portanto, potenciais nós de articulação da produção e da reprodução.* E isso pode ser altamente explosivo porque abre a possibilidade de uma contratendência para as lutas corporativas (que são a estratégia majoritária das organizações sindicais) e a sua substituição pelo debate sobre como organizar lutas de classe que, pelo contrário, articulem as reivindicações de forma transversal. Vejamos.

---

18 Por exemplo, no caso da Argentina, cada distrito tem o seu próprio estatuto docente que rege a atividade dos trabalhadores da educação nesse território, no entanto, o núcleo duro desses estatutos é comum a todos os distritos porque é estabelecido em nível nacional no campo legislativo.

A discussão quanto ao fato de que as organizações de trabalhadores devem incorporar no âmago de seus programas demandas não apenas sobre o que acontece no local de trabalho, mas também nos lares, nos bairros e nas comunidades não é, de modo algum, nova no movimento sindical e, inclusive, mesmo no movimento socialista. A crise das organizações sindicais nas últimas décadas voltou a colocar em evidência tal discussão, porque estamos enfrentando o que chamo de uma *tripla crise dos sindicatos*: *crise da sua base de representação*, que se expressa na diminuição do número de trabalhadores filiados e organizados em sindicatos, e que deixa de fora milhares de trabalhadores precários, informais, "por conta própria" ou "independentes" e desempregados; *crise da configuração das reivindicações*, que se expressa no seu empobrecimento e redução quase exclusiva à negociação salarial, o que exclui objetivamente um enorme conjunto de necessidades (não só econômicas) da classe trabalhadora que habitam o cerne das suas condições de existência; e *crise dos territórios de luta*, reduzidos contemporaneamente ao terreno da negociação institucional (muito mais que o da luta nas ruas), o que reforça o isolamento das organizações, retroalimentando as outras duas dimensões críticas. Como tenho defendido no debate sobre a revitalização sindical (Varela, 2016) que teve lugar na primeira década e meia do século XXI (simultaneamente a uma certa recomposição da luta laboral), discutir essa crise sem introduzir o debate sobre as estratégias sindicais é um erro, porque não há como pensar em formas de revitalização das organizações da classe trabalhadora sem estabelecer, com a maior clareza possível, quais são os objetivos dessas organizações.[19]

A discussão sobre as fontes de poder da classe trabalhadora obriga também a uma discussão sobre os objetivos das suas organizações. Quando destaco o poder sociorreprodutivo das trabalhadoras e trabalhadores situados nessa posição particular, estou ressaltando uma fonte de poder que é

19 Nesse sentido, algumas postulações da abordagem dos recursos de poder (Schmalz, 2017; Schmalz, Ludwig, Webster, 2018) apresentam uma certa dissociação entre meios e fins, transformando os recursos num conjunto de meios disponíveis para serem racionalmente escolhidos em função de fins táticos conjunturais. Embora a modelação dos recursos que esta perspectiva apresenta ofereça instrumental muito útil para a análise empírica e, em particular, para a formação de quadros sindicais, na medida em que nos permite ter presente um leque de possibilidades para a ação sindical, a subtematização das estratégias sindicais e, sobretudo, da relação entre meios e fins, constitui uma fragilidade teórica do esquema que necessariamente impacta a análise empírica.

objetiva e que, como dissemos, deriva da localização particular que esses trabalhadores ocupam, não mais no sistema econômico-produtivo, mas no sistema sociorreprodutivo das sociedades capitalistas contemporâneas. É essa localização que nos permite pensá-la como uma *posição estratégica* no sentido de Womack, isto é, uma posição que deriva do trabalho realizado pelos trabalhadores, mas, ao contrário do que aponta Womack, aqui a chave não está na importância econômico-técnica desse trabalho, e sim em sua centralidade sociorreprodutiva.[20]

Contudo, diferentemente do que acontece com o poder estrutural, o poder sociorreprodutivo apresenta, como parte das suas características, a possibilidade de alinhavar demandas que hoje aparecem dicotomizadas[21] (as do trabalho assalariado e da reprodução social), não de forma arbitrária ou baseada apenas em princípios de solidariedade de classe (que são necessários), mas de forma orgânica (se me permitem o termo). São as características objetivas dessas singulares instituições de reprodução e do trabalho que nelas se realizam que abrem a possibilidade (por meio da intervenção subjetiva) do referido alinhavo. E esse caráter orgânico se dá porque as condições laborais dos assalariados que ali distribuem sua força de trabalho estão, indissociavelmente, interligadas de modo direto às condições dos trabalhadores que reproduzem suas vidas graças a esse trabalho (em termos de educação, saúde, assistência). Essa indissociabilidade, que é inerente a tal trabalho concreto, abre a possibilidade, no terreno da ação coletiva da classe trabalhadora, de conectar as reivindicações numa luta comum. Se essa possibilidade se concretiza ou não, isso não está no campo da fonte de poder, mas no das estratégias políticas das organizações da classe trabalhadora.

---

20 Isso é importante porque o próprio Womack (2008, p.51) reconhece que existem *outras* posições estratégicas que nada têm que ver com o trabalho: "Também não é um argumento contra a ideia (antes, o fato frequente) de que existem posições estratégicas em sentidos culturais, morais, sociais, comerciais, políticos, legais e outros, assim como estratégias elaboradas com base nelas". No entanto, essas outras posições não são exclusivas da classe trabalhadora enquanto tal, nem estão relacionadas com o trabalho concreto que realizam, mas são compartilhadas com outras classes. O mesmo se poderia dizer do "poder institucional", do "poder social", do "poder de circulação" no âmbito da abordagem dos recursos de poder. O que estou buscando salientar aqui é que o poder sociorreprodutivo é um poder dos trabalhadores enquanto tal que deriva do trabalho que realizam e da capacidade desse trabalho de afetar diretamente as condições de reprodução social da comunidade. Logo, ele pode ser pensado a partir da ideia de posição estratégica.

21 Para uma análise da dicotomização das reivindicações de classe, ver Varela (2020a, 2020b).

É o que se pode observar em algumas das lutas das trabalhadoras e trabalhadores da reprodução social assalariada. Tomarei brevemente três exemplos para ilustrar esses elementos e para ilustrar a importância do debate sobre-estratégico para transformar essa posição estratégica singular num nó para a articulação de reivindicações de classe. Sem o horizonte da construção de demandas e práticas transversais, essa fonte de poder corre o risco de evaporar e, inclusive, de se transformar no seu oposto: uma extrema fragilidade dos trabalhadores do setor devido à natureza essencial do seu trabalho e à forma direta como este afeta a população (o que levou, em vários países, à proibição de greves no setor, sob a consideração de "prestação de serviços essenciais"). Nesse sentido, estamos perante uma fonte de poder de conteúdo altamente disruptivo (pois apresenta a possibilidade de transformação de conflitos originalmente "laborais" em conflitos de classe por direito a uma vida digna para a comunidade), mas ao mesmo tempo instável (dado o impacto direto que as ações dos trabalhadores do setor têm na vida cotidiana da população).

Lutas para estabelecer as condições de nossa reprodução social

O primeiro exemplo que gostaria de trazer é o de uma luta que teve grande repercussão no País Basco nos últimos anos: a greve dos trabalhadores *dos lares de idosos*[22] *que teve lugar em 2016 e 2017 em Bizkaia*. Uma luta que durou 378 dias de paralisações e manifestações de rua, que alcançou êxito em boa parte das suas reivindicações.[23] O conflito teve lugar nas chamadas residências "subcontratadas", ou seja, aquelas em que o Estado paga uma certa soma por pessoa idosa, mas onde quem presta o "serviço de residência" é uma empresa privada. Esse sistema de subcontratação permitiu que as residências se tornassem um negócio atrativo devido a uma tríade infalível: recursos garantidos pelo Estado (no caso do País Basco, o montante

22 Embora o nome do serviço seja "residências para idosos", um dos elementos que se tornou público durante o conflito é que estas instituições também recebem pessoas com vícios, deficiências, problemas psiquiátricos, doenças degenerativas etc. Tal fato torna o trabalho mais complexo, uma vez que são necessários diferentes tipos de competências profissionais para responder a uma tal variedade de necessidades.

23 Para um debate, ver Nahia Fernández Vicario (2018) e Oninza Iruteta Azjune (2019).

por pessoa é superior à média do resto da Espanha), pessoal com baixos salários[24] e pouco controle do Estado sobre a qualidade do serviço prestado. A origem do conflito está diretamente vinculada às negociações salariais e, nesse caso, à obtenção do "quinto acordo". Conforme salienta uma delegada entrevistado por Nahia Fernández Vicario:

> O conflito começou, principalmente, para conseguir um acordo [...] para melhorar o que tínhamos. O que acontece é que você está na rua, [...] e começa a exigir outra série de coisas, já não está mais pedindo um salário etc. Agora está pedindo qualidade para o morador [...]. Agora está pedindo qualidade para o residente [...] As pessoas começam a ouvir-nos e a tomar consciência do problema que existe nas residências. Aí, a luta começa a ter uma conotação social. Então, começamos a levantar a questão dos *índices*, do pessoal insuficiente, que não chegamos... Começamos a fazer barulho e as pessoas começaram a nos apoiar. (Delegada de Eskumaldea 2, Vicario, 2018, p.8)

Como resume outra trabalhadora entrevistada: "Trabalhamos com pessoas, não com objetos" (Delegada de Eskumaldea 1, Vicario, 2018, p.8).

Essa dinâmica de um conflito que se inicia com a questão salarial e passa a incorporar outras reivindicações que se referem, expressamente, à qualidade do serviço prestado e ao seu impacto na vida dos usuários é reiterada nos outros dois casos e está relacionada com uma das características antes referidas: as condições laborais dos trabalhadores que aí empregam sua força de trabalho são indissociáveis das condições de vida dos trabalhadores que são atendidos graças a esse trabalho. Por outro lado, há dois elementos que também se repetem nos casos seguintes: a forte participação das bases dos trabalhadores na tomada de decisões por meio de várias formas de organização democrática (geralmente assembleias) e os vínculos, com maior ou menor grau de organização, com os familiares dos usuários. No caso dos lares de idosos de Bizkaia, é o resultado da associação Babestu[25] (http://babestubizkaia.blogspot.com), criada pelas famílias dos usuários, cujo principal objetivo é defender a qualidade do serviço.

24 Os salários das mulheres trabalhadoras do setor conveniado eram inferiores aos das mulheres trabalhadoras do setor público.

25 Cf. http://babestubizkaia.blogspot.com.

O segundo exemplo é a contundente greve de nove dias dos professores da Virgínia Ocidental, no que ficou conhecido como o início da *Teachers' Spring* nos Estados Unidos, uma onda grevista que se espalhou pelos estados da Carolina do Norte, Kentucky, Arizona, Oklahoma e Colorado durante 2018.[26] A greve teve início em 22 de fevereiro e terminou em 6 de março e, como apontam Tithi Bhattacharya (2018) e Eric Blanc (2019), tornou-se um caso emblemático que combinou a luta pelos direitos trabalhistas das professoras com os direitos da população a uma reprodução social digna. Entre as suas principais reivindicações estavam o aumento salarial, a firme rejeição do aumento das apólices dos seguros de saúde (uma questão que também envolvia outros setores de trabalhadores), a exigência de um aumento do orçamento para a Public Employee Insurance Agency (PEIA), o que diz respeito a uma grande parte da comunidade trabalhadora local, considerando que um em cada sete habitantes do estado da Virgínia Ocidental depende da PEIA para acessar o sistema de saúde. Ao mesmo tempo, incorporaram também como reivindicações: a rejeição do aumento do número de alunos por sala de aula (o que acarretava, de fato, uma redução e uma deterioração da educação), a reclamação pela falta de enfermeiras nas escolas e a denúncia do crescimento das escolas conveniadas). Nesse sentido, embora a greve da Virgínia Ocidental tenha se centrado no sistema de educação, na realidade foi uma luta em defesa das duas grandes instituições de reprodução social: a educação e a saúde. Munidos desse rol de demandas transversais, os professores da Virgínia Ocidental, organizados em rede em cada escola (um local de trabalho, mas também um elo de organização comunitária) e conectados mediante redes sociais e comunitárias, conseguiram trazer para o conflito (e para o protesto de rua) as associações de imigrantes com fortes recursos organizativos – o que permitiu, entre outras coisas: dar abrigo e alimentação aos grevistas e às suas redes nos estabelecimentos onde as associações funcionam; lideranças religiosas que atuaram como amplificadores e "pregadores" do conflito; amplo contingente de mães e pais que se juntaram ao trabalho de piquetes de rua, assim como para a garantia da merenda escolar para as crianças que se alimentavam nas escolas; motoristas de transportes escolares;

26 Algumas características desta onda foram replicadas nas greves de professores de Los Angeles em 2019.

e setores da comunidade em geral, entre os quais os antigos alunos das escolas tiveram grande importância.

Finalmente, gostaria de trazer como exemplo uma luta que, no contexto particular da pandemia, partilha as principais características das anteriores: a *luta pela saúde em Neuquén* (Argentina), *que teve lugar entre março e abril de 2021*. Sem dúvida, o melhor resumo da luta foi o lema adotado por dezenas de enfermeiras nos bloqueios de estradas: "Chamam-nos essenciais, mas tratam-nos como descartáveis". O contexto da pandemia, com a sua extraordinária gravidade e exaustão para as trabalhadoras e trabalhadores da saúde, conseguiu condensar uma contradição que atravessa as lutas da reprodução social assalariada: a que decorre da essencialidade do trabalho (reproduzir e cuidar da vida) e da precariedade das condições em que esse trabalho é realizado. Surgida como reação à proposta de aumento salarial do governo provincial (a proposta foi de 12% num contexto inflacionário de cerca de 70%, depois de jornadas de trabalho extenuantes e da perda de direitos trabalhistas em razão da pandemia), acabou transformando-se numa luta de 55 dias, com 30 piquetes em toda a província, que paralisaram Vaca Muerte durante 22 dias (o principal campo petrolífero da província), graças à aliança com os habitantes das cidades petrolíferas, as comunidades *mapuches* (povos nativos da Patagônia) e dos bairros populares e terras ocupadas da região (todos "usuários" do sistema de saúde). Um dos centros nevrálgicos da luta foi o Hospital Castro Rendón (o maior e de maior complexidade da província). De acordo com os seus próprios protagonistas,[27] uma das chaves do conflito foi a formação do Comitê de Segurança e Higiene em 2020 (em plena pandemia), que funcionou como uma organização de base dos trabalhadores e também de usuários (uma vez que dela participavam os Familiares, Amigos e Vizinhos dos Doentes Agudos [FAVEA]), diante do que denominaram como "o abandono do Estado e do sindicato". A partir dessa organização, começaram a estabelecer contatos com outros hospitais, como um espaço de denúncia da situação sanitária. Outro elemento interessante aqui é que o Comitê de Segurança e Higiene conseguiu ultrapassar as fortes divisões (e hierarquias) que existem entre as trabalhadoras e trabalhadores do hospital: reuniram-se enfermeiras, maqueiras e auxiliares gerais. Por outro lado, tal

---

27 Ver as entrevistas realizadas pelo Observatorio de les Trabajadores (2021) em *La Izquierda Diario*.

como aconteceu na Virgínia Ocidental, as redes sociais desempenharam um papel significativo: foi criado um "inter-hospital"[28] pelo WhatsApp, que permitiu interligar e compartilhar informações entre diversas organizações de base que tinham sido criadas em diferentes hospitais. Essa base organizativa permitiu que, por ocasião da discussão salarial, os hospitais estivessem interconectados. A partir daí, como disse o ativista Marco, trabalhador e liderança do Castro Rendón:

> Todos eles [as direções sindicais] tremeram porque havia uma Inter-hospital gigante que começou a parar toda a província com todo o apoio da população. E foram recebendo outras reivindicações apoiadas por essas mesmas pessoas. Lembro-me de que as vizinhas de uma ocupação de terra vieram e contribuíram para o fundo de greve, deixaram-nos 2 mil [pesos], com tudo o que isso significa para as pessoas de uma ocupação de terra, que vêm e deixam-nos dinheiro, comida etc. Isso nos permitiu ampliar a ação que vínhamos promovendo para a questão da saúde pública, o significado estava mudando. Outro exemplo é quando fomos a [cidade de] Añelo com todas as pessoas, as famílias que nos apoiaram e que nem sequer tinham gás, tinham aquecimento a lenha e puseram a sua lenha para que o fogo do piquete fosse aceso, deram-nos a sua comida. Nunca faltou comida, houve muita, muita comida. E depois tudo isso se transformou em ações de solidariedade. Há um homem, que era paciente do hospital, que é trabalhador por conta própria, que vive de bicos, que cortou lenha e a colocou no piquete de Villa La Angostura durante 25 dias. Quando o conflito terminou, teve de ficar no hospital durante um mês e não pôde trabalhar: todos os hospitais deram uns trocos [dinheiro] e o apoiaram financeiramente. E o sujeito chorava, imaginem. (Observatorio de les trabajadores, *La Izquierda Diario*, 9/8/2021)

Tais lutas expressam elementos que advêm das características particulares da posição sociorreprodutiva que os trabalhadores ocupam enquanto posição estratégica. E expressam também o fato de que transformar essa fonte de poder na possibilidade de uma luta de classes de tipo transversal

28 A Inter-hospitalar como instituição de conexão entre os hospitais existia (presencialmente) antes do conflito e estava vinculada à direção do sindicato provincial. Durante a pandemia, foi reativada via WhatsApp, o que permitiu uma ampla participação dos trabalhadores naquela que seria uma luta que desafiava fortemente as direções sindicais.

(não corporativo) envolve uma discussão de estratégias, ou seja, um debate consciente sobre os fins da luta e os meios adequados a esses fins.[29] Nesse terreno, as lutas da reprodução social assalariada que conseguiram envolver a comunidade da classe-que-vive-do-trabalho apresentam (em diferentes graus e particularidades diversas) três características comuns. No nível da *organização*, todas elas são lutas que *têm uma forte organização de base nos locais de trabalho enquanto territórios anfíbios do trabalho assalariado e da reprodução social*. Em todos esses casos, essa organização de base, com uma forte participação dos trabalhadores, superou os "recursos institucionais" dos sindicatos e impôs a direção do confronto. *Em termos de repertório de luta*, são todas lutas que *se moveram anfibiamente entre os locais de trabalho e os espaços de circulação da cidade e das vilas* (ruas, autoestradas, rodovias, centros comerciais, edifícios públicos), permitindo que as ações tivessem impacto na rotina da espacialidade e envolvessem a participação ativa de outros setores da comunidade. *No campo das reivindicações*, além das especificidades do setor (em geral salários em suas diversas composições), se somaram também *exigências diretamente relacionadas à qualidade de reprodução da vida dos membros da comunidade*. Por fim, mas não menos importante, todas *essas lutas foram capazes de evidenciar com clareza a contradição entre o caráter necessário do trabalho de reprodução social* (necessário para o capital, para o Estado e para a sociedade) *e a constante pressão do Estado e do capital para desfinanciar e precarizar esse trabalho*. Em outras palavras, conseguiram enfatizar o que está no cerne da atual crise de reprodução. Graças à ação coletiva dos trabalhadores, essa contradição assumiu a forma de um ataque a um *direito conquistado*: o direito ao cuidado, à assistência, à saúde, à educação, como formas do direito à vida. Isso coloca abertamente em evidência, na agenda da classe trabalhadora e das suas organizações, a questão sobre quais são as condições de uma vida que mereça ser vivida. Já não se trata da discussão estreita e segmentada de um salário justo ou de condições justas (que,

29 A esse respeito, é interessante notar que a avaliação crítica de um dos ativistas dessa luta foi a de que, apesar de terem conseguido ir além das reivindicações setoriais e transformar o conflito numa luta em defesa da saúde pública, apesar de terem formado uma "multissetorial" em que participaram mais de cinquenta organizações de trabalhadores de diferentes sindicatos e ramos, não conseguiram transcender as expectativas do setor da saúde, e assim não puderam incorporar as reivindicações dos professores, dos trabalhadores do petróleo, dos caminhoneiros, dos segmentos empobrecidos etc.

obviamente, estão no centro da disputa). É mais do que isso: é a questão da educação que nós e os nossos descendentes queremos receber para moldar a nossa subjetividade e as nossas capacidades; a questão da saúde que merecemos para gozar a vida; os cuidados de que todos precisamos, em termos físicos e emocionais, e, particularmente, aqueles que estão numa situação mais vulnerável. Em síntese, abre a discussão sobre o tipo de vida que queremos viver. Esse debate sobre o direito à vida de uma classe trabalhadora pensada de forma transversal estabelece pontes com outros debates, como os que hoje se expressam em movimentos sociais aparentemente não classistas, mas que estão relacionados de modo direto com essa questão sobre as condições de vida da classe-que-vive-do-trabalho: o movimento feminista, o movimento antirracista (como o *Black Lives Matter*), o movimento pelos direitos dos imigrantes, pela defesa da liberdade no exercício da sexualidade, pela defesa do planeta de que fazemos parte. A posição sociorreprodutiva e o poder de classe que esta detém como posição estratégica abrem a possibilidade para a construção (ou reconstrução) de organizações de trabalhadores que concebam, como cerne de seus objetivos, a disputa (contra o capital e contra o Estado) para estabelecer as condições de nossa própria reprodução social. E colocam as mulheres trabalhadoras no centro desse debate estratégico.

Referências bibliográficas

ANTUNES, R. (2005). *Los sentidos del trabajo*. Buenos Aires: Herramienta.

______. (2018). *O privilegio da servidão*: o novo proletariado de serviços na era digital. Boitempo, São Paulo.

ARRUZZA, C.; BHATTACHARYA, T. (2020). Teoría de la reproducción social. Elementos fundamentales para un feminismo marxista. *Archivos de Historia del Movimiento Obrero y la Izquierda*, v.16, p.37-69. DOI: https://doi.org/10.46688/ahmoi.n16.251.

BENANAV, A. (2021). *La automatización y el futuro del trabajo*. Madrid: Traficantes de Sueños.

BHATTACHARYA, T. (org.). (2017). *Social Reproduction Theory*: Remapping Class, Recentering Oppression. London: Pluto Press.

______. (2018). Bread and Roses in West Virginia. Verso Book. Disponível em: https://www.versobooks.com/blogs/3669-bread-and-roses-in-west-virginia. Acesso em: 7 nov. 2023.

BIELER, A. (2018). Agency and the Power Resource Approach: Asserting the importance of the structuring conditions of the capitalist social relations of production. *Global Labour Journal*, v.9, n.2.

BLANC, E. (2019). *The Red State Revolt*: The Teachers' Strike Wave and Working-Class Politics. London: Verso Books.

BRODER, David (2021). Los múltiples adioses al proletariado. *Revista Jacobin Lat*, n.4.

BRYNJOLFSSON, E.; MCAFEE, A. (2014). *The Second Machine Age*: Work, Progress and Prosperity in a Time of Brilliant Technologies. London.

CARBONELL, J. S. (2022). *Le Futur du Travail*. Paris: Éditions Amsterdam.

CITTA. (2022). "¿Hacia dónde va el trabajo? Informalidad, digitalización y reproducción social", conferencia realizada en la Universidad de Buenos Aires. Colectivo de Investigación de las Trabajadoras y los Trabajadores en la Argentina Actual. Disponível em: https://cittaa.org/. Acesso em: 7 nov. 2023.

COOPER, D.; RODRÍGUEZ, J. (org.). (2005). *El debate sobre el trabajo doméstico*: Antología. México DF: UNAM.

FERGUSON, S. (2020). Las visiones del trabajo en la teoría feminista. *Archivos de Historia del Movimiento Obrero y la Izquierda*, n.16, mar. Disponível em: https://www.archivosrevista.com.ar/numeros/index.php/archivos/article/view/242. Acesso em: maio 2020.

______; MCNALLY, D. (2017 [2013]). Capital, fuerza de trabajo y relaciones de género. In: VOGEL, L. *Marxismo y Opresión de las Mujeres*. Disponível em: https://marxismocritico.com/2017/01/16/capital-fuerza- de-trabajo-y-relaciones-de-genero/.

FERNÁNDEZ VICARIO, N. (2018). *Bizkaiko erresidentziak borrokan! De la lucha obrera al empoderamiento feminista*. Bizkaia: ELA Manu Roblez-Aranguiz Institutua.

FRASER, N. (2016), "Las contradicciones del capital y los cuidados", *New Left Review*, 100, 111-132.

______. (2022). *Cannibal Capitalism*: How Our System Is Devouring Democracy, Care, and the Planet – and What We Can Do About It. London: Verso Books.

FRENCH, J.; JAMES, D. (2007). The Travails of Doing Labor History: The Restless Wanderings of John Womack Jr. *Labor: Studies in working-class history of the Americas*, v.4, n.2.

FORD, M. (2015). *Rise of the Robots*: Technologies and the Threat of the Jobless Future. Nueva York: Basic Books.

GALLAS, A. (2016). "There is Power in a Union": A Strategic-Relational Perspective on Power Resources. *Monetary Macroeconomics, Labour Market and Development*, Marburg, Metropolis-Verlag.

______. (2018). Class power and union capacities: a research note on the Power Resources Approach. *Global Labour Journal*, v.9, n.3.

GARZA TOLEDO, E. (2009). Hacia un concepto ampliado de trabajo. In: *Trabajo, empleo, calificaciones profesionales, relaciones de trabajo e identidades laborales*, v.I. Buenos Aires: CAICyT-CLACSO.

HUWS, U. (2019). *Labour in contemporary capitalism*: What next? Palgrave Macmillan, UK.

IRUTETA AZJUNE, O. (2019). *No eran trabajadoras, solo mujeres*: testimonios de las huelguistas de las residencias en Bizkaia. Bizkaia: ELA Manu Roblez-Aranguiz Institutua.

KERGOAT, D. (2003). De la relación social de sexo al sujeto sexuado. *Revista Mexicana de Sociología*, ano 65, n.4, out.-dez.

MARTICORENA, C.; D'URSO, L. (2021). El poder de los/as trabajadores/as: una revisión crítica de los abordajes conceptuales para su estudio. *Revista de Estudios Marítimos y Sociales*, n.18, jan.

MOODY, K. (2017). *On New Terrain:* How Capital is Reshaping the Class Battleground. Chicago: Haymarket.

OBSERVATORIO DE LES TRABAJADORES. (2021). Hace un año se los estaba aplaudiendo y ahora se los está aplastando. Entrevista a Marco, Beti y Silvia del Hospital Castro Rendón de Neuquén. *La Izquierda Diario*, 9 ago. 2021. Disponível em: https://www.laizquierdadiario.com/Hace-un-ano-se-los-estaba-aplaudiendo-y-ahora-se-los-esta-aplastando. Acesso em: 7 nov. 2023.

PÉREZ OROZCO, A. (2014). *Subversión feminista de la economía*: aportes para un debate sobre el conflicto capital-vida. Madrid: Traficantes de sueños.

RIFKIN, J. (2014). *La sociedad del coste marginal cero*: el internet de las cosas, el procomún colaborativo y el eclipse del capitalismo. Madrid: Paidós.

SCHMALZ, S. (2017). Los recursos de poder para la transformación sindical. *Revista Nueva Sociedad*, n.esp., out.

______; LUDWIG, C.; WEBSTER, E. (2018). The Power Resources Approach: Developments and Challenges. *Global Labour Journal*, v.9, n.2.

SEMINARIO DE INVESTIGACIÓN LOS TRABAJADORES EN LA ARGENTINA ACTUAL. (2021). Condiciones de trabajo y organización de quienes cuidan nuestra salud. Documento de trabajo n.2. Carrera de Sociología de la UBA. Disponível em: https://lostrabajadoresenargentina.wordpress.com/. Acesso em: 7 nov. 2023.

SILVER, Beverly J. (2003). *Forces of Labor*: Workers' Movements and Globalization since 1870. Cambridge: University of Cambridge.

SMITH, J. (2020). Smart Machines and Service Work. Field Notes Series. Reaktion Books. London.

VARELA, P. (2016). ¿Revitalización sindical sin debate de estrategias? In: VARELA, P. (org.). *El gigante fragmentado*: sindicatos, trabajadores y política durante el kirchnerismo. Buenos Aires: Final Abierto.

______. (2020) El trabajo de las mujeres: feminismos, marxismos y reproducción social. *Archivos de Historia del Movimiento Obrero y de la Izquierda*, ano 8, n.16, mar.-ago., p.13-15. Disponível em: https://www.archivosrevista.com.ar/numeros/index.php/archivos/article/view/245. Acesso em: 7 nov. 2023.

______. La reproducción social en disputa: un debate entre autonomistas y marxistas. *Archivos de Historia del Movimiento Obrero y de la Izquierda*, ano 8, n.16, mar.-ago., p.71-92. Disponível em: https://www.archivosrevista.com.ar/numeros/index.php/archivos/article/view/241/236. Acesso em: 7 nov. 2023.

______. (org.) (2020). *Mujeres trabajadoras*: puente entre la producción y la reproducción. Lugar de trabajo y militancia en la Nueva Ola Feminista. Buenos Aires: Serie Género y Trabajo, CEIL. Disponível em: http://www.ceil-conicet.gov.ar/wp-content/uploads/2021/02/gt1-mujeres-trabajadoras-varela-color-.pdf. Acesso em: 7 nov. 2023.

______. (2021). La Nueva Ola Feminista y las luchas de las mujeres trabajadoras ¿Por qué luchamos?" *O Social em Questão*, ano 23, n.49, Rio de Janeiro.

VOGEL, L. (2013). *Marxism and the Oppression of Women*: Toward a Unitary Theory. Historical Materialism Brill.

WOMACK, J. (2008). *Posición estratégica y fuerza obrera*: Hacia una nueva historia de los movimientos obreros. México: Fondo de Cultura Económica.

WOODCOCK, J. (2021). The Fight against Platform Capitalism: An Inquiry into the Global Struggles of the Gig Economy. London: University of Westminster Press.

WRIGHT, E. O. (2000). Working class power, capitalist class interest, and class compromise. *American Journal of Sociology*, v.105, n.4, p.957-1002.

______. (2018). *Comprender las clases sociales*. Madrid: AKAL.

6
Efeitos da crise financeira da década de 2010 e da crise pandêmica pós-2020 sobre o trabalho

Maria Markantonatou[*]

Introdução

Este capítulo faz um resumo dos efeitos sobre a mão de obra de duas crises, a crise financeira da década de 2010 e a crise pandêmica após 2020. Primeiro, resumimos os desenvolvimentos socioeconômicos que levaram à desregulamentação do Estado de bem-estar social, à neoliberalização e ao enfraquecimento da posição do trabalho nas décadas após a crise dos anos 1970. Em segundo lugar, apresentamos um panorama dos efeitos sobre o trabalho das políticas de austeridade adotadas em alguns países da zona do euro no contexto da crise financeira de 2010. Em terceiro lugar, discutimos alguns desenvolvimentos recentes com relação ao trabalho no contexto da pandemia de covid-19 (novas formas de precariedade e insegurança, desigualdades de trabalho e de gênero, aumento do teletrabalho). Argumentamos que, embora essas duas crises consecutivas, a de 2010 e a de 2020, tenham ameaçado severamente o padrão de vida, a renda e as condições e arranjos de trabalho das classes trabalhadoras em todo o mundo, as tão necessárias políticas de proteção social e o fortalecimento do Estado de bem-estar social foram evitados.

Com o fim da Segunda Guerra Mundial, os Estados empreenderam uma série de nacionalizações de empresas estratégicas e a supervisão parcial do

---

* Professora associada de Sociologia Política, Departamento de Sociologia, Universidade do Mar Egeu, Lesbos, Grécia. E-mail: mmarkant@soc.aegean.gr.

setor industrial (Van Creveld, 1999), promovendo, ao mesmo tempo, uma regulamentação social da economia de mercado e do crescimento capitalista por meio de políticas que visavam garantir a demanda doméstica e o consumo de massa. Até o início da década de 1970, o capitalismo industrial do pós-guerra foi combinado com sistemas de bem-estar social, alcançando um "compromisso de classe" dentro de populações definidas nacionalmente. Financiado por impostos, o Estado de bem-estar social tinha como objetivo complementar parcialmente as deficiências da economia de mercado e corrigir alguns de seus efeitos sobre os estratos sociais, que eram necessários para a produção. Como resultado, observa Rosanvallon, as desigualdades de renda após a Segunda Guerra Mundial diminuíram significativamente em comparação com as primeiras décadas do século XX:

> Na França, o 1% mais rico possuía 53% da riqueza nacional em 1913, mas apenas 20% em 1984. Nos Estados Unidos, os 10% mais ricos dividiam quase 50% da renda total às vésperas da Grande Depressão, mas menos de 35% de 1950 até meados da década de 1980. Na Suécia, um exemplo brilhante de redução da desigualdade, o 1% das pessoas que ganham mais recebia apenas 23% de toda a renda em 1980, em comparação com 46% na virada do século XX. Essas reduções espetaculares foram alcançadas por meio de um rápido aumento das rendas baixas, crescimento mais lento das rendas altas, pagamentos de transferências sociais e um sistema tributário altamente progressivo, cujas faixas superiores pagavam taxas cada vez mais altas. (Rosanvallon, 2014, p.3-4)

Uma série de fatores heterogêneos levou ao enfraquecimento do Estado de bem-estar social: inflação, crises do petróleo na década de 1970, estagnação do comércio internacional na década de 1980, queda crescente da taxa de lucro industrial nos Estados Unidos e na Europa e a internacionalização gradual das transações e do fluxo de capital. As classes empresariais solicitaram de modo insistente regulamentações trabalhistas a seu favor, enquanto gradualmente o setor financeiro ganhava terreno em comparação com o setor industrial (Calhoun, 2011). Além disso, os investimentos de capital em países com custos de mão de obra mais baixos e regulamentações de trabalho mais flexíveis contribuíram para a queda da receita do Estado e para os déficits públicos, o que, por sua vez, levou a cortes nos gastos públicos e à crise social.

Os governos da Europa e dos Estados Unidos se afastaram do compromisso de garantir o pleno ou quase pleno emprego. Gradualmente, o que predominou nas décadas seguintes foi semelhante na maioria dos países, apesar dos diferentes contextos nacionais: neoliberalização, desregulamentação do Estado de bem-estar social e das instituições de proteção social, difusão de formas de emprego instável, flexível e de meio período, enfraquecimento dos sindicatos e de seu papel nos processos de negociação coletiva, redução da densidade sindical, diminuição das expectativas relacionadas ao trabalho e enfraquecimento da aceitação social das greves e de sua eficácia para atingir os objetivos trabalhistas. O desemprego nos países da Organização para a Cooperação e Desenvolvimento Econômico (OCDE) no período de 1960 a 1973 foi de 2,2%; aumentou para 7,1% de 1990 a 2001; subiu para 5,8% de 2002 a 2008 e atingiu 6,6% no período de 2009 a 2012 (Streeck, 2013, p.5).

A neoliberalização, como resposta à crise dos anos 1970, resultou em uma crescente desigualdade. Em comparação com a década de 1960, os salários dos 10% dos trabalhadores industriais mais pobres caíram pela metade na década de 1980 (Cohen, 2013) por vários motivos (exploração de novas tecnologias na produção, internacionalização do capital, influxo de mão de obra barata devido à imigração, enfraquecimento dos sindicatos, políticas estatais favoráveis ao empreendedorismo etc.). As economias endividadas após a década de 1990 agravaram as desigualdades de renda de modo que, ao contrário da população trabalhadora, certos grupos de gerentes e consultores de alto escalão do setor financeiro viram suas rendas aumentarem até nove vezes, como aconteceu de 1996 a 2006 (Cohen, 2013). Os dados citados por Rosanvallon (2014, p.12) capturam a mesma situação: na França, em 2010, 50% de toda a renda era representada pelos 10% mais ricos, em comparação com 35% em 1982. Entre 1998 e 2006, a renda média do 1% mais rico aumentou 14%; a renda do 0,01% mais rico (o topo da escala de renda) aumentou quase 100%, e a renda dos 90% mais pobres aumentou apenas 4%.

A crise da década de 1970 foi seguida pela transformação gradual do Estado de bem-estar social em um "regime pós-nacional de workfare schumpeteriano" (Jessop, 2002, p.225) que promoveu a competitividade, os valores empresariais, o gerencialismo e a flexibilidade da mão de obra, tanto no nível do Estado-nação quanto no nível da União Europeia após o Tratado de Maastricht de 1992. Desde a década de 1980, conforme demonstrado em um estudo de Höpner et al. (2014, p.27), as políticas de liberalização têm sido uma tendência geral em todos os campos de política e em diferentes grupos de países. A liberalização assumiu muitas formas, incluindo privatização, transformação de serviços públicos, redução da proteção ao emprego para contratos permanentes e temporários, pensões baseadas em capital adquirindo cada vez mais importância, redução dos gastos com saúde pública, leis de concorrência tornando-se cada vez mais rígidas e reformas de governança corporativa tornando-se orientadas para os acionistas. Nas décadas de 1990 e 2000, em várias conjunturas nacionais, em diferentes velocidades e por meio de vários choques econômicos (por exemplo, os choques do mercado de ações em 1987, 1990, 1998, o pânico do mercado de ações "ponto com" em 2000-2001), as intervenções do Estado foram na direção da liberalização, no contexto de uma globalização econômica crescente e da concorrência global.

A crise de 2008, que eclodiu nos Estados Unidos e se espalhou para a zona do euro depois de 2010, foi o catalisador que causou novos ataques ao trabalho e às classes trabalhadoras, especialmente nos países do sul da Europa e, mais intensamente, na Grécia. No próximo tópico, apresentamos uma visão geral de alguns aspectos da desregulamentação do trabalho durante a crise da zona do euro. Em seguida, são discutidas as consequências da pandemia para o trabalho.

Austeridade e crise após 2010

Em vários países, mais de uma década após a eclosão da crise da zona do euro, as reformas neoliberais enfraqueceram a posição econômica das classes trabalhadoras, dos estratos sociais mais baixos e dos grupos dependentes de provisões de bem-estar. A narrativa usada durante a crise para essas reformas foi importante para sua implementação. O que Matos e Pusceddu (2021) observam em relação à Itália e a Portugal se aplica à maioria dos países onde a austeridade foi implementada: a ética do "sacrifício" foi decisiva para a legitimação ideológica da austeridade; a situação foi enquadrada como "dramática" e "urgente"; as forças de trabalho tiveram de suportar o peso da crise por dois motivos: obedecer às prioridades da modernização econômica e cumprir as regras da zona do euro e as avaliações de instituições como o Fundo Monetário Internacional (FMI), que enfatizavam constantemente o excesso de funcionários públicos, a baixa competitividade, as regulamentações trabalhistas muito frouxas e os privilégios do setor público em relação ao setor privado. Matos e Pusceddu (2021) argumentam que a ideologia do "sacrifício" prevaleceu, adaptada a diferentes contextos nacionais e, às vezes, até com conotações religiosas. As narrativas usadas eram semelhantes em muitos países: uma moralidade de obrigação para com o país de origem e a retórica da culpa em estratos sociais selecionados. O método de "dividir e conquistar" fez que os indivíduos não apenas obedecessem à austeridade, mas também a (re)produzissem, redefinissem suas atitudes, valores, práticas de vida e suas expectativas em relação ao trabalho, ao Estado e ao futuro.

Entre todos os países, o trabalho foi mais atacado na Grécia depois de 2010, quando a austeridade foi implementada no âmbito dos "Memorandos de Entendimento". Tratava-se de uma série de complexos acordos de empréstimo celebrados entre a chamada "Troika" (Comissão Europeia, Banco Central Europeu e FMI) e vários governos gregos, que foram formados em uma série de eleições nacionais socialmente turbulentas. Para obter os empréstimos, os governos gregos de vários campos ideológicos (centro-direita, social-democracia, esquerda e suas várias coalizões) tiveram que implementar orçamentos sólidos, privatizações, liberalização dos mercados domésticos, reformas na administração pública, reestruturação do sistema de impostos, salários, pensões e benefícios sociais, bem como a desregulamentação dos serviços de bem-estar social. Os cortes nos gastos públicos, a redução de pessoal no setor público, a redução das rendas sociais e o desmantelamento das instituições de proteção ao trabalho pré-crise foram os objetivos fundamentais subjacentes a uma enxurrada de medidas e legislações desde 2010. Como resultado dessas políticas, o desemprego aumentou de 7,8% em 2008 para 27,5% em 2013 e caiu para 20,2% em 2017 (Greek Institute of Labour, 2018). Milhões de empregos foram perdidos, a legislação de proteção ao emprego se deteriorou e a negociação coletiva foi gravemente prejudicada, causando uma maior fragmentação das práticas de fixação de salários e uma divergência entre os acordos em nível de empresa e os padrões setoriais. O salário médio para o período de 2010 a 2013 caiu 21% em relação a 2009 e o salário mínimo caiu cerca de 26%, e 35,4% para pessoas com menos de 25 anos de idade (Greek Institute of Labour, 2018). O emprego involuntário em tempo parcial aumentou de 49,7% do emprego em tempo parcial em 2009 para 71,1% em 2017 (OCDE, 2018).

Na Espanha, que, no período anterior à crise da zona do euro, foi elogiada como um país que "pelo menos tentou alcançar alguma restrição por meio dos instrumentos de política macroeconômica que ainda estavam disponíveis nacionalmente" (Scharpf, 2011, p.18), as políticas de austeridade foram seguidas inicialmente pelo governo social-democrata de J. L. Zapatero (Partido Socialista Obrero Español) em 2008. A austeridade se intensificou com a eclosão da crise e, a partir de 2011, o governo conservador de M. Rajoy (Partido Popular) impôs reformas e reduções muito mais acentuadas nos gastos públicos (por exemplo, encolhimento do setor público e cortes nos salários do setor público), com o argumento de acalmar os investidores e lidar com uma crise crescente. A crise atingiu o mercado imobiliário em expansão, levou ao rebaixamento da economia pelas agências internacionais de classificação de risco, depois a uma série de resgates bancários, a uma recessão, a um novo aumento da dívida pública e a uma piora ainda maior das condições do mercado de trabalho e do desemprego. De acordo com Alonso e Rodríguez (2020), o que a crise e seu gerenciamento deixaram para trás foi uma sociedade mais fraturada e desigual, um regime de bem-estar enfraquecido, salários mais baixos, descontentamento social, pobreza infantil e muitos desafios para o futuro.

Em Portugal, antes da crise, prevaleciam altos níveis de emprego atípico, baixa produtividade, baixos salários e a politização dos processos de negociação coletiva, e a crise agravou essas características (Estanque et al., 2019, p.96). De 2011 a 2014, o governo de Pedro Passos Coelho impôs austeridade, cortes nos gastos públicos e legislações para promover a flexibilização do trabalho, facilitação de demissões etc., a pedido dos credores da zona do euro. Conforme observado por Estanque (2020), a intervenção da Troika "resultou em um enorme retrocesso social, particularmente para os segmentos mais vulneráveis das classes trabalhadora e média", mas também contribuiu para a derrubada, em 2015, do governo de direita e para a criação de um governo de coalizão entre o Partido Social Democrata, o Centro Democrático e Social e o Bloco de Esquerda. No entanto, apesar da agitação social, das greves e das várias iniciativas e protestos antiausteridade que ocorreram durante os anos de supervisão da Troika, as medidas de aprofundamento da precariedade persistiram não apenas após a saída da Troika de Portugal em 2014, mas também após a formação do governo de esquerda (Estanque et al., 2019, p.97).

No que diz respeito à Itália, a crise encontrou a economia em condições já particulares, que Cangiani (2020) descreve como: declínio durante as últimas décadas da indústria italiana devido ao baixo investimento em inovação e aquisições por investidores estrangeiros, fuga de capital, realocação de empresas (algumas das quais ocupavam uma posição de liderança internacional), privatização de indústrias estatais, clientelismo, evasão fiscal crônica. A alta dívida pública do país (quase 120% do PIB em 2010 e mais de 150% em 2021) e a prevenção de "pânico moral" foram apresentadas como as razões para as políticas seguidas no período de 2011 a 2013 pelo governo não eleito e "tecnocrático" de M. Monti, que substituiu o de S. Berlusconi, após pressão exercida pelas elites da zona do euro. Além de aumentar os impostos sobre as famílias e a propriedade, o governo também aumentou a idade de aposentadoria e promoveu a reforma da legislação trabalhista, que previa a abertura de ocupações fechadas, o aumento do limite de demissões nas empresas e a expansão dos contratos de trabalho de curto prazo, com o objetivo de estimular a concorrência.

Na França, a neoliberalização das últimas décadas resultou na fragmentação do mercado de trabalho e da negociação coletiva, na expansão do emprego temporário e de meio período e no declínio acentuado do número de trabalhadores franceses sindicalizados, de cerca de 25% em meados da década de 1970 para 10% na década de 1980, patamar em que permanece até hoje (Yon, 2019, p.74). Para enfrentar a crise da zona do euro, foram impostas uma reforma previdenciária e regulamentações para remover a proteção trabalhista na estrutura do "Pacto Nacional para o Crescimento, Competitividade e Emprego". Embora tanto o Partido Republicano de centro-direita (Les Républicains e a antiga Union pour un Mouvement Populaire) quanto o Partido Socialista (Parti Socialiste) tenham seguido políticas de neoliberalização que afetaram o trabalho, o governo de E. Macron (La République En Marche!) as intensificou. O novo código trabalhista promovido pelo governo Macron foi um passo decisivo em direção à flexisegurança (Vranken, 2018). Um passo adicional na mesma direção foram as "*ordonnances*", as "ordens executivas" com mandato legal que fortalecem os acordos em nível de empresa em detrimento dos acordos coletivos nacionais, facilitam as demissões e reduzem o número, os recursos financeiros e os meios legais das instituições representativas dos trabalhadores etc. (Yon, 2019, p.79-80).

Quanto à Alemanha, a maior economia da zona do euro, ela não foi atingida pela crise de 2010 como outros países, e houve enormes entradas de capital e baixas taxas de juros sobre seus títulos soberanos (Schmalz; Schneidemesser, 2019, p.164). O desemprego não foi alto durante a crise (de 7,7%, em 2008, caiu para 5% em 2013, e para 3% em 2019 [OCDE, 2020]) como nos países do sul da Europa, nem houve protestos sociais contra a austeridade. No entanto, a precariedade está aumentando nos empregos flexíveis e de baixa remuneração e nos setores em que os sindicatos estão ausentes ou são fracos (Dörre, 2015, p.63). Na "economia social de mercado" da Alemanha do pós-guerra, o termo "social" significa cada vez menos, pois aqueles que não se beneficiam do setor de exportação, os trabalhadores precários, os pobres e aqueles que dependem de ajuda social se veem expostos a uma concorrência de mercado cada vez mais agressiva. Esse processo teve início após a reunificação com as políticas de liberalização do governo de G. Schröder (1998-2005). As chamadas leis do mercado de trabalho Hartz IV promoveram a liberalização do trabalho temporário e dos "miniempregos" (empregos isentos de impostos que pagam menos de 450 euros por mês). Consequentemente, como observam Schmalz e Schneidemesser (2019, p.156), "as associações de empregadores têm várias possibilidades de evitar relações de emprego-padrão e pressionar por pagamentos mais baixos". Além disso, os mesmos autores (Schmalz; Schneidemesser, 2019, p.164) caracterizam a Alemanha como uma "sociedade precária de pleno emprego", em que os acordos de negociação coletiva são parciais, pois abrangem apenas 41,7% de todos os empregados, e observam que o medo e a crescente insegurança aumentaram na vida dos trabalhadores com baixos salários.

A crise pandêmica

O surto da pandemia de covid-19 encontrou o trabalho em uma posição já enfraquecida como resultado da crise econômica de 2008 e das políticas descritas anteriormente. Em todo o mundo, os *lockdowns* foram implementados a partir de março de 2020 e incluíram medidas como o fechamento de empresas, escolas e universidades, cinemas, teatros, sítios arqueológicos, *playgrounds* e parques; a restrição de movimentos e proibições de viagens; e os requisitos de quarentena para visitantes internacionais. Escolas e universidades passaram a ensinar *on-line* e milhares de funcionários dos setores público e privado começaram a trabalhar em casa. Vários protocolos especificaram restrições a reuniões sociais e públicas e os controles nos pedágios impediram o transporte entre municípios. Além disso, houve um aumento na vigilância policial nas ruas, incidentes de parada e busca e a imposição de novas formas de controle social por meio de novas tecnologias, como aplicativos de *smartphones*.

Os *lockdowns* tiveram alguns efeitos dramáticos. Por exemplo, a pobreza infantil disparou e milhões de crianças enfrentaram condições de pobreza absoluta em 2020 devido à perda de renda familiar, enquanto 1,5 bilhão de crianças interrompeu a escolaridade, aumentando o risco de nunca mais voltar à escola, e milhões perderam o acesso à merenda escolar (Nações Unidas, 2020). De modo geral, os *lockdowns* levaram as economias nacionais de todo o mundo à recessão (uma queda de 4,4% no PIB global em 2020 [Fuchs, 2021, p.5]). A interrupção de muitas atividades econômicas levou a enormes perdas de renda e pagamentos e à cobrança de impostos pelo Estado. A insegurança no emprego, especialmente entre os trabalhadores vulneráveis e de baixa remuneração e aqueles envolvidos na economia informal, assumiu novas formas sob a ameaça da covid-19. Os direitos trabalhistas fundamentais, como a liberdade de associação e a negociação coletiva, e o princípio do trabalho não forçado, foram abalados pelos *lockdowns*, pela recessão e pela paralisação da economia (OIT, 1998, p.1).

Com relação à liberdade de associação, a pandemia possibilitou regimes de isenção em negociações e contratos coletivos. Mais de 2 bilhões de pessoas (62% da força de trabalho global) trabalham na economia informal, sem poder expressar seus interesses e demandas coletivamente. Com o aumento da precariedade, mais e mais pessoas foram forçadas a trabalhar fora de um acordo coletivo (OIT, 2021, p.15). Durante a pandemia, houve vários relatos de restrições à liberdade de associação, devido ao estado de emergência e apesar da oposição dos sindicatos (Confederação Europeia de Sindicatos, ETUC, 2021, p.2-3). No que diz respeito ao trabalho forçado, a pandemia exacerbou a vulnerabilidade socioeconômica, pois os trabalhadores da economia informal perderam renda e sua rede de segurança, mesmo que ela já fosse fraca. Os trabalhadores incapazes de lidar com os problemas causados pela covid-19, (desemprego, empréstimos que não puderam ser pagos devido à perda do emprego, custos inesperados de assistência médica etc.) foram forçados a novas formas de trabalho precário e, às vezes, a qualquer tipo de trabalho para fornecer cuidados básicos para sua família (ILO, 2021, p.16).

Uma nova forma de trabalho que se intensificou durante a pandemia foi o teletrabalho. O teletrabalho com o uso de tecnologia de informática surgiu nos Estados Unidos na década de 1970 e foi implementado na década de 1980 por empresas americanas como a Yahoo (Messenger, 2020, p.1). Antes da eclosão da pandemia, várias formas de teletrabalho eram praticadas na Europa e nos EUA (por exemplo, teletrabalho em casa, centros de teletrabalho, telecotações, trabalho nômade digital etc.). Elas proporcionaram uma oportunidade para que os empregadores do setor de informações e serviços aproveitassem as tecnologias inovadoras e relativamente baratas de computador e Internet e reduzissem os custos funcionais da empresa. Em muitos países, o *lockdown* não era muito difundido antes da pandemia, ou não era relatado. Os *lockdowns*, porém, foram um catalisador para a expansão do teletrabalho, com um grande número de trabalhadores dos setores público e privado sendo obrigados a trabalhar remotamente.

A pandemia e o teletrabalho trouxeram rearranjos repentinos na organização do trabalho, no seu desempenho, na indefinição entre tempo livre e tempo de trabalho, no prolongamento das horas de trabalho, em muitas mudanças (ou até mesmo na confusão) em relação às responsabilidades do trabalho e na sobrecarga do ambiente doméstico. As casas se tornaram escritórios, os quais, no entanto, não tinham um local de trabalho adequado (por exemplo, acesso à Internet, equipamentos de escritório etc.). Embora o teletrabalho tenha sido apresentado como uma medida de emergência, é provável que ele tenha vindo para ficar mesmo após o fim da pandemia. Assim, justifica-se a preocupação de que a relação contratual entre empregador e empregado possa ser questionada no futuro, e que o trabalho autônomo ou até mesmo o autosseguro e a não proteção do empregador sejam ampliados. Essas questões ameaçam o Estado social, seu financiamento e sua sobrevivência.

Por outro lado, apesar dos novos problemas que tiveram de enfrentar, os trabalhadores obrigados a trabalhar em casa estavam menos expostos ao vírus do que os trabalhadores que tinham de sair de casa, usar o transporte público e entrar em contato com pessoas durante o dia de trabalho. Durante a pandemia, esses trabalhadores foram caracterizados como "trabalhadores essenciais" e seu trabalho, como "socialmente necessário" (cuidadores, equipe médica, trabalhadores de fábricas e da agricultura, trabalhadores de bufês, supermercados, limpadores de rua, distribuidores, transportadores etc.). Eram eles que realizavam as tarefas materiais da vida cotidiana. Eles corriam um risco maior de serem expostos ao vírus, especialmente na primeira fase da pandemia, quando os testes comunitários não eram muito difundidos. Ficar em casa não era uma opção para alguns trabalhadores; isso os privaria de seu salário diário. Antes da pandemia, esse trabalho "essencial" era caracterizado por baixos salários e baixo status social. Os políticos destacaram a utilidade dos "trabalhadores essenciais" no contexto da pandemia, muitas vezes ao ponto da heroicização, mas isso não levou, em última análise, a uma melhoria em seus salários nem nas suas condições de trabalho. Houve um reconhecimento moral dos esforços pessoais dos trabalhadores essenciais (sobretudo no campo da assistência médica e hospitalar), mas não uma mudança substancial nem o fortalecimento do sistema de saúde pública, que era fraco devido aos cortes na infraestrutura e em pessoal, nas últimas décadas.

Outro grupo populacional afetado pela pandemia foi o das mulheres, ainda que elas não constituam um grupo homogêneo e sua situação varie de acordo com sua posição de classe, idade e profissão. O risco de pobreza, perda de emprego e exclusão social era a realidade da maioria das mulheres das classes trabalhadoras e média baixa muito antes da pandemia. As mulheres realizam mais de três vezes mais trabalho de cuidado não remunerado do que os homens, com consequências negativas para suas perspectivas econômicas e de carreira, bem como para sua saúde mental e bem-estar (Nessa; Ayadi, 2020, p.1405). A pandemia aumentou as emergências de cuidados, prejudicando as mulheres e aumentando as disparidades de gênero. Conforme explicado por Bijl (2020), "70% da força de trabalho social e de saúde global – médicos, enfermeiros e profissionais de saúde – são mulheres. Os caixas e faxineiros também são, em sua maioria, mulheres. Elas estão [...] em um risco maior de serem expostas ao vírus". Devido à pandemia, o trabalho não remunerado das mulheres, a pressão sobre elas e sua insegurança aumentaram. Como Bijl (2020) observou, durante o *lockdown* isso causou "tensão mental e física adicional, em particular para pais solteiros, 85% dos quais são mulheres. As mulheres estavam em desvantagem econômica antes da crise, mas agora correm o risco de pobreza, desemprego, exclusão social e falta de moradia".

Durante a pandemia, as mulheres foram novamente ameaçadas pelo desemprego, como na crise econômica de 2010. A pandemia atrasou a entrada no mercado de trabalho para as mulheres que planejavam procurar emprego depois que seus filhos atingissem a idade escolar, mas também para as mulheres jovens (de 15 a 24 anos). As mulheres que trabalhavam de maneira informal ou precária foram frequentemente expulsas do mercado de trabalho durante a pandemia. Outras experimentaram novas formas de precariedade, horas de trabalho não regulamentadas, aumento das exigências dos empregadores, sobrecarga de trabalho ou até mesmo esgotamento. Como observa Burawoy (2021) sobre os Estados Unidos: "As mulheres que trabalham em casa têm maior probabilidade de assumir a responsabilidade, educando seus filhos em casa, reorganizando a vida familiar, desistindo de seus empregos e carreiras. Para outras, o segundo turno se torna um terceiro e um quarto turnos – trabalhando em vários empregos para manter a família viva". Além disso, a violência doméstica e de gênero aumentou durante os *lockdowns*, conforme relatado por abrigos para mulheres vítimas de abuso, por exemplo, na Grécia (Dionellis, 2020).

As condições eram igualmente problemáticas para refugiados e pessoas deslocadas que viviam em uma emergência dentro da emergência pandêmica mais ampla. Eles enfrentam maiores riscos à saúde devido às más condições de vida nos campos superlotados da Europa. Os refugiados sem documentos enfrentam riscos maiores à saúde pois evitam ir a centros médicos e hospitais devido ao medo de serem presos ou deportados. Aqueles que trabalham informalmente perderam suas fontes de renda, e outros que tentaram conseguir um emprego enfrentaram novas dificuldades. Em vez de uma discussão pública sobre as más condições em que vivem, os refugiados eram em geral apresentados como possíveis "ameaças" à saúde pública.

Observações finais

Tanto na crise financeira de 2008 quanto na crise pandêmica, os governos do mundo todo implementaram intervenções econômicas em grande escala, incomuns no contexto neoliberal das décadas anteriores. Na crise da zona do euro, os Estados realizaram uma série de intervenções econômicas para resgatar as instituições financeiras e, na pandemia, para corrigir alguns dos efeitos do *lockdown* por meios econômicos nacionais e europeus. A intervenção ocorreu em ambos os casos, apesar de os estímulos orçamentários para lidar com a pandemia e os efeitos do *lockdown* na Europa e nos EUA terem sido o dobro dos da crise financeira global de 2008 (Donohoe, 2021). Os efeitos econômicos da pandemia tiveram que ser corrigidos "custe o que custar", como disse o presidente francês E. Macron (*Financial Times*, 2020), lembrando a abordagem de política monetária do ex-presidente do Banco Central Europeu (BCE), M. Draghi, que declarou em 2012 que faria "o que fosse preciso" para preservar a zona do euro (BCE, 2012). A resposta do BCE à pandemia começou em março de 2020 com o "Programa de Compra de Emergência Pandêmica", um programa temporário de compra de ativos para títulos dos setores público e privado que forneceu apoio monetário. As medidas em 2021 incluíram gastos com aquisições médicas no setor de saúde; transferências temporárias para milhares de trabalhadores "suspensos" (nos setores de turismo, comércio, artes/cultura, esportes, transporte, educação etc.) e profissionais autônomos; apoio à liquidez e garantias de empréstimos para empresas fechadas; reduções de impostos e aluguéis, adiamento de pagamentos de impostos, contribuições para a previdência social etc.

No início da crise financeira de 2008, alguns analistas achavam que a crise estava sendo resolvida por meios keynesianos e declararam o neoliberalismo finalmente "morto". A mesma "morte" foi diagnosticada para o neoliberalismo durante a pandemia, devido às novas políticas intervencionistas. Entretanto, declarar o neoliberalismo "morto" novamente seria enganoso. Em sua análise das intervenções de proteção social do século XX, Polanyi (2001, p.153-4) mostra que os liberais daquele período pensavam que essas intervenções prejudicavam a autorregulação dos mercados. Mas Polanyi explica que elas constituíam um meio de ajudar o capitalismo a longo prazo, ressaltando que o capitalismo nunca foi capaz de simplesmente se reproduzir e sempre precisou de um Estado forte ao seu lado.

A prioridade do Estado nas últimas décadas tem sido abrir e fortalecer os mercados privados de saúde por vários meios: baixa tributação e incentivos aos empresários, imposição ao setor público de critérios gerenciais baseados no "princípio EEE" (economia, eficiência, eficácia), subfinanciamento e degradação do sistema público de saúde e até mesmo campanhas políticas para persuadir ideologicamente os eleitores sobre sua baixíssima utilidade social. A covid-19 trouxe à tona os problemas preexistentes nascidos de décadas de uma neoliberalização orientada pelo Estado na Europa e nos EUA, como a participação cada vez maior do setor privado no total de serviços de saúde. A pandemia expôs com urgência a necessidade de reverter a tendência de privatização, capacitar o setor público e exercer políticas de acesso igualitário à saúde. Essas prioridades, contudo, não parecem ocupar um lugar central na agenda dos governos, que ainda se orientam para a privatização.

Embora a pandemia tenha gerado demandas sociais e expectativas de um Estado mais forte no que diz respeito à saúde pública, o Estado de bem-estar social não foi fortalecido. Na era pré-pandêmica, o "Estado mínimo" existia, mas apenas no que se refere ao bem-estar (e à saúde) das classes sociais mais baixas. Na era pós-pandemia, é provável que os efeitos das intervenções econômicas implementadas para lidar com os *lockdowns* sejam novamente transferidos para as classes trabalhadoras, resultando em novas formas de precarização, insegurança e pauperização. A inflação global, os aumentos nos preços dos alimentos e da energia e as interrupções no fornecimento devido à guerra na Ucrânia criam novos riscos para a recuperação pós-covid e representam novas ameaças à renda dos trabalhadores e de suas famílias (OIT, 2022).

De modo geral, vemos que duas crises consecutivas, a crise econômica de 2008 e a crise da pandemia em 2020, deixaram sua marca indelével no trabalho. Os movimentos trabalhistas em todo o mundo, apesar de seu enfraquecimento nas últimas décadas e mais intensamente depois de 2010, são chamados a lidar com as consequências das crises em suas vidas, rendas e arranjos de trabalho, em um ambiente em que os governos ainda não parecem convencidos da necessidade de investimentos públicos e não estão dispostos a implementar políticas que fortaleçam o Estado de bem-estar social.

Referências bibliográficas

ALONSO, L. E.; RODRÍGUEZ, C. J. F. (2020). Crisis and sacrifice in Spain. International Karl Polanyi Society, 25 jun. Disponível em: https://www.karlpolanyisociety.com/2020/06/29/crisis-and-sacrifice-in-spain/. Acesso em: 8 nov. 2023.

BIJL, M. (2020). The Covid-19 crisis is exacerbating gender inequalities-but who cares? *Social Europe*, 5 maio. Disponível em: https://socialeurope.eu/the-covid-19-crisis-is-exacerbating-gender-inequalities-but-who-cares. Acesso em: 8 nov. 2023.

BURAWOY, M. (2021). Carta de Oakland. 15ª Conferência Internacional Karl Polanyi: The Role of the State in the post-COVID 21st Century. Montreal, Concordia University, abr.

CALHOUN, C. (2011). From the Current Crisis to Possible Futures. In: ______; DERLUGUIAN, G. (orgs.). *Business As Usual*: The Roots of the Global Financial Meltdown. New York: New York University Press.

COHEN, D. (2014). *Homo economicus*: The (Lost) Prophet of Modern Times [O profeta (perdido) dos tempos modernos]. Cambridge: Polity Press.

DE MATOS, P. A.; PUSCEDDU, A. M. (2021). Austeridade, o estado e o senso comum na Europa: A comparative perspective on Italy and Portugal. *Anthropological Theory*, v.21.

DIONELLIS, M. (2020). Nem todo mundo está seguro em casa. *Efsyn Newspaper*, 22 nov. 2020 (em grego). Disponível em: https://www.efsyn.gr/efkriti/koinonia/269727_den-menoyn-oles-asfaleis-otan-menoyn-sto-spiti. Acesso em: 8 nov. 2023.

DONOHOE, P. (2021). To compare the EU and US pandemic packages misses the point. Conselho Europeu da União Europeia, 31 mar. Disponível em: https://www.consilium.europa.eu/en/press/press-releases/2021/03/30/opinion-article-by-eurogroup-president-paschal-donohoe-to-compare-the-eu-and-us-pandemic-packages-misses-the-point/. Acesso em: 8 nov. 2023.

DÖRRE, K. (2015). Social Capitalism and Crisis: From the Internal to the External Landnahme. In: ______; LESSENICH, S.; ROSA, H. *Sociologia, capitalismo, crítica*, μετάφραση Loren Balhorn, Jan-Peter Herrmann. London: Verso Books.

ESTANQUE, E. (2020). Commodification and Countermovements: Portugal contra a tendência. Sociedade Internacional Karl Polanyi, 25 jun. Disponível em: https://www.karlpolanyisociety.com/2020/06/21/commodification-and-countermovements-portugal-against-the-trend/.

______. et al. (2019). Are Trade Unions Trapped? Precarious Movements and Labour Struggles at the Left Turn in Portugal. In: SCHMALZ, S.; SOMMER, B. (orgs.). *Confronting Crisis and Precariousness*: Organized Labour and Social Unrest in the European Union. London/New York: Rowman and Littlefield.

ETUC. (2020). Antecipando e gerenciando o impacto da crise da COVID-19 nos empregos e locais de trabalho: é necessária uma ação rápida para fazer valer os direitos de participação dos trabalhadores. Disponível em: https://www.etuc.org/sites/default/files/page/file/2020-06/ETUFs%20ETUC%20letter%20to%20Mr%20Schmit_Enforcement%20of%20ICP%20rights_20%20May%202020.pdf. Acesso em: 8 nov. 2023.

BCE (BANCO CENTRAL EUROPEU). (2012). Discurso de M. Draghi, presidente do Banco Central Europeu na Conferência de Investimento Global em Londres, 26 jul. Disponível em: https://www.ecb.europa.eu/press/key/date/2012/html/sp120726.en.html. Acesso em: 8 nov. 2023.

FINANCIAL TIMES. (2020). Entrevista ao FT: Emmanuel Macron diz que é hora de pensar o impensável. 16 abr. Disponível em: https://www.ft.com/content/3ea8d790-7fd1-11ea-8fdb-7ec06edeef84. Acesso em: 8 nov. 2023.

FUCHS, C. (2021). *Communicating COVID-19*: Everyday Life, Digital Capitalism, and Conspiracy Theories in Pandemic Times (Vida cotidiana, capitalismo digital e teorias da conspiração em tempos de pandemia). Bingley: Emerald Publishing Limited.

INSTITUTO GREGO DO TRABALHO (INE/GSEE). (2018). Economia e emprego na Grécia: Relatório anual. Atenas [Em grego]. Disponível em: https://www.inegsee.gr/

ekdosi/etisia-ekthesi-2018-ine-gsee-i-elliniki-ikonomia-ke-i-apascholisi/. Acesso em: 8 nov. 2023.

HÖPNER, M. et al. (2014). Liberalization Policy, An Empirical Analysis of Economic and Social Interventions in Western Democracies, Discussion Paper 192, Wirtschafts- und Sozialwissenschaftliches Institut (WSI), Hans-Böckler Stiftung, 2014. Disponível em: http://www.boeckler.de/pdf/p_wsi_disp_192.pdf. Acesso em: 8 nov. 2023.

OIT. (1998). Declaração sobre Princípios e Direitos Fundamentais no Trabalho e seu Acompanhamento. Disponível em: https://www.ilo.org/wcmsp5/groups/public/---ed_norm/---declaration/documents/normativeinstrument/wcms_716594.pdf. Acesso em: 8 nov. 2023.

______. (2021). Issue paper on COVID-19 and fundamental principles and rights at work. Disponível em: https://www.ilo.org/wcmsp5/groups/public/@ed_norm/@ipec/documents/publication/wcms_757247.pdf.

______. (2022). Monitor sobre o mundo do trabalho, 9.ed., 23 maio. Disponível em: https://www.ilo.org/global/publications/books/WCMS_845642/lang--en/index.htm. Acesso em: 8 nov. 2023.

JESSOP, B. (2002). *The Future of the Capitalist State*. Cambridge: Polity Press.

NESSA, E. R.; ALISON, M. E. A. (2020). A call for a gender-responsive, intersectional approach to address COVID-19. *Global Public Health*, set., v.15, n.9.

OCDE. (2018). Incidence of FTPT Employment; Incidence of Involuntary Part-Time Workers. Disponível em: http://dx.doi.org/10.1787/lfs-data-en. Acesso em: 8 nov. 2023.

ORGANIZAÇÃO PARA A COOPERAÇÃO E DESENVOLVIMENTO ECONÔMICO (OECD). (2020). Taxa de desemprego, Alemanha (indicador). Doi: 10.1787/997c8750-en.

ORGANIZAÇÃO DAS NAÇÕES UNIDAS (ONU). (2020). *Policy Brief*: O impacto da covid-19 nas crianças. Disponível em: https://unsdg.un.org/sites/default/files/2020-04/160420_Covid_Children_Policy_Brief.pdf. Acesso em: 8 nov. 2023.

POLANYI, K. (2001). *The Great Transformation*: The Political and Economic Origins of Our Time. Boston: Beacon Press.

ROSANVALLON, P. (2013). *The society of equals*. Cambridge: Harvard University Press.

SCHARPF, F. W. (2011). Monetary Union, Fiscal Crisis and the Pre-Emption of Democracy, Zeitschrift Für Staats- und Europawissenschaften (ZSE). *Journal for Comparative Government and European Policy*, v.9, n.2.

SCHMALZ, S.; SCHNEIDEMESSER, L. (2019). The End of the German Model? The Transformations of German Capitalism and fragmented Labour Relations. In: SCHMALZ, S.; SOMMER, B. (orgs.). *Confronting Crisis and Precariousness*: Organized Labour and Social Unrest in the European Union, Rowman and Littlefield. London/New York: [s.ed.].

STREECK, W. (2013). The Politics of Public Debt: Neoliberalism, Capitalist Development, and the Restructuring of the State. Instituto Max Planck para o Estudo das Sociedades, Colônia, jul.

VAN CREVELD, M. (1999). *The Rise and the Decline of the State*. Cambridge: Cambridge University Press.

VRANKEN, M. (2018). Labour Law Reform in France: The Macron Effect, Comparative Law. *Journal of the Pacific*, v.24.

7
Capitalismo indigno: do Estado de bem-estar à ascensão da extrema direita[1]

*Fabrício Maciel**

O cenário global atual conforma um daqueles momentos da história no qual nos sentimos sem rotas de fuga evidentes e com a sensação de estarmos vivendo em uma era de transição, na qual o passado ainda não sucumbiu totalmente e o futuro tampouco mostrou. Em tais momentos, recorrer ao passado histórico e às pistas que a teoria social nos apresenta pode ser um caminho seguro, de modo a não ficarmos presos às ilusões do presente, do qual muitas vezes não conseguimos ter distanciamento afetivo e cognitivo. Para tanto, é preciso identificar as questões e consequentemente as discussões mais urgentes de nosso tempo, dentre as quais a que me parece mais importante é a ascensão da extrema direita em escala global nos últimos anos.

Ao revisitar de modo crítico as principais transformações estruturais do capitalismo global desde a década de 1970, como farei aqui, veremos que a ascensão da extrema direita não se compreende simplesmente por intermédio dos debates de "conjuntura", como tem sido feito na atualidade. Com isso, meu argumento é que tal fenômeno, tanto nos países centrais quanto nos periféricos, só pode ser compreendido em profundidade se reconstruirmos

---

1 Algumas partes deste capítulo foram trabalhadas originalmente em Maciel; Mattos (2020).

* Professor de Teoria Sociológica da Universidade Federal Fluminense (UFF-Campos) e do Programa de Pós-Graduação em Sociologia Política da Universidade Estadual do Norte Fluminense (UENF). Bolsista de produtividade do CNPq. Jovem Cientista do Nosso Estado pela Faperj. Professor visitante na Friedrich-Schiller Universität Jena, Alemanha (2022).

as suas origens ao longo da "grande transformação"[2] sofrida pelo capitalismo global nas últimas cinco décadas. Esse é o cenário histórico que procurarei reconstruir aqui a partir do conceito de "capitalismo indigno".

Como *indigno*, percebo a forma de capitalismo que se estruturou no mundo desde os anos 1970 e que tem como característica principal *a naturalização, em escala global, do desvalor da vida humana como um todo, e especialmente da vida daqueles mais necessitados, os "sobrantes"* (Robert Castel), *ou seja, uma "ralé global"*.[3] Este é o principal produto do capitalismo indigno em escala global, que tem como marco inicial central o fracasso do *welfare state* em países centrais como Estados Unidos, França, Inglaterra e Alemanha.[4] A naturalização do desvalor dos mais pobres e necessitados, ou seja, aqueles que "sobraram" ou que nunca conseguiram se inserir no sistema do trabalho digno e produtivo, sempre foi um marco nos países periféricos, como mostrou Jessé Souza (2009), por exemplo, no caso brasileiro. Atualmente, o desvalor da vida humana nas classes populares, o que já ameaça as camadas mais baixas da classe média, também afeta os países centrais, como uma ferrugem que corrói o sistema por dentro, deixando claro que o capitalismo jamais promoverá justiça social, explicitando assim sua lógica intrínseca e inevitável. Esse novo cenário global é o que estou provocativamente definindo aqui como capitalismo indigno, ou seja, um sistema global cuja marca central é a generalização, institucionalização e naturalização da indignidade da vida sofrida das classes populares, cuja realidade consiste em vagar entre o não emprego sistemático e a realização de ocupações indignas. Outro traço central desse novo sistema é a indignidade das relações *entre* as classes, inclusive nos países centrais, marcadas pelo desrespeito e a intolerância, típicos de contextos nos quais predominam a radicalização da desigualdade socioeconômica.[5]

---

2 Esta famosa expressão de Karl Polanyi tem servido de inspiração para interpretações contemporâneas inovadoras sobre o capitalismo. Um excelente trabalho coletivo nesta direção é a obra de Dörre et al. (2019).

3 Faço aqui uma adaptação do conhecido conceito de "ralé" de Jessé Souza (2009), para pensar a realidade do capitalismo global contemporâneo.

4 As obras de autores como Richard Sennett, Robert Castel e Klaus Dörre, dentre outros, sobre seus respectivos países, confirmam nitidamente a validade desta constatação.

5 No caso brasileiro, por exemplo, onde a desigualdade material entre as classes é enorme, o desrespeito, a intolerância, a indiferença e consequentemente a tensão social como um todo

Nesse contexto, a sociologia do trabalho normalmente recorre ao conceito de trabalho precário para tematizar as condições de trabalho produzidas pelo capitalismo atual. Embora tenha provocado e servido de base para um grande número de importantes pesquisas empíricas, o conceito de trabalho precário apenas *descreve* situações de trabalho que são obviamente ruins. Em contrapartida, proponho a ideia de trabalho indigno, que venho desenvolvendo ao longo de minhas pesquisas (Maciel, 2006, 2009, 2021) para pensar o tipo de trabalho realizado pela ralé brasileira e global, e que é essencialmente igual tanto no centro quanto na periferia. O conceito de trabalho indigno nos permite tematizar o sofrimento e a humilhação social, ou seja, a dimensão moral da condição de subocupado ou simplesmente de desempregado estrutural. A dignidade da pessoa humana é um dos princípios centrais de nossa hierarquia moral de valores no Ocidente, como pode ser visto no ditado que diz que "todo trabalho é digno", mas ele apenas obscurece a realidade de descartabilidade e inutilidade vivida por milhões de pessoas no mundo hoje. Tal realidade, que sempre foi a marca central de países periféricos como o Brasil, agora corrói também o seu centro, lançando todo o sistema global em uma condição indigna, estruturada pelo capitalismo indigno, o que pôde ser visto com toda a nitidez nos piores momentos da pandemia.

Para sustentar meu argumento, dividirei o texto em três partes. Primeiro, veremos como este novo capitalismo se estrutura em escala global desde a década de 1970, a partir de um diálogo crítico com alguns autores de vanguarda da teoria social contemporânea, especialmente Ulrich Beck. Na segunda parte, a partir das obras de Robert Castel e André Gorz, veremos como uma nova vulnerabilidade social e uma nova forma de dominação tecnológica também se estruturam hoje em escala global, conformando o que chamarei aqui de *economia política do capitalismo indigno*. Na terceira parte, procurarei tematizar, a partir das obras de Axel Honneth, Boltanski e Chiapello e Richard Sennett, qual é o conteúdo específico da moralidade, da ideologia e da cultura do capitalismo indigno, essenciais para sua reprodução e legitimação. Na parte final, levantarei algumas reflexões sobre como este capitalismo indigno se conformou na principal base da insensibilidade

---

são visivelmente maiores do que em países como a Alemanha, no qual a desigualdade entre as classes, ainda que esteja em crescimento, é muito menor do que no Brasil.

humana atual. Com isso, pretendo mostrar, mobilizando também apontamentos sobre o caso brasileiro, como e por que a consolidação deste novo tipo de capitalismo desumanizado é o que vai explicar a ascensão da extrema direita como um movimento político e social integrado em resposta às principais angústias existenciais provocadas pela naturalização da indignidade em escala global.

Deplorável mundo novo: a emergência global do capitalismo indigno

Nesta parte, reconstruirei algumas das principais transformações estruturais do capitalismo contemporâneo que o levaram à sua trágica condição de indignidade generalizada. Compreendo o capitalismo que se estrutura em escala global a partir da década de 1970. Para alguns dos principais autores e autoras aos quais recorrerei agora, de modo a sustentar meu argumento, é nesse período que podemos identificar o início de algumas das principais mudanças estruturais que nos trouxeram até aqui.

Para toda uma geração de intelectuais, dentre os quais se incluem Claus Offe, Ulrich Beck, André Gorz, Robert Castel, Nancy Fraser, Axel Honneth, Boltanski e Chiapello, Richard Sennett e Klaus Dörre, dentre outros, é na década de 1970 que podemos identificar uma ruptura de algumas estruturas do capitalismo global que pareciam oferecer caminhos para a construção de um capitalismo social, capaz de produzir o que deveria ser seu principal objetivo, ou seja, a construção de um padrão de justiça que protegesse todas as classes da vulnerabilidade.

Nessa direção, a constatação do fracasso do estado de bem-estar social nos Estados Unidos e em países centrais da Europa como Inglaterra, França e Alemanha se apresenta como o principal fato histórico, divisor de águas para uma nova interpretação estrutural do capitalismo global. Portanto, gostaria de tomar tal fato como principal mote da análise a partir de agora. Diante da leitura de autores como Robert Castel (1998), pensando o caso francês, e Ulrich Beck (2007), a partir do caso alemão, meu argumento é que o fim do *welfare state* em países centrais do capitalismo é a principal prova de que a promoção da justiça social no contexto do neoliberalismo foi se tornando, cada vez mais, de difícil realização. Ou seja, a construção de um capitalismo social, como tematizou Richard Sennett (2015), tornou-se hoje uma utopia quase irrealizável, se prestarmos detida atenção à história recente do sistema global em suas dimensões políticas, econômicas e sociais.

O desafio de pensar o capitalismo dessa forma, ou seja, *enquanto um sistema explicitamente fracassado há mais ou menos cinco décadas* na tentativa de promover justiça social, mesmo em seu tradicional centro, impõe outro desafio central para esta discussão. Parto do pressuposto de que o fracasso do capitalismo social nos países centrais é o principal dado empírico para uma reinterpretação radical do sistema global em sua totalidade, considerando que em países periféricos como o Brasil o capitalismo *nunca* promoveu justiça social em níveis minimamente satisfatórios. Com isso, não é a história do fracasso do capitalismo na periferia que nos mostrará as verdadeiras razões de sua incapacidade intrínseca na promoção da justiça, mas sim a história de sua *totalidade global enquanto sistema socialmente injusto, o que pode agora ser visto também nos países centrais.*

Sustento este argumento por considerar que, até o período dos "Trinta Anos Gloriosos", ou seja, o *welfare state* desenvolvido a partir do final da Segunda Guerra Mundial e que dura até meados da década de 1970, ainda havia alguma esperança de que o capitalismo poderia promover padrões satisfatórios de justiça social e generalizá-los para todo o mundo. Na precisa definição de Robert Castel (1998), o *welfare state* nos países centrais significou quase pleno emprego no plano econômico, além de seguridade e segurança na vida social. Ademais, para todos os autores analisados aqui, a ruptura desse pacto social significa o fracasso do capitalismo e provoca de imediato a análise do fim ou das profundas modificações da sociedade do trabalho e das classes.

Não avançamos com esta análise se não problematizarmos de imediato a relação assimétrica entre centro e periferia, isto é, como os países centrais, ao longo do século XX, remeteram para fora de seus territórios todos os problemas sociais, ambientais, políticos e econômicos produzidos pelo sistema em sua totalidade, enquanto de alguma forma sempre buscaram proteger seus territórios e sociedades de tais riscos. Nesse sentido, é preciso romper com o que Ulrich Beck (2008) muito apropriadamente definiu como "nacionalismo metodológico". Com esse conceito, o autor procurou tematizar o paradigma que dominou as análises da desigualdade social no decorrer do século XX, restringindo-as aos marcos cognitivos e políticos das sociedades nacionais. Ou seja, o que o autor está dizendo é que se montou e reproduziu sistematicamente uma forma de compreender a perpetuação do capitalismo e seus efeitos negativos dentro do esquadro das histórias nacionais e da atuação do Estado nacional, ignorando-se ou colocando-se em segundo plano as estruturas globais de reprodução do sistema.

Recentemente, Stephan Lessenich (2018) problematizou um aspecto essencial dessa questão de maneira muito apropriada, definindo como "externalização" todo o processo no qual os países centrais, na história recente do capitalismo, conseguiram projetar para fora de seus territórios *todos os riscos* produzidos em escala global. Como exemplo, o autor destaca o crime ambiental, social e político cometido na "tragédia" de Mariana, que se repetiu em Brumadinho e em inúmeros outros lugares do território periférico global. Nesses crimes, tratados pela grande mídia eufemisticamente como "tragédias" ou "desastres", vemos com clareza a ação de grandes empresas globais, sediadas em sua grande maioria no Atlântico Norte, sendo poupadas e isentas de responsabilidade pela ausência de uma estrutura jurídica transnacional que possa tematizar de fato o que ocorreu.[6]

Voltando a Ulrich Beck, cabe ressaltar que ele é um dos principais autores europeus que, de alguma forma, ainda que ambiguamente, tematizou a periferia do capitalismo em suas análises.[7] Quando revisamos a obra de autores dentre os mais críticos como, por exemplo, Robert Castel, podemos perceber que mesmo estes em alguma medida reproduzem um certo "europeísmo metodológico", ainda que possamos aprender bastante com elas. Conhecido desde a década de 1980 por seu clássico *Sociedade de risco* (1986), Ulrich Beck vai avançar com o tema do capitalismo global em um de seus livros posteriores, intitulado *Schöne neue Arbeitswelt* (2007). É neste que ele vai desenvolver a conhecida e controversa tese da "brasilização do Ocidente".

Ao visitar o Brasil nos anos 1990, Ulrich Beck ficou impressionado com a especificidade de nossa modernização, a qual teria como aspecto preponderante a dimensão estrutural da indignidade. Isso o levou a afirmar de imediato que o futuro de países como a Alemanha poderia ser visto em especial no Brasil. Essa perspectiva, que vai fundamentar a tese da brasilização do

6 Para esta discussão, ver também o excelente livro de Brand e Wissen (2017).

7 No final da carreira, Ulrich Beck (2018) vai tematizar a "sociedade global de risco", não se restringindo apenas às suas conhecidas análises sobre a Europa.

Ocidente, precisa ser contextualizada em um cenário europeu que agora lamenta profundamente a perda da principal realização positiva do capitalismo em sua história, ou seja, a construção de um *welfare state* que não existe mais como antes. Mesmo considerando que as condições de vida, incluindo infraestrutura, serviços, segurança, dentre outros aspectos, em um país como a Alemanha, ainda sejam hoje infinitamente melhores do que as do Brasil, o ponto em questão é a percepção de um mundo globalizado em mudança. O que Ulrich Beck tematizou é que o capitalismo, que já é um sistema-mundo há cerca de quinhentos anos, como muito bem definiu Immanuel Wallerstein (1976), agora não consegue mais preservar seus países centrais de suas realizações negativas, até então relegadas aos países periféricos. Diante de tal constatação, podemos afirmar que esta é a grande mudança estrutural do capitalismo desde a Segunda Guerra Mundial, tanto na dimensão da economia política quanto nos planos da moralidade e da cultura.

Não por acaso, a tese da brasilização do Ocidente, ancorada sobretudo no fato empírico da chegada do trabalho indigno aos países centrais da Europa, sendo este um dos pilares centrais do ocaso do *welfare state*, situa-se na teorização mais ampla de Ulrich Beck sobre a sociedade de risco. O que o autor está percebendo é que os riscos da sociedade global, produzidos pelo capitalismo, são agora compartilhados também pelos países centrais que, durante os anos dourados do Estado de bem-estar, apenas usufruíram das realizações positivas que o sistema global nunca conseguiu ampliar para a periferia.[8]

Entretanto, apesar dessa mudança estrutural profunda, que não se restringe aos aspectos da atual conjuntura autoritária e nem simplesmente aos erros da esquerda ou de algum partido político, as diferenças empíricas entre países centrais e periféricos permanecem evidentes. O aprofundamento da indignidade das condições objetivas e das relações de trabalho, e do abandono das classes pauperizadas no Brasil atual, tendo a reforma trabalhista como seu principal marco simbólico, não se explica simplesmente por erros políticos da conjuntura anterior.[9] Para uma compreensão minimamente

---

8 Uma definição atual nesta direção foi realizada por Klaus Dörre (2019) com a ideia de capitalismo de risco. Para tanto, o autor vem desenvolvendo há anos sua teoria da *Landnahme* capitalista, com a qual tematiza que o capitalismo, em sua expansão constante, sempre precisa de um outro não capitalista para colonizar.

9 A reforma trabalhista, aprovada no governo Temer, como é amplamente de conhecimento público, levou a cabo a desconstrução de uma série de direitos históricos do trabalho no Brasil,

razoável do momento contemporâneo, que não se restrinja às ilusões e à pobreza do apressado debate em torno da conjuntura, é preciso também fazer uma reconstrução histórica sobre as mudanças estruturais que moldaram a economia política do capitalismo indigno. Isso é o que buscarei fazer no próximo tópico, tematizando a questão da vulnerabilidade social e sua relação com uma nova dominação tecnológica que se impõe como elemento estruturante central do mundo atual.

Ainda sobre a grande transformação: a economia política do capitalismo indigno

Levantarei agora dois aspectos essenciais da economia política do capitalismo indigno e, para tanto, vou recorrer principalmente às obras de Robert Castel e André Gorz. A primeira questão que procurarei enfrentar, em especial a partir de Castel, é o problema da vulnerabilidade social. Richard Sennett (2015) também tematiza essa questão central do capitalismo contemporâneo com o conceito de "descartabilidade". Contudo, a obra de Castel parece ser aquela que enfrenta o problema teoricamente de maneira mais precisa e profunda. Em seu livro *Metamorfoses da questão social*: uma crônica do salário (1998), o autor faz uma ampla reconstrução histórica do processo que define como o fim da sociedade salarial. Com isso, ele está se referindo ao fim do *welfare state* e procurando compreender seu período posterior, assim como Ulrich Beck.

A principal constatação de Castel a esse respeito vai ser sobre a produção inédita, no contexto europeu, pensando sobretudo a partir do caso francês, do que ele vai chamar de "sobrantes", ou seja, pessoas totalmente vulneráveis e descartáveis diante do mercado de trabalho, agora cada vez mais indigno. Para Castel, os sobrantes são produto de uma lógica de mercado que expulsa de seus postos de trabalho um número cada vez maior de trabalhadores sem criar novas possibilidades de reinserção para eles. A estes se soma uma juventude que nunca terá chances de inserção, ou cujas chances

o que foi ampliado pelo governo anterior [de Jair Bolsonaro], com uma série de medidas, como a "minirreforma" de 2019 (a MP da liberdade econômica), o que se coloca como o grande impedimento institucional para a construção de um novo pacto social.

são cada vez mais de uma inserção indigna.[10] Castel cunhou com isso o conceito de "desfiliação social" para abordar esse fenômeno no qual um número cada vez maior de pessoas na França, a partir dos anos 1970, vai viver no que ele define como "zona de vulnerabilidade" (Castel, 1998).

Essa nova realidade europeia, presente desde sempre na periferia do capitalismo, cria uma espécie de "ralé global"[11] composta tanto por europeus pauperizados como pela presença crescente e incômoda de imigrantes não europeus. Esse fato empírico é objeto de preocupação de intelectuais como Robert Castel, Ulrich Beck, Claus Offe e André Gorz, dentre outros, no sentido de procurar compreender essa nova fase "pós-*welfare state*" e todos os seus dilemas. Nas precisas palavras de Ulrich Beck (2007), a Europa presencia nos dias de hoje uma fratura no elo entre democracia, economia e vida social, ou seja, o pilar do *welfare state* do qual a esfera pública europeia sempre se orgulhou. Para Claus Offe (1994), em sua interessante definição de um "capitalismo desorganizado", a chegada do trabalho informal e ilegal na Europa nos permitiria questionar se o trabalho ainda seria uma categoria central para se compreender as sociedades atuais.

Este novo momento do capitalismo e das sociedades europeias vai ser tematizado também por outros autores mais recentes como, por exemplo, na interessante definição de Oliver Nachtwey (2016), que vai chamar o momento atual de "modernidade regressiva", em comparação com a "modernidade social" dos Trinta Anos Gloriosos. Em todas essas perspectivas, podemos perceber certo pessimismo e saudosismo diante de um período áureo que parece não poder mais existir. Para Castel, a ruptura do pacto salarial, ou seja, o elo social mais estável e seguro das sociedades do *welfare*, é o principal fato empírico que explica o fim das sociedades salariais (o que não significa o fim das sociedades do trabalho, como para Claus Offe). Um salário fixo, regular e garantido, nesse sentido, foi a base econômica fundamental para a estabilidade das sociedades europeias durante os Trinta Anos Gloriosos. Não por acaso, uma das características mais marcantes do capitalismo indigno, inclusive nas nações centrais, é a ausência de um salário fixo e garantido para grande parte

10 Recentemente, Christophe Guilluy (2020) tematizou esta questão com seu interessante conceito de "França periférica".

11 O ponto em questão é que a *ralé* agora também está presente nos países centrais e com isso exige uma reinterpretação profunda do capitalismo em sua totalidade.

da população. Trata-se de um aspecto decisivo de toda a desconstrução que vem sendo levada a cabo em escala global nos últimos cinquenta anos, e que vai ser obviamente mais profunda nos países periféricos.

A esta altura já podemos entrar no segundo problema que desejo levantar neste tópico: o surgimento e estabelecimento de uma dominação tecnológica inédita na história do capitalismo, que se torna base central do capitalismo indigno. Uma característica central do novo contexto marcado pela ausência de salários fixos e pelo aprofundamento da indignidade do trabalho e da relação entre as classes em escala global é exatamente o papel que a tecnologia exerce em nossas vidas e, para sermos mais precisos, as possibilidades de dominação e de reprodução da desigualdade que as tecnologias oferecem às grandes empresas.

Um dado recente, por exemplo, mostrou que a Uber, a 99, o Rappi e o iFood juntos já são quem mais emprega no Brasil, chegando a quase 4 milhões de empregos indignos.[12] Esse dado é bastante sintomático do processo que vem sendo definido como a "uberização" do capitalismo global.[13] Também é emblemático e grave o fato de que empresas como a Uber não se caracterizam como empregadores e estão protegidas por um formato jurídico que dificulta a definição como tal. Ou seja, um aplicativo que emprega indignamente milhões de pessoas no mundo inteiro se apresenta como "parceiro" e "facilitador" de relações sociais quando, na verdade, é um empregador invisível, impessoal, distante e intocável. Não há na história do capitalismo nenhuma forma de dominação social mais invisível e eficaz do que essa. Todo o custo, a responsabilidade e o sofrimento ficam a cargo do próprio trabalhador, chamado eufemística e ironicamente de "colaborador", "parceiro" e "autônomo". Estamos lidando aqui com um processo de radicalização profunda do que Robert Castel chamou de "individualismo negativo", em um contexto no qual as pessoas mais vulneráveis são abandonadas à sua própria sorte, rendendo bilhões em lucro para os invisíveis gigantes da tecnologia. No auge da pandemia, a situação dos entregadores de aplicativos se colocou como o principal exemplo empírico dessa trágica realidade.[14]

---

12 Dados disponíveis em: https://exame.com/economia/apps-como-uber-e-ifood-sao-fonte-de-renda-de-quase-4-milhoes-de-pessoas/. Último acesso em: 29 out. 2023.

13 Ver, por exemplo, o livro de Tom Slee (2019).

14 O último filme de Ken Loach, *Você não estava aqui*, de 2019, é belíssimo ao ilustrar essa triste situação.

Para pensar as razões pelas quais a tecnologia se tornou um mecanismo de poder tão importante no mundo atual, a obra de André Gorz apresenta algumas reflexões de ordem fundamental. Isso porque ele nos mostra uma mudança estrutural decisiva na economia política do capitalismo indigno mediante sua análise de como o conhecimento tecnológico se torna a principal força produtiva atual. Sobretudo em seus livros *Misérias do presente, riqueza do possível* (2004) e *O imaterial* (2005), o autor desenvolve a tese de que o conhecimento é atualmente uma força produtiva sem precedentes, e em especial o conhecimento tecnológico. Não por acaso, o autor define o período atual de "pós-fordismo" como uma "sociedade do conhecimento" ou "sociedade do imaterial" (Gorz, 2004, 2005). Sua análise nos permite compreender como o mundo empresarial se reorganiza por intermédio da tecnologia. Toda a reestruturação produtiva que ocorre no capitalismo global desde a década de 1970 pode assim ser compreendida como uma "reestruturação tecnológica". Sem a posse de tecnologias específicas seria impossível, por exemplo, o processo de terceirização e informalização que protege algumas "empresas-mães" enquanto a maioria das atividades é precarizada em uma lógica de "terceirização em cascata" (Gorz, 2004).

O ponto nodal aqui é que os grupos empresariais centrais só conseguem manter seu poder e controle sobre os "parceiros" por meio da posse de tecnologias específicas que não são democratizadas. Não por acaso, atualizando a análise de Gorz, os gigantes da tecnologia como Amazon, Google e Facebook são os que mais lucraram, especialmente no auge da pandemia, em um contexto que já tem sido definido como "capitalismo digital". Com isso, os trabalhadores "digitais" na base do sistema não possuem nenhum direito, garantia ou proteção. Nesse contexto, em países como o Brasil ter um salário razoável fixo e garantido já se tornou privilégio da classe média alta. Tal cenário de generalização da condição de descartabilidade é o contrário de qualquer ideia de *welfare state* e pacto social, o que podemos compreender como um dos pilares centrais do capitalismo indigno.

Na parte seguinte, pretendo mostrar como as dimensões da moralidade, da ideologia e da cultura surgem no debate recente sobre o capitalismo, em complemento à dimensão da economia política, o que nos permitirá compreender os processos de legitimação, institucionalização e naturalização da indignidade generalizada do capitalismo em escala global.

A grande fábula: moralidade, ideologia e cultura do capitalismo indigno

No cenário da teoria crítica contemporânea, destaca-se a obra magna de Axel Honneth, *O direito da liberdade*, de 2015, no qual o autor dedica uma parte inteira à reconstrução da relação entre moralidade e mercado. Para Honneth, a moralidade pode ser definida como um conjunto de interações éticas que precedem as relações de troca instrumentais no mercado. Com isso, o autor chama a atenção para o significado que perpassa qualquer relação social no plano da economia política. Na perspectiva de seu funcionalismo normativo, Honneth procura assim fazer uma atualização normativa das relações de mercado a partir da lógica da moralidade.

Afinado com outros autores de sua geração, Honneth vai concordar com o diagnóstico de que, a partir dos anos 1970, com a ruptura do *welfare state*, presenciamos um novo momento na história do capitalismo, que ele define como marcado patologicamente por relações sociais anômicas. Nesse cenário, a plena realização da liberdade social, o que seria o objetivo maior das sociedades ocidentais, seria impedida nas esferas do mercado, da política e das relações pessoais. Pensando em especial na esfera do mercado e recorrendo a toda uma tradição de autores como Hegel, Durkheim, Parsons e Polanyi, Honneth mostra que o mercado *poderia* ser uma esfera de produção da liberdade social se historicamente não tivesse se transformado em um reino de relações patológicas e anômicas, definidas pela não liberdade de todas as partes envolvidas nas trocas da economia de mercado.[15]

Com isso, Honneth procura compreender a atualização da moralidade do capitalismo, ou seja, como as interações éticas e os julgamentos de valor das sociedades atuais se transformam a partir da década de 1970, caminhando no sentido da consolidação de uma moralidade que aprofunda a arbitrariedade da meritocracia. Essa é a base moral do capitalismo indigno. Nesse sentido, é muito interessante a análise feita por Sighard Neckel (2016), tomando emprestado um conceito de Habermas, sobre o atual processo de "refeudalização" do capitalismo. Ademais, também na esfera do consumo Honneth

---

15 Sua análise nos permite pensar, por exemplo, em como o atual contexto autoritário e de intolerância se conforma em um conjunto de interações éticas que radicalizam e justificam a lógica predatória das relações do capitalismo no plano da economia política.

vai identificar uma carência de precondições institucionais que poderiam transformá-la em um espaço de interação como base para a liberdade social. Por fim, Honneth vai apostar em uma "recivilização moral" da economia de mercado, o que dependeria do fortalecimento de comunidades internacionais com poder de veto e com o apoio da opinião pública para impor impedimentos objetivos aos mecanismos de desregulação do mercado.[16]

Outro livro que é um marco nessa discussão é *O novo espírito do capitalismo*, de Boltanski e Chiapello (2009). Embasados em ampla pesquisa empírica, que comparou as mentalidades dos executivos nos anos 1960 e 1990, os autores desenvolveram a importante noção de "terceiro espírito do capitalismo". Para tanto, revisitando as obras de alguns clássicos e fazendo uma ampla descrição analítica das transformações da sociedade de classes na França no contexto posterior à Segunda Guerra mundial, eles vão definir três momentos e três correspondentes "espíritos" do capitalismo, recorrendo assim à clássica noção de Max Weber.

O primeiro espírito seria aquele descrito por Werner Sombart, ou seja, situado no final do século XIX, que coloca no epicentro a figura do burguês empreendedor e a descrição dos valores burgueses. Assim, a figura do empreendedor, do capitão de indústria e do conquistador concentram elementos heroicos da descrição, pondo ênfase no jogo, na especulação, no risco e na inovação (Boltanski; Chiapello, 2009). O segundo espírito é aquele que se consolida entre as décadas de 1930 e 1960, colocando a ênfase muito mais na figura das grandes empresas do que no empresário individual. Esse período tem como figura heroica o executivo que, mais do que os acionistas, se especializa e tem a responsabilidade de levar a cabo os interesses gerais da empresa e sua consolidação. O segundo espírito também encarna o ideal cívico das empresas, em seu papel na promoção da justiça social ao lado do Estado.

O terceiro espírito, em contrapartida, que se esboça a partir dos anos 1970 e se mostra em toda nitidez nos anos 1990, é aquele que vai valorizar o trabalho em equipe e as iniciativas coletivas nas "cidades por projetos", apagando

16 A análise de Hartmut Rosa sobre a aceleração e a alienação nas sociedades modernas também apresenta importantes contribuições. Os imperativos morais da meritocracia se aprofundam consideravelmente no contexto de relações sociais aceleradas e com isso marcadas por um novo tipo de alienação.

a figura da dominação, da autoridade e da hierarquia social, encarnada com todo vigor no grande executivo do segundo espírito. O terceiro espírito, dessa maneira, apresenta forte teor ideológico, escondendo um capitalismo altamente hierarquizado que radicaliza sua dominação e a consequente desigualdade entre as classes. Não por acaso, o conceito de ideologia utilizado remete a Louis Dumont, para quem a ideologia constitui um conjunto de crenças compartilhadas, inscritas nas instituições, comprometidas em ações e, exatamente por isso, ancoradas no real. Ou seja, essa noção de ideologia envolve a tematização da busca por legitimação e engajamento que o capitalismo precisa realizar para ter seu ancoramento em pessoas comuns.

Além disso, Boltanski e Chiapello apresentam uma definição de capitalismo bastante pertinente, compreendendo esse sistema como baseado na exigência de acumulação ilimitada de capital mediante meios formalmente pacíficos.[17] A definição é interessante para pensarmos como o capitalismo hoje é um sistema que administra o caos e um conjunto de crises, em especial em momentos de grandes dificuldades, como no auge da pandemia. Por fim, na precisa definição dos autores, o "espírito" do capitalismo seria a ideologia que justifica o compromisso com o sistema. Ou seja, esse espírito seria um conjunto de crenças associadas à ordem capitalista que contribuem para justificar tal ordem e manter, legitimamente, os modos de ação e as disposições coerentes com ela. Pensando no cenário atual, podemos dizer, portanto, que o terceiro espírito ao mesmo tempo incentiva a iniciativa individual no mercado e corrobora a intervenção autoritária do Estado, de modo a legitimar uma ordem desigual ainda mais profunda do que em períodos anteriores. Esse é o pano de fundo ideológico que vai legitimar o capitalismo indigno.

Por fim, Richard Sennett define o período contemporâneo como sendo marcado por um "novo capitalismo" flexível. O principal aspecto de sua obra se concentra exatamente nos danos pessoais causados por essa nova ordem, que ele vai apropriadamente definir como "corrosão do caráter" (Sennett, 2006). Para o autor, um dos principais aspectos da nova cultura capitalista é a ideologia do trabalho em equipe, que na verdade esconde as verdadeiras estruturas rígidas do sistema. Em consequência, o ideal da

17 Boltanski, ao lado de Arnaud Esquerre, avança em sua análise sobre o capitalismo com a ideia de uma "economia do enriquecimento" (Boltanski; Esquerre, 2017). Entretanto, sua obra clássica apresenta uma validade analítica perene, ainda útil para os dias atuais.

flexibilidade sugere uma disposição individual, elogiada como uma "habilidade" que, na verdade, coloca os indivíduos totalmente à disposição dos interesses empresariais.

No contexto da obra de Sennett, podemos compreender a cultura em sentido prático, isto é, no sentido da cultura cotidiana que é desenvolvida no interior do mundo empresarial, sobretudo pelas grandes corporações. Para ele, essa cultura corrói o caráter pessoal no sentido de destruir as capacidades individuais para construir laços duradouros. Esse é um aspecto essencial das relações no capitalismo indigno, ou seja, a ausência de sensibilidade com o outro, tornada nítida mais do que nunca na pandemia. Em termos simples, o indivíduo que muda de empresa constantemente não estabelece vínculos sólidos em nenhum lugar, o que inclusive mina a resistência e a organização sindical de classe. O "caráter" aqui não deve ser compreendido no sentido da boa-fé de uma pessoa, mas sim como um conjunto de habilidades para a solidariedade e a ação coletiva. Essa compreensão se afina com a noção de individualismo negativo de Robert Castel, com a qual vão concordar também Ulrich Beck e Axel Honneth, ao mostrar que, no fundo, os indivíduos são atomizados e abandonados à própria sorte, em um contexto de anomia e não liberdade.

Como consequência, Sennett (2015) percebe que uma das características centrais desse novo capitalismo é a ampliação do "fantasma da inutilidade", ou seja, um "espectro da indignidade",[18] inclusive para as classes médias, mais uma vez afinado com Castel, que define o mesmo contexto como sofrendo uma ampliação de uma "zona de vulnerabilidade". Ambos percebem sistematicamente a construção de um cenário de naturalização da condição de descartabilidade em países centrais do capitalismo, o que nunca foi novidade na periferia, onde a situação agora só se torna mais aguda.

No geral, estamos tratando aqui de autores do Atlântico Norte que, a partir de suas realidades nacionais, levantaram questões universais sobre as transformações estruturais do capitalismo indigno, o que nos permite compreender a ascensão da extrema direita no cenário global atual, desafio que tentarei levar a cabo no próximo tópico, fazendo também apontamentos a partir da experiência brasileira recente.

---

18 Na segunda edição de meu livro *A nova sociedade mundial do trabalho: para além de centro e periferia?* (2021), dedico um posfácio à análise do fortalecimento, na atualidade, desse espectro da indignidade, inclusive nos países centrais.

A ausência do Estado de bem-estar como base para a extrema direita

Nesta parte, farei uma análise em dois movimentos que precisam ser articulados, de modo a compreendermos como o capitalismo indigno proporcionou a ascensão da extrema direita, tanto no Brasil como em outras realidades nacionais. Primeiro, e como vimos, é preciso compreender o grande ciclo deste capitalismo em escala global, a partir da década de 1970. Uma de suas características essenciais é seu refluxo dos vetores econômicos, fazendo que agora os países centrais também sintam o gosto amargo de algumas das principais realizações negativas do sistema, relegadas sempre à sua periferia. É isso que vai explicar, por exemplo, o fortalecimento da extrema direita em países como França e Alemanha.[19]

No caso da última, a obra de Klaus Dörre permite compreender a adesão da classe trabalhadora à extrema direita no cenário recente. Para tanto, o autor utiliza a metáfora da "fila da espera", recorrendo à obra de Arlie Hochschild e assim tematizando o aumento da precariedade e da consequente angústia social na Alemanha nos últimos anos, o que conforma um contexto propício para a adesão a sentimentos autoritários. Dörre (2018) percebe uma profunda conexão entre racismo, populismo e a questão do trabalho. Ademais, as motivações que levam boa parte da classe trabalhadora ao encontro de sentimentos autoritários foram tema de pesquisa de Dörre por vários anos. Dentre elas, o medo diante da situação de instabilidade crescente se encontra entre os principais aspectos (Dörre, 2020).

Na mesma direção encontra-se a análise de Arlie Hochschild sobre o caso dos Estados Unidos. A autora realizou uma pesquisa no interior de alguns dos estados mais conservadores do país, visando compreender como o coração de pessoas comuns foi seduzido pelo movimento que levou à eleição de Donald Trump. Ela abordou essa complexa situação com a metáfora do "estranho em seu próprio país" (Horschild, 2018), referindo-se ao sentimento do cidadão americano mediano com relação ao estrangeiro, que no atual contexto é visto como aquele que vem para "roubar" os empregos. Não por acaso, a

19 Um debate mais recente, neste ponto, remete ao suposto fim da globalização e ao fracasso do neoliberalismo como pano de fundo econômico e político para o acirramento dos conflitos e contradições atuais.

apropriação de Trump do slogan de Ronald Reagan – "Make America great again" – faz bastante sucesso nessa direção.

Outra importante análise no contexto alemão foi feita por Wilhelm Heitmeyer, para quem presenciamos agora um novo tipo de radicalismo de direita que se caracteriza como um novo radicalismo nacional autoritário, representado pelo Alternativa para a Alemanha (AfD) e com articulação em movimentos como o Europeus Patriotas contra a Islamização do Ocidente (Pegida) e alguns *milieux* intelectuais. Trata-se ainda de um populismo de direita difuso, mobilizando instrumentalmente a contradição entre "elite" e "povo", e posicionando-se como se falasse "pelo povo". Esse novo tipo de populismo, para o autor, apresenta três características centrais. Primeiro, o "autoritário" se torna o paradigma de controle contra a política e a sociedade. Segundo, o "nacional" passa a acentuar a posição excepcional do povo alemão e de sua identidade. Por fim, o "radical" passa a ser celebrado como o estilo de mobilização por excelência, ultrapassando todas as fronteiras emocionais, éticas e morais.

Ademais, para o autor, presenciamos atualmente a ascensão de um capitalismo autoritário e de uma perda de controle múltipla, o que é decisivo para a compreensão do fortalecimento da extrema direita. Com isso, ele percebe o ressurgimento do radicalismo nacional autoritário não apenas como um problema relacionado a erros de desenvolvimento do sistema político das democracias liberais, mas sim como uma mudança de relações entre processos econômicos, sociais e políticos, os quais conformam a "ambivalência da modernidade" (Bauman) e as velozes transformações em curso na globalização.

Assim, a política nacional sofre a perda de controle diante da vitória do controle do capitalismo autoritário, por exemplo com a política de desregulação, produzida pelo próprio sistema político. Além disso, a perda de controle social e individual de vários cidadãos é percebida por estes como perda de controle político, o que leva à perda de confiança nos partidos políticos estabelecidos e até mesmo na democracia como um todo.

Algo bastante semelhante pode ser visto no caso brasileiro. No geral, o que estes autores estão mostrando é o triunfo do capitalismo indigno, pavimentando o caminho para a ascensão de sentimentos, articulações e políticas de extrema direita no cenário atual. Por outro lado, é preciso compreender que os ciclos do capitalismo periférico não necessariamente acompanham os ciclos do centro. Nesse sentido, gostaria de fazer o exercício de tematizar o que aconteceu no Brasil recente, ou seja, como o capitalismo indigno possui um ciclo específico recente entre nós e como ele nos trouxe a um contexto autoritário que reflete, em grande medida, o cenário global. Na década de 1960, quando o capitalismo "social" começava a mostrar sua verdadeira face no Atlântico Norte, expondo os limites do Estado de bem-estar e sofrendo várias críticas sociais e estéticas (Boltanski; Chiapello, 2009), o Brasil sofreu um golpe militar, no contexto da Guerra Fria, sob o pretexto de "garantir a ordem".

Na década de 1980, como consequência da crise estrutural do capitalismo na década anterior, os governos Reagan e Thatcher inauguraram seu neoliberalismo perverso e antissocial, o que se refletiu nas dificuldades com a inflação que marcaram nossa "década perdida". Na década de 1990, com o neoliberalismo estabelecido enquanto modelo político inquestionável do Ocidente, verdadeira face do capitalismo indigno, o Brasil curiosamente iniciou um ciclo ambíguo que marcava nossa nova dependência, já no governo de Fernando Henrique Cardoso, inesquecível por suas privatizações e integrando por baixo o país na nova ordem global. Apesar de neoliberal, nossa década de 1990 pavimentou parcialmente o caminho para a era do lulismo.

Assim, se quisermos compreender o que de fato aconteceu no Brasil recente, precisamos romper com as ilusões da conjuntura e fazer uma reconstrução estrutural de ordem maior. Logo, é preciso ir além da novelização da política na qual fomos imersos, ou seja, tematizar as verdadeiras razões obscuras do capitalismo indigno, que estão sendo sistematicamente escondidas pela grande mídia, cuja especialização maior atualmente é o foco na teatralização do campo político.

Diante desse cenário complexo, é preciso compreender o que aconteceu no Brasil durante os anos do lulismo. Estes podem ser entendidos como um esboço de *welfare state* entre nós, apesar de toda as limitações estruturais impostas pelo capitalismo indigno a países periféricos e dependentes.[20] Para

20 Uma crítica séria e distanciada sobre o lulismo e o seu fracasso foi feita por André Singer (2018). Para ele, especialmente no governo Dilma Rousseff, houve uma tentativa de construção de um pacto desenvolvimentista e rooseveltiano, mas que fracassou perante forças políticas contrárias ao governo, que culminaram no processo de *impeachment* da presidente. Outra crítica importante à chamada "hegemonia lulista" foi feita por Ruy Braga (2012) em seu provocativo livro *A política do precariado*.

tal compreensão, é preciso escapar de leituras apressadas que têm sido feitas no Brasil de hoje, as quais culpabilizam a esquerda e seus erros na conjuntura anterior, como se isso explicasse o aumento de nossa desigualdade e violência recentes. Com isso, o antipetismo se tornou um dos principais paradigmas analíticos da política contemporânea durante o governo Bolsonaro, fundamentado muito mais no discurso da grande mídia do que em pesquisas acadêmicas especializadas.

Se não quisermos reproduzir esse argumento superficial, precisamos compreender a ação efetiva e obscura do capitalismo indigno entre nós. São as suas transformações estruturais profundas que se encontram por trás do golpe de 2016,[21] que abortou nosso ensaio de bem-estar social e colocou no poder um governo de legitimidade questionável, pavimentando o caminho para uma série de reformas antissociais que romperam nosso pacto social.[22] Apesar de um movimento crescente no Brasil, na conjuntura anterior, no sentido de minimizar os efeitos do capitalismo indigno, as forças externas que refletem o fracasso do sistema em escala global, especialmente a partir da crise de 2008, sempre estiveram presentes nas decisões dos assuntos nacionais.

No movimento que inaugura a complexa conjuntura contemporânea, boa parte da elite brasileira, em consonância com o movimento global do capitalismo indigno, reproduziu o discurso seletivo da corrupção, bem como a linguagem política do antipetismo, dominante no Brasil dos últimos vinte anos, e com isso apostou na eleição de Jair Bolsonaro em 2018. Não por acaso, o discurso do hoje ex-presidente é ultrameritocrático, legitimando toda a ação neoliberal devastadora do capitalismo em países periféricos como o Brasil. Não por acaso também, Lula venceu a última eleição para presidente, confirmando que sua imagem enquanto líder popular e sua conexão afetiva com grande parte das classes populares no Brasil conseguiu sobreviver ao golpe de Estado sofrido por seu partido em 2016 e à sua controversa prisão, em 2018, quando ele liderava as intenções de voto, prisão esta que deixou o

---

21 Neste contexto, é extremamente importante compreender as manifestações de 2013 no Brasil. Para tanto, um excelente livro é o de Elisio Estanque (2015), no qual o autor problematiza o papel da classe média neste cenário e faz uma interessante análise sobre a "blindagem" do sistema político.

22 Para uma análise sistemática sobre o golpe de Estado sofrido por Dilma Rousseff em 2016, ver Jessé Souza (2016).

espaço livre para a ascensão de Bolsonaro na reta final. Além disso, boa parte da população brasileira, incluindo parte da elite, não conseguiu evitar o descontentamento com o governo Bolsonaro que, além de sua tonalidade explicitamente autoritária, também demonstrou incompetência na condução do país como um todo. A trágica administração da pandemia pelo governo, culminando em mais de 600 mil mortes, fato conhecido e bastante criticado na mídia internacional, é a principal prova empírica dessa afirmação.

Conclusão

Como conclusão, gostaria de propor uma interpretação de como a estruturação do capitalismo indigno nas dimensões da economia política, da moralidade, da ideologia e da cultura explica a ascensão da extrema direita hoje em escala global. Trata-se de uma articulação teórica entre os quatro níveis observados, a fim de contribuir para uma compreensão ampla de como chegamos até aqui. Como vimos, desde os anos 1970 presenciamos a grande transformação do capitalismo global em todas essas dimensões, o que naturalmente intensifica a desigualdade nos países periféricos, além de iniciar nos países centrais um processo de indignidade das condições de trabalho e das relações entre as classes aparentemente sem volta.

Assim, no plano da economia política, o que presenciamos é o espectro da indignidade em escala global, o que se conforma como a principal marca do período pós-*welfare state* nos países centrais e com o aprofundamento da desigualdade estrutural nos países periféricos. Isso significa uma indignidade ainda conjuntural nos países centrais, e estrutural nos países periféricos. Entretanto, a naturalização do desvalor da vida humana dos mais necessitados, ou seja, a produção de uma ralé global, é uma marca do capitalismo indigno como um todo. Isso é o que Robert Castel tematiza com as noções de "sobrantes" e "vulnerabilidade", e Richard Sennett com o conceito de "descartabilidade". Tal situação, ainda que conjuntural nos países centrais, foi suficiente para alimentar os sentimentos de medo, angústia e insegurança, tanto material quanto ontológica, que levam em grande medida à simpatia e adesão a movimentos de extrema direita, como pudemos ver a partir das obras de Klaus Dörre, Arlie Hochschild e Wilhelm Heitmeyer.

Além disso, a tese da "sociedade do conhecimento", de André Gorz, na qual o conhecimento tecnológico se torna uma força produtiva sem precedentes, pode ser atualizada para a compreensão do capitalismo digital e de plataformas, bem como sua capacidade em aprofundar a indignidade do trabalho e consequentemente a desigualdade de classe. Nesse sentido, a dimensão tecnológica do capitalismo indigno criou mecanismos ainda mais invisíveis e impessoais de reprodução da desigualdade do que em períodos anteriores, o que pode ser visto em toda a sua voracidade na ação de empresas como a Uber e o iFood em países como o Brasil, no qual o número de pessoas vulneráveis que recorrem a esse tipo de "trabalho indigno digital", isto é, uma nova "ralé digital", é bem maior do que nos países centrais.

Na dimensão da moralidade, como entendida por Axel Honneth, é preciso compreender aqui a atualização do pano de fundo moral e das interações éticas em um contexto de indignidade generalizada, o que explica, em grande medida, a adesão ao radicalismo de extrema direita. O que presenciamos com o trumpismo e o bolsonarismo, dessa forma, é o aprofundamento de uma moralidade ultrameritocrática. Isso significa que, em um contexto econômico no qual a diferença entre vencedores e perdedores no mercado de trabalho é gigantesca, teremos uma interação ética indigna entre as classes, o que se reverbera no aumento do ódio, da intolerância, da violência e do medo. Não por acaso, os discursos profundamente meritocráticos de Trump e Bolsonaro, por exemplo, são uma das principais marcas desse tipo de moralidade conservadora e intolerante, na qual os vencedores se sentem ameaçados em seus privilégios, considerados justos, e os perdedores se sentem desamparados, humilhados, esquecidos, abandonados e revoltados. Nenhum contexto é mais propício do que este para a adesão aos sentimentos autoritários, por razões distintas, entre vencedores e derrotados. A revolta muda dos derrotados se transforma assim no sentimento antipolítica e antissistema, o qual leva à adesão e identificação afetiva com os líderes da extrema direita.

No plano da ideologia, a análise de Boltanski e Chiapello sobre o terceiro espírito do capitalismo ainda se apresenta como uma das mais produtivas para esta discussão. Uma das principais características do terceiro espírito, para os autores, é exatamente a sua capacidade de neutralizar as críticas sociais e esconder todas as hierarquias do capitalismo indigno, sugerindo a existência de um novo capitalismo do bem, politicamente correto, inclusivo e preocupado com todas as questões sociais relevantes de nosso tempo.[23] Nada é mais falso e perigoso. Com isso, o terceiro espírito do capitalismo precisa ser compreendido como uma ideologia, no sentido de amenizar e ao mesmo tempo justificar as contradições atuais do sistema, buscando o engajamento afetivo e prático de seus diferentes atores e classes sociais.

Assim, a desigualdade atual é vista como algo mutável, desde que as pessoas sejam flexíveis e procurem se engajar nos projetos oferecidos por este novo capitalismo, supostamente mais dinâmico e inclusivo do que em períodos anteriores. Desse modo, o fracasso na realização de projetos pessoais e a não inclusão no mercado de trabalho passam a ser internalizados mais do que nunca como culpa dos derrotados, ou seja, a ideologia do novo capitalismo de projetos esconde exatamente a sua verdadeira face profundamente meritocrática, propiciando um terreno fértil para a extrema direita, que se apropria de maneira instrumental da pauta trabalhista, *prometendo ironicamente dignidade*, como pode ser visto de forma clara nos discursos de Trump, Bolsonaro e Le Pen, dentre outros.

Por fim, no plano da cultura, encontramos na obra de Richard Sennett uma importante análise. O principal aspecto de sua percepção sobre o novo capitalismo flexível é exatamente o que ele vai chamar de "corrosão do caráter".[24] Com isso, o autor procura descrever o tipo humano produzido e exigido pelo novo capitalismo, o qual precisa ser flexível em todos os sentidos, não se apegando a nenhum laço duradouro, a fim de poder aproveitar todas as chances que o mercado oferece. Trata-se nada mais, nada menos do que um tipo humano ultrameritocrático, isto é, um novo *self-made man* em sua versão mais acabada, ultraindividualista e desapegado de qualquer laço de lealdade, fidelidade e autoridade. Essa cultura prática do capitalismo, produzida pelas grandes corporações, se espraia para todas as esferas da vida social e, com

23 Desenvolvi esta análise no e-book *A ficção meritocrática: executivos brasileiros e o novo capitalismo* (Maciel, 2022), fruto de pesquisa coletiva que venho realizando há alguns anos com executivos no estado do Rio de Janeiro.

24 Este conceito do autor se afina de maneira muito interessante com a ideia clássica de caráter social, desenvolvida por Erich Fromm (1970) em seu tempo, de modo a tematizar o tipo de pessoa comum predominante em uma determinada época. O ponto em comum é que Fromm percebeu uma profunda conexão entre os imperativos da cultura capitalista e os sentimentos autoritários, o que podemos perceber também em nosso tempo. Desenvolvi uma análise sobre a obra de Fromm, nessa direção, no artigo "A patologia da normalidade: Erich Fromm e a crítica da cultura capitalista" (2020).

isso, produz um novo indivíduo *blasé* e resignado, preocupado apenas com a construção de sua trajetória pessoal e *indiferente à indignidade alheia*.

O que temos com isso? Para os vencedores do novo capitalismo flexível e indigno, o sistema oferece a possibilidade de melhora constante da carreira, realização pessoal, prestígio e, em uma palavra, felicidade. Essa promessa, entretanto, é quase sempre frustrada, como podemos ver em trágicas histórias de bilionários e celebridades cuja falta de sentido existencial coloca em questão todas as metas de autenticidade prometidas pelo novo capitalismo.[25] Por outro lado, para os derrotados, o sistema oferece frustração, humilhação, culpa, autopunição e, obviamente, insegurança material. Em uma palavra, indignidade. Seria possível impedir a ascensão da extrema direita, com todas as suas falsas promessas, seu cinismo e oportunismo, em um cenário tão trágico como esse? A partir dos relatos empíricos que temos de vários países do mundo neste exato momento, a resposta é um trágico não. Este é o mundo da vida real de milhões de pessoas, produzido pelo capitalismo indigno, traduzido na revolta e indignação que alimentam a extrema direita.

Referências bibliográficas

BECK, U. (1986). *Risikogesellschaft*: Auf dem Weg in eine andere Moderne. Frankfurt am Main: Suhrkamp.

______. (2008) *Die Neuvermessung der Ungleichheit unter den Menschen*. Frankfurt am Main: Suhrkamp.

______. (2007). *Schöne neue Arbeitswelt*. Frankfurt am Main: Suhrkamp.

______. (2018). *A metamorfose do mundo*: Novos conceitos para uma nova realidade. Trad. Maria Luiza X. de A. Borges. Rio de Janeiro: Zahar.

BOLTANSKI, L.; CHIAPELLO, E. (2009). *O novo espírito do capitalismo*. São Paulo: Martins Fontes.

BOLTANSKI, L.; ESQUERRE, A. (2020). *Enrichment*: A critique of commodities. Cambridge: Polity Press.

BRAGA, R. (2012). *A política do precariado*: do populismo à hegemonia lulista. São Paulo: Boitempo.

BRAND, U.; WISSEN, M. (2017). *Imperiale Lebensweise*: Zur Ausbeutung von Mensch und Natur im globalen Kapitalismus. München: Oekom.

25 Desenvolvi uma análise nesta direção, a partir da ideia de "reconhecimento fake", no artigo "Reconhecimento e desigualdade: da ética da autenticidade à cultura do novo capitalismo" (Ciências Sociais Unisinos, 2017).

CASTEL, R. (1998). *Metamorfoses da questão social*: uma crônica do salário. Petrópolis: Vozes.

DÖRRE, K. (2018). In der Warteschlange. Rassismus, völkischer Populismus und die Arbeiterfrage. In: BECKER, K.; DÖRRE, K; REIF-SPIREK, P. *Arbeiterbewegung von rechts?* Ungleichheit – Verteilungskämpfe – populistische Revolte. Frankfurt/New York: Campus.

______. (2019). Risiko Kapitalismus. Landnahme: Zangenkrise, Nachhaltigkeitrevolution. In: DÖRRE, K. et al. *Grosse Transformation?*: Zur Zukunft moderner Gesellschaften. Sonderband des Berliner Journals für Soziologie. Wiesbaden: Springer VS.

ESTANQUE, E. (2015). *Classe média e lutas sociais*: ensaio sobre sociedade e trabalho em Portugal e no Brasil. Campinas: Editora da Unicamp.

GORZ, A. (1980). *Abschied vom Proletariat*: Jenseits des Sozialismus. Frankfurt am Main: Europäische Verlagsanstalt.

______. (2004). *Misérias do presente, riqueza do possível*. São Paulo: Annablume.

______. (2005). *O imaterial*: conhecimento, valor e capital. São Paulo: Editora Annablume.

GUILLUY, C. (2020). *O fim da classe média*: a fragmentação das elites e o esgotamento de um modelo que já não constrói sociedades. Rio de Janeiro: Record.

HEITMEYER, W. (2018). Nationalradikalismus. Ein neuer politischer Erfolgstypus zwischen konservativen Rechtspopulismus und gewaltförmigem Rechtsextremismus. In: BECKER, K.; DÖRRE, K; REIF-SPIREK, P. *Arbeiterbewegung von rechts?* Ungleichheit – Verteilungskämpfe – populistische Revolte. Frankfurt/New York: Campus.

HOCHSCHILD, A. R. (2018). Warum Trump? Fremd in ihrem Land: Interview mit Arlie Russel Hochschild. In: BECKER, K.; DÖRRE, K; REIF-SPIREK, P. *Arbeiterbewegung von rechts? Ungleichheit – Verteilungskämpfe – populistische Revolte.* Frankfurt/New York: Campus.

HONNETH, A. (2015). *O direito da liberdade*. São Paulo: Martins Fontes.

LESSENICH, S. (2018). *Neben uns die Sintflut*: Wie wir auf Kosten anderer Leben. München: Piper.

MACIEL, F. (2006) Todo trabalho é digno? Um ensaio sobre moralidade e reconhecimento na modernidade periférica. In: SOUZA, J. *A invisibilidade da desigualdade brasileira*. Belo Horizonte: UFMG.

______. (2017). Reconhecimento e desigualdade: da ética da autenticidade à cultura do novo capitalismo. *Ciências Sociais Unisinos*, v.53, n.2, p.281-91.

______. (2020). A patologia da normalidade: Erich Fromm e a crítica da cultura capitalista contemporânea. *Sociologias (UFRGS)*, v.22, n.55, p.262-88.

______. (2021). *A nova sociedade mundial do trabalho*: para além de centro e periferia? 2.ed. rev. ampl. Rio de Janeiro: Autografia.

______. (org.) (2022). *A ficção meritocrática*: executivos brasileiros e o novo capitalismo. Campos dos Goytacazes: Editora da UENF (e-book).

______; GRILLO, A. (2009). O trabalho que (in)dignifica o homem. In: SOUZA, J. *A ralé brasileira*: quem é e como vive. Belo Horizonte: UFMG.

______; MATTOS, P. (2020). Como pensar o capitalismo contemporâneo? Considerações preliminares. In: MACIEL, F.; MATTOS, P. (orgs.). Dossiê: multiplicidade de interpretações do capitalismo contemporâneo. *Sociedade e Estado (UnB)*, v.35, n.3, set./dez.

MILLS, C. W. (1975). *A elite do poder*. 3.ed. Rio de Janeiro: Zahar.
NACHTWEY, O. (2016). *Die Abstiegsgesellschaft*: Über das Aufbegehren in der regressiven Moderne. Frankfurt: Suhrkamp.
NECKEL, S. (2016). Die Refeudalisierung des modernen Kapitalismus. In: BUDE, H.; STAAB, P. *Kapitalismus und Ungleichheit*: Die neuen Verwerfungen. Frankfurt/ New York: Campus.
OFFE, C. (1994). *Capitalismo desorganizado*. São Paulo: Brasiliense.
ROSA, H. (2013). *Beschleunigung und Entfremdung*. Berlin: Suhrkamp.
SENNETT, R. (2006). *A corrosão do caráter*. Rio de Janeiro: Record.
______. (2015). *A cultura do novo capitalismo*. Rio de Janeiro/São Paulo: Record.
SLEE, T. (2019). *Uberização*: a nova onda do trabalho precarizado. São Paulo: Editora Elefante.
SINGER, A. (2018). *O lulismo em crise*: um quebra-cabeça do período Dilma (2011-2016). São Paulo: Companhia das Letras.
SOUZA, J. (2009). *A ralé brasileira*: quem é e como vive. Belo Horizonte: IUPERJ/ EdUFMG.
______. (2018). *A radiografia do golpe*: entenda como e por que você foi enganado. Rio de Janeiro: Leya.
WALLERSTEIN, I. (1976). *The Modern World-System*. New York: Academic Press.

Sites consultados

https://exame.com/economia/apps-como-uber-e-ifood-sao-fonte-de-renda-de-quase-4-milhoes-de-pessoas/. Acesso em: 24 maio 2022.

Filme

LOACH, Ken (2019), *Você não estava aqui*. Grã-Bretanha, 2019, independente, 101 min.

8
Metamorfoses e subjetivação do trabalho digital em contexto de pandemia

*Ana Paula Marques**

*Esser Jorge Silva***

Introdução

São profundas as alterações das condições de produção e reprodução dos atores sociais decorrentes do contexto pandêmico da covid-19 e das múltiplas faces de crise do capitalismo neoliberal. Além das esferas macro – como as áreas econômicas, jurídicas, políticas, saúde e religiosas –, a covid-19 intrometeu-se na atividade micro, impondo-se quanto aos meios e aos modos de comunicação, ao ritmo de circulação e à distância física entre corpos. A velocidade e voracidade infecciosa, a natureza letal, o desconhecimento científico quanto às suas consequências[1] e o medo associado aos efeitos a curto, médio e longo prazo constituíram-no num fato sociobiológico

---

* Universidade do Minho, Departamento de Sociologia, Braga, Portugal. E-mail: amarques@ics.uminho.pt. ORCID: 0000-0002-9458-2915.

** Instituto Politécnico do Cávado e do Ave (IPCA), Barcelos, Portugal. E-mail: ejsilva@ipca.pt. ORCID: 0000-0002-7426-352X.

1 Um dos grandes problemas colocados aos cientistas no controle da atividade do vírus SARS-CoV-2, que resultou na pandemia de covid-19, foi a sua mutabilidade. A taxa de variabilidade do vírus era superior a 50%, o que significa que, em cada dez variantes observadas, outras cinco mutações escapavam de qualquer análise (Morales et al., 2021). Esta qualidade no assumir de diferentes formas, designada por polimorfismo, implicou a (in)capacidade humana de conhecer o vírus na totalidade, fato que provocou – e/ou provoca – uma onda de desconfiança sobre o que dele se vai conhecendo, particularmente no desenvolvimento de vacinas, assim como nas consequências futuras da sua infecção.

total (Mauss, 1924). Assim como nas restantes esferas, as consequências da covid-19 obrigaram a respostas rápidas, a romper com normas e convenções da organização do mundo do trabalho e com hábitos dos trabalhadores. A recepção do vírus, ao provocar regras na respiração em espaços não habituais, proibição, ou limitação de interação entre corpos, com imposição de confinamento nas residências, apenas autorizando relações a distância, separadas por soluções introduzidas pelas tecnologias digitais, mais do que negar as possibilidades de realização das relações que suportam o capitalismo, veio reorientar as novas formas relacionais, reconfigurando a experiência de uma nova realidade nas relações de trabalho.

Tal como o vírus, a longa vida do capitalismo assenta numa capacidade metamórfica adaptável às transformações sociais (Harvey, 2007), ainda que tais mutações possam decorrer das consequências da introdução de imprevisíveis exterioridades impostas pela natureza. Enquanto propriedade do capitalismo, o polimorfismo revela-se uma tecnologia esguia com base num tipo de metamorfose com características renovadoras, do tipo camaleônico, que adquire propriedades novas a todo o tempo, adaptando-se, sobrevivendo e cooptando todos os ambientes e mudanças em favor da sua persistência, presente e futura.

Assumindo que o trabalho constitui uma experiência social central, que estrutura tempos e espaços da vida coletiva e individual, pública e privada, a imagem aparentemente democrática, no seu impacto, de um vírus amoral interpela-nos para realçar as desiguais consequências objetivas e subjetivas inscritas na divisão social do trabalho. A este "caleidoscópio" das desigualdades sociais (Marques, 2020a) que se ampliaram por efeito da pandemia, muitas são herdeiras de um racional fordista que reforça as segmentações já existentes de gênero, classes, idade, etnia (Ricciardi, 2019; van Doorn, 2017; Frazer, 2017; Banks e Milestone, 2011). Outras transfiguram-se pela inclusão de novos grupos sociais de trabalhadores e formas de emprego emergentes, nomeadamente pela digitalização do trabalho. Estas tendem a ameaçar as condições sociais de trabalho pela menor proteção social e desregulação laboral no contexto da reprodução social do capitalismo neoliberal (Choonara et al., 2022; Zanoni, 2019).

Com efeito, ao abranger diversos registros de trabalho formal e informal, as plataformas digitais têm colocado em jogo dois tipos de força de trabalho, apesar da sua elevada heterogeneidade (ILO, 2021; Huws et al., 2017;

Huws, 2017; De Stefano, 2016).[2] Nas *online web-based platforms* (ILO, 2021) estão presentes tarefas ou atribuições de trabalho realizadas *on-line* ou remotamente pelos trabalhadores (tradução, serviços financeiros, jurídicos de patentes, *design* e desenvolvimento de *software*, vídeos, entre outras). Por sua vez, nas *location-based platforms* (ILO, 2021), pressupõem-se tarefas realizadas pessoalmente em locais físicos especificados pelos trabalhadores (podem ser serviços de táxi, entrega em domicílio e prestação de cuidados, entre outras). Com conteúdos e estatutos distintos, o trabalho *mediado* por plataformas digitais pode representar tanto trabalhadores por conta de outrem (quando contratados diretamente pelas empresas), como trabalhadores por conta própria ou "empresários nômades". Como tal, ao expressar diferentes situações de trabalho, posicionamentos e relações sociais do trabalho digital, as plataformas não são facilitadores técnicos neutros. Pelo contrário, reforçam as desigualdades econômicas, políticas e sociais em curso (Marques et al., 2022).

Igualmente, a digitalização do trabalho pode ser discutida sob a perspectiva da intensificação da vigilância oculta, de cariz panóptico (Foucault, 2020) e constante sobre o trabalhador, com recurso a técnicas de gestão algorítmica, em que os *dados* são o ativo principal na acumulação do capital, reforçando o pressuposto neoclássico de conceber o trabalho apenas como fator de produção dissociado da esfera reprodutiva (Huws, 2019; Huws et al., 2017). Nesse sentido, pressupõe-se um trabalhador transfigurado em colaborador, disponível e inserido numa lógica de gestão baseada no princípio organizacional da cultura do *just-in-time* (De Stefano, 2016). Numa abordagem mais nostálgica, poder-se-á, ainda, reverberar tais metamorfoses em curso como expressão da tese "do fim do trabalho", pela erosão das condições estruturais do trabalho como portador de sentido para muitos dos trabalhadores em contextos precários e tendencialmente vulneráveis (Marques, 2020b, 2020c; Antunes, 2018; Beck, 2000, 1992; Granter, 2009, 2021; Boltansky e Chiapello, 2009; Bauman, 2000; Gorz, 2003; 1999; Rifkin, 1995).

---

2 Ainda que as plataformas digitais sejam uma temática recente, estão em franco desenvolvimento e assumem diversas configurações, pelo que não se encontra (ainda) totalmente estabilizada a sua definição. Para uma sistematização dos traços que convergem para um corpo relativamente estabilizado do conhecimento sobre essa temática, cf. recente relatório da ILO (2021).

Sem se pretender uma convergência nem provocar um consenso, até por tal não ser possível, em torno dos desenvolvimentos teóricos que reatualizam a *agenda* da sociologia do trabalho, é possível contribuir para a produção de conhecimento que resista a diagnósticos deterministas e homogeneizantes na análise das consequências (im)previsíveis que decorrem da pandemia de covid-19, perspectivando-a como aceleradora de tendências sociais de precarização e subjetivação do trabalho. Articulando-se com a importância da identificação de níveis de explicação ou modos de intervenção que se situem na macroescala, importa, na linha de Pinto (2006, p.179), reforçar a dimensão dinâmica do processo de "precarização",[3] intencionalmente usado neste capítulo, por relação à de "precariedade", com o propósito de conferir heterogeneidade e especificidade no espaço social do trabalho. Pretende-se, assim, enfatizar as disposições e outros operadores prático-simbólicos que integram as dimensões subjetivas do trabalho (Pinto, 2006, p.184).

Por conseguinte, nas seções que integram este capítulo, refletimos sobre a "pandemia da precarização" (Choonara et al., 2022) e a "pandemia do capital" (Antunes, 2020), que expressam as múltiplas faces (in)visíveis da crise do trabalho (Marques, 2020a, 2020b). A partir das transformações em curso, que entrelaçam o objetivo e o subjetivo, mediados pelas experiências de trabalho em regime de trabalho remoto, ou teletrabalho, é nossa intenção privilegiar as manifestações de subjetivação do trabalho. Para tal, mobilizamos os resultados obtidos no estudo sociológico "Regresso ao trabalho pós-covid-19. (Re)centramento de valores", proporcionando evidências empíricas sobre a realidade da atividade laboral transformada pela intersecção entre as plataformas digitais e as orientações valorativas em face do trabalho e do bem-estar emocional e qualidade de vida em geral. A oportunidade pandêmica trouxe à superfície o campo emocional, até então subsumido na relação entre trabalho e organizações. Do ponto de vista dos estudos em geral, não há dúvidas de que "a integração dos sentimentos afeta humores e estados emocionais". No contexto organizacional as emoções aí produzidas também "são um fenômeno que desempenha um papel fundamental em

3 Tal como na análise dos fenômenos designados de "megatendências", como globalização e a precarização, importa considerá-los a partir dos processos de historicização e relativização relacional, que configuram densidade e especificidade às análises sociológicas dos espaços sociais de trabalho (Pinto, 2006).

todos os aspetos da vida em sociedade" (Bericat, 2016, p.492) com importantes consequências humanas.

Uma reflexão sobre o quadro fornecido pelo tempo pandêmico é motivo, mais do que suficiente, para a reconstrução das transformações introduzidas pelos novos sentidos e novos problemas, que clamam e orientam para novas abordagens quanto aos impactos das mutações introduzidos no trabalho. Além de explorar as metamorfoses objetivas no mundo do trabalho pós-pandêmico, este texto procura compreender a posição dos trabalhadores perante a exploração percebida em contexto de pandemia.

1. As faces da crise do trabalho: um caleidoscópio de desigualdades[4]

Das múltiplas faces da crise do trabalho de hoje, o que resiste como denominador comum na economia global? Esta foi uma das principais interrogações que têm sustentado uma relevante literatura que cruza as transformações decorrentes da designada revolução 4.0 (Schwab, 2018)[5] e o impacto da pandemia no quadro do capitalismo neoliberal. As respostas têm convergido para a ampliação das desigualdades sociais por força do ideário de "sacralização" do mercado (Marques, 2010), da "pandemia do capital" (Antunes, 2020) e da "pandemia da precarização" (Choonara et al., 2022).

É um fato que os tempos atuais são permeados de incertezas que se inscrevem em movimentos de fundo que acentuam duas grandes incógnitas. A primeira é a de saber como recuperar o crescimento após o período delimitado pelas crises precedentes, como a de 2008 e a da austeridade entre 2011 e 2015, vividas em Portugal, em articulação com a atual crise sanitária. A segunda incógnita é a de como preservar o trabalho/emprego e a proteção social, tendo em conta o movimento de fundo de (des)valor do trabalho e da mercantilização das dimensões da vida dos atores sociais.

---

4 Esta seção segue, com aprofundamento, um outro texto publicado pela primeira autora deste capítulo (Marques, 2020a).

5 Esta quarta revolução industrial é marcada pela convergência de tecnologias físicas, digitais e biológicas e sistemas complexos que incluem *big data*, engenharia genética, inteligência artificial, automatização, nanotecnologia, realidade virtual etc., transformando a forma como vivemos, nos relacionamos e trabalhamos.

Emergem processos de reconversão tecnológica e econômica, bem como de reconversão político-ideológica pela institucionalização da desregulação e precarização das condições de produção e reprodução dos atores sociais. Sobre a magnitude da precarização na atualidade, tem sido possível sistematizar um conhecimento relevante das metamorfoses em curso do capitalismo neoliberal (Choonara, 2020; Kalleberg; Vallas, 2018; Antunes, 2018, 2013; Estanque, 2017, 2014, 2005). Na verdade, as condições objetivas e subjetivas de precarização incluem grupos alargados de trabalhadores (Choonara et al., 2022; Marques, 2020a, 2020b; Vosko, 2010; Kalleberg, 2009; Castel, 2009, 2003, 1993; Paugam, 2000) e envolvem arranjos digitais "híbridos" de trabalho (Murgia et al., 2020; Azaïs, 2019; Bureau et al., 2019), potenciando novas formas de instabilidade e desregulamentação social e laboral.[6] Nesse quadro, a tese da mercadorização do valor do trabalho e sua incrustação nos circuitos de acumulação do capital surge reforçada (Polanyi, 2012).

Para avançar nesta argumentação, embora simplificando sobremaneira a questão, a dualização do mercado de trabalho proporciona, de forma assimétrica, vários ângulos do caleidoscópio das desigualdades evidenciadas pela crise pandêmica excepcional que vivemos na nossa história coletiva. Ou seja, as repercussões econômicas e sociais filtram-se através de discriminações que se afiguram por todo o mundo como persistentes (Cozza et al., 2021; Lupton; Willis, 2021), assumindo padrões de regularidades que nada têm que ver com o mito de que este vírus não escolhe classes sociais, gênero ou outras barreiras e limites sociais (Marques, 2020a).

Assim, um primeiro ângulo de desigualdades remete aos trabalhadores que estiveram na "linha de frente" do combate à pandemia. Dos aclamados "heróis", sobretudo os diversos profissionais de saúde e de apoio social nos contextos hospitalares e em centros sociais como os lares, aos "invisíveis" que asseguram atividades logísticas indispensáveis ao funcionamento contínuo da sociedade (por exemplo, operadores de caixas em supermercados e pessoal de limpeza), todos partilham a maior exposição ao risco de contágio e à doença. Todavia, integram categorias sociais distintas. Uns são trabalhadores qualificados (como médicos e enfermeiros) e com melhores rendimentos

6 A atenção para o que se designa de "zonas cinzentas" ou híbridas potenciadas pela difusão das plataformas digitais pressupõe um aprofundamento da temática que ultrapassa os propósitos do presente capítulo.

e proteção social, ao passo que os que se mantiveram na "retaguarda" são trabalhadores, na sua maioria, pouco qualificados, com baixos níveis de rendimento salarial, encontrando-se muitos deles em situações contratuais precárias (como subcontratados e temporários). Destinados a flutuar em função de exigências da conjuntura e, por isso, sujeitos a elevadas taxas de rotação e com perspectivas de carreira limitadas, estes grupos vivenciam situações de instabilidade de emprego, têm más condições de trabalho (ao nível de equipamento de proteção individual, social e capacidade de negociação ou defesa sindical) e sujeitam-se, em geral, a estratégias de externalização praticadas pelas entidades empregadoras.

Em paralelo, um outro ângulo de assimetrias acentua a relevância da dimensão digital e virtual em que trabalhamos e vivemos. Perante os períodos de confinamento, desde o início da pandemia até a atualidade, o recurso a plataformas *on-line* permitiu que a sociedade e a economia não parassem. Apesar de não se saber com exatidão a real dimensão dos fenômenos em curso, assiste-se a um crescimento exponencial das plataformas digitais no mundo: em 2010, eram 142, contra mais de 777, em 2020; e é possível estimar porcentagens de trabalhadores afeitos às plataformas digitais entre 0,3% a 22% do total da força de trabalho (ILO, 2021). Desse modo, o recurso ao regime de teletrabalho permitiu que muitos grupos de trabalhadores continuassem a exercer a sua atividade a partir de casa, enquanto os que, exercendo atividades "não teletrabalháveis", permaneceram nas empresas ou foram suspensos por medidas de *lay-off* parcial e/ou total, sobretudo nos períodos de confinamento. Mais uma vez, renovam-se a inscrição e a ampliação de velhas distinções da divisão social do trabalho entre trabalho intelectual *versus* manual, colarinhos brancos *versus* azuis e atividades femininas *versus* masculinas. Se em comum têm o fato de serem forçados a se adaptarem ao impacto brutal das mudanças de organização do trabalho, uns e outros enfrentam-nas diferentemente.

Por sua vez, se a formalização do trabalho mediado por plataformas digitais permite caracterizar um perfil de trabalhadores, como referimos atrás, inseridos numa relação salarial de tipo fordista, muitos outros enfrentam a erosão dos seus vínculos contratuais pela proliferação de formas "não padronizadas", contribuindo para a informalidade contratual e novas áreas "cinzentas" ou híbridas de trabalho. Podem ser trabalhadores independentes dependentes, trabalhadores temporários, falsos trabalhadores independentes, com potenciais sobreposições entre eles (por exemplo, um trabalhador independente que trabalha em plataformas digitais para uma entidade empresarial) e com regimes diversos (por exemplo, a tempo parcial como fonte de rendimento complementar a um outro emprego). A panóplia de categorias de trabalhadores que cabem nesta situação é tão ampla que pode ir desde arquitetos a profissionais itinerantes em áreas da cultura e turismo, de migrantes a trabalhadores informais. A "independência" contratual e libertação organizacional desses trabalhadores tendem a pertencer mais a um registro do "imaginário" desejável do que de condições reais, uma vez que se sujeitam à lógica de mercado, isto é, ao "risco de negócio". Como tal, em muitas circunstâncias o exercício profissional faz-se em contextos de opacidade e subordinação organizacional, impondo ou horários e locais de trabalho para uma ou mais instituições, ou externalizando os custos de produção no prestador desse serviço. Expressam, por isso, "riscos" diversos na sua relação com o trabalho, pela ausência de direitos laborais (incluindo negociação coletiva e direitos de participação) e insuficiente proteção social (benefícios sociais e de saúde adequados). Como se depreende, como resposta à atual transição digital da economia, importa acautelar o efeito bumerangue quanto ao risco de maior vulnerabilidade e exclusão do mercado de trabalho a que se encontra sujeito. O trabalhador independente, em especial o que se encontra na informalidade econômica, é o primeiro a sucumbir numa situação de desaceleração geral do sistema produtivo.

Desse caleidoscópio de desigualdades sociais, que não pretende ser exaustivo nem fechado, fica patente que o valor do trabalho convoca registros de centralidade paradoxal e ambivalências em dois sentidos principais: i) exigências de qualificação profissional na linha dos "ganhadores", mas acompanhadas por fenômenos de precarização, desclassificação e nivelamento dos rendimentos e condições de proteção social para uma massa crescente de "perdedores" (Reich, 1993); e ii) maior disponibilidade e intensificação dos ritmos de trabalho, diluindo fronteiras de espaços profissionais e privados, com consequentes impactos na qualidade de vida e saúde no trabalho e do trabalhador.

2. Metamorfoses *contra* o trabalho?

O movimento de destruição do trabalho vivo e de degradação da qualidade do fator humano, a par do desemprego estrutural e tecnológico ou da desqualificação humana (Gerd, 2017), ainda que em curso, fará parte do futuro do trabalho e do trabalhador pós-covid-19. Dificilmente a longo prazo as entidades públicas e privadas prescindirão da possibilidade de adoção de estratégias híbridas de emagrecimento, fragmentação e externalização da produção de bens e serviços, com sistemas globais de produção geridos virtualmente (por exemplo, *home office, outsourcing, uberização*). Estes fenômenos em curso, tal como exposto anteriormente, alertam para a difusão do "risco" (Beck, 2015, 2000, 1992) e, mais recentemente, da "sociedade de risco digital" (Lupton, 2019), que contaminam as relações sociais e transferem o ônus da responsabilização para o ator social.

O papel do trabalho na relação com os indivíduos alterou-se e enfraqueceu a posição dos trabalhadores no processo de dependência a que sempre estiveram sujeitos. O trabalho deixou de ser um lugar de legitimação no centro de uma "experiência comunitária", cuja natureza coletiva regulava o sofrimento, para se transformar num campo em que, além de se contactar com a experiência, se procura a realização pessoal, se desenvolvem capacidades e, fundamentalmente, se prova ser melhor do que o outro. Esse trabalhador de tipo "novo" (Sennett, 2001) responde a um "fetiche de empregabilidade permanente" (Marques, 2001), ainda que submisso às "condições precárias" da sua existência. Tal disposição, constituída sob os traços de uma "obsessão", revela "uma narcisação" em consequência da desarticulação entre o "eu" e o "profissionalismo". Quebrada a fortificação que mantinha unido "o eu íntimo e o funcionário no trabalho", subjaz a solidão de si e "isso explica o sofrimento no trabalho que pode conduzir ao suicídio". O quadro mostra-se antagônico ao período em que a ideologia das lutas de classes, vigorando como "crítica moral à organização do trabalho", absorvia o "sofrimento e as penosidades" (Linhart et al., 2016).

Com efeito, as consequências das metamorfoses e do polimorfismo no trabalho podem levar a limites terminais, podendo se avançar com a tese de que as metamorfoses em curso são *contra* o trabalho. Seguindo a noção terminal de ultrapenosidades (Linhart et al., 2016), subsiste o exemplo de *Karoshi*, termo reconhecido no Japão para classificar a morte em consequência do excesso de trabalho. Alude ao resultado de morte por "doença cardíaca atribuível a exaustão, privação de sono, má nutrição e falta de exercício físico", tendo o exercício do trabalho como presença permanente enquanto o indivíduo tem vida. Outra expressão, *karo jisatsu*, "descreve o suicídio resultante do estresse mental decorrente do excesso de trabalho" (Suzman, 2021, p.276). A sua exportação para a cultura ocidental deu-se com a transposição de sistemas de gestão de *lean production*, com impactos equivalentes, quando, no início do século XXI, ocorreram suicídios em empresas como a fabricante de automóveis Renault e a empresa de telecomunicações France Telecom (Doellgast et al., 2021). Uma e outra estão associados à falência do indivíduo perante as metas traçadas para a certificação da sua utilidade (Bourdieu, 1998; Kanai, 2009). Mais do que uma mensagem de alerta, o ato de pôr termo à vida no local de trabalho expõe um forte significado sobre os sentimentos ocultados pelos indivíduos na sua relação com as exigências do exercício da sua atividade profissional.

Sucumbir no local de trabalho, ou por causa do trabalho, faz parte da história laboral na linha dos que morreram "debaixo de chicotes", fossem eles os escravizados explorados ao longo de séculos, ou os que pereceram "nos *gulag* do século XX, colônias de trabalho, prisões e campo de concentração" (Suzman, 2021, p.277). A violência bruta perpetrada contra o corpo dá lugar a um tipo de coerção dissimulado em mecanismos intangíveis, funcionando sob formas diversas e em permanência como tecnologias polimórficas em constante renovação. O que diferencia estas últimas vítimas reside na circunstância das primeiras não resultarem do atentar "contra a própria vida por risco de dificuldades ou pobreza", mas sim pela submissão dos empregados à ambição projetada "pelas expectativas dos empregadores" (Suzman, 2021, p.278). Evidencia-se nessa diferença um processo além de qualquer noção das relações de dominação, porquanto a submissão se presta a um processo de anulação em ato constituído como uma obrigação devota. O atentar contra si faz do ato uma prova da existência de violência silenciosa, normalizada, incontestável e impossível de contrariar.

Porquanto a morte *no* e *pelo* trabalho constituiu a linha de fronteira mais visível entre a precariedade objetiva – que possibilitava aos trabalhadores lutarem coletivamente – e a precariedade subjetiva – que individualizou e fragmentou as relações sociais de trabalho com efeitos na vida e subjetividade (Armano et al., 2022; Armano et al., 2017; Armano e Murgia, 2013) –, produz-se e reforça-se uma nova realidade desagregada. A fragmentação reforça a ideia de desintegração dos suportes relacionais que sustentaram, e normalizaram, o trabalho e os trabalhadores até aos finais dos anos 1990, e instalou a incerteza de trajetórias de vida, assim como desfez a capacidade de projetar sentidos e objetivos a médio e longo prazo. O fim da resistência desses pilares e a desarticulação dos laços afetivos entre trabalhador e posto de trabalho configuram narrativas de vida pautadas por disposições de aturdimento e desnorte, que reforçam os fatores de desproteção e solidão do trabalhador (Sennet, 2001). Exemplar dessa dimensão dissoluta do trabalho, importa aqui aprofundar o sentido da autossubjugação e exploração percebida que densificam ainda mais a problemática da subjetivação da precarização do trabalho digital.

De fato, a noção de exploração tem escapado aos estudos empíricos sobre as percepções e afetividades dos trabalhadores para com as organizações. Para Livine-Ofer et al. (2019), as "emoções estavam associadas às atitudes e intenções comportamentais previstas", olvidando-se as emoções consideradas íntimas, logo não identificadas nem associadas ao impacto da realidade organizacional. Perante relatos de implicações de emoções negativas pelos trabalhadores, os estudos tendem a centrar-se nas emoções exteriorizadas, não se detendo nas emoções internas. A constatação, por exemplo, de que "vergonha e culpa" são menos frequentes nos relatos "do que a raiva e a hostilidade" indica a necessidade de uma melhor exploração de temas como "esgotamento", "silêncio" e "rotatividade de profissionais", analisando-os não apenas enquanto "avaliações cognitivas", mas também como fatores emocionalmente construídos para a determinação da motivação/desmotivação dos trabalhadores (Livne-Ofer et al., 2019, 2007).

É comum as organizações explorarem as emoções como uma mercadoria introduzida no corpo dos trabalhadores que, inclusive, deve estar ao serviço da empresa. O exemplo mais comum da exigência de "trabalho emocional" é a obrigação de, num atendimento, se teatralizar "sorrisos" e expressões de felicidade para "melhorar o humor dos clientes" (Grandey; Sayre, 2019, p.131). A explicação para a falta de mobilização da dimensão emocional interna reside na circunstância de dimensões como "vergonha" e "culpa" – emoções internas – serem mais complexas do ponto de vista da abordagem cognitiva do que outras emoções básicas como "raiva" e "hostilidade" – emoções externas. Tanto a vergonha como a culpa "requerem a presença de autoconsciência e autoconsciencialização", sendo, por esse motivo, menos consideradas nas abordagens organizacionais. Por outro lado, a noção de vergonha encontra-se atravessada por diferenças culturais significativas que impedem análises comparativas (Livne-Ofer et al., 2019, p.2007) e um postulado definido. Porém, parece não haver dúvidas de que emoções internas reforçam-se nas organizações dominadas pela percepção da exploração, provocando uma gama elevada de "atitudes e comportamentos" sem impacto visível na "intensidade das reações dos funcionários", mas com características impulsionadoras de "diferentes tipos de reações com diferentes consequências" ao nível humano (Livne-Ofer et al., 2019).

Tais fenômenos, cujas consequências se expressam em atitudes dos trabalhadores agindo, aparentemente, contra si, convocam a noção de exploração percebida, conceito que desmente a posição neoliberal, segundo a qual os trabalhadores não permanecerão nas organizações emocionalmente pouco atrativas. Na realidade, ainda que exista insatisfação, a tendência dos trabalhadores vai no sentido da sua manutenção nas organizações, assim contribuindo para resultados negativos para si e para a sua organização (Livne-Ofer et al., 2019). Essa aparente contradição explica-se pela estrutura complexa das emoções que distingue a "experiência emocional interna (sentimentos subjetivos) e a expressão emocional (a manifestação externa das emoções)". Sendo um processo, a expressão emocional mantém-se interna mas transformada pelo fato da sua manifestação externa estar "orientada para a comunicação com o outro" e de se desenvolver no "contexto da interação social" (Bericat, 2016, p.496). O cultivar das emoções mediante a exploração percebida resulta na aceitação expressa ou tácita, sendo mantidas sob conformismo, apesar da sua natureza negativa conscientemente reconhecida pelos trabalhadores. A sua identificação, atualmente mais visível, entronca num tempo em que o trabalho e os trabalhadores se veem desvalorizados pela ação concorrente da máquina e da digitalização, entretanto constituídos como extensões superiores da operação produtiva.

A exploração percebida nesse processo dicotômico em que prevalece a expressão emocional interna dá lugar a um trabalhador manietado pelas lógicas de domínio, mas, ao contrário da visão passada que interligava a exploração ao campo econômico, já não remete para um processo de alienação, e sim para uma resistência consciente, de contenção obrigatória e que, em certas situações, se transforma em violência contra si próprio. A seguir, aborda-se o tópico da subjetivação do trabalho a partir da exploração percebida dos trabalhadores em regime de teletrabalho.

3. Exploração percebida dos trabalhadores em teletrabalho

Assumindo o contexto e a experiência de trabalhadores em regime de modalidade de teletrabalho durante a pandemia, aprofundam-se os sentidos produzidos em torno desse dispositivo tecnológico de práxis do espaço social de trabalho.

3.1. "Regresso ao trabalho pós-covid-19": notas metodológicas

Além da discussão à volta da metamorfose e do polimorfismo do trabalho, a pesquisa explora os resultados de um inquérito realizado por intermédio de um questionário aplicado no final do último confinamento que vigorou em Portugal durante a covid-19. O estudo "Regresso ao trabalho pós-covid-19: (re) centramento do trabalho" teve o propósito de analisar os impactos, nos valores e atitudes em face do trabalho, da vivência de confinamento e distanciamento social e posterior regresso ao trabalho. Concretamente, perseguiram-se os seguintes objetivos: i) caracterizar a situação socioprofissional dos trabalhadores durante e após a pandemia (ou confinamento); ii) analisar as principais transformações de reorganização do trabalho decorrentes da experiência do teletrabalho e sua receptividade ou resistência por parte dos trabalhadores; iii) identificar e caracterizar as principais consequências emergentes e decorrentes da pandemia pela utilização do teletrabalho na qualidade de vida dos trabalhadores; iv) interpretar receios diante do futuro do mercado de trabalho mais "digital" e "a distância", tendo como pressuposto a difusão do teletrabalho.

Dada a excepcionalidade da vivência do primeiro confinamento em 2020, aplicou-se um primeiro questionário *on-line*,[7] tendo sido, posteriormente,

7 Com um perfil claramente de cariz exploratório, este primeiro questionário foi concebido em coautoria com Rui Brites, professor no Instituto Superior de Economia e Gestão da Universidade de Lisboa. Entre 4 e 30 de julho de 2020, foi disseminado um link para preenchimento

replicado um segundo questionário em 2022.[8] Este segue a mesma estratégia de aproximação ao terreno, tendo sido aplicado numa fase mais tardia da vivência das experiências de confinamento provocadas pela covid-19,[9] permitindo, assim, analisar os efeitos durante a pandemia quanto às orientações sociovalorativas com relação ao trabalho. Na administração do questionário recorreu-se ao método de amostragem por conveniência em "bola de neve", no qual se pediu aos respondentes que, além da sua resposta, partilhassem o questionário nas suas redes relacional e privada/familiar, recomendando o procedimento sucessivamente de forma à obtenção de um valor exponencial. Embora de natureza não probabilística, considera-se que o método da aplicação, assim como as 420 respostas válidas obtidas neste segundo momento de inquirição permitem-nos reforçar o valor teórico e heurístico do potencial desta amostra.[10]

Será sobre os resultados obtidos neste último instrumento de recolha de informação que nos debruçaremos a seguir, com uma apresentação sociodemográfica do perfil dos respondentes (Tabela 1). Nesta primeira seção, iremos considerar a totalidade da amostra, sendo que no ponto de análise subsequente mobilizamos a informação que se reporta apenas aos que se declararam encontrar em regime de teletrabalho, de forma exclusiva ou alternada com o regime presencial. Tal opção justifica-se por se perspectivar o teletrabalho como um exemplo das consequências das metamorfoses e polimorfismo ampliados em contexto de pandemia.

---

no *Google Forms* que resultou numa amostra por conveniência, em forma de bola de neve, de 582 respondentes.

8 Após a sistematização da informação disponibilizada num primeiro momento do estudo referenciado num capítulo publicado (Marques, 2020a), foi nossa intenção alargar a equipe de investigadores ligada a este projeto, nomeadamente mestrandos de sociologia, o que nos permite realizar um trabalho de discussão em diversas dimensões do estudo no futuro.

9 Este questionário esteve *on-line* entre 24 janeiro e 9 março de 2022.

10 Reiteramos que se trata de uma amostra por conveniência, pelo que os resultados não são passíveis de extrapolação ou generalizações estatísticas. Aliás, fruto desta dinâmica de pesquisa somente possível pela disponibilidade de contatos e rapidez de aproximação ao terreno, também se deverão compreender as limitações decorrentes das características da nossa amostra, com sobrerrepresentação, por exemplo, do nível de qualificação e sexo feminino dos respondentes.

Tabela 1 – Perfil sociodemográfico dos participantes da pesquisa

Composição da amostra		Nº	%
Sexo	Homem	133	31,7
	Mulher	287	68,3
	Total	**420**	**100,0**
Idade	Até 30 anos	151	36,0
	31-50 anos	177	42,1
	>50 anos	85	20,2
	Sem informação	7	1,7
	Total	**420**	**100,0**
Escolaridade	Com formação superior	360	85,9
	Sem formação superior	58	13,8
	Sem informação	2	,5
	Total	**420**	**100,0**
Estado civil	Solteiro(a)	187	44,7
	Casado(a)/União estável	193	46,0
	Divorciado(a)/Separado(a)	36	8,6
	Viúvo(a)	2	,5
	Sem informação	2	,5
	Total	**420**	**100,0**
Nº de pessoas que compõem o agregado familiar	1	48	11,3
	2	85	20,3
	3	118	28,1
	4	119	28,3
	Mais de 4 pessoas	27	6,4
	Sem informação	23	5,4
	Total	**420**	**100,0**

Fonte: Regresso ao trabalho pós Covid-19 (2022).

Do total de respostas, verifica-se que a maioria dos que participaram da pesquisa é do sexo feminino (68,3%), sendo que, da totalidade inquirida, a idade média compreende os 38,6 anos (42,1% entre os 31 e 50 anos e 36% têm até 30 anos). No que concerne à escolaridade, observa-se que a esmagadora maioria detém uma formação superior (85,9%) e, relativamente ao estado civil, a maior proporção registra-se ao nível dos que se encontram casados ou em união estável (46%), seguidos dos que declaram ser solteiro/as, num valor muito próximo, correspondente a 44,7%. A maioria dos participantes indicaram que o seu agregado familiar é composto por até 4 elementos, contando com eles.[11]

A relação dos entrevistados diante do mercado de trabalho apresenta-se como um dos tópicos de maior relevância no âmbito desta análise. Nesse sentido, apesar de 47,4% declararem estar empregados de forma presencial, mais de um terço da amostra (37,3%) inclui trabalhadores em regimes de trabalho de dias alternados de teletrabalho/presencial (21,9%) e em apenas em regime de teletrabalho (15,4%). Com valores visivelmente menores, encontram-se os que são autônomos (5,5%), os desempregados (2,6%) e em outra situação (7,1%).[12] De salientar, ainda, que a grande maioria declara que desde a pandemia não houve alteração no seu estatuto laboral.

Tabela 2 – Situação com relação ao trabalho no momento da inquirição

Neste momento, encontra-se	**Empregado (em forma presencial)**	**199**	**47,4**
	Empregado (em teletrabalho)	65	15,4
	Empregado em dias alternados de teletrabalho-presencial	92	21,9
	Autônomo (profissional liberal)	23	5,5
	Desempregado	11	2,6
	Outra situação	30	7,1
	Total	**420**	**100,0**

Fonte: Regresso ao trabalho pós Covid-19 (2022).

Relativamente ao rendimento do agregado familiar, os entrevistados declararam que o seu "rendimento disponível dá para viver" (45,5%), seguida pela afirmação de que o "rendimento disponível permite viver confortavelmente" (45%). Com valores menores, encontram-se as posições dos

11 As proveniências geográficas são diversas. Grande parte do/as respondentes reside no distrito de Braga (40,0%), seguido de Lisboa (15,2%), Porto (12,8%), Setúbal (6,8%), Aveiro (6,2%), Viana do Castelo (3,2%) e Coimbra (2,6%). Note-se, ainda, que 13 dos respondentes residem no estrangeiro (2,8%).

12 Além dos 37,5% das respostas que se localizaram, nas questões excludentes "em teletrabalho" ou em regime "alterado", constatou-se que 10% dos indivíduos em "autoemprego" e em "outra situação" (questões não excludentes com o teletrabalho) participaram, de uma ou outra forma, em teletrabalho, elevando o total de experiências de trabalho a distância para 47,8% (201 indivíduos).

que declararam ser "difícil viver com o rendimento disponível" (7,6%) e ser "muito difícil viver com o rendimento disponível (1%).

3.2. Posicionamentos e (di)visões do teletrabalho[13]

O teletrabalho é uma "promessa eterna" em discussão desde a década de 1970, inclusive "incentivada pelo poder político", mas cuja implementação foi progressivamente adiada ou evitada até ao seu recurso como resposta à pandemia de covid-19 (Schütz; Noûs, 2021, p.1). Impedido o contato e a proximidade física entre pessoas, o trabalho encontrou solução na sua execução distanciada. Nesse quadro, o teletrabalho surgiu numa escala mundial como solução de urgência, tendo-se naturalizado muito rapidamente. Instituído quase sem discussão como nova forma de executar o trabalho e consolidado como fator positivo para a vida dos trabalhadores, o teletrabalho constitui-se numa dessas tecnologias benignas, tipicamente concebidas segundo o princípio de progresso e mudança do mundo.

De acordo com Schütz e Noûs (2021), a literatura do longo histórico do teletrabalho recebeu a atenção de várias áreas disciplinares, particularmente economia, psicologia, estatística, ergonomia, com destaque para uma "forte predominância das ciências da administração", notando-se uma "relativa ausência da sociologia", cujo interesse se centrou em "especialistas digitais que trabalham em laboratórios de pesquisa em grandes empresas [...] ou em escolas de engenharia" (Schütz; Noûs, 2021, p.2). As abordagens identificadas na literatura mostram um centramento nos campos da gestão e administração, e os interesses temáticos do teletrabalho têm-se orientado para questões como "produtividade", "desempenho", "eficiência", "envolvimento e compromisso". Em geral as análises giram em torno do impacto do teletrabalho na "vida pessoal dos teletrabalhadores", com relevo para a articulação entre as "temporalidades profissionais e privadas" (Schütz; Noûs, 2021, p.2).

---

13 Reportamo-nos à situação da "exploração percebida" pelos que se encontram em regime de teletrabalho (em modo exclusivo ou alternado com o presencial), resultando de uma primeira aproximação ao estudo. Futuras investigações são necessárias na interpretação e explicação dos impactos da subjetividade precária, com particular enfoque na dimensão dos sentidos, tomando por referência os múltiplos arranjos no espaço social do trabalho e da vida.

Como já foi referido, a tentação para a visão do trabalho centrado exclusivamente na esfera econômica é contrariada por vários autores da sociologia do trabalho (Antunes, 2013; Grozelier; 1998; Schnapper, 1997; Silva, 2012, 2017). Em geral, esses estudos demonstram que as mudanças estão longe de atender às consequências quanto à realidade do trabalho observado pelo lado dos trabalhadores. Pelo contrário, as mudanças demonstram a tendência para a decomposição das estruturas do trabalho por meio de uma progressiva e subliminar subtração promovida pela aliança entre conhecimento, valor e capital à qual os trabalhadores deixaram de ter condições de resposta (Gorz, 2003).

Mas tal como noutras dimensões anteriormente exploradas, o teletrabalho constitui mais uma metamorfose que demonstra quanto o trabalho se tornou instrumental e o trabalhador, ao ser transformado numa extensão da tecnologia, se vai progressivamente desligando da sua condição social e humana (Gorz, 1998). Pelo contrário, a investigação tem demonstrado que, por trás dessas mudanças, se escondem mecanismos do capitalismo orientados para a autossubjugação do trabalhador.

A autopercepção do teletrabalho durante o tempo de confinamento no período pandêmico constitui um momento para se aquilatar a experiência dos trabalhadores colocados a distância. Os trabalhadores inquiridos foram colocados perante dois cenários em que se procurou obter a sua reação, a vários níveis, por intermédio do seu grau de concordância sobre as mudanças surgidas durante o período de confinamento.

O primeiro cenário explorou as questões usualmente enunciadas como fatores negativos do teletrabalho (Gráfico 1). Nesse contexto, em geral, os trabalhadores apreciam trabalhar em casa. São poucos (35,5%) os que, operando no domicílio, encontram problemas em separar a vida profissional da vida pessoal. O fato da atividade laboral se realizar em espaço privado só dificulta o cumprimento de responsabilidades pessoais a uma pequena minoria (24,9%). Assim como também apenas um terço (31,5%) admite ser incomodado pelos membros da família enquanto trabalha. É praticamente o mesmo número (31,2%) os que concordam, ou concordam totalmente, com a circunstância de resistirem a um putativo desamparo quando em teletrabalho, fato que os livra de qualquer desânimo ou de estado de estresse, cuja preocupação apenas atinge ou preocupa cerca de um quarto (26,1%) dos empregados. Aliás, efeitos psicológicos ao nível da ansiedade

Gráfico 1 – Percepções negativas de empregados em teletrabalho

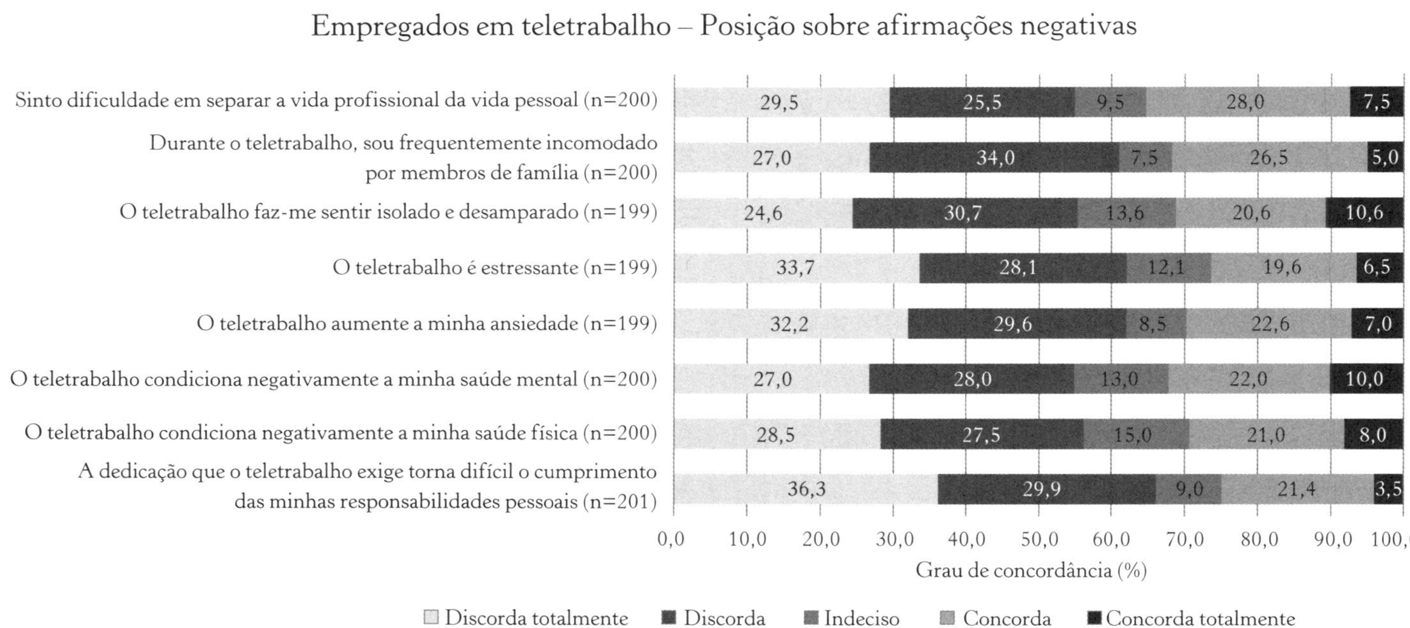

Fonte: Regresso ao trabalho pós Covid-19 (2022).

(29,6%), ou da possibilidade de condicionamento negativo da saúde mental (30%) ou física (29%) estão longe de constituir preocupação generalizada dos que se viram obrigados a trabalhar em casa durante o último confinamento imposto pela covid-19.

O segundo quadro deu a possibilidade de os trabalhadores revelarem a sua posição a partir de asserções que olham para o teletrabalho segundo referências positivas (Gráfico 2). Nesse conjunto de propostas, por regra os empregados mostram-se satisfeitos com o trabalho executado longe do espaço físico da organização. Uma larga maioria dos entrevistados (61,6%) considera ser possível desenvolver o seu trabalho exclusivamente em regime de teletrabalho, e mais de metade (57,5%) julga que, em casa, conseguirá manter a concentração na execução do seu ofício. Inclusive, uma grande parte (61,6%) considera-se mais produtivo quando trabalha fora das instalações da empresa. A ideia de trabalho flexível ajuda a compreender essa posição. Quatro em cada cinco pessoas (79%) ajuízam a flexibilidade segundo uma forma positiva e benéfica para a vida dos trabalhadores. A tal propósito, um pouco mais de metade (52,3%) entende que o teletrabalho melhora a sua qualidade de vida.

A única afirmação com a qual os trabalhadores hesitam quanto aos benefícios do teletrabalho refere-se ao estímulo introduzido pela atividade a distância. Se pouco mais de um terço dos inquiridos (37%) parece não ter dúvidas quanto ao reforço da motivação provido pelo teletrabalho, outro tanto (36,5%) discorda ou discorda muito da natureza benfazeja do trabalho executado a distância. A essa dualidade contraposta há que considerar, ainda, o fato de um quarto dos entrevistados (26,5%) estar indeciso quanto ao reforço da sua motivação durante a sua experiência em teletrabalho. Em conjunto, a indecisão e hesitação verificadas deixam perceber que a variável teletrabalho não tem uma relação amplamente reconhecida na motivação.

Essa dúvida mostra-se numa outra dimensão de análise dos dois cenários em evidência. O confronto com *afirmações negativas* oferece menos indecisão nas respostas do que o confronto perante *afirmações positivas* sobre o teletrabalho. Enquanto no primeiro caso os indecisos ciframse no intervalo entre os 7,5% e os 15%, no segundo caso a indecisão aumenta para números intervalados entre 10 e 26,5%. Particularmente, juntando-se com os números negativos quanto à motivação, a indecisão (26,5%) reforça ainda mais o quadro de repulsa por se sentir mais motivado com o teletrabalho.

Gráfico 2 – Percepções positivas de empregados em teletrabalho

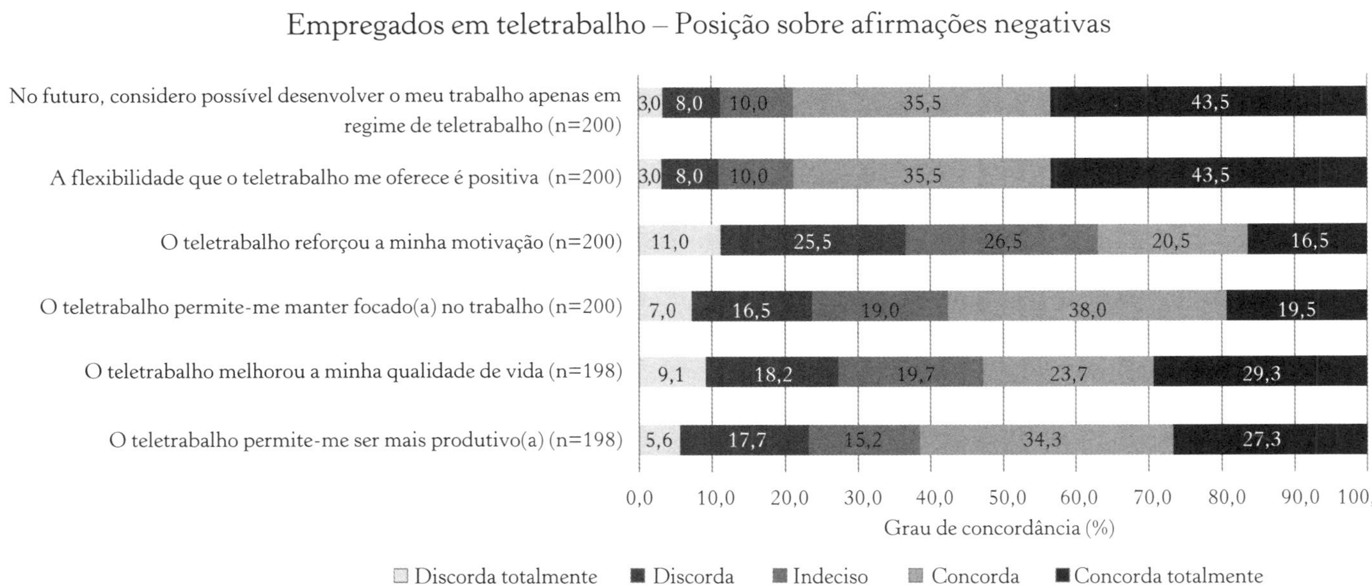

Fonte: Regresso ao trabalho pós Covid-19 (2022).

A hesitação mostra que os trabalhadores estão mais dispostos a defender o teletrabalho na sua vertente deslocalizada para a realização de tarefas, mas não desligam a atividade laboral distanciada do centro da sua gênese. Existe a certeza de que algo muda, mas não há certeza de que a mudança será positiva para o trabalhador. O trabalho executado a distância introduz-se como uma ruptura na ordem estabelecida com impacto em várias dimensões externas, especialmente na organização da vida dos trabalhadores, que estes sentem como mais ou menos positivo nas suas vidas. Mas subsiste uma desconfiança latente a que não escapa a percepção do histórico das transformações do trabalho travestidas com pele de cordeiro para esconder o lobo que se acoberta.

O teletrabalho acrescenta novas práticas e introduz novas dimensões de estudo do trabalho, mas não produz nem reconstrói uma nova teoria do *trabalho*. O cerne do *teletrabalho* é o *trabalho* e, nessa perspectiva, questões como satisfação ou motivação associam-se ao intrínseco do trabalho no impacto do trabalhador e não às mudanças introduzidas pelas dinâmicas da hodiernidade, neste caso, as alterações do palco, mais ou menos distanciado, da execução das tarefas.

Notas finais

Com o confinamento imposto pela pandemia de covid-19 e a vivência do primeiro fato sociobiológico total do século XXI, o mundo do trabalho foi submetido a um raro laboratório de experiências. O recurso ao teletrabalho como solução externamente forçada configurou uma oportunidade para uma realidade prometida – e desejada pelo pensamento neoliberal –, desse modo inscrevendo-se e impondo-se compulsoriamente como processo de desarticulação entre trabalho vivo e humano e a tecnologia digital, contribuindo para as mutações amplamente notadas nas transformações do trabalho.

Mais do que um episódio, o recurso massivo ao teletrabalho veio engrossar as múltiplas faces invisíveis da crise do trabalho e ampliar o caleidoscópio de desigualdades com reforço da precarização. Essas metamorfoses do trabalho, caracterizadas por se darem em obediência aos propósitos do capitalismo, apresentam-se como tecnologias polimórficas benignas, mas, contraditoriamente, remetem para um quadro de exploração percebida no qual resultam constantes processos de autossubjugação como recurso possível dos trabalhadores.

A análise dos resultados de um questionário aplicado em Portugal no fim do confinamento imposto pela pandemia de covid-19 mostra que, apesar do alinhamento dos trabalhadores com várias dimensões do teletrabalho, confirmam-se as suas desconfianças, hesitações e a não confirmação do reforço da *motivação* como fator positivo resultante do trabalho a distância. Tal como noutros estudos, tal perspectiva faz prevalecer a possibilidade de a subjetividade da experiência emocional interna revelar-se na (in)satisfação dos trabalhadores, enquanto a manifestação externa das emoções constitui a preocupação primordial da visão capitalista, promovendo-se assim uma antinomia na visão das transformações, sobretudo na metamorfose do trabalho em tempo pandêmico.

Tal quadro dicotômico entre a visão capitalista e as consequências práticas do polimorfismo subjacente às alterações introduzidas no campo do trabalho questiona a neutralidade consagrada às transformações operadas. A investigação acadêmica tem acolhido a noção de metamorfose atribuindo-lhe uma perspectiva neutra que, a médio prazo, reverte para a naturalização e permanente desvalorização do trabalho. Observadas pelo lado da exploração percebida pelos trabalhadores, as metamorfoses afiguram-se como invariáveis dispositivos contra o trabalho.

Referências bibliográficas

ANTUNES, R. (2013). *Os sentidos do trabalho*: ensaio sobre a afirmação e a negação do trabalho. Coimbra: Edições Almedina.

______. (2018). *O privilégio da servidão*: o novo proletariado de serviço na era digital. São Paulo: Boitempo.

______. (2020). *Coronavírus*: o trabalho sob fogo. São Paulo: Boitempo.

ARMANO, E.; MURGIA, A. (2013). The precariousnesses of young knowledge workers: a subject-oriented approach. *Global Discourse*, v.3, n.3-4, p.486-501.

______; ______; MORINI, C. (2022). Conceptualizing precariousness: A subject-oriented Approach. In: CHOONNARA, J.; MURGIA, A.; CARMO, R. M. (orgs.). *Faces of Precarity*: Critical Approaches to Precarity: Work, Subjectivities and Movements. Bristol: Bristol University Press, p.29-43.

______; ______; BOVE, A. (orgs.) (2017). *Mapping Precariousness, Labour Insecurity and Uncertain Livelihoods*: Subjectivities and Resistance. London: Routledge.

AZAÏS, C. (2019). Hybridation. In: BUREAU, M.-C. et al. (orgs.). *Les Zones grises des relations de travail et d'emploi*: un dictionnaire sociologique. Buenos Aires: Teseo, p.213-25.

BANKS, M.; MILESTONE, K. (2011). Individualization, gender and cultural work. *Gender, Work and Organization*, v.18, n.1, p.73-89.

BAUMAN, Z. (2000). *Liquid Modernity*. Oxford: Policy.

BECK, U. (1992). *Risk Society*: Towards a New Modernity. London: Sage.

______. (2000). *Un nuevo mundo feliz*: la precariedad del trabajo en la era de la globalización. Barcelona: Piados.

______. (2015). *Sociedade de risco mundial*: em busca da segurança perdida. Lisboa: Edições 70.

BUREAU, M.-C. et al. (2019). *Les Zones grises des relations de travail et d'emploi*: un dictionnaire sociologique. Buenos Aires: Teseo.

BERICAT, E. (2016). The sociology of emotions: Four decades of progress. *Current Sociology*, v.64, n.3, p.491-513.

BOLTANSKY, L.; ÉVE, C. (2009). *O novo espírito do capitalismo*. São Paulo: Martins Fontes.

BOURDIEU, P. (1998). La Précarité est aujourd'hui partout. *Contre-feux*. Paris: Liber-Raison d'agir, p.95-101.

CASTEL, R. (1995). *Les Métamorphoses de la question sociale*. Paris: Gallimard.

______. (2003). *L'Insécurité sociale*: Qu'est-ce qu'être protégé? Paris: Seuil.

______. (2009). *La Montée des incertitudes*: travail, protections, statut de l'individu. Paris: Seuil.

CHOONARA, J. (2020). The Precarious Concept of Precarity. *Review of Radical Political Economics*, v.52, n.3, p.427-46. Disponível em: https://doi.org/10.1177/0486613420920427. Acesso em: 4 maio 2021.

______; MURGIA, A.; DO CARMO, R. (2022). *Faces of Precarity*: Critical Approaches to Precarity: Work, Subjectivities and Movements. Bristol, Bristol University Press.

DE STEFANO, V. (2016). The rise of the "just-in-time workforce": on-demand work, crowdwork and labour protection in the "gig-economy". *International Labour Office*, Conditions of work and employment series, n.71. Disponível em: https://www.ilo.org/wcmsp5/groups/public/---ed_protect/---protrav/---travail/documents/publication/wcms_443267.pdf. Acesso em: 20 set. 2021.

DOELLGAST, V.; BELLEGO, M.; PANNINI, E. (2021). After the social crisis: the transformation of employment relations at France Télécom. *Socio-Economic Review*, v.19, n.3, p.1127-47.

ESTANQUE, E. (2005). Classes, precariedade e ressentimento: mudanças no mundo laboral e novas desigualdades sociais. *Configurações*, n.1, p.87-99.

______. (2014). Rebeliões de clase média? Precariedade e movimentos sociais em Portugal e no Brasil (2011-2013). *Revista Crítica de Ciências Sociais*, n.103, p.53-80. Disponível em: https://doi.org/10.4000/rccs.5540. Acesso em: 5 maio 2018.

______. (2017). Portugal e o estado providência: fragilidades, dependências e ameaças. *Revista Novos Rumos Sociológicos*, n.8, p.33-70. Disponível em: https://periodicos.ufpel.edu.br/ojs2/index.php/NORUS/article/view/13117. Acesso em: 5 maio 2018.

FOUCAULT, M. (2010). *Vigiar e punir*. Trad. Raquel Ramalhete. Rio de Janeiro: Vozes.

FRASER, N. (2017). *Social Reproduction Theory*: Remapping Class, Recentering Oppression. Editor Tithi Bhattacharya.

GORZ, A. (1998). *Métamorphoses du travail*: Quête du sens: Critique de la raison économique. Paris: Galillé.

______. (2003) *L'immatériel. Connaissance, valeur et capital.* Paris: Galilée.

COZZA, M. et al. (2021). COVID-19 as a breakdown in the texture of social practices. *Gender, Work & Organization*, n.28, p.190-208.

GERD, L. (2017). *Tecnologia* versus *humanidade*: o confronto futuro entre a máquina e o homem. Gradiva Editora.

GRANTER, E. (2009). *Critical Social Theory and the End of Work.* London: Routledge.

______. (2021). Critical theory and the post-work imaginary. In: AROLES, J.; VAUJANY, F.; DALE, K. (orgs.). *Experiencing the New World of Work.* Cambridge: Cambridge University Press, p.204-26.

GRANDEY, A. A.; SAYRE, Gordon, M. (2019). Emotional Labor: Regulating Emotions for a Wage. *Current Directions in Psychological Science*, v.28, n.2, p.131-7. Disponível em: https://doi.org/10.1177/0963721418812771. Acesso em: 4 set. 2022.

GROZELIER, A.-M. (1998). *Pour en Finir avec la Fin du Travail.* Paris: Éditions de l'Atelier.

HARVEY, D. (2007). *A Brief History of Neoliberalism.* Oxford: Oxford University Press.

KALLEBERG, A. L. (2009). Precarious work, insecure workers: Employment relations in transition. *American Sociological Review*, v.74, n.1, p.1-22.

______; VALLAS, S. P. (orgs.) (2018). *Precarious Work*: Book Series: Research in the Sociology of Work. Bingley, England: Emerald Publishing.

KANAI, A. (2009). Karoshi (Work to Death) in Japan. *Journal of Business Ethics*, n.84, p.209-16.

HUWS, U. (2019). *Labour in Contemporary Capitalism. What Next?*. London: Palgrave/MacMillan.

______; SPENCER, N.; SYRDAL, D.; HOLTS, K. (2017). *Work in the European Gig Economy*: Research Results from the UK, Sweden, Germany, Austria, The Netherlands, Switzerland and Italy. Foundation for European Progressive Studies.

ILO. (2021). *World Employment and Social Outlook 2021*: The Role of Digital Labour Platforms in Transforming the World of Work, International Labour Organization, Geneva. Disponível em: http://www.ilo.org/global/research/global-reports/weso/2021/WCMS_771749/lang--en/index.htm. Acesso em: 30 set. 2021.

LINHART, D.; AUCHER, L., BARNIER, F. (2016). Entrevista com Danièle Linhart: a instituição da expropriação. *Cadernos de psicología Social do Trabalho*, v.19, n.1, p.135.

LIVNE-OFER, E.; COYLE-SHAPIRO, J. A. M.; PEARCE, J. L. (2019). Eyes wide open: Perceived exploitation and its consequences. *Academy of Management Journal*, v.62, n.6, p.1989-2018.

LUPTON, D. (2019). Digital Risk Society. In: BURGESS, A.; ALEMANNO, A.; ZINN, J. (Eds). *The Routledge Handbook of Risk Studies.* London: Routledge, p.301-9.

______; WILLIS, K. (orgs.). (2021) The COVID-19 Crisis: Social Perspectives, London: Routledge.

MARQUES, A. P. (2001). Dinâmicas da relação entre trabalho e emprego: o fetiche da "empregabilidade permanente". *Cadernos do Noroeste*, Série Sociologia, v.16, n.1-2.

______. (2010). "Sacralização" do mercado de trabalho. Jovens diplomados sob o signo da precariedade. *Revista Configurações*, n.7, p.65-89.

______. (2013). Empregabilidade e (novos) riscos profissionais. In: BRANDÃO, A. M.; MARQUES, A. P. (orgs.). *Jovens, trabalho e cidadania*: que sentidos? Minho: CICS/ Universidade do Minho, p.20-34. Disponível em: http://www.lasics.uminho.pt/ojs/ index.php/cics_ebooks/issue/view/123.

______. (2020a). Regresso ao trabalho em tempos pandémicos: Urgência de vinculação social. In: MARTINS, M.; RODRIGUES, E. (orgs.). *A Universidade do Minho em tempos de Pandemia. Projeções*, t.III. Minho: UMinho Editora, p.127-51, e-book. Disponível em: http://hdl.handle.net/1822/70259.

______. (2020b). Crise e trabalho: interrogações em tempos de pandemia. In: OLIVEIRA, M. et al. (orgs.) *Sociedade e crise(s)*. Minho: UMinho Editora, p.31-7. Disponível em: http://hdl.handle.net/1822/70382.

______. (2020c). Na fronteira do mercado de emprego: jovens, trabalho e cidadania. *Revista Trabalho, Educação e Saúde*, n.18, suppl.1, e0024981. doi: https://doi. org/10.1590/1981-7746-sol00249.

______. et al. (2022). Trabalho e nomadismo digital: práticas, sentidos e regulações. Uma introdução. *Revista Crítica de Ciências Sociais*, n.129, p.77-84.

MAUSS, M. (1924). Essay sur le don – Forme et raison de l'échange dans les sociétés primitives. *L'Année Sociologique*, n.2.

MORALES, A. C. et al. (2021). Causes and Consequences of Purifying Selection on SARS--CoV-2. *Genome Biology and Evolution*, v.13, n.10, p.11-7.

MURGIA, A. et al. (2020). Hybrid areas of work between employment and self-employment: emerging challenges and future research directions. *Frontiers in Sociology*, v.86, n.4, p.1-8.

PAUGAM, S. (2000). *Le Salarié de la précarité*. Paris: PUF,

POLANYI, K. (2012). *A grande transformação*. Lisboa: Almedina.

PINTO, J. M. (2006). Precarização e relações de sentido no espaço social do trabalho. *Sociologia*, série I, n.16, p.177-90.

REICH, B.R. (1993). *O trabalho das nações*. Lisboa: Quetzal Editores

RICCIARDI, F. (2019). Prolégomènes des zones grises. In: BUREAU, M.-Ch. et al. (orgs.). *Les Zones grises des relations de travail et d'emploi. Un dictionnaire sociologique*. Buenos Aires: Teseo, p.425-35.

RIFKIN, J. (1995). *The End of Work*. Washington: Tarcher/Penguin.

SCHNAPPER, D. (1997). *Contre la Fin du Travail*. Paris: Les Éditions Textuel.

SCHÜTZ, G.; NOUS, C. (2021). Pour une Sociologie du télétravail ancrée dans les organisations. *Sociologies pratiques*, v.43, n.2, p.1-12.

SCHWAB, K. (2018). *A quarta Revolução Industrial*. [s.l.]: Editora Levoir.

SENNET, R. (2001). *A corrosão do carácter*: as consequências pessoais do trabalho no novo capitalismo. Lisboa: Terramar.

SILVA, E. (2012). *Fabricados na fábrica*: uma narrativa operária no século XXI. Famalicão: Húmus.

______. (2017). Excurso sobre media, tecnologia e trabalho. *Intercom: Revista Brasileira de Ciências da Comunicação*, v.40, n.1, p.59-75.

SUZMAN, J. (2021). *Trabalho*: uma história de como utilizamos o nosso tempo. Porto Salvo: Edições Desassossego.

VAN DOORN, N. (2017). Platform labor: on the gendered and racialized exploitation of low-income service work in the 'on-demand' economy. *Information, Communication & Society*, v.20, n.6, p.898-914.

VOSKO, L. F. (2010). *Managing at the Margins. Gender, Citizenship, and the International Regulation of Precarious Employment*. Oxford: Oxford University Press.

ZANONI, P. (2019). Labor market inclusion through predatory capitalism? The "sharing economy", diversity, and the crisis of social reproduction in the Belgian coordinated market economy. In: VALLAS, S. P.; KOVALAINEN, A. (orgs). *Work and Labor in the Digital Age*. Bingley: Emerald Publishing Limited, p.145-64.

9
Mobilização do direito como estratégia de resistência às reformas trabalhistas na América Latina: as experiências do Brasil e do Chile[1]

Agnaldo de Sousa Barbosa[*]
Lívia Alves Aguiar[**]

Nas últimas décadas, alterações profundas nos processos de produção, assim como nos padrões de acumulação de capital engendraram transformações que convulsionaram o mundo do trabalho; a face mais dramática dessas mudanças foi delineada em uma ampla desregulamentação dos direitos sociais e trabalhistas ao redor do mundo (Castel, 1998; Antunes, 2003; Ferreira, 2012). Nesse contexto, observou-se uma estratégia orquestrada por forças do empresariado e suas representações no âmbito do Estado, as quais, ao mesmo tempo que atuavam para desmantelar o

1 O texto contempla, em diferentes aspectos, resultados dos seguintes projetos de pesquisa: "Mobilização do direito como resposta à precarização do trabalho: análise da experiência brasileira na década de 2010" (Proc. CNPq: 436597/2018-7); "Mobilização do direito em face da precarização das relações de trabalho: análise da experiência brasileira e portuguesa na década de 2010 e no contexto da pandemia de Covid-19" (Proc. FAPESP: 2020/03409-0). As reflexões sobre o Chile vinculam-se, especificamente, ao projeto "Mobilização do direito como resposta à precarização do trabalho: análise da terceirização no Brasil e Chile" (Proc. PROPe/Unesp: 2939/2021 – CNPq/PIBIC).

* Livre-docente em Sociologia. Professor associado III da Universidade Estadual Paulista-UNESP/Câmpus de Franca. Professor do Programa de Pós-Graduação em Planejamento e Análise de Políticas Públicas, do Programa de Pós-Graduação em Direito e do Programa de Pós-Graduação em Serviço Social.

** Bachaleranda em Direito pela Universidade Estadual Paulista-Unesp/Câmpus de Franca. Bolsista CNPq/PIBIC.

arcabouço de direitos, buscaram enfraquecer as entidades sindicais, fragmentando e minando o poder de organização dos trabalhadores (Estanque, 2005; Rigoletto; Páez, 2018).

Especialmente nas economias periféricas, as reformas trabalhistas têm ganhado destaque em período recente, fundamentando-se em valores neoliberais e alegando a necessidade de *modernizar* a legislação laboral. A reflexão levada a efeito neste capítulo busca compreender as características da mobilização jurídica por atores e entidades da classe trabalhadora em face do fenômeno da terceirização, sobretudo a partir do cenário delineado pelas reformas trabalhistas de inspiração neoliberal, como a Lei nº 13.467/2017, no Brasil, e as alterações legislativas implementadas pelos governos de Michelle Bachelet e Sebastián Piñera, no Chile. A discussão aqui realizada aborda as mudanças da legislação empreendidas no âmbito dessas reformas, bem como as particularidades relacionadas à terceirização em ambos os países.

A intenção desta reflexão é tentar compreender como a classe trabalhadora brasileira e a chilena se valem da mobilização do direito para enfrentar os efeitos desencadeados pelas reformas trabalhistas, especialmente em uma das expressões mais deletérias da precarização, que é a terceirização. Nessa tarefa, buscou-se identificar quem são os atores sociais que encabeçam a iniciativa de recorrer às instituições da justiça, compreender a natureza das demandas apresentadas e analisar o caráter das decisões relacionadas à terceirização no Brasil e no Chile. O objetivo, com isso, é ponderar se os resultados advindos do campo jurídico têm contribuído (ou não) para refrear o impulso à precariedade proporcionado pelo conteúdo das reformas.

Estudos que têm como foco a mobilização do direito como estratégia de luta da classe trabalhadora para enfrentar o impacto da precarização e das reformas ainda despertam reduzido interesse da literatura sobre as relações laborais na contemporaneidade. Prevalecem as investigações que tomam como objeto privilegiado de análise os padrões de atuação coletiva que se pautam pela ação direta do movimento sindical – e seu consequente arrefecimento como parte dos efeitos do processo de reestruturação produtiva e hegemonia neoliberal nas últimas décadas.[2] E não se trata apenas de uma característica da literatura brasileira. Francisca Gutiérrez e Ignacio

2 São inúmeras as referências nesse aspecto. Entre outros, cf.: Oliveira (2015); Krein et al. (2018); Estanque, Costa (2018); Pochmann (2022).

Gutiérrez argumentam que tal prevalência é uma condição comum nas ciências sociais, "em que pese a crescente importância da mobilização legal para os sindicatos" (Gutiérrez; Gutiérrez, 2017, p.201, tradução nossa). Conforme observam, "sem referência a essa forma de ação é difícil entender como o movimento sindical em países como o Chile tem sobrevivido ao tempo, apesar dos múltiplos problemas que enfrenta"; no entanto, "a literatura sobre relações de trabalho tem sido cega a esse fenômeno, tanto no Chile quanto em países com maior desenvolvimento científico" (Gutiérrez; Gutiérrez, 2017, p.218, tradução nossa).

Do ponto de vista teórico-metodológico, utilizamos a literatura sociológica e jurídica que considera o direito como dimensão intrínseca à vida político-social, constituindo-se como um recurso entre outros disponíveis à ação coletiva. Nessa perspectiva, os tribunais são agentes institucionais cujas deliberações moldam a atuação e, paralelamente, interagem com outros agentes, sem gozar do status de protagonistas absolutos (Zemans, 1983; McCann, 1994, 2010; Smulovitz, 2008; Ruibal, 2015; Fenollosa, 2020; Perricone, 2020). Quanto à abordagem empírica, empregamos uma abordagem qualitativa na pesquisa jurisprudencial. Analisamos decisões do Supremo Tribunal Federal (Brasil) e da Suprema Corte (Chile), publicadas entre 2017 e 2020, relacionadas às questões da terceirização e, por conseguinte, à precarização do trabalho. Obtivemos essas decisões nos repositórios eletrônicos dos referidos tribunais, utilizando termos como "terceirização" e "precarização" no Brasil, e "subcontratación" e "ley 20.123/2007", no Chile.

1. Políticas de austeridade econômica e reformas trabalhistas: dois lados de uma mesma moeda

Nas últimas décadas, o capitalismo vem enfrentando uma crise estrutural que desencadeou um complexo processo de reestruturação produtiva cujo objetivo seria a recuperação dos parâmetros de acumulação. Com isso, o padrão fordista-taylorista foi gradualmente substituído por um modelo que privilegia a horizontalidade na relação com a cadeia produtiva, com forte ênfase na subcontratação irrestrita de prestação de serviços, reorganização de processos de trabalho e relocalização de plantas industriais, deslocando as atividades para espaços geográficos nos quais imperativos legais intervenham menos – ou nada – nas possibilidades de flexibilização de arranjos produtivos e contratação da força de trabalho. Não por acaso, David Harvey (1995) denominou esse novo modelo de "acumulação flexível". Na prática, ele foi responsável por uma nova divisão mundial do trabalho e uma de suas principais consequências foi o impacto causado nas taxas de emprego.

No plano político, nesse contexto, as elites econômicas se mobilizaram por agendas de matiz neoliberal, pressionando pela flexibilidade dos direitos trabalhistas e sociais como o recurso mais adequado para enfrentar as dificuldades impostas nos momentos de crise. A alegação de que esse tipo de solução facilitaria a geração de novos postos de trabalho e incrementaria o potencial competitivo não encontrou respaldo na experiência concreta. Na realidade, as ações advindas de tais projetos configuraram políticas de austeridade econômica que buscaram reduzir os custos do trabalho, aumentar as jornadas, diminuir as indenizações trabalhistas, limitar as negociações coletivas e degradar os direitos trabalhistas (Ferreira, 2012). A América Latina tem sido palco de diversos exemplos dessas reformas. No Brasil, a Lei 13.467, aprovada em 2017, e no Chile, as alterações legislativas implementadas ao longo das duas últimas décadas, todas elas promoveram mudanças na organização laboral e recuos nos direitos trabalhistas e sociais.

1.1. Os obstáculos à mobilização jurídica no rastro da reforma trabalhista brasileira

A conjuntura que caracterizou o estabelecimento da reforma trabalhista no Brasil teve características bastante atribuladas. Cerca de um ano antes, em agosto de 2016, uma grave crise política e econômica levou ao controverso processo de *impeachment* da presidente Dilma Rousseff – que teve anulada, em agosto de 2023, a Ação de Improbidade Administrativa que motivou esse desfecho. O governo que a sucedeu, encabeçado por Michel Temer, apressou o andamento das propostas que dariam origem à reforma como parte de um plano de ação intitulado "Ponte para o Futuro". A promulgação da Lei 13.467/2017 foi, então, justificada pela necessidade de "adequação legislativa" aos imperativos das novas dinâmicas exigidas nas relações de emprego, sob a alegação de que a elevada incidência de acionamento dos tribunais trabalhistas havia sedimentado, no Brasil, um cenário de inequívoca instabilidade jurídica que inibia investimentos e prejudicava o progresso econômico (Krein et al., 2018).

A Lei 13.467 introduziu alterações significativas na Consolidação das Leis do Trabalho (CLT), as quais resultaram na retirada de garantias aos trabalhadores historicamente consolidadas, permitindo modalidades de contratação flexíveis e precárias (arts. 58-A; 134, §1º; e 443, §3º), enfraquecendo os sindicatos e suas organizações (art. 578), reduzindo a importância das negociações coletivas (art. 59, §§5º e 6º) e dificultando o acesso à justiça trabalhista como instância de solução de conflitos (arts. 844, §§2º e 3º; e 790-B) (Brasil, 2017). Essas mudanças estabeleceram a precarização como regra, relativizando a percepção de vulnerabilidade laboral e fragilizando as instituições incumbidas de proteger os direitos trabalhistas; de maneira paradoxal, a reforma legislativa desconsiderou as profundas assimetrias entre trabalhadores e empregadores que fundamentam o direito do trabalho.

Além disso, as mudanças nessas leis impactaram a dinâmica de mobilização dos trabalhadores, introduzindo expedientes processuais que representaram obstáculos ao acesso à justiça para os trabalhadores e suas organizações de classe, gerando dificuldades que antes não existiam. Exemplo nesse sentido é a figura jurídica da "justiça gratuita onerosa", criada nos termos do artigo 844, §§2º e 3º, que obriga os trabalhadores beneficiários da assistência judiciária gratuita a assumir as custas processuais no caso de apresentação de nova reclamação quando houver arquivamento. Artigos do texto da reforma trabalhista foram objeto da Ação Direta de Inconstitucionalidade (ADI) 5.766, na qual a Procuradoria Geral da União (PGU) buscou declará-los inconstitucionais, argumentando que algumas "inovações" trazidas pela lei teriam o deliberado objetivo de promover a intimidação ao pleno exercício do direito e o refreamento de demandas trabalhistas.

De acordo com dados do Tribunal Superior do Trabalho (TST), o impacto da "justiça gratuita onerosa" e de outras medidas previstas na Lei 13.467 é evidente: comparando-se os anos de 2017 e 2018, o montante de reclamações nas varas da Justiça do Trabalho teve um decréscimo de 46%; em 2017, foram 2.648.463 novos processos, enquanto em 2018, ano seguinte à promulgação da reforma, os novos processos declinaram para 1.742.507. Em 2019, houve uma pequena elevação (5,4%) no número de casos novos (1.823.440), contudo um valor ainda muito distante do total do período pré-reforma. Como era de se esperar, nos anos mais agudos da pandemia de covid-19 observou-se um drástico declínio de novos casos: em 2020, 1.463.481; em 2021, 1.539.127. Em 2022, já em um contexto de gradativo retorno à normalidade sanitária, o total de novos processos ficou ainda abaixo do que havia sido em 2018: 1.636.707 (Brasil, 2017, 2019, 2020, 2021, 2022).

1.2. Os espectros da ditadura e do neoliberalismo nas reformas trabalhistas chilenas

No Chile, a presença do ideário neoliberal imprimiu forte influência nas políticas estatais desde meados da década de 1970, deixando marcas indeléveis nos contornos dos direitos trabalhistas e sociais. Persistem ainda atualmente os efeitos das transformações produzidas pela ditadura de Augusto Pinochet (1973-1990). Durante esse período, diversas garantias conquistadas no período anterior pelos movimentos sociais e de trabalhadores foram eliminadas, deixando um legado de pobreza do qual o Chile ainda está tentando se recuperar (Coggiola, 2001). Durante a ditadura de Pinochet foi implementado o denominado "Plan Laboral" (1979), cujo alegado propósito seria adequar a legislação trabalhista chilena aos imperativos da economia de mercado, fortalecendo os princípios do neoliberalismo nas relações entre trabalho e capital; nesse aspecto, sua principal característica foi o solapamento dos direitos dos trabalhadores e a restrição à ação sindical e às negociações coletivas.

Após 1990, paralelamente à ascensão da "Concertación de Partidos" ao poder, esboçando um horizonte de redemocratização, emergiu também a expectativa de tempos melhores para as entidades representativas da classe trabalhadora. As reformas promovidas nos primeiros governos se caracterizaram pela busca da participação política, autonomia social e equidade, em conjunto com a ideia de equilíbrio fiscal e eficiência para *o desenvolvimento econômico*. No entanto, o desenrolar do processo de transição demonstrou a prevalência da dimensão da "eficiência", por meio da qual se compreende a legislação laboral como obstáculo ao desenvolvimento (Ortiz, 2017; Ortiz; Gamonal, 2017). A perspectiva de preservação da visão neoliberal no que diz respeito às relações de trabalho pode ser observada, igualmente, nas reformas promovidas na década de 2010.

Nos últimos anos, ocorreram importantes mudanças na legislação trabalhista chilena. Um destaque negativo, emblemático do primeiro mandato de Michelle Bachelet (2006-2010), foi a total liberdade ao expediente da subcontratação, incluindo a terceirização de atividades-fim e de atividades do setor público, possibilitada pela Lei nº 20.123 de 2006. Em 2016, durante o segundo governo de Bachelet (2014-2018), outra reforma foi realizada por meio da Lei 20.940, modificando a estrutura das relações de trabalho e alterando o código de trabalho elaborado por Pinochet.

Parte de uma agenda política progressista, o projeto de reforma laboral realizado no segundo governo de Bachelet teve como objetivo eliminar a assimetria de poder existente entre o setor empresarial e as organizações sindicais, além de modernizar as relações de trabalho. A Lei 20.940, de 2016, trouxe algumas inovações relativamente positivas para a classe trabalhadora, como a ampliação da cobertura e das matérias da negociação coletiva, o estabelecimento de um piso para negociação, o favorecimento da autonomia para empresas e sindicatos pactuarem condições especiais de trabalho, a regulamentação do direito à informação das organizações sindicais, a simplificação dos procedimentos de negociação coletiva, a proibição de substituição de trabalhadores em greve, o tratamento da representação das mulheres nos diretórios sindicais e o reconhecimento dos sindicatos interempresas e suas possibilidades de negociação coletiva (Ortiz, 2017). Em um panorama geral, contudo, a reforma deixou de abordar questões relevantes, como normas relacionadas a demissões, trabalho decente e medidas para evitar a precarização, sendo criticada por não resultar em alterações significativas nas relações de trabalho.

Alguns anos depois, em 2019, o governo de Sebastián Piñera levou a efeito uma reforma cujo principal propósito era a introdução de mecanismos e modalidades flexíveis de trabalho, juntamente com uma reforma previdenciária, mas que na realidade resultaria no aprofundamento da precarização e restrição dos direitos sociais.

2. A terceirização como signo da precariedade no Brasil e no Chile

Uma característica comum das reformas trabalhistas no Brasil e no Chile foi a permissão irrestrita para a terceirização. A justificativa empresarial para a ampla adoção do modelo de subcontratação é a de que ele permite que a organização concentre seus esforços e preocupações nas atividades relacionadas ao seu objetivo central, o que supostamente aumentaria a competitividade. Com base nesse argumento, tanto o Brasil quanto o Chile adotaram uma estrutura jurídica para regulamentar a terceirização. No Brasil, a terceirização foi inicialmente regulamentada pela Súmula 331 do Tribunal Superior do Trabalho (TST) e, posteriormente, pela Lei nº 13.429/2017; no Chile, foi regulamentada pela Lei nº 20.123/2006. Em ambos os países, porém, a terceirização não foi utilizada como meio de contratação de trabalhadores e serviços especializados, mas sim como uma forma de reduzir custos mediante a precarização dos direitos trabalhistas. Era o regime de trabalho escolhido pelos empregadores que permitia uma flexibilização dos direitos.

A terceirização teve um impacto estrutural na base produtiva dos dois países e alterou consideravelmente o funcionamento do mercado de trabalho. Como consequência desse processo, observou-se uma tendência à precarização do trabalho, uma vez que o distanciamento do trabalhador em relação à empresa tomadora dos serviços contribui para a degradação das condições de trabalho (Druck; Dutra; Silva, 2019). Isso se reflete na perda de direitos, redução de salários e benefícios trabalhistas, aumento da jornada de trabalho e maior incidência de acidentes e riscos à saúde dos trabalhadores terceirizados. Além disso, as organizações sindicais enfrentam dificuldades na mobilização e na unificação das lutas, devido à falta de solidariedade resultante da subcontratação (Estanque, 2005; Marcelino; Cavalcante, 2012).

2.1. O quadro legal da terceirização no Brasil

No Brasil, a terceirização foi regulamentada pelo Enunciado 331 do Tribunal Superior do Trabalho (TST) até 2017, quando passou a ser regida pela Lei 13.429. A súmula, editada em 1993, considerou a terceirização lícita, estabelecendo limitações para a atividade-meio da empresa contratante e atribuindo responsabilidade subsidiária à empresa principal. A súmula listou também situações excepcionais em que a contratação por empresa interposta seria permitida, como trabalho temporário, atendimento de demandas transitórias, substituição de pessoal permanente, serviços de vigilância, serviços de limpeza e serviços especializados relacionados à atividade-meio da empresa contratante.

A súmula revelou-se, contudo, controversa. Em primeiro lugar, adotou um critério vago e não comprovável para diferenciar terceirização lícita de ilícita, com base na distinção entre atividade-meio e atividade-fim. Conforme observado por Souto Maior (2004), o Enunciado 331 do TST afastou-se da realidade produtiva. Ao tentar regular o fenômeno da subcontratação, a definição jurídica trazida pela súmula acabou por legitimar a mera intermediação de mão de obra, considerada ilícita no país.

A Súmula 331 do TST abriu caminho para a lei que autorizou a terceirização generalizada. A Lei 13.429/2017, sancionada pelo presidente Michel Temer, inicialmente deveria tratar apenas do trabalho temporário. No entanto, essa nova lei inseriu na Lei 6.019/1974 dois artigos (artigos 4º e 5º) que ampliaram as possibilidades de terceirização, permitindo a terceirização de todas as atividades, tanto meio quanto fim, aprofundando assim a precarização do trabalho. Esses dispositivos abriram caminho para fenômenos como a pejotização, em que uma única pessoa (constituída como pessoa jurídica) presta serviços, e a quarteirização, em que ocorre uma nova subcontratação para a prestação de algum serviço por parte de uma empresa já terceirizada, os quais são recursos comumente utilizados para intermediar a contratação de pessoal, dificultando a fiscalização por parte das autoridades e frequentemente levando à submissão dos terceirizados e outros trabalhadores a condições degradantes de trabalho. O artigo 5º, parágrafo 4º da lei estabelece que a equiparação das condições de trabalho entre terceirizados e empregados é uma mera faculdade da empresa contratante de serviços.

Em 2014, o Dieese realizou uma análise que evidenciou a desigualdade entre os trabalhadores terceirizados e os empregados diretos. Segundo o estudo, os terceirizados recebiam salários cerca de 30% menores, trabalhavam até três horas a mais e apresentavam uma maior incidência de acidentes de trabalho. Além disso, tinham acesso reduzido aos direitos trabalhistas. A Nota Técnica 175 do Dieese (2017) apontou que o texto legal que autoriza a terceirização é frágil no que diz respeito à garantia dos direitos e à proteção dos trabalhadores.

2.2. O quadro legal da terceirização no Chile

Em relação aos aspectos legais da terceirização no Chile, a prática foi incorporada ao Código do Trabalho chileno (Código del Trabajo) nos artigos 183-A a 183-E, por meio da Lei 20.123/2006, promulgada durante o governo de Michelle Bachelet. No Chile, a terceirização é denominada como regime de subcontratação, em que o prestador de serviços é chamado de contratista ou subcontratista, e a empresa que contrata os serviços é conhecida como "empresa principal". O artigo 183-A do Código do Trabalho estabelece a definição do trabalho realizado sob o regime de subcontratação.

> Art.183-A: É trabalho em regime de subcontratação (terceirização) aquele realizado em virtude de um contrato de trabalho por um trabalhador para um empregador, denominado contratista ou subcontratista, quando este, em razão de um acordo contratual, se encarrega de executar obras ou serviços, por sua conta e risco e com trabalhadores sob sua dependência, para uma terceira pessoa natural ou jurídica dona da obra, empresa ou atividade, denominada a empresa principal, na qual se desenvolvem os serviços e executam as obras contratadas. Contudo não ficaram sujeitos a normas deste parágrafo as obras ou os serviços que se executam ou são prestados de maneira descontínua ou esporádica. (tradução nossa)

A legislação chilena não impõe restrições à terceirização de atividades por parte das empresas, desde que a empresa principal não atue como empregadora direta. O vínculo empregatício é estabelecido com a empresa contratada. Em relação à responsabilidade, a empresa principal é solidariamente responsável pelas obrigações trabalhistas e previdenciárias, a menos que exerça o direito de informação e retenção, que consiste em um controle para verificar se as obrigações estão sendo cumpridas (artigo183-C). Quando esse direito é exercido, a responsabilidade se torna subsidiária. Além disso, não é necessário obter autorização do poder público para realizar a terceirização. A Dirección del Trabajo (DT) é o órgão responsável por fiscalizar o cumprimento dos contratos.

3. É possível resistir à precariedade mobilizando o direito?

O direito e o sistema de justiça são frequentemente utilizados para promover a conservação de determinadas estruturas de dominação e, por conseguinte, legitimar desigualdades. Esse padrão pode ser observado nas reformas trabalhistas do Brasil e do Chile e na ampliação da terceirização, as quais visaram atender a interesses específicos e manter os privilégios das elites empresariais. No entanto, o direito também pode ser convertido em uma ferramenta de luta por grupos sociais oprimidos e marginalizados, permitindo-lhes reivindicar – e, em alguma medida, concretizar – suas demandas (Santos, 2014). A mobilização do direito por meio da ação coletiva configura uma estratégia que tem sido incorporada ao repertório de atuação dos movimentos sociais, assim como na luta sindical.

De acordo com Lígia Tavera Fenollosa, que toma a realidade do México como exemplo, essa é uma estratégia que tem caracterizado a luta social na América Latina, sobretudo nos países em que os processos de transição à democracia resultaram na consolidação de instituições sólidas. Conforme argumenta:

> Assim como aconteceu com a política, o protesto social foi judicializado e o espaço jurídico e seus atores tornaram-se, de uma forma ou de outra, uma parte crucial do conflito político. A transição para a democracia, as reformas do Poder Judiciário e a valorização na esfera pública dos valores e princípios fundamentais da democracia e do Estado de Direito tiveram como resultado o fato de que na arena jurídica – que até então tinha desempenhado um papel relativamente limitado e subordinado na vida social e política dos países latino-americanos – adquiriram um peso sem precedentes na história sociopolítica da região e do país, em pelo menos três dimensões: as reformas institucionais, as mudanças nos discursos de legitimação dos sistemas políticos e a apropriação, pelos cidadãos e pela sociedade, da linguagem dos direitos. (Fenollosa, 2020, p.223, tradução nossa)

A mobilização do direito é compreendida por Michael McCann (2010) como as ações de indivíduos, grupos ou organizações que buscam a realização de seus interesses e valores. Ao contrário dos estudos sobre a judicialização da política e o fortalecimento do poder dos tribunais, a abordagem da mobilização do direito (*legal mobilization*) concentra-se na ação dos usuários e no direito como um recurso de interação política e social (McCann, 2010). Os usuários, pertencentes a grupos subalternizados, têm buscado desenvolver uma perspectiva combativa do direito, enfrentando as desigualdades e opressões por meio do uso do direito como uma ferramenta de resistência (Santos, 2014).

A mobilização ocorre quando movimentos sociais, ONGs, entidades de classe e indivíduos utilizam processos judiciais para expandir ou redefinir os sentidos das leis em favor de grupos com menos poder (Gutiérrez; Gutiérrez, 2017). Nesse sentido, os tribunais desempenham um papel importante, pois são atores no campo de disputas e conflitos, detendo o poder de determinar valores e símbolos, além de decidir quais demandas são vitoriosas e quais são derrotadas. Mesmo nos casos em que não há decisões favoráveis aos grupos subalternizados, questões anteriormente invisibilizadas são trazidas à tona e podem iniciar um processo de emergência no debate político-social, tornando-se problemas públicos e, posteriormente, sendo incorporadas à agenda política.

3.1. O direito como instrumento de resistência nas experiências de luta no Brasil e no Chile

No Brasil, a Constituição Federal de 1988 foi redigida de forma a garantir formalmente o acesso e a participação democrática na justiça, permitindo que outros atores sociais, além dos profissionais do direito, atuem como sujeitos de direito (Garcia, 2010). Esse processo ocorre com o objetivo de efetivar direitos constitucionais e infraconstitucionais, como no campo do direito do trabalho, em meio a lutas políticas e sociais diante da terceirização irrestrita e da redução dos direitos trabalhistas.

No combate à precarização relacionada ao trabalho terceirizado, os atores sociais utilizam a mobilização jurídica para buscar novas interpretações ou modificações nas leis em favor dos trabalhadores. Essa mobilização assume diferentes formas, tais como a proposição de Ações Diretas de Inconstitucionalidade (ADIs) e Ações de Descumprimento de Preceito Fundamental (ADPFs), como a ADPF 324 sobre terceirização; a participação dos atores sociais como *amicus curiae* em ADIs; a articulação para elaborar ou vetar projetos de lei; as pressões sociais e políticas para criar novas compreensões e símbolos do direito; e o protagonismo judicial por meio do ingresso de ações e demandas junto ao Poder Judiciário.

No Chile, a mobilização apresenta algumas características distintas em relação ao Brasil. A alternativa da mobilização jurídica foi amplamente adotada pelo movimento sindical e ganhou destaque a partir da redemocratização do país em 1990, numa evidente confirmação do argumento de Fenollosa (2020) apontado anteriormente. Desde a ascensão de Pinochet ao poder, em 1973, as organizações sindicais perderam força ao longo das décadas posteriores e assistiram ao declínio das taxas de sindicalização. Diante desse cenário, Francisca Gutiérrez e Ignácio Gutierrez (2017) salientam que as entidades sindicais tiveram que *reinventar* seu repertório de ação, e a mobilização do direito passou a ser uma estratégia essencial, substituindo ou complementando as ações tradicionais, como greves e paralisações. A título de exemplo, os autores observam que, no ano de 2014, segundo dados da Encuesta Laboral (ENCLA) da Dirección del Trabajo (DT), 45,1% dos sindicatos recorreram a DT ou aos tribunais, enquanto apenas 14,5% apelaram para greves.

No contexto dessas transformações, outros números também corroboram a hipótese de que a mobilização do direito adquiriu papel crucial no repertório de luta sindical no Chile. De acordo com os números apresentados pelo Anuário Estatístico da DT, entre 1992 e 2012 as denúncias apresentadas pelos trabalhadores que resultaram em fiscalização da empresa tiveram um aumento de mais de 180% – elevando-se de 31.840 para 89.224 nos vinte anos contemplados por esse período (Gutiérrez; Gutiérrez, 2017). Isso se explica, em grande medida, pela competência da qual a DT é investida quanto à interpretação e ajuste da legislação trabalhista à realidade concreta, o que lhe permite, dessa maneira, ampliar ou limitar as garantias legais aos trabalhadores. Os indicadores referentes ao ajuizamento de ações, tanto perante a Justiça do Trabalho quanto à Suprema Corte, apontam, igualmente, para a crescente importância adquirida pela mobilização jurídica. Na região metropolitana de Santiago, por exemplo, a quantidade de causas trabalhistas cresceu 49% entre 2009 e 2015, elevação que, de acordo com Francisca Gutiérrez e Ignácio Gutiérrez (2017), foi estimulada pela Reforma do Processo do Trabalho promulgada em 2005.

Os resultados da análise jurisprudencial nas cortes superiores de Brasil e Chile entre os anos de 2017 e 2020 demonstram o predomínio da iniciativa individual em detrimento da coletiva. No Brasil, todas as ações foram ajuizadas por empresas e trabalhadores de forma individual, com a representação de advogados. Portanto, todos os processos tiveram como agente mobilizador o trabalhador (ou o empresário). Por sua vez, na Suprema Corte do Chile, as ações foram interpostas de forma individual, representando 75% dos casos, e de forma coletiva em 25% dos julgamentos. No entanto, nos dois tribunais, em alguns casos, a mobilização pelos trabalhadores ocorreu em instâncias inferiores, nas quais suas demandas foram satisfatoriamente atendidas, e as ações chegaram aos tribunais superiores por meio de empresas contestando as decisões que favoreciam os trabalhadores.

Em relação às demandas no STF, muitas delas consistiam em Reclamações Constitucionais, e algumas não tratavam diretamente da terceirização, envolvendo apenas questões processuais. As Reclamações Constitucionais se dividiam principalmente em dois aspectos. A maioria dos casos, totalizando dezesseis processos, era composta por reivindicações de empresas buscando assegurar a autoridade das decisões proferidas na ADPF 324 e na súmula 10 do STF, que estabeleceram a legalidade da terceirização irrestrita. As empresas alegavam que as decisões de instâncias inferiores eram inconstitucionais por reconhecerem o vínculo empregatício com a empresa contratante. Outras ações tratavam de reclamações de violação da Lei nº 11.442 de 2007, que regulamenta o transporte rodoviário de cargas e estabelece, entre outras coisas, que a relação prevista pela lei não pode resultar em vínculo empregatício. Também foram abordadas questões relacionadas à ADC 48-MC STF, que confirmou a constitucionalidade da referida lei. De maneira geral, na Corte brasileira, prevaleceram decisões que corroboraram a precarização do trabalho, sendo possível observar esse fenômeno em 15 dos 24 julgamentos.

Na Suprema Corte do Chile, as decisões favoráveis à precarização foram menos frequentes: três julgamentos corroboraram a precarização, quatro trouxeram uma precarização parcial e dezessete não a corroboraram. Todos os processos analisados referem-se a Recursos de Unificação de Jurisprudência (Artigos 483 e 483-A, CT), em grande parte interpostos pela empresa principal. Esse recurso é utilizado quando há uma matéria de direito em que existem diferentes interpretações sustentadas em decisões emitidas por Tribunais Superiores de Justiça.

A maioria dos processos estudados (aproximadamente 58%, o que correspondeu a 15 casos) teve origem no pleito do trabalhador pela nulidade da demissão e sua indenização (Art. 162, CT), devido à dispensa sem justa causa e ao não pagamento das contribuições trabalhistas e previdenciárias. Em geral, os pedidos foram acolhidos pelo tribunal de origem, condenando os contratantes. Na Suprema Corte, as empresas buscaram determinar a extensão da sanção de nulidade à empresa no regime de subcontratação. Em resumo, a Corte decidiu que a aplicação do artigo 183-A, que trata da existência de regime de terceirização, não exclui a aplicação da sanção de nulidade da dispensa à empresa principal, determinando a responsabilidade solidária das empresas. Cinco julgamentos (20%) originaram-se de pedidos de indenização e lucros cessantes decorrentes de acidentes de trabalho, e um caso envolveu a morte de um trabalhador. Na instância superior, a unificação jurisprudencial teve o objetivo de determinar a responsabilização da empresa tomadora de serviços em casos de acidente de trabalho (Lei nº 16.744) e se a empresa principal tem obrigação de zelar pela segurança do trabalhador. A Corte Suprema entendeu que, na qualidade de dona da obra ou atividade, a empresa tem o dever de cuidar e fiscalizar a segurança, conforme estabelecido no artigo 183-E, CT, sendo direta ou solidariamente responsável pelos acidentes de trabalho ocorridos durante a execução das tarefas. Os demais litígios tiveram como objetivo determinar a existência ou não de vínculo empregatício direto com a empresa tomadora, bem como definir qual empresa é considerada a dona da obra ou atividade para fins do artigo 183-A.

Ainda que nem sempre o balanço da estratégia de mobilização seja positivo, verifica-se, em boa medida, o argumento evidenciado por McCann (2010, p.186), segundo o qual: "Quando o tribunal atua em uma disputa particular, ele pode de uma só vez: aumentar a relevância da questão na agenda pública; privilegiar algumas partes que tenham demonstrado interesse na questão; criar novas oportunidades para essas partes se mobilizarem em torno da causa; e fornecer recursos simbólicos para esforços de mobilização em diversos campos".

Em outras palavras, o resultado da mobilização emite "sinais" para os atores, oferecendo um panorama para estratégias futuras e esboçando o delineamento das posições em conflitos posteriores.

Considerações finais

As reformas trabalhistas promulgadas tanto no Brasil quanto no Chile tiveram um impacto significativo na capacidade de mobilização do direito por parte de entidades de classe, sindicatos e trabalhadores. As numerosas alterações contribuíram para diminuir a importância das negociações coletivas, enfraquecendo os sindicatos e as centrais sindicais, assim como a representação coletiva dos trabalhadores. Além das mudanças trazidas pelas reformas, a terceirização irrestrita também afetou negativamente a capacidade de articulação coletiva dos trabalhadores, resultando em uma fragmentação das categorias de trabalho devido às relações de trabalho flexibilizadas e à subcontratação. O predomínio das iniciativas individuais na mobilização jurídica como resistência à precarização é uma evidência cabal desse aspecto.

Por outro lado, a Constituição Federal de 1988 do Brasil e as instituições do Chile, como a Suprema Corte e o DT, estabeleceram formalmente as possibilidades de acesso à justiça e resolução de conflitos, incluindo dispositivos que permitem a mobilização do direito. Nesse contexto de enfraquecimento das organizações de trabalho, ampla terceirização e retrocesso nos direitos trabalhistas, a mobilização legal se torna um instrumento essencial para pautar a luta contra a precariedade; embora nem sempre as decisões sejam favoráveis, mantém-se ativa a pauta da imprescindibilidade dos direitos laborais e do trabalho digno. Demonstra-se, afinal, a consciência dos direitos, expressão emblemática da persistência da consciência política.

Referências bibliográficas

ANTUNES, Ricardo. (2003). *Os sentidos do trabalho*: ensaio sobre a afirmação e a negação do trabalho. 7.ed. São Paulo. Boitempo.

BRASIL. (1988). *Constituição da República Federativa do Brasil. Diário Oficial da União*, Brasília-DF. Disponível em: http://www.planalto.gov.br/ccivil_03/constituicao/constituicaocompilado.htm. Acesso em: 15 fev. 2018.

______. (2000). *Tribunal Superior do Trabalho. Súmula nº 331 – Revisão da Súmula nº 256.* Disponível: https://www3.tst.jus.br/jurisprudencia/Sumulas_com_indice/Sumulas_Ind_301_350.html#SUM-331.

______. (2017). Tribunal Superior do Trabalho. Relatório Geral da Justiça do Trabalho. Brasília-DF: TST, 2017. Disponível em: https://www.tst.jus.br/web/estatistica/jt/relatorio-geral.

______. (2018). Tribunal Superior do Trabalho. Relatório Geral da Justiça do Trabalho. Brasília-DF: TST, 2017. Disponível em: https://www.tst.jus.br/web/estatistica/jt/relatorio-geral.

______. (2019). Tribunal Superior do Trabalho. Relatório Geral da Justiça do Trabalho. Brasília-DF: TST, 2017. Disponível em: https://www.tst.jus.br/web/estatistica/jt/relatorio-geral.

______. (2020). Tribunal Superior do Trabalho. Relatório Geral da Justiça do Trabalho. Brasília-DF: TST, 2017. Disponível em: https://www.tst.jus.br/web/estatistica/jt/relatorio-geral.

______. (2021a). Tribunal Superior do Trabalho. Relatório Geral da Justiça do Trabalho. Brasília-DF: TST, 2017. Disponível em: https://www.tst.jus.br/web/estatistica/jt/relatorio-geral.

______. (2021b). *Supremo Tribunal Federal. Ação Direta de Inconstitucionalidade nº 5766*. Disponível em: http://portal.stf.jus.br/processos/detalhe.asp?incidente=5250582.

______. (2022). Tribunal Superior do Trabalho. Relatório Geral da Justiça do Trabalho. Brasília-DF: TST, 2017. Disponível em: https://www.tst.jus.br/web/estatistica/jt/relatorio-geral.

CASTEL, R. (1998). *As metamorfoses da questão social*: uma crônica do salário. Petrópolis: Vozes.

COGGIOLA, O. (2001) *Governos militares na América Latina*. São Paulo: Contexto.

DRUCK, G.; DUTRA, R.; SILVA, S. C. (2019) Contrarrefroma Neoliberal e a terceirização: a precarização como regra. *Caderno CRH [online]*. v.32, n 86, p.289-306. Disponível em: https://doi.org/10.9771/ccrh.v32i86.30518. Acesso em: 16 out. 2021.

ESTANQUE, E.; COSTA, H. A. Trabalho e desigualdades no século XXI: velhas e novas linhas de análise. *Revista Crítica de Ciências Sociais*, n.esp., p.261-90, 2018. Disponível em: http://journals.openedition.org/rccs/7947. Acesso em: 12 jan. 2019.

FENOLLOSA, L. T. F. (2020). El enfoque de la movilización legal en el estudio de los movimientos sociales. *Revista Mexicana de Ciencias Políticas y Sociales*. UNAM, Nueva Época, n.239, maio/ago., p.223-32.

FERREIRA, A. C. (2012). *Sociedade da austeridade e o direito do trabalho de exceção*. Porto: Editorial Vida Econômica.

GARCIA, J. C. (2010). Justiça Federal, profissões jurídicas e a mobilização social. *Justiça Constitucional no Brasil: Política e Direito*. Revista da Escola da Magistratura Regional Federal / Escola da Magistratura Regional Federal, Tribunal Regional Federal da 2ª Região. Cadernos Temáticos, p.256-67.

GUERRA, R. F. (2017). Do ético ao poiético: uma comparação entre o dito e o não dito nas reformas (de Estado) trabalhista e previdenciária. In: MELO, R. S. de; ROCHA, C. J. da. (orgs.). *Constitucionalismo, trabalho, seguridade social e as reformas trabalhista e previdenciária*. São Paulo: LTr, p.184-97.

GUTIÉRREZ, F.; GUTIÉRREZ, I. (2017). Movilización legal: una estrategia sindical con efectos ambivalentes. *Izquierdas*, Santiago, n.36, nov., p.200-21. Disponível em: http://dx.doi.org/10.4067/S0718-50492017000500200. Acesso em: 12 jan. 2019.

HARVEY, D. (1995) *A condição pós-moderna*. São Paulo: Loyola.

KREIN, J. D. (2018). O desmonte dos direitos, as novas configurações de trabalho e o esvaziamento da ação coletiva: consequências da reforma trabalhista. *Tempo Social*, Revista de

Sociologia da USP, v.30, n.1, p.77-104. Disponível em: https://doi.org/10.11606/0103-2070.ts.2018.138082. Acesso em: 14 out. 2018.

KREIN, J. D. et al. (2018). Flexibilização das relações de trabalho: insegurança para os trabalhadores. In: KREIN, J. D.; GIMENES, D. M.; SANTOS, A. L. (orgs.). *Dimensões críticas da reforma trabalhista no Brasil.* Campinas, SP: Curt Nimuendajú, p.95-122.

MCCANN, M. W. (2010). Poder Judiciário e a mobilização do direito: uma perspectiva dos "usuários". *Justiça Constitucional no Brasil: Política e Direito.* Revista da Escola da Magistratura Regional Federal / Escola da Magistratura Regional Federal, Tribunal Regional Federal da 2ª Região. Cadernos Temáticos, p.175-97.

MARCELINO, P.; CAVALCANTE, S. (2021) Por uma definição de terceirização. *Caderno CRH [online],* v.25, n.65, p.331-46. Disponível em: https://doi.org/10.1590/S0103-49792012000200010. Acesso em: 12 out. 2021.

OLIVEIRA, R. V. de (2015). Sindicalismo e terceirização no Brasil: pontos para reflexão. *Caderno CRH,* Salvador, v.28, n.75, p.545-67, set-dez/2015. Disponível em: http://dx.doi.org/10.1590/S0103-49792015000300007. Acesso em: 14 out. 2018.

ORTIZ, P. A. (2017). Reforma Laboral ley Nº 20.940 bajo el prisma de la teoría de las relaciones laborales. *Revista de Derecho de la Pontificia Universidad Católica de Valparaíso.* Valparaíso, n.49, p.283-304, dez. Disponível em http://www.scielo.cl/scielo.php?script=sci_arttext&pid=S0718-68512017000200283&lng=es&nrm=iso. Acesso em: 20 set. 2021.

______; GAMONAL, C. S. (2017). Flexibilidad y desigualdad en Chile: el derecho social en un contexto neoliberal. *Boletín Mexicano de Derecho Comparado,* ano XLX, n.149, maio-ago., p.555-79.

PERRICONE, A. (2020), La judicialización de la protesta y sus resultados: una tipología de la movilización legal en el Chile post-transición (1990-2018). *Revista de Ciencia Política,* v.40, n.1, p.73-94.

POCHAMANN, M. (2022). *O sindicato tem futuro?* São Paulo: Expressão Popular: Fundação Rosa Luxemburgo.

RIGOLETTO, Tomás et al. (orgs.). As experiências internacionais de flexibilização das leis trabalhistas. In: *Dimensões críticas da reforma trabalhista no Brasil.* Campinas, SP: Curt Nimuendajú, p.183-208.

RUIBAL, A. M. (2015). Movilización y contra-movilización legal: propuesta para su análisis en América Latina. *Política y Gobierno,* v.XXII, n.1, 1º sem., p.175-98.

SANTOS, B. de S. (2007). *Para uma revolução democrática da justiça.* São Paulo: Cortez.

______. (2016). *As bifurcações da ordem*: revolução, cidade, campo e indignação. São Paulo, Cortez, 2016.

SMULOVITZ, C. (2008) La política por otros medios: judicialización y movilización legal en la Argentina. *Desarrollo Económico,* v.48, n.190/1, jul-dez, p.287-305. Disponível em: https://www.jstor.org/stable/27667840.

SOUTO MAIOR, J. L. (2004). A terceirização sob uma perspectiva humanista. *Revista do Tribunal Superior do Trabalho,* v.70, p.119-129. Disponível em: http://www.jorgesoutomaior.com/uploads/5/3/9/1/53916439/a_terceiriza%C3%87%C3%83o_sob_uma_perspectiva_humanista.pdf.

ZEMANS, F. K. (1983) Legal mobilization: the neglected role of the law in the political system. *The American Political Science Review,* v.77, n.3, p.690-703.

10
Uma teoria social da exceção e dois apontamentos sobre o tempo e o poder

António Casimiro Ferreira[*]

Introdução

Exceção, estado de exceção, emergência são noções que entraram no cotidiano simbólico e institucional das sociedades democráticas com particular realce para as experiências globais do terrorismo, da crise financeira, da pandemia e da guerra na Ucrânia. São estas mesmas sociedades (liberais, mais ou menos liberais, ou de simples formalismo democrático), habituadas a processos de funcionamento social e de decisão político-jurídica muitas vezes alvo de questionamento e convulsão social (normais), que expressam a voz da democracia por meio do conflito, mas que são afetadas pelas situações de excepcionalismo. Ainda assim, é um fato normativo que a diversidade das fontes de conflitualidade e de manifestação dos interesses competitivos entre si se conjuga com a institucionalidade decorrente da legitimidade democrática e constitucional. Pode mesmo considerar-se que o constitucionalismo democrático incorpora essa dinâmica de conflito e de organização democrática dos conflitos, sem prejuízo de se reconhecer que as linhas dessa divisão se misturam e confundem em muitos casos. A fronteira, que em última análise distingue os conflitos democráticos, suas formas de resolução e

* Professor da Faculdade de Economia e pesquisador do Centro de Estudos Sociais da Universidade de Coimbra, Portugal.

sobretudo as orientações de reformas públicas e de resposta às crises, assenta na definição do espaço político democrático e em suas regras de regulação.

Todavia, as observações anteriores também são sugestivas quanto à formulação da possibilidade da integração ou cooptação da lógica do excepcionalíssimo, podendo transformar-se este numa vulgata senso comunizada aceita pelo "homem político médio" e decisores políticos como sinônimo de mais ou menos uma crise e da respectiva resposta reformadora, tendo por base o recurso à exceção. Insistir, ao contrário, na alternativa de que a exceção não é o mesmo que normalização democrática das respostas às crises coloca, desde logo, a dupla necessidade analítica de se ultrapassar, em primeiro lugar, a perspectivação da lógica teórica da exceção orientada apenas para o estudo dos regimes políticos (Ferreira, 2016, p.224), e, em segundo lugar, encará-la como revisitação nostálgica de "velhos" quadros teórico-conceituais ou enquanto circunstância associada a fenômenos e fatos sociais raros nas dinâmicas societais. A hipótese que se defende é a de que o excepcionalismo tem vindo a afirmar-se duplamente: 1) num crescente quadro de institucionalização de normatividades e práticas político-jurídicas; 2) e de reorganização dos padrões de sociabilidade e modos de vida.

Nesta reflexão, exploro o argumento começando por sugerir a relevância da teorização sociológica das dinâmicas da exceção e identificando posteriormente duas das suas manifestações agregadas em torno dos conceitos dicotômicos de tempo/constituição e poder/governação.

1. Teorizando a lógica da exceção

1.1. Padrões, singularidades e excepcionalismo

Na discussão da centralidade da lógica teórica da exceção, começo por realçar que ela se reconhece quer na história do pensamento sociológico, quer nos seus entendimentos epistêmico-metodológicos que sublinham que o conhecimento gerado pelas ciências sociais sempre ponderou a relação entre regularidades e singularidades sociais. É certo que análise sociológica tem frequentemente início com a detecção de regularidades sociais em que se procede à verificação da existência de padrões na vida social (Costa, 2003, p.29), os quais, ao passarem despercebidos na espuma dos dias da sociedade, carecem de uma especial atenção quanto aos procedimentos analíticos e metodológicos que criem condições de visibilidade sociológica a propósito deles. Fenômenos de larga escala que englobam a generalidade da população, como o funcionamento normal do sistema político ou o funcionamento da administração da justiça, têm associadas funções de normalização simbólicas, políticas e instrumentais que permitem enquadrar, enquanto regularidades sociais, por exemplo, a formação de coligações conducentes à constituição de um Executivo ou até às indesejáveis condições de funcionamento do sistema judicial geradoras de morosidade nas decisões dos tribunais. Também fenômenos pessoais, íntimos e dramáticos que atingem um número limitado de indivíduos, como é o caso do suicídio, nos termos em que o fenômeno foi estudado por Durkheim, patenteiam a existência de regularidades sociais, o mesmo se podendo afirmar relativamente a fenômenos sociológicos que se reportam a problemas públicos como os da "armadilha da pobreza", a composição da população encarcerada ou a discriminação laboral tendo por base o sexo. Por outro lado, as exceções às regularidades não se devem observar como sendo extrassociais ou socialmente irrelevantes. Como sugere António Firmino da Costa, a sociologia não pode ignorar as configurações singulares que os fenômenos sociais assumem no espaço e no tempo, nos planos individual, grupal e institucional e coletivo, nem descurar a inesgotável diversidade dos contextos sociais em que esses fenômenos singulares se geram (Costa, 2003, p.48). Neste caso, o plano individual enquanto experiência única de vida é observado por meio da captação das complexas interações entre as trajetórias, fases e momentos pessoais, e os contextos amplos que singularizam os seus destinos pessoais. Recordemos aqui os casos da criação artística de Mozart estudada por Norbert Elias (1993), o pensamento de Pascal e o teatro de Racine enformados por uma visão trágica do mundo e analisados por Lucien Goldmann (1959), e as consequências pessoais para Enrico e seu filho Rico das transformações do trabalho no capitalismo, tão bem captadas por Richard Sennett no seu livro *A corrosão do caráter* (2001).[1]

---

1 Não se trata tanto aqui de realçar a importância do método biográfico ou das histórias de vida, devidamente estudados na história da teoria e da metodologia da sociologia de que dou, a título meramente ilustrativo, o exemplo do estudo de Daniel Bertaux, *Destinos pessoais e estrutura de classe*, de 1978, ou, genericamente, o do contributo da escola de Chicago, consubstanciado, entre outros, por W. I. Thomas e F. Znaniecki sobre os emigrantes polacos.

Em grande tela sociológica, tomem-se três exemplos que ilustram a importância do estudo das especificidades sociais de largo alcance: a singularidade do capitalismo ocidental moderno, captada por Max Weber no clássico estudo *A ética protestante e o espírito do capitalismo*; a proposta teórica das sociedades semiperiféricas no contexto do sistema social mundial proposta por Boaventura de Sousa Santos; ou, ainda, a proposta da modernidade líquida formulada por Zygmunt Bauman. Em qualquer destes estudos, os autores valorizaram nos seus modelos teóricos o reconhecimento das diferenças, do que é distintivo e único no estabelecimento de nexos causais em macrofenômenos sociais. Quer se trate da importância da religião para o desenvolvimento do capitalismo, das características dos países que não são centrais nem periféricos, ou das dinâmicas de transformação dos fenômenos da modernidade.

Retomando a colocação inicial desta reflexão, afastar as dicotomias que contrapõem padrões e regularidades a singularidades sociais (já que os dois tipos de investigação contribuem para um melhor entendimento das sociedades[2]) é a marca orientadora da perspectiva de análise utilizada no estudo dos fenômenos do excepcionalíssimo *lato sensu*. A reflexão enfatiza a importância das investigações orientadas para o relacionamento entre ambos os termos e, de acordo com a formulação aqui proposta, as regularidades sociais, sobretudo as que emanam do que podemos designar por padrões de regularidade normais, só analiticamente podem ser separadas[3] das manifestações singulares dos fatos sociais excepcionais patológicos ou não.[4]

Nos termos do que precede a proposta orientadora dos estudos tomando como objeto os fenômenos do excepcionalismo, reclamam-se de uma

---

2 Como refere António Firmino da Costa, nem Max Weber prescinde, no estudo das singularidades do capitalismo ocidental, de partir de um conjunto de regularidades estatísticas, nem Émile Durkheim prescinde de analisar regularidades sociais respeitantes ao suicídio nele identificando configurações singulares que distinguem as sociedades quanto às suas formas de consciência coletiva e formas de integração social (Costa, 2003, p.57-8).

3 Melhor seria afirmar considerados em estado *epoché* de acordo com a proposta fenomenológica de Edmund Husserl.

4 Noutro lugar, exploro duas linhas de reflexão que aqui não desenvolvo (Ferreira, 2023). A primeira coloca em diálogo a perspectiva de análise e o quadro teórico do excepcionalismo com a problemática do normal e do patológico, com especial ênfase em autores como Émile Durkheim, Georges Canguilhem, Danièle Loschak, René Thom, Michel Foucault, entre outros. A segunda promove exercício semelhante com as teses da hibridização e da linha abissal de acordo com as propostas de Boaventura de Sousa Santos.

orientação inspirada nas noções de "padrão que liga" regularidades e singularidades sociais (Bateson, 1987, p.17) ou de "espaço das mediações" (Wunenburger, 1995, p.47) entre a norma e a exceção sugestivos para a prossecução do estudo e investigação dos fenômenos do Estado e da sociedade de exceção que Walter Benjamin considerava ser a regra em que vivemos (Benjamin, 1985, p.157). Sem desenvolver de maneira aprofundada as orientações analíticas e metodológicas que se encontram subjacentes às hipóteses orientadoras seguidas no estudo da exceção, do estado de exceção, da emergência ou da sociedade da exceção e respectivos processos de normalização no quadro de regimes políticos de constitucionalismo democrático vinculados a um modelo de estado social de direito democrático, apenas posso acentuar de forma lacunar que se está perante o estudo de zonas topológicas[5] de proximidade, limite, vizinhança, indistinção, sobreposição entre fenômenos e esferas do cultural, do social, do político, do econômico e do jurídico implícitas e explícitas, manifestas e latentes, intencionais e não intencionais, conscientes e inconscientes. A lógica sociológica em que assentam essas movimentações topológicas são a das antinomias da razão democrática e do Estado, com as suas persistentes contradições (por exemplo, a que resulta da combinação entre a estrutura das desigualdades e "a não aplicação ou aplicação seletiva da lei", que designo por efeito Mateus do direito (Ferreira, 2019) e os paradoxos constitucionais resultantes da desconformidade entre os princípios da igualdade, liberdade e justiça social diante do cotidiano das classes e grupos populacionais desde os excluídos, às classes médias frágeis ou, ainda, a falácia da correspondência entre o bem comum e a retórica da meritocracia (Sandel, 2022), e a banalização convincente de tão "racionalmente" natural (por exemplo, somos todos igualmente responsáveis pela dívida pública) da convocação permanente do "estado de necessidade" com as suas triplas cláusulas salvíficas: a necessidade não tem lei; a necessidade é a lei; a necessidade faz a lei (Aurélio, 2012).

A consequência mais grave e evidente aqui em causa de um ponto de vista ético e crítico é o da ultrapassagem das linhas definidoras da sociedade, do

5 Dois exemplos de aplicação desta abordagem encontramo-los na discussão do Nomos e da indiferenciação/naturalização entre a regra e a exceção em Agamben (1998, p.45) e nas propostas de Boaventura de Sousa Santos da "linha abissal" e da reconfiguração da relação entre o Estado e a sociedade civil de acordo com as noções de "sociedade civil íntima", "sociedade civil estranha" e "sociedade civil incivil" (2009, 2020).

Estado e do direito democráticos. Daí que o cenário e/ou realidade de uma exceção permanente e naturalizada e respectivos processos de produção e reprodução, de desinstitucionalização e reinstitucionalização e mecanismos sociais, políticos e jurídicos que a viabilizam sejam aqui considerados como um desafio não só ao conhecimento, mas igualmente como uma posição política em defesa da justiça social e da democracia.

1.2. A teoria social apesar do fantasma de Carl Schmitt

A segunda razão para a defesa da perspectiva de análise do excepcionalíssimo remete para o seu potencial de teorização e possibilidades de aprofundamento do diálogo com diferentes quadros teóricos e conceituais. A resistência à exploração dessas possibilidades é compreensível pois, como nos recorda Donatella Di Cesare (2020, p.37-8), "a exceção é um paradigma de governo" e teórico "que mantém uma ligação inquietante com o passado". Desde logo, porque se torna incontornável convocar a figura e a obra do controverso Carl Schmitt. Depois, porque convoca "imaginários de governação onde a centralidade do poder executivo constrange os poderes legislativo e judicial, subvertendo o princípio da teoria fundamental da separação de poderes, a que acresce a repristinação de ideologias autoritárias como as que legitimam e fundamentam ditaduras, fascismos e populismos, onde os padrões de sociabilidade e os vínculos sociais facilmente resvalam para o radicalizar do designado "fascismo social" (Santos, 2006, p.309). Do mesmo modo se torna inevitável, numa perspectiva sociológica, extrair as consequências de uma lógica da exceção para a estruturação e organização da vida coletiva e individual.

Contudo, são relevantes os fatores que provocam o retomar desta lógica teórica, política e jurídica que, numa sinóptica alusão, podem ser sinalizados na sua persistente concomitância, como da predominância da matriz neoliberal, a acumulação de sucessivas crises desde os anos 70 do século passado, com especial menção ao início da crise do Estado providência e aos fenômenos do terrorismo, crise financeira, pandemia, questão ambiental e energética, os fenômenos migratórios e as guerras. Nesta turbulenta dinâmica, histórica e sociológica de onde resulta uma ordem aparentemente improvável de fenômenos de "cisnes negros ou cinzentos", muitas teorias e conceitos têm sido propostos pela teoria social para os estudar orientados pelo princípio da exceção, quer estejamos a pensar na noção de exceção de Giorgio Agamben, de modernidade líquida de Zygmunt Bauman, da sociedade de risco de Ulrich Beck, da nova teoria da modernidade acelerada de Hartmut Rosa, do tempo comprado de Wolfgang Streeck, da democracia radical de Chantal Mouffe, das políticas de intimidade de Achille Mbembe, das críticas de Luhman e Habermas ao decisionismo, da etnometodologia de Harold Garfinkel, da sociedade de alta velocidade de Hartmut Rosa e William Scheuerman ou mesmo da revisitação histórica da relação entre norma e exceção na escola de Frankfurt como foi estudada por William Scheuerman. Em conjunto, estes autores que defendem perspectivas teóricas tão distintas entre si não deixam de convergir em torno da importância da ativação do princípio da exceção nos processos de teorização, lançando outros olhares acerca da relação entre padrões e singularidades societais num mundo marcado por fenômenos e processos acelerados de transformação, adaptação e potencial ruptura.

A constatação de que a semântica da exceção se afirmou entre as perspectivas que têm procurado interpretar e explicar a emergência das crises e as respostas que lhes são dadas traduz a centralidade do pensamento desse controverso jurista alemão que foi Carl Schmitt. A sua reflexão, na qual a noção de exceção desempenha uma função matricial, surge na continuidade das teorias políticas e jurídicas, herdeiras do pensamento de Maquiavel e de Hobbes, para quem a necessidade é um conceito que adquire um lugar privilegiado na tentativa de justificar medidas excepcionais, no plano político e no plano jurídico, perante situações de crise grave. As diferentes teorias da exceção podem ser agrupadas em três grandes conjuntos: as teorias jurídicas que partilham a característica de tentarem enquadrar, juridicamente, o estado de exceção ou de necessidade, podendo divergir quanto ao enquadramento jurídico; as teorias políticas que têm em comum a ideia de que o estado de exceção ou de necessidade, e o direito que a partir dele é gerado, têm uma fonte mais política do que jurídica; e as teorias sociológicas que, apesar de só recentemente terem assumido de forma conceitualmente explícita o diálogo com a noção de exceção, tendem a ser enquadradas pelo grau e qualidade atribuídos ao estudo das regularidades sociais e dos casos singulares.[6] Importa fazer notar que o pensamento antiliberal e antidemocrático

6 Para aprofundar a relação do pensamento de Carl Schmitt com as teorias do direito e da política, sugiro a consulta de Aurélio (2012), Morais e Coutinho (2014), Ferejohn e Pasquino

de Carl Schmitt é indissociável dos contextos marcados pela ideia de crise, com destaque no seu trajeto biográfico pelo posicionamento que tomou perante a Constituição de Weimar, e pelas críticas que segundo ele deveriam ser endereçadas ao que considerava ser a crise do Estado de direito, a crise da democracia parlamentar, a crise do direito democrático normativamente fundamentado e a crise da representação política democrática.

Se, como mencionado, as teorias sociológicas não desenvolveram um diálogo mais profundo com o pensamento de Schmitt, não deixa de ser uma evidência a dimensão sociológica na obra deste autor. Desde logo porque Schmitt, tendo sido discípulo de Max Weber, partilha com este clássico da sociologia o diagnóstico desencantado da modernidade, decorrente do processo de racionalização, bem como a crítica à democracia parlamentar, que conduziu Weber a um certo cesarismo político. A influência de Max Weber está patente, por exemplo, na obra *Teologia política*, na qual Schmitt, em diálogo com o pensamento weberiano, desenvolve uma sociologia dos conceitos político-jurídicos em tudo semelhante àquela que Weber preconiza a propósito dos *Conceitos fundamentais de sociologia*. Para além disso, o recurso às analogias estruturais e aos tipos ideais conduziu Schmitt a desenvolver uma reflexão em torno da relação existente entre a racionalidade político-jurídica da modernidade e o seu substrato teológico. Por omissão, o diálogo com Émile Durkheim não tem sido tentado, apesar de existir uma estreita relação entre os dois autores, quando se debruçam sobre os pares "norma-exceção" e "normal-patológico". Ambos partilham a perplexidade tão bem expressa por Thomas Mann no seu *Doutor Fausto*, quando afirma que "não é fácil decidir quando começa a loucura e a doença. O homem da rua é o último a poder decidir relativamente a isso" (Mann, 1996). Nesse sentido, convergem na dialética existente entre as noções de normal, exceção e patológico, conscientes de que em qualquer um destes casos, as normas, anômicas ou não, em vez de serem contraditórias, definem sentidos de ação com consequências políticas muito concretas. Talvez fosse necessário aprofundar a

---

(2004) e Urbano (2013). De um ponto de vista sociológico faço notar que o estudo das regularidades sociais e dos casos singulares não são incompatíveis, fazendo parte do trabalho dos sociólogos para melhor conhecer a realidade social. Como refere António Firmino da Costa (2003: 58), "Pode haver maior incidência num ou noutro objetivo analítico. Podem variar as formas de articular os dois aspetos. Mas, em geral, o que a sociologia faz é procurar combinar, de forma cognitivamente produtiva, a análise das regularidades e das singularidades sociais".

dimensão política da obra de Durkheim (Ferreira, 2018), a fim de evidenciar como as dinâmicas da coerção e do constrangimento, tal como são apresentadas nas "Duas leis de evolução penal", se podem associar ao decisionismo político que cria e aplica o direito numa perspectiva schmittiana. Para Durkheim, tal como para Schmitt, é a exceção que confere sentido à norma, a qual não se torna compreensível a não ser quando é aplicada. A exceção enquanto desvio ou anomia evidencia a vantagem de mostrar os limites da autoridade da consciência coletiva, sinalizando que o sistema social não está a funcionar adequadamente. É por esta razão que, por exemplo, de acordo com Durkheim, o crime é um fenômeno útil e funcional, quer por atualizar as normas, quer por evidenciar os seus limites, ou mesmo por poder "anunciar" uma moral futura. Diferença crucial entre ambos emerge quando, para Schmitt, a exceção se pode anunciar como uma forma de consciência coletiva normal não democrática, entendimento intolerável para o republicanismo democrático de Émile Durkheim. Para este último, o estado normal é considerado preferível ao estado patológico, por entender que a normalidade para além da explicação sociológica transporta uma ideia de valores fundados na Revolução Francesa, a mesma que Schmitt antevê como civilizacionalmente negativa, acompanhando o pensamento reacionário.

É ainda a partir da diagnose do desencantamento do mundo de Max Weber, na sua combinação com a crítica marxista à dialética do iluminismo desenvolvida pela Escola de Frankfurt, que se cruzarão perspectivas teóricas convergentes, embora partindo de pressupostos ético-políticos divergentes. Para além de Walter Benjamin,[7] com registro de diálogo teórico com Schmitt, deve ainda acrescentar-se a análise marxista do direito, iniciada com a mencionada Escola de Frankfurt, e prolongada até aos dias de hoje, no registro sociojurídico dos *Critical Legal Studies*, e a abordagem da teoria política da democracia radical.

No que diz respeito à abordagem sociojurídica de pendor marxista, é notável o interesse que ela partilha com Schmitt em torno do direito, da linguagem e do poder, enquanto elementos não dogmáticos prioritários no estudo dos fenômenos políticos, argumento sociojurídico amplo assente no entendimento de direito, definido como "estrutura do facto social" (Schmitt

7 A propósito da relação entre Walter Benjamin e Carl Schmitt, e da influência entre este último sobre o primeiro, consultar Ferreira (2016a, p.133-56).

apud Lucena, 1976, p.650). Recusando a posição normativista de Kelsen, a norma constitutiva do direito não pode ser pensada senão a partir da sua efetivação. De acordo com Alexandre Franco de Sá (2009, p.10-1), é a partir da sua aplicação a uma situação existente, e da sua articulação com o poder capaz de decidir essa mesma aplicação, que a norma se configura, não como uma abstração, mas para a decisão de uma autoridade. Norma, poder, autoridade e decisão conjugam-se no momento da efetivação. A partir da aplicação da norma concreta a uma situação existente, torna-se inevitável a remissão da norma ao poder, à autoridade e ao processo de legitimação que decide a sua aplicação por meio do decisionismo. Se transportarmos até aos dias de hoje este argumento, verificaremos que a modificação das normas jurídicas é apresentada como consequência de uma mudança na sociedade. Logo, a estrutura do fato social da exceção corresponde a um direito de exceção, reflexo das circunstâncias sociais, econômicas e políticas.

Relativamente à teoria política radical, a recuperação do pensamento de Schmitt não é uma novidade, se considerarmos o modo como foi estudado em diferentes países, e também com o objetivo de fundamentar uma crítica de esquerda às democracias liberais. Neste último caso, autores como Chantal Mouffe e Antonio Negri, entre outros, retomaram conceitos-chave da estrutura conceitual schmittiana, como sejam a contraposição amigo/inimigo, povo enquanto parlamentarismo de massas/interesses particulares nas várias camadas da sociedade, Estado de direito/democracia parlamentar, soberano enquanto guardião da Constituição/Tribunais Constitucionais enquanto guardiões da Constituição.[8,9]

---

8 No campo dos estudos schmittianos são múltiplos as controvérsias e os debates. Opta-se, aqui, por destacar, o material publicado em dois números especiais da revista *Telos*, publicados, respectivamente, em 1987 (72) e em 1996 (109). Sem querer resumir as intensas polêmicas a que ainda hoje dão lugar as reabilitações e interpretações da obra de Carl Schmitt, adota-se a posição de Chantal Mouffe, a qual considera que a obra do autor é fecunda para um exame crítico do sistema liberal dominante. É conhecida a ideia de Chantal Mouffe (1993, p.2) quando sustenta que "o meu objetivo é pensar com Schmitt, contra Schmitt e utilizar os seus pontos de vista para fortalecer a democracia liberal contra os seus críticos". Nesta revisão da obra de Schmitt, sobretudo, do que é designado pelo período de Weimar, encontramos as fontes de um "schmittianismo de esquerda" que influenciam para além da já citada Chantal Mouffe e Ernesto Laclau, entre outros, os trabalhos de Jürgen Habermas a propósito da esfera pública, da noção de sociedade civil e de Estado.

9 É sobejamente conhecida a polêmica gerada entre Hans Kelsen e Carl Schmitt a propósito de saber quem deveria ser o guardião da Constituição de Weimar. O guardião é aqui enten-

O breve excurso desenvolvido a propósito de Carl Schmitt e da linguagem da exceção, apresentado no âmbito desta lição, exige a apresentação de uma justificação da sua relevância para o constitucionalismo de exceção. A ideia de partida é a seguinte: de forma análoga à que ocorreu no início do século XX, com o fantasma da Revolução Bolchevique e da expansão do comunismo, anteriormente anunciados por Tocqueville e por Marx e Engels no *Manifesto comunista*, e que contribuíram para o desenvolvimento do constitucionalismo democrático e para a expansão do Estado social, o atual fantasma da crise financeira e das exigências dos mercados financeiros legitima um modelo político-jurídico de exceção, o qual tende a normalizar-se. É por tal razão que pretendo ser muito claro ao afirmar que a atual semântica da exceção que dela decorre expressa uma negatividade assente em três características. A primeira é a de que as medidas tomadas, quer no combate ao terrorismo, na gestão da crise financeira, na regulação da crise pandêmica, e da atual crise resultante da guerra na Ucrânia, correspondem a desvios essenciais dos princípios de um constitucionalismo democrático normal. A segunda característica é a de que estes desvios são legitimados no quadro de um clima recessivo, que afasta o pressuposto de que as sociedades democráticas necessitam de um alto grau de regularidade e normalidade político-legais. Finalmente, a terceira característica é a de que este desvio aos padrões normais, mesmo que aceite com uma baixa intensidade de contestação social, corresponde a um processo de normalização do regime de exceção, o que é em si mesmo uma "coisa má", por ser desestruturadora, não só do regime constitucional democrático, como da vida nas sociedades democráticas.

Feito este esclarecimento, pode entender-se em que sentido utilizo a ideia de exceção decorrente do pensamento de Carl Schmitt. Não basta, como fizeram os defensores da teoria democrática radical, utilizar o pensamento de Schmitt para criticar os limites da democracia liberal, ainda que com um objetivo democrático. É preciso ir mais além e evidenciar o carácter

---

dido como órgão que controla a conformidade, ou a desconformidade, relativamente à Constituição dos atos dos poderes Executivo, Legislativo e Judiciário do Estado. A controvérsia que ultrapassa a mera divergência doutrinária ganha relevância no contexto de ascensão do nazismo, na medida em que para Kelsen o controle da constitucionalidade deveria ser deixado aos tribunais, enquanto, para Schmitt, o guardião da Constituição deveria ser o presidente do *Reich*.

performativo do novo normal, o qual pode ser naturalizado pela utilização de uma semântica heurística, passível de ser confundida com a realidade que descreve. Por essa razão afirmo que uma coisa é utilizar o modelo schmittiano para denunciar os limites do constitucionalismo democrático e das sociedades democráticas, sendo coisa bem distinta a confusão estrategicamente promovida entre o modelo teórico schmittiano e a realidade empírica que descreve. A normalidade, contrariamente ao que defende o pensamento schmittiano, não é excepcional, muito pelo contrário, e, como sustenta Émile Durkheim, a importância do patológico e do desvio decorre de poder contribuir para uma sociedade mais coesa e com respeito pelos valores democráticos.

É à luz deste entendimento que podemos interpretar o caráter pertinente com que autores como Zygmunt Bauman e Carlo Bordoni (2016), Wolfgang Streeck (2013) e Giorgio Agamben (1998, 2010)[10,11,12] utilizam o legado schmittiano e o conceito de exceção para estudar as sociedades atuais.[13] Neste âmbito, importa reconhecer que dois tipos de rupturas ocor-

---

10 Jef Huysmans (2008, p.166-7) sustenta que os dois autores formulam concepções específicas de exceção. Se para Agamben a relação dialética entre o direito e a política é central no âmbito da noção de exceção, para Schmitt a relação dialética entre o direito e a política remete para a noção de poder por meio do qual se pode definir o soberano. Segundo o autor, para Schmitt a política é entendida no quadro da exceção, enquanto Agamben desenvolve uma concepção da exceção como norma.

11 É incontornável o diálogo com o trabalho de Giorgio Agamben, autor que dedicou grande parte da sua obra à interpretação e análise do pensamento de Carl Schmitt, identificando, também, o paralelismo entre o Estado de exceção e momentos críticos das sociedades, dando o exemplo do New Deal de Franklin D. Roosevelt, em 1933. Surgido como resposta à crise econômica, é executado do ponto de vista institucional mediante a delegação ao presidente (contida numa série de Statutes que culminaram no National Recovery Act, de 16 de junho de 1933) de um poder ilimitado de regulação e controle de todos os aspetos da vida econômica do país (Agamben, 2010, p.41). Exemplo a ser recordado num contexto em que as respostas à crise assentam na desestruturação do Estado social e dos direitos de cidadania.

12 Também como refere Giorgio Agamben (1998, p.27), "a exceção é uma espécie da exclusão. É um caso particular que é excluído da norma geral. Mas o que caracteriza propriamente a exceção é o fato de aquilo que é excluído não se subtrair absolutamente à relação com a norma; pelo contrário, esta mantém-se ligada à exceção sob a forma da suspensão. A norma aplica-se à exceção desaplicando-se, retirando-se dela. O Estado de exceção não é, portanto, o caos que precede a ordem, mas a situação que resulta da sua suspensão. Neste sentido, a exceção é verdadeiramente, segundo o étimo, captada fora e não simplesmente excluída".

13 Também Niklas Luhmann e Ulrich Beck dialogaram com o legado de Carl Schmitt. Se no caso de Luhmann a intertextualidade é menos evidente e tenha de ser buscada na resposta que dá ao extremismo da teoria de Schmitt propondo uma teoria da sociedade que renuncia

reram. A primeira, a propósito do conhecimento acerca do contexto, isto é, o conhecimento decorrente das teorias sociais, as quais, habituadas a analisar a reprodução da ordem social e política, sentem dificuldades em explicar a sua radical transformação. É como se, para utilizarmos a formulação de Ulrich Beck, os conhecimentos em causa, olhando para o presente e para o futuro, perguntassem como se reproduz a ordem de classe (Pierre Bourdieu), a ordem do poder (Michel Foucault), a ordem burocrática (Max Weber) ou o sistema (autopoiético) (Niklas Luhmann). Ao concentrarem-se no funcionamento normal da sociedade e da política, identificam os mecanismos de resistência à mudança das instituições estabelecidas, não alcançando o caso excepcional que perturba as rotinas habituais e, mais do isso, tende a normalizar-se nas atuais sociedades (Beck, 2013, p.39-40).

A segunda assenta na relação entre crise e direito, a qual, nas atuais circunstâncias, remete para as discussões em torno da exceção e do estado de direito democrático. À semelhança do que sucede com as teorias sociais, a teoria constitucional propende a assumir a existência de uma "constituição da normalidade", a qual se aplicaria aos momentos de estabilidade, e a atual experiência da constituição da crise, a qual é resultado da sujeição da política democrática e dos princípios constitucionais às respostas a dar à crise.

A unir estas duas rupturas encontra-se a reflexão de Carl Schmitt sobre o estado de exceção, nomeadamente quando refere que a exceção é mais interessante que o caso normal. Aquilo que é normal não prova nada, a exceção prova tudo; ela não só confirma a regra, como é dela que esta vive. Na exceção, a força da verdadeira vida quebra a crosta de um mecanismo cristalizado na repetição (Schmitt apud Beck, 2013, p.45-6).[14]

Por esta razão, é legítimo suspender a ordem existente para proteger o bem comum. "Soberano é quem decide sobre o estado de exceção" (Schmitt, 2009 [1922], p.13), o caso excepcional que não está previsto na ordem

---

a qualquer tipo de excepcionalismo e às marcas de uma ontologia política (Thornhill, 2007, p.500), no caso de Ulrich Beck a relação é explícita nomeadamente quando reflete em torno da noção de sociedade de risco e na sobreposição entre o Estado normal e o Estado de exceção, ou quando analisa as estratégias de poder no âmbito da crise (Beck, 2013, 2015). Ver também o livro organizado por Serge Sur (2014), *Carl Schmitt Concepts et usages*.

14 "A exceção é mais interessante que o caso normal, o normal não prova nada; a exceção prova tudo; confirma não só a regra como também que esta vive daquela. Na exceção a força da vida efetiva faz saltar a crosta de uma mecânica anquilosada numa repetição" (Schmitt, 2009 [1922], p.20).

jurídica vigente pode, em suma, ser qualificado como o caso de extrema necessidade, de perigo para a existência do Estado ou, de maneira análoga, como o que não se pode delimitar rigorosamente. Contudo, este caso de exceção atualiza o problema do sujeito da soberania, ou seja, o problema da soberania propriamente dita (Schmitt, 2009 [1922], p.14). No seguinte excerto de Carl Schmitt, encontra-se condensada a sua proposta metodológica, ao afirmar que o excepcional não tem importância jurídica e que é próprio da "sociologia" dar por boa a esquemática disjunção entre a sociologia e a teoria do direito. O excepcional é o que não pode subsumir-se, o que escapa a toda a determinação geral, mas ao mesmo tempo põe a descoberto com toda a sua pureza um elemento puramente jurídico, a decisão. O caso excepcional na sua configuração absoluta impõe a necessidade de criar uma situação [sociológica] dentro da qual podem adquirir validade os preceitos jurídicos. "O direito é sempre 'direito de uma situação' [realidade sociológica] [...] o caso excepcional evidencia de forma luminosa a essência da autoridade do Estado, verifica-se que em tal caso a decisão se separa da norma jurídica e se nos é permitido o paradoxo, a autoridade demonstra que para criar direito não necessita ter/existir direito (Schmitt, 2009 [1922], p.18).

2. A aceleração do tempo constitucional e o "princípio do retrocesso"

A maior dificuldade que se coloca a uma reflexão sociológica sociojuridicamente orientada para a categoria tempo resulta da contraposição básica existente entre um tempo jurídico singular, homogêneo e linear, tal como é concebido pela ciência e dogmática jurídica, de que se podem dar como exemplos o problema da sucessão das leis no tempo e a aplicação do princípio da não retroatividade da lei, e a pluralidade, multiplicidade e não linearidade dos tempos sociais, perspectivados pelas ciências sociais. Aparentemente, a reflexão acerca do tempo e do direito ficaria circunscrita a duas opções analíticas. A primeira, marcada pela autonomia e autorreferencialidade do tempo jurídico, dogmaticamente fechado sobre si próprio, imune, portanto, às vibrações e dinâmicas sociais. A segunda, de pendor mais ou menos sociologizante, observaria o tempo jurídico deterministicamente dependente das temporalidades sociais. Demonstrei, em trabalho anterior, que existe uma terceira opção analítica, por intermédio da qual se pode desenvolver uma análise sociojurídica da relação entre sociedade e direito, na perspectiva do tempo (Ferreira, 2016). Para isso, existem duas condições de partida. A primeira é a de que o tempo do direito, à semelhança das temporalidades sociais, é um tempo plural, marcado por múltiplas temporalidades. A segunda é a de que nas atuais condições societais, a "aceleração do tempo social" conduz a uma temporalidade de exceção que é sentida de modo institucional e vivida existencialmente.

Como demonstram François Ost (2001) e Hartmut Rosa (2010, 2013), as temporalidades, quer sejam jurídicas, quer sejam sociais, não se encontram sincronizadas, e podem mesmo ocorrer situações em que a aceleração de um tempo social seja acompanhada da desaceleração de um outro tempo social. A hipótese que coloco é, portanto, a de que a temporalidade de exceção é marcada por uma sincronia entre os tempos sociais e jurídicos, caracterizada pela ideia de aceleração, induzida pelas necessidades dos mercados financeiros, da qual resulta um paradoxo. Este define-se por esta aceleração das temporalidades jurídicas e sociais terem como consequência um movimento regressivo, entendido como expressão do regresso a uma temporalidade do passado, na qual os direitos sociais e o constitucionalismo democrático se encontram comprimidos. A integração entre o tempo social e o tempo constitucional, neste caso, subverte-se aos níveis individual e coletivo, ficando estes dependentes da situação de necessidade e expostos a um contexto em que o fluir do tempo afirma formas de "identidade situacional" ou de "políticas situacionais" (Rosa, 2013, p.20).

São as situações do presente que se absolutizam sob a forma de exceção produzindo o tempo híbrido da "necessidade faz o direito". A "aceleração do tempo jurídico", o ritmo acelerado de adoção, de transformação e de alteração da legislação é a marca da urgência de uma temporalidade de exceção que se impõe como tempo normal. Como consequência, assiste-se à desqualificação do princípio da segurança transmutado em insegurança jurídica e ontológica, e à subversão dos princípios da estabilidade e da confiança.

A este propósito quero reafirmar que, no quadro do excepcionalismo de exceção, ocorre um fenômeno sociojurídico nos termos do qual o tempo longo da segurança jurídica é substituído pela insegurança jurídica, associada à banalização da urgência do presente, de que resulta um processo de desinstitucionalização do social. Se, como sustenta François Ost (2001), a principal função do direito é a de contribuir para a instituição do social, o mais que se poderá afirmar a propósito das constituições é que elas ocupam um papel de destaque nesse processo devido à centralidade sociológica e normativa que se lhes encontra associada. Do ponto de vista da temporalidade sociojurídica, o questionamento do constitucionalismo democrático e a produção de direitos de exceção refletem as consequências destrutivas provocadas pela aceleração do tempo da crise financeira. É por essa razão que a constituição e os direitos constitucionais passam a integrar uma dinâmica mais ampla de desinstitucionalização dos valores e princípios do constitucionalismo democrático. A normalização do constitucionalismo de exceção, como tenho procurado evidenciar ao longo deste capítulo, encontra-se agora com o fenômeno da aceleração do tempo social ou, para utilizar uma expressão de Carl Schmitt, de "motorização do direito".[15] Schmitt, tal como Marinetti no seu *Manifesto futurista*, expressa a sua hostilidade ao que não seja uma ideia de velocidade que rompa com as manifestações do tempo normal, sugerindo que, para escapar à dicotomia entre a lentidão do Poder Legislativo e a necessária rapidez de resposta do Poder Executivo, se torna admissível o recurso a um direito de exceção, concentrado na figura do soberano, com poder de decretar a exceção e ao qual corresponde uma temporalidade de exceção. A atual crise provoca perturbações entre o tempo constitucional normal e o tempo de exceção, e entre o poder social e o poder político regulado constitucionalmente.

Do ponto de vista temporal, admite-se que a constituição organiza temporalidades ou "instâncias de temporalidade" sociais, políticas, econômicas e culturais sob a forma de tempo constitucional. Neste caso, o tempo normal da constituição é concebido como "o 'presente do passado', pois não deixa de ser 'memória na história' mesmo quando propõe rupturas (revolucionárias ou não) com o passado. [...] é o 'presente do presente' pois ela dedica sempre uma indispensável *atentio* à conformação da ordem jurídica atual" (Canotilho, 2006, p.26). E pode ser, ainda, "utópico-programático", ou seja, "o 'presente do futuro' ao proclamar tarefas e fins para o futuro, mas, sobretudo, ao antecipar expectativas de se converter em lei para as gerações futuras" (Canotilho, 2006, p.26). Partindo deste entendimento temporal de constituição, a subversão do tempo constitucional normal ocorre quando as tendências para a mudança na sociedade estão associadas à compulsão

15 A este propósito conferir Sá (2006, p.592ss), e Rosa e Scheurman (2009).

para aceleração potenciada pela crise. O exemplo mais flagrante do movimento regressivo a que anteriormente aludi no plano constitucional é o que se encontra associado ao princípio de proibição de retrocesso social ou de reserva do possível. Em termos de direito constitucional, a ideia subjacente a estas duas noções é a de que os direitos sociais e econômicos, por exemplo direito dos trabalhadores, direito à assistência, direito à educação, prestações sociais, uma vez obtido um determinado grau de realização, passam, de acordo com Gomes Canotilho (2003, p.339), a constituir uma garantia institucional e também um direito subjetivo. Com ampla discussão na comunidade epistêmica do direito constitucional, esta noção de proibição do retrocesso social e de manutenção dos direitos adquiridos, que é indissociável dos princípios da segurança jurídica e da proteção da confiança, foi das mais pressionadas pelas medidas de exceção.

É uma evidência que os direitos em causa enfrentam um longo debate, relativamente aos designados direitos de liberdade, considerados "menores" perante estes, na medida em que a sua efetividade estará dependente de recessões e crises econômicas, conduzindo a uma possível reversibilidade fática, às quais os direitos de liberdade se furtam por, aparentemente, não terem custos e não serem, assim, expostos às vicissitudes dos problemas econômicos. Contudo, como bem argumentou Jorge Novais (2010, p.89ss), todos os direitos têm custos, e assim também os direitos de liberdade, como sejam a defesa do direito de propriedade, o funcionamento dos tribunais, a manutenção de forças policiais etc. Quer isto dizer que, tal como os direitos sociais, também os direitos de liberdade contribuem para a despesa pública e são pagos pelos contribuintes. Na sua relação com o tema da temporalidade constitucional, este argumento é relevante porque evidencia o modo como apenas aos direitos sociais se aplicam princípios redistributivos decorrentes da escassez moderada de recursos existentes na sociedade, o que significa, na prática, que pode ocorrer uma situação de retrocesso e de regressão destes direitos como consequência do tempo acelerado da crise associada aos mercados financeiros, mantendo-se, porém, de fora desta equação os restantes tipos de direitos. A perversão, aqui, resulta de muitos aceitarem que possa existir uma regressão temporal dos direitos econômicos e sociais por estarem dependentes das opções de governação e de gestão das temporalidades econômicas, preservando-se, ao contrário, a segurança jurídica dos direitos de liberdade, ou liberdades negativas. Desse modo, o Estado pode ser constitucionalmente pobre para os direitos econômicos e sociais, mas mantém-se abastado constitucionalmente para os outros tipos de direitos. O debate jurídico em torno das garantias constitucionais, nomeadamente o do princípio da proibição do retrocesso social, quando observado do ponto de vista sociológico, revela o caráter político e ideológico que consiste em admitir que os direitos econômicos e sociais são opcionais por estarem dependentes da reserva do possível, ou do financeiramente possível, o que permite identificar três patologias temporais (Ferreira, 2016, p.337-8). A primeira resulta do imediatismo e da pressão para a revisão dos textos constitucionais e legislativos. Contrariando os princípios da estabilidade e da confiança inerentes às limitações impostas aos processos de revisão constitucional, procura-se proceder à sua alteração invocando o realismo político do momento, a disponibilidade de maiorias conjunturais e a unanimidade tendencial dos partidos do arco constitucional. A segunda decorre do esquecimento, nomeadamente quanto ao texto constitucional, o que se reconhece sob a forma de constituição semântica de excepcionalidade e paralela, em que se silenciam as regras constitucionais, como a da proibição do retrocesso social, colocadas, agora, num limbo correspondendo à excepcionalidade do estado de necessidade. A terceira advém do conflito de temporalidades surgido da tensão entre uma decisão rápida e uma decisão ponderada. O tempo de exceção, como o da austeridade, tende a ocultar os conflitos diluídos no imediatismo das soluções.

3. A caixa negra da exceção: a governação pelo pânico e o poder dos não eleitos

Admitir que o pânico em face do perigo é uma resposta humana compreensível e que a teoria de separação de poderes é um modelo de tipo ideal que na realidade sempre evidenciou um funcionamento imperfeito são duas afirmações não só óbvias como sensatas. Contudo, sentir a emoção do medo é uma coisa, e deixar que o medo se apodere das pessoas e das sociedades, é outra coisa. De igual modo, considerar que os diferentes ramos do poder têm um funcionamento imperfeito é diferente de constatar que são postos em causa por outras manifestações de poder fático. O problema colocado pelo constitucionalismo de exceção, enquanto reação à crise dos mercados financeiros e ao modelo da austeridade, é o de que normaliza a governação pelo pânico e o exercício do poder por instituições e órgãos não eleitos de maneira democrática. Debruço-me sucessivamente sobre cada uma destas questões.

No que diz respeito à relação entre funcionamento dos mercados financeiros e o fenômeno constitucional tem-se presente a relação estabelecida entre ambos por Karl Polanyi (1980), o qual, de uma forma clara, associou as crises financeiras à governação pelo pânico. Uma explicação construída a partir deste argumento de Polanyi evidencia o modo como o sistema financeiro utiliza o recurso do pânico e das expectativas de medo que lhe estão associadas para forçar as medidas de austeridade e fundamentar estas em soluções de exceção. É, uma vez mais, o recurso às noções de catástrofe iminente a que aludi anteriormente, que agora se consubstanciam no pânico dos mercados, perspectivado como um instrumento político de legitimação. A outra face do pânico está associada às expectativas e percepções do medo e, sobretudo, ao caráter conservador de cunho punitivo com que são invocadas as políticas de urgência. O exercício do poder, assim perspectivado, define-se pela eliminação e controle dos perigos, isto é, pela evitação das condições que possam conduzir ao pânico provocado pela não satisfação das necessidades dos mercados.

Como argumentei noutro lugar (Ferreira, 2016), este processo assenta numa lógica de antropomorfização dos mercados financeiros. Segundo Beck (2013, p.28), os mercados financeiros globais "têm estados emocionais, assumidos do repertório terapêutico: os mercados 'estão muito nervosos', não se deixam 'enganar', são 'tímidos', 'têm medo' e tendem para 'reações de pânico'". O que a experiência da austeridade e da exceção nos traz é a subordinação das pessoas aos mercados por intermédio da mediação estatal. Assim, os mercados exercem poder sobre nós na medida em que nós dependemos mais deles do que eles dependem de nós, cunhando uma troca desigual e assimétrica (Ferreira, 2012, p.99-100). Também como sustentei, os mercados, ao tornarem-se equivalentes às pessoas, são agora portadores de emoções, sentimentos e afetos. É nesta ambivalência que eles, tal como as pessoas, são colocados no cerne das lógicas de produção e reprodução sociais, e do pensamento democrático. No entanto, os mercados são demasiado importantes para falhar e as pessoas demasiado irrelevantes para contar (Ferreira, 2012, 2016). A retórica financeira assente na interdependência entre mercados e pessoas tende a apagar as tensões entre os direitos sociais, associados à cidadania, e os direitos de propriedade privada de bens financeiros. Quando se diluem as diferenças e se confere igual importância a pessoas e mercados e respectivos direitos, trata-se de definir quem detém maior poder para melhor proteger os seus interesses.

A lógica da governação pelo pânico orientada pelo princípio da exceção é em tudo semelhante às orientações seguidas pelo direito penal do inimigo, defendidas por Jakobs (2003) como resposta preventiva ao perigo e ao pânico associados ao terrorismo. Em qualquer dos casos, o objetivo do poder e do seu exercício é o de conferir prioridade ao controle do pânico, independentemente de se colocarem em causa princípios básicos do Estado de direito. O medo, dessa forma, corresponde a uma "narrativa de conversão" (Somers, 2008) que, na sua ambiguidade como emoção, tanto tem de ilusório e retórico, na gestão das expectativas sociais e individuais, quanto de concreto, na materialidade das políticas e dos direitos aplicados num contexto de exceção.

A governação pelo pânico e a narrativa do medo evidenciam uma vertente conservadora, reacionária, orientada para a restauração da ordem pública a qualquer custo, mesmo que essa ordem pública seja cada vez menos a da sociedade e da vida democráticas. Importa frisar que as respostas emocionais, quer tenhamos presente a crise financeira ou o fenômeno do terrorismo, não são apenas experiências individuais, mas sobretudo, e crescentemente, respostas coletivas, alimentadas pelos meios de comunicação social e por todos políticos e não políticos que privilegiam os interesses do mercado. As políticas do medo estão agora na base de uma nova forma de legitimação. O medo surge vinculado à sociedade enquanto seu produtor e, também, à criação das condições de padrões de consenso, os quais se prestam à manipulação política. Em termos sociológicos, o medo assume-se como um instrumento de definição, de controle e de governo da ordem social, enquanto elemento constitutivo da sociedade política, ligado à necessidade de proteção e de certeza por meio do governo político (Mongardini, 2007, p.67-70). O governo do medo, em períodos de crise da democracia e de ruptura social, converte-se num dos instrumentos de governo mais relevantes para a obtenção do consenso político, sobretudo quando se apagam as diferenças entre as ideologias políticas e se afirma a necessidade imperiosa de impor o modelo unidimensional da austeridade. O medo, em contexto de austeridade, afirma-se como um mecanismo de tradução de problemas estruturais, dívida pública e resgates financeiros num desígnio individual. Constitui-se, desse modo, num mecanismo de legitimação, convertendo a narrativa da austeridade em modelo político-social dominante. O estado de necessidade das famílias e dos indivíduos coloca-os numa disponibilidade de aceitação das condições de vida e de trabalho, por mais precárias que sejam, desde que mediante elas consigam subsistir.

A segunda questão emerge da teoria de separação de poderes enquanto elemento constitutivo do Estado de direito. De um ponto de vista formal, a teoria da separação de poderes corresponde à organização normal do poder definido constitucionalmente, encontrando um lastro histórico conhecido (Ferreira, 2016, 2016a). Numa perspectiva sociojurídica, a impossibilidade de explicar de uma forma sociologicamente sustentável a dinâmica dos poderes nos sistemas democráticos conduziu a uma interpretação não dogmática da relação entre o princípio da separação de poderes e os contextos concretos da sua aplicação. As sociologias política e do direito captaram essa dinâmica, atendendo a diferentes formas de combinação entre poderes políticos e poderes sociais, envolvendo partidos políticos, manifestações de pluralismo político (por meio de grupos de pressão ou de interesses), manifestações de neocorporativismo, governação neoliberal e autorregulação, a que acrescem ainda os fenômenos da judicialização da política, politização da justiça, uso alternativo do direito, ativismo judicial e direito dos juízes. Porém, o impacto dos mercados financeiros e da crise introduz uma subversão na relação entre política constitucional normal e constitucionalismo de exceção, na medida em que este último afirma o poder extraordinário de atores e organizações sociais nacionais e globais. Tomemos o caso da austeridade como referência. Tenha-se presente o exercício do poder que conduziu ao *trade-off* entre a legitimidade democrática e a legitimidade tecnocrática nos casos da Grécia e da Itália, onde governos eleitos democraticamente foram forçados a demitir-se para dar lugar a novos governos de caráter tecnocrático, sem sufrágio eleitoral. Acresce o exemplo dos países sob resgate, como foi o caso da Irlanda, Grécia e Portugal, os quais sentiram a determinação imposta exogenamente em matéria de reforma e de condução de políticas públicas, por via dos memorandos de entendimento.

Em todos os casos invocados, está-se perante o poder de entidades não eleitas, o que revela a enorme importância dos atores econômico-financeiros no contexto de crise. Trata-se de um mundo constituído por mercados, organizações financeiras internacionais, bancos centrais, agências de regulação, agências de *rating* etc. (Vibert, 2007, p.1), portadores de poderes de exceção. Atente-se ao atual papel dos bancos centrais, que tomam decisões políticas de grande impacto sem, contudo, serem parte do sistema político. Embora não participando diretamente na produção do poder e dos consensos nas decisões coletivas, nem integrando o poder político, eles podem ser comparados, segundo Gunther Teubner (2011, p.40-1), com os tribunais constitucionais, que se encontram no topo da hierarquia do sistema jurídico, sendo responsáveis por decisões fortemente políticas sem pertencerem ao sistema político. O autor vai mesmo mais longe, ao incluí-los na metáfora de "guardiões da Constituição" juntamente com os tribunais constitucionais (Teubner, 2011, p.40-1). Para ele, a autonomia evidenciada por estes atores dos mercados financeiros é um exemplo de organizações constitutivas do constitucionalismo societal que concorrem com os tradicionais poderes Executivo, Legislativo e Judicial. No entanto, contrariamente à autonomia imputada a cada um dos ramos do poder, os novos guardiões da constituição afirmam a sua autonomia em termos societais pela capacidade que evidenciam em tomarem decisões no que diz respeito à matéria econômica. Os bancos centrais decidem autonomamente a fixação das taxas de juro, a emissão de dinheiro, do mesmo modo que, autonomamente, as agências de *rating* fixam o valor reputacional de países e empresas.

A ficção política da teoria da separação de poderes é agora confrontada com o reconhecimento fático, legitimado pelo contexto de crise e austeridade desta manifestação de poder não democrático. Dentre os diferentes entendimentos acerca da constituição pode, numa perspectiva sociológica, optar-se por admitir que, paralelamente à constituição formal, existe uma outra que é composta por ordens normativas, simbólicas, esferas sociais e poder social.[16] A ligação entre sociedade e constituição capta-se por intermédio das noções de juridificação, constitucionalização e constitucionalismo social, ainda que aqui se sugira que ela pode estabelecer-se analiticamente pelas noções de pluralismo das temporalidades, pluralismo jurídico e reconhecimento de que nem todo o poder é o poder do Estado ou associado à estatalidade. Apesar do estatuto da relação entre sociedade e constituição permanecer em aberto, é um

---

16 Estar-se-á próximo da noção de constituição real no sentido em que é definido por José Gomes Canotilho (1993, p.68-9).

dado adquirido que a atual crise acarreta uma perturbação nessa relação, provocando rearranjos entre o tempo constitucional normal e o tempo de exceção, e entre o poder social e o poder político regulado constitucionalmente.

Essa tensão entre a dimensão normativa de uma teoria pura da separação de poderes e a dimensão fática das dinâmicas sociopolíticas concretas – que vão das diferentes formas de combinação entre poderes políticos e poderes sociais, incluindo os partidos políticos, os grupos de pressão ou de interesses, às manifestações de neocorporativismo, à autorregulação ou ao direito dos juízes – está longe de ser nova. Mas a análise do poder de não eleitos como os mercados, as organizações financeiras internacionais, os bancos centrais, as agências de regulação ou as agências de *rating* constitui indiscutivelmente um desenvolvimento novo desta problemática (Vibert, 2007). O que há de inédito nestas análises é que elas já não se satisfazem em captar as manifestações de "influência política e econômica" (Dahl, 1981, p.23-46) ou de capacidade de regulação de setores e áreas econômicas e sociais diversas, antes passaram a encarar esses atores como elementos constitutivos da autoridade política, do poder político, dos processos de legitimação e de legalidade.

Referências bibliográficas

AGAMBEN, G. (1998). *Homo sacer*: Sovereign Power and Bare Life. Stanford, CA: Stanford University Press.

______. (2010). *Estado de exceção*. Lisboa: Edições 70.

AURÉLIO, D. P. (2012). *Maquiavel & Herdeiros*. Lisboa: Temas e Debates – Círculo de Leitores.

BATESON, G. (1987). *Natureza e espírito*. Lisboa: Dom Quixote.

BAUMAN, Z. (2000). *Liquid Modernity*. Malden: Polity Press.

BECK, U. (2013). *A Europa alemã – De Maquiavel a "Merkievel"*: estratégias de poder na crise do euro. Lisboa: Edições 70.

______. (2015). *A sociedade de risco mundial*: em busca da segurança perdida. Lisboa: Edições 70.

BENJAMIN, W. (1985). Teses sobre filosofia da história. In: KOTHE, F. (org.). *Walter Benjamin*: sociologia. São Paulo: Ática, p.153-64.

BERTAUX, D. (1978). *Destinos pessoais e estrutura de classe*. Lisboa: Morais Editora.

BORDONI, C.; BAUMAN, Z. (2016). *Estado de crise*. Lisboa: Relógio D'Água.

CANOTILHO, J. J. G. (1993). *Direito Constitucional*. 6.ed. rev. Coimbra: Almedina.

______. (2003). *Direito constitucional e teoria da Constituição*. 7.ed. Coimbra: Almedina.

______. (2006). *"Brancosos" e interconstitucionalidade*: Itinerários dos discursos sobre a historicidade constitucional. Coimbra: Almedina.

COSTA, A. F. (2003). *Sociologia*. Coimbra: Quimera.

DAHL, R. (1981). *Análise política moderna*. Brasília: Editora Universidade de Brasília.

DI CESARE, D. (2020). *Vírus soberano?* Lisboa: Edições 70.

DURKHEIM, É. (1975). *A ciência e a ação*. Amadora: Bertrand Editora.

ELIAS, N. (1993). *Mozart*: sociologia de um génio. Lisboa: Edições Asa.

FEREJOHN, J.; PASQUINO, P. (2004). The law of the exception: A typology of emergency powers. *Oxford University Press and New York University School of Law*, v.2, n.2, p.210-39.

FERREIRA, A. C. (2012). *Sociedade da austeridade e direito do trabalho de exceção*. Porto: Vida Económica.

______. (2016). *Política e sociedade*: teoria social em tempo de austeridade. 2.ed. Porto: Vida Económica.

______. (2016a). A constituição é ainda uma escolha política? In: *A prova do tempo*: 40 anos de constituição. Lisboa: Assembleia da República, p.133-56.

______. (2018). *Émile Durkheim*: sociedade, política e direito. Porto: Vida Económica.

______. (2019), *Sociologia do direito*: uma abordagem sociopolítica. Porto: Vida Económica.

______. (2023). *Sociologia das teorias políticas*. (no prelo).

GOLDMANN, L. (1959). *Le Dieu caché*: étude sur la vision tragique dans le "pensées" de Pascal et dans le théâtre de Racine. Paris: Gallimard.

HUYSMANS, J. (2008). The Jargon of Exception – On Schmitt, Agamben and the Absence of Political Society. *International Political Sociology*, n.2, p.165-83.

JAKOBS, G. (2003). *Derecho penal del enemigo*. Trad. Cancio Meliá. Madrid: Civitas.

LUCENA, M. (1976). Ensaios sobre o tema do Estado. *Análise Social*, v.XII, n.47, p.621-703.

MANN, T. (2021). *O Doutor Fausto*. Lisboa: Relógio de Água.

MONGARDINI, C. (2007). *Miedo y sociedad*. Madrid: Alianza Editorial.

MORAIS, C. B.; COUTINHO, L. P. (orgs.). (2014). *Carl Schmitt revisitado*. Lisboa: Instituto de Ciências Jurídico-Políticas.

MOUFFE, C. (1993). *The Return of the Political*. London: Verso.

______. (2000). *The Democratic Paradox*. London: Verso.

NEGRI, A. (2002). *O poder constituinte*: ensaio sobre as alternativas da modernidade. Rio de Janeiro: DP&A.

NOVAIS, J. (2010). *Direitos sociais*: teoria jurídica dos direitos sociais enquanto direitos fundamentais. Coimbra: Wolters Kluwer Portugal/Coimbra Editora.

OST, F. (2001). *O tempo do direito*. Lisboa, Instituto Piaget.

POLANYI, K. (1980). *A grande transformação*. Rio de Janeiro: Campus.

ROSA, H. (2010). *Aliénation et accélération*. Paris: La Découverte.

______. (2013). *Social Acceleration*: A New Theory of Modernity. New York, Columbia University Press.

______; SCHEURMAN, W. E. (orgs.). (2009). *High Speed Society Social Acceleration, Power, and Modernity*. Filadélfia: The Pennsylvania State University Press.

SÁ, A. F. de (2006). *O poder pelo poder*: ficção e ordem no combate de Carl Schmitt em torno do poder. Dissertação de Doutoramento em Filosofia, especialidade de Filosofia Moderna e Contemporânea, Faculdade de Letras da Universidade de Coimbra.

______. (2009). *Do decisionismo à Teologia Política*: Carl Schmitt e o conceito de soberanía. Covilhã: LusoSofia Press.

SANDEL, M. J. (2022). *A tirania do mérito*. Lisboa: Editorial Presença.

SANTOS, B. de S. (1985). Sociedades semiperiféricas no contexto do sistema social mundial. *Análise Social*, v.XXI, n.87-88-89, p.869-901.

______. (2006). *A gramática do tempo*. Porto: Edições Afrontamento.

______. (2009). *Sociología jurídica crítica*: para un nuevo sentido común en el derecho. Madrid: Editorial Trotta.

______. (2020). *O fim do império cognitivo*. Coimbra: Almedina.

SCHEUERMAN, W. E. (1996). Carl Schmitt's Critique of Liberal Constitutionalism. *The Review of Politics*, v.58, n.2, p.299-322.

SCHMITT, C. (2009). *Teología política*. Madrid: Editorial Trotta.

SENNETT, R. (2001). *A corrosão do caráter*. Lisboa: Terramar.

SOMERS, M. (2008). *Genealogies of Citizenship*: Markets, Statelessness, and the right to have rights. Cambridge: Cambridge University Press.

STREECK, W. (2013). *Tempo comprado*: a crise adiada do capitalismo democrático. Lisboa: Conjuntura Atual Editora.

SUR, S. (2014). *Carl Schmitt Concepts et usages*. Paris: CNRS Édtions.

TEUBNER, G. (2011). A Constitutional Moment? The Logics of 'Hitting the Bottom. In: KJAER, P. F.; TEUBNER, G.; FEBBRAJO, A. (orgs.). *The Financial Crisis in Constitutional Perspective*: The Dark Side of Functional Differentiation. Oxford, Hart Publishing, p.3-42.

THORNHILL, C. (2007). Niklas Luhmann, Carl Schmitt and the modern form of the political. *European Journal of Social Theory*, v.10, n.4, p.499-522.

URBANO, M. B. (2013). Estado de necessidade económica e financeira e o papel do Tribunal Constitucional. In: GONÇALVES, P. et al. (coords.). *A crise e o Direito Público*: VI Encontro de Professores portugueses de Direito Público. Lisboa: Instituto de Ciências Político-Jurídicas, p.7-30.

VIBERT, F. (2007). *The Rise of the Unelected*: Democracy and the New Separations of Power. Cambridge: Cambridge University Press.

WEBER, M. (2015). *A ética protestante e o espírito do capitalismo*. Lisboa: Presença.

WUNENBURGER, J.-J. (1995). *A razão contraditória*. Lisboa: Instituto Piaget.

Parte 3

Classes, identidades e movimentos sociais

11
Sociedade de classes desmobilizada: das lutas de classes industriais ao conflito em torno da transformação socioecológica[1]

Klaus Dörre[*]

Depois de longos anos sendo ignoradas, as classes sociais estão de volta ao debate público. Entretanto, o crescente interesse científico atualmente não encontra contrapartida no sistema político. Pelo contrário, o que acontece é o oposto. Como isso pode ser explicado? Vamos deixar claro de antemão: não estou me referindo a sociedades de classes nas quais (principalmente) as classes subalternas não têm consciência de classe. Tais constelações são a norma, pelo menos historicamente falando. Meu argumento é outro. Nos antigos centros capitalistas – como afirmo – surgiram sociedades de classe desmobilizadas. Embora as desigualdades resultantes das divisões de classe estejam aumentando em todas as sociedades nacionais, às vezes de forma bastante dramática, os sindicatos e as organizações políticas que operam no eixo de conflito entre capital e trabalho são tão fracos que não conseguem sequer impor os mecanismos de redistribuição e estabilização que permitem o comportamento racional nos mercados capitalistas. Essa fraqueza de todas as organizações que surgiram dos primeiros movimentos trabalhistas se deve às peculiaridades – até agora pouco compreendidas – de uma crise econômico-ecológica de pinça, que coloca a ação baseada em classes de grandes grupos sociais dominados em um novo contexto social. Essa crise historicamente

1 Este capítulo é baseado numa palestra apresentada em Florença, em 2019.

* Professor do Instituto de Sociologia da Universidade Friedrich-Schiller – Jena, Alemanha.

sem precedentes, e esta é minha segunda tese, força especialmente as sociedades afluentes do Norte global a outra grande transformação. No decorrer dessa transformação – afirmo, em terceiro lugar – as classes e os conflitos de classe não se tornam obsoletos; os antigos conflitos de classe industrial, no entanto, transformam-se irreversivelmente em um conflito de transformação socioecológica. Para fundamentar tais afirmações, eu gostaria – partindo de Marx – primeiro de delinear meu entendimento praxeológico de classe (I). Em seguida, abordo a crise econômica-ecológica e suas causas (II), antes de mapear as intersecções entre os conflitos de classe e o conflito social ecológico (III). Depois, como evidência empírica da complexidade dos conflitos de transformação, apresento os resultados de uma pesquisa em andamento nos setores automotivo e de fornecedores (IV). Para concluir, coloco os eixos de conflito no contexto funcional das democracias bonapartistas, cujo modo de representação não reflete adequadamente o conflito de transformação socioecológica (V). Para conseguir fazer tudo isso, sou obrigado a ser o mais sucinto possível. Isso se dá ao custo da diferenciação e de uma definição mais precisa da terminologia, que realmente deveria ser incluída.

I

O primeiro passo é discutir meu entendimento – praxeológico – de classe, que procede de Karl Marx e sua teoria de classe baseada na propriedade. Como muitos sabem, Marx nunca elaborou por completo sua teoria de classes. O terceiro volume de *O capital* termina precisamente com o capítulo em que Marx procurou analisar as classes e as relações de classe. Desde então, os fragmentos de seu modelo de classes têm sido objeto de inúmeras controvérsias acadêmicas e disputas políticas. Eu, por minha vez, me refiro a uma interpretação da obra marxiana que quase caiu no esquecimento há mais de sessenta anos e hoje parece ser totalmente desconhecida. Quando se faz alguma referência à teoria de classes de Marx, ela é com frequência interpretada – muitas vezes de forma bastante simplista – como um modelo de estratificação social. No entanto, isso não consegue compreender o aspecto mais original da teoria de classes marxiana. No final da década de 1950, o sociólogo liberal Ralf Dahrendorf apontou essa força esquecida com as seguintes palavras:

> Estou preocupado com um problema, a saber, o fato intrigante de que as estruturas sociais, diferentemente da maioria das outras estruturas, são capazes de produzir em si mesmas os elementos de sua superação e mudança. As "classes" são agrupamentos de interesses que emergem de certas condições estruturais que operam como tais em conflitos sociais e efetuam mudanças na estrutura social. [...] Pelo menos um grande sociólogo, Karl Marx, usou o conceito de classe no contexto sugerido pelas observações anteriores. [...] "Estrato" é uma categoria descritiva. Em contraste, o conceito de classe é uma categoria analítica que tem significado apenas no contexto de uma teoria de classe. (Dahrendorf, 1959, p.VIII-IX)

Essa compreensão dinâmica de classe (baseada em Marx) implica uma série de premissas que aqui só posso abordar brevemente. Karl Marx, cujo conceito de classe permaneceu fragmentado, adotou de teorias previamente existentes a localização das relações de classe na estrutura socioeconômica central das sociedades capitalistas, a crítica do caráter de dominação inerente às relações de classe e o objetivo político de superar o domínio de classe. A verdadeira singularidade da teoria de classes de Marx, entretanto, está na construção de um princípio de mediação que une inextricavelmente as principais classes sociais. Marx considera a apropriação do trabalho não remunerado dos assalariados sem propriedade pelos proprietários privados, que possuem os meios de produção, como o mecanismo causal central subjacente às relações de classe nas sociedades capitalistas. Em contraste com os primeiros socialistas, ele entende a exploração como uma relação de troca entre proprietários de mercadorias formalmente iguais. A apropriação do trabalho excedente não remunerado, portanto, pelo menos de maneira superficial, não constitui um ato de fraude, pois os proprietários dos meios de produção e os da força de trabalho se encontram no contexto de relações contratuais formais como proprietários iguais dentro da esfera da circulação. Sua relação é baseada no princípio de "Liberdade, Igualdade, Propriedade e Bentham" (Marx, 1973, [1867], MEW 23, p.189). A troca capitalista de mercadorias, incluindo aquela entre capitalistas e assalariados, não inclui nenhuma outra relação de dependência, exceto aquelas que surgem de sua própria natureza (Marx, 1973, MEW23, p.182). É por isso que faz sentido usar "a troca de equivalentes" (Marx, 1973, p.180) para a análise da exploração especificamente capitalista. A exploração das classes dependentes do trabalho assalariado é possível porque os assalariados não são pagos pelos produtos que produzem, mas sim por sua força de trabalho, que são obrigados a vender aos proprietários dos meios de produção. Como a mercadoria força de trabalho possui a característica especial de criar valor além dos custos de sua própria reprodução, enquanto os salários oscilam em torno dos custos médios de reprodução, um produto excedente pode ser produzido durante o tempo de trabalho não remunerado.

Os proprietários do capital se apropriam desse produto excedente para reinvesti-lo, pelo menos de forma parcial – depois de deduzir os custos de maquinário, matérias-primas, edifícios, terrenos e dependendo do volume de seu próprio consumo –, com o objetivo de gerar um valor excedente ainda maior durante o ciclo de produção subsequente que, por sua vez, é reinvestido novamente. Deixando de lado os conhecidos problemas da teoria do valor de Marx, uma teoria moderna de classe deve pressupor uma pluralidade limitada de mecanismos causais socioestruturalmente relevantes, cujo efeito, contudo, nem sempre é constitutivo da classe da mesma forma nem em todo e qualquer caso. Esses mecanismos incluem – além de (1) a exploração baseada na troca contratual de equivalentes (Marx) – (2) a exploração secundária (ou excessiva) resultante da troca desigual, coerção extraeconômica e dominação (Nancy Fraser, Silvia Federici); (3) o fechamento social de certos círculos especiais (Max Weber, Theodor Geiger); (4) o poder burocrático de controle (Erik Olin Wright); (5) a desapropriação, entre outras coisas, dos bens comuns e públicos (Rosa Luxemburgo, David Harvey, Silvia Federici) e (6) a distinção – incluindo favorecimento e rebaixamento conscientes – entre grupos sociais (Bourdieu, 1979; Eribon, 2016).

Os únicos mecanismos causais que têm um efeito constitutivo no sentido de classes mobilizáveis são aqueles que colocam os principais grupos sociais em relação vertical uns com os outros. Os mecanismos causais localizados em nível horizontal podem gerar facções de classe (parciais). Também é possível que eles tenham efeito no sentido de uma dialética interna-externa que separa as áreas sociais de inclusão e exclusão. A distinção, o favorecimento social e o rebaixamento têm efeito tanto vertical quanto horizontal. Elas incorporam o fenômeno das classes desmobilizadas, ou seja, o estado agregado das classes subalternas dominadas pela competição e pela distinção simbólica. A interação exata entre os diferentes mecanismos causais ainda não foi estudada. O mesmo se aplica ao uso estratégico dos recursos de poder que facilitam a transição para as classes mobilizadas. O que é válido em geral é que todos os mecanismos causais que acabei de mencionar estão sempre presentes em todas as variedades de capitalismo. Seu peso, porém, muda de acordo com a dinâmica da acumulação, o equilíbrio social de forças, os conflitos sociais e as formações de blocos políticos.

Em termos mais simples: mecanismos causais como superexploração, dominação, distinção ou favorecimento simbólico e rebaixamento ganham importância na medida em que a contenção da exploração primária – ou seja, capitalista racional – por meio do uso de recursos de poder mantidos pelas classes dominadas e sua institucionalização em direitos sociais e democráticos dos subalternos falham ou são conscientemente rompidos. O estabelecimento e a expansão de um setor de baixos salários na Alemanha são um exemplo notável disso. O emprego com baixos salários, pelo menos quando medido pelos padrões do Estado de bem-estar social, significa superexploração, muitas vezes combinada com o disciplinamento extraeconômico das mulheres e dos migrantes em particular. É importante enfatizar que as classes, que se baseiam na exploração, mas também na mobilização de um poder compensatório para conter ou superar a exploração, são muito diferentes das classes que surgem da classificação, da distinção e do rebaixamento social. Ambos os tipos de classes podem coexistir e até mesmo se sobrepor. Isso também significa que cada pessoa pode ser membro de várias classes, como já argumentou Max Weber. O que geralmente se aplica é o fato de que as estruturas de classe, de acordo com Marx, não podem existir fora das relações de classe, que, por sua vez, estão em constante processo de movimento e mudança (Thien, 2019). Em termos puramente estatísticos, pode-se certamente demonstrar a existência de grandes classes trabalhadoras. Mas, quando os círculos e práticas sociais comuns não corroboram essas unidades estatísticas, elas continuam sendo classes apenas no papel. Então, elas são classes apenas na medida em que os fazendeiros franceses da época de Luís Bonaparte III constituíam uma classe:

> Dessa forma, a grande massa da nação francesa é formada pela simples adição de magnitudes homólogas, assim como as batatas em um saco formam um saco de batatas. Na medida em que milhões de famílias vivem sob condições econômicas de existência que separam seu modo de vida, seus interesses e sua cultura dos das outras classes, e as colocam em oposição hostil a estas últimas, elas

> formam uma classe. Na medida em que há apenas uma interconexão local entre esses pequenos camponeses, e a identidade de seus interesses não gera nenhuma comunidade, nenhum vínculo nacional e nenhuma organização política entre eles, eles não formam uma classe. Consequentemente, eles são incapazes de impor seus interesses de classe em seu próprio nome [...]. (Marx, 1982 [1852], vol.11, p.187)

Portanto, a luta de classes consciente exige a formação de organizações adequadas, o uso de públicos sociais e a influência do modo político de representação de uma sociedade. Dito isso: a propriedade, a renda e a estrutura de renda são, em última análise, apenas o resultado da divisão de classes. Essa divisão de classes é uma relação social que precede a distribuição de riqueza, renda e recursos de poder. Nenhum proprietário existe antes das relações de dominação e subjugação. É a luta de classes que determina a distribuição do produto excedente criado socialmente. A formação de classes, nesse contexto, é sempre a organização de interesses comuns na esfera da política. Essa ideia deve ser enfatizada. As classes são grupos políticos, reunidos em torno de um interesse comum. A luta entre as classes é essencialmente política.

Neste ponto, eu realmente deveria incluir uma longa excursão sobre estruturas de classe, relações de classe, formação e desintegração de classe, bem como diferentes formas de movimentos sociais, mas nada disso é possível neste formato. Para delinear a dinâmica de conflito fundamental das sociedades capitalistas, é suficiente – como Theodor Geiger e Ralf Dahrendorf apontaram – esboçar o modelo simples de duas classes básicas. A mudança social no capitalismo resulta do conflito entre os principais grupos sociais que se relacionam entre si em termos de interesses contrários e, em parte, até antagônicos e, em consequência, lutam não apenas por sua parcela do produto social excedente, mas também por poder e influência. Esse não é o único conflito que determina o desenvolvimento das sociedades capitalistas. Tampouco implica necessariamente consequências revolucionárias. Ele pode ser institucionalmente isolado, contido, pacificado e, assim, tornar-se um conflito como qualquer outro, interligado de várias maneiras com eixos de conflitos específicos de gênero, étnicos ou ecológicos. Livre da bagagem histórico-filosófica, é possível desenvolver uma compreensão pragmática da ação de classe. Para que seja analiticamente útil, no entanto, a categoria de ação coletiva deve, de fato, ser liberada da carga histórico-filosófica. De acordo com Göran Therborn, as classes "não são sujeitos de ação uniformes". Tampouco devem ser consideradas como tal "para que se possa falar de ação coletiva" (Therborn, 1987, p.143). A ação de classe não é nem mais nem menos do que a ação de indivíduos e grupos, redes e organização formal de uma classe para a proteção e melhoria das posições de classe (e as condições sociais correspondentes). "'Classe' é um termo analítico e deve ser considerado como tal, não como uma brigada que você pode ver marchando pelas ruas" (Therborn, 1987, p.143). Apenas raramente a classe serve como um termo adequado para a mobilização política. A política de classe, nas condições atuais, significa principalmente definir projetos que coincidam com os interesses dos assalariados no espaço público. O que é crucial para a transição de classes desmobilizadas para mobilizadas é a disponibilidade e o uso de recursos de poder para a preservação ou melhoria de uma determinada posição de classe. Em outro lugar, apresentei uma heurística aplicável a classes e facções de classe, projetada para permitir a análise das relações de classe envolvendo várias classes trabalhadoras distintas, áreas de inclusão e exclusão, bem como diferentes formas de exploração e dominação (Dörre, 2020).

A heurística (Tabela 1, a heurística é um trabalho em andamento) diferencia as classes com base em seu controle sobre os meios de produção, o poder derivado do controle sobre as pessoas, que também inclui o poder ideológico e a propriedade social apropriada.[2] Usando esses critérios mencionados anteriormente, seis classes podem ser distinguidas com base em um conjunto de dados de 2018 (n= 19.964) e um conjunto de dados suplementar baseado em uma pesquisa populacional da primavera de 2022, quatro das quais (classe média antiga e nova, classe trabalhadora assalariada nova e convencional) produzem, cada uma, suas próprias zonas de exclusão, caracterizadas por uma dotação de capital social abaixo da média. A nova subclasse, que acrescentamos com base no critério "pobres desempregados", está totalmente abaixo de um limiar de respeitabilidade social, ou seja, está amplamente excluída do acesso ao capital social vinculado a um emprego remunerado. Os

2 De acordo com Robert Castel a propriedade social é uma forma de propriedade que, na forma de direitos sociais, padrões de negociação coletiva e oportunidades de codeterminação, oferece aos assalariados algo que antes estava exclusivamente ligado à propriedade privada – a chance de planejar suas vidas a longo prazo.

não empregados não formam uma classe própria, mas sim uma seção transversal que não pode ser claramente localizada socialmente. A proporção de não empregados é representada de forma mais realista no conjunto de dados do H2Well[3] do que no BiBB/BauA;[4] por outro lado, a subclasse está ausente no segundo conjunto de dados porque o número de pessoas desempregadas era tão pequeno que não foi possível quantificar essa classe.

As distribuições descritas na heurística de classe ilustram o que os estudos sobre desigualdades globais descrevem em nível internacional. Os perdedores relativos da globalização são a força de trabalho industrial e, como suas atividades em geral são vinculadas localmente, o proletariado de serviços dos antigos centros capitalistas. Assim, a zona de exclusão da classe trabalhadora convencional, medida pelo emprego atípico e pelo salário precário (menos de dois terços do salário bruto médio), é quase tão grande quanto a parte que define os padrões de normalidade específicos da classe. Logo, as transições para a nova subclasse são fluidas. Isso mostra que, mesmo em sociedades comparativamente ricas, como a Alemanha, a exploração e a superexploração existem em inúmeras variações simultâneas e lado a lado. Essas são sociedades de classes, cada uma das quais forma suas próprias periferias e zonas de exclusão. As interações entre essas áreas costumam significar que os funcionários permanentes são disciplinados pelas partes precárias de sua própria classe ou de outras classes. Os trabalhadores temporários são, assim, motivados pelo sonho de dar o salto para a força de trabalho permanente protegida; o pesadelo dos trabalhadores permanentes, por outro lado, é o de voltarem à posição de trabalhador temporário. Mas não há nada que os membros de ambos os grupos temam mais do que cair em uma classe socialmente desvalorizada. Dessa forma, é criado um regime de disciplina e controle mútuos, no qual o emprego permanente se torna um privilégio que os funcionários regulares tentam defender com unhas e dentes.

Desse ponto de vista, a mera existência de uma subclasse numérica e comparativamente pequena produz enormes efeitos em termos socioestruturais

3 H2Well é a abreviação de um projeto de pesquisa em andamento que trata da conscientização ambiental da população e da aceitação de uma economia de hidrogênio. Uma pesquisa populacional e várias pesquisas qualitativas foram realizadas como parte do projeto.

4 BiBB é a abreviação do Instituto Federal de Educação e Treinamento Vocacional, que realizou uma grande pesquisa junto com o Instituto Federal de Segurança e Saúde Ocupacional (BAuA) que usamos para uma análise secundária.

e sociopsicológicos. Juntamente com as zonas de exclusão encontradas em todas as classes sociais, ela contribui para a descoletivização das relações de trabalho. Atualmente, apenas cerca de um terço dos assalariados na UE é representado por qualquer forma de organização de interesse coletivo (Eurofounds, 2020). Em muitos países industrializados, a capacidade dos sindicatos de se manterem está gravemente ameaçada. Os setores com relações de trabalho organizadas estão diminuindo, enquanto aqueles com pouco ou nenhum poder sindical estão se expandindo. Somam-se a isso os desafios de uma economia de plataforma digital, cujas corporações são capazes de se esquivar da representação organizada dos interesses dos trabalhadores. Sem dúvida, os conflitos no chão de fábrica e no nível da empresa estão aumentando em alguns casos, e a inflação levou a uma série de greves e protestos em massa em países como França, Inglaterra, Portugal e Alemanha. Mas a consolidação política de tais disputas só é possível em casos excepcionais. Nas sociedades de classe desmobilizadas dos centros capitalistas, a esquerda política obviamente perdeu seu poder exclusivo de definir a questão social e, para os sindicatos, surge a questão de saber se eles ainda são capazes de manter seu poder organizacional por seus próprios esforços e sem a ajuda do Estado em uma escala que os torne capazes de entrar em conflito e fazer valer seus direitos. A nova subclasse politicamente fabricada contribui – de maneira não intencional – para a descoletivização e a desorganização do trabalho assalariado, porque torna constantemente palpável que a descida abaixo da zona de respeitabilidade é um perigo real para muitos. A esta altura, portanto, as poucas observações sobre as classes capitalistas básicas como atores e impulsionadores da mudança social devem ser suficientes para descrever uma dinâmica de conflito mais contemporânea.

Que tipo de mudança social procuramos explicar hoje com base em uma teoria praxeológica de classes? Estou me referindo a uma dinâmica de conflito que Ulrich Beck descreveu como a transição para uma segunda modernidade na década de 1980. Essa transição, segundo o argumento, é marcada pelo fato de que "os problemas dos estômagos vazios são cada vez mais sobrepostos aos das barrigas gordas". Em outras palavras: a lógica da distribuição da riqueza perde importância em relação à lógica da distribuição do risco ecológico. De acordo com Beck, os antagonismos de classe, assim, não são mais os principais impulsionadores da mudança social. "A pobreza é hierárquica, a poluição atmosférica é democrática" (Beck, 1986, p.48) é a

Tabela 1 – Divisões de classe

	BIBB/BauA		H2Well	
	Proporção	**Número**	**Proporção**	**Número**
Classe dirigente	1,3%	337	–	–
Velha classe média	5,5%	1.460	5,8%	64
Zona de exclusão da velha classe média	1,9%	490	0,9%	11
Nova classe média	15,7%	4.182	11,2%	124
Zona de exclusão da nova classe média	4,7%	1.243	1,9%	21
Nova classe trabalhadora	9,6%	2.531	7,3%	81
Zona de exclusão da nova classe trabalhadora	2,6%	682	1,5%	17
Classe trabalhadora convencional	18,2%	4.823	21,7%	241
Zona de exclusão da classe trabalhadora convencional	18,9%	4.216	6,6%	73
Nova subclasse	3,3%	*	–	–
Desocupados	21,4%	*	43,0%	477
Total	**100%**	**19.964**	**100%**	**1.109**

fórmula memorável com a qual o autor resumiu seu diagnóstico. Cerca de trinta anos depois, podemos constatar que, com relação à centralidade do conflito social ecológico, Beck estava certo. A mudança climática provou ser uma ameaça ecológica global que está determinando cada vez mais a agenda política, pelo menos nos primeiros países industrializados. A alegação de Beck de que a acumulação de perigos ecológicos levaria a um "capitalismo sem classes", contudo, acabou se mostrando errada. Isso se torna mais plausível quando consideramos o que chamo de crise de pinça econômico-ecológica. Da forma como o utilizo, esse termo engloba três importantes desenvolvimentos: o fim do crescimento econômico rápido e permanente nos centros capitalistas, a distribuição cada vez mais desigual do produto excedente criado e as rupturas estruturais do metabolismo sociedade-natureza, cuja extensão chegou a colocar em risco a capacidade de autorreprodução de muitos ecossistemas. Os desenvolvimentos listados são o resultado de Landnahmen capitalistas (financeiros) que ajudaram a afirmar um tipo de capitalismo nos centros antigos que é voltado apenas para lucros de curto prazo e que está destruindo cada vez mais os mecanismos sociais e ecológicos de autoestabilização da socialização do mercado capitalista. Vamos dar uma olhada mais de perto nesses três desenvolvimentos:

II

(1) Crescimento econômico: até a virada do milênio, o Landnahme capitalista (financeiro) representava um dos projetos de crescimento mais bem-sucedidos da história do capitalismo. No entanto, a dinâmica de crescimento já começou a se retrair mesmo antes da grande crise (2007-09). Embora a economia global tenha retornado rapidamente a uma trajetória de crescimento, as taxas de crescimento nos antigos centros capitalistas, em especial na União Europeia, permaneceram relativamente baixas. Isso se aplica principalmente aos países da UE que levaram até 2011 para voltar aos níveis anteriores à crise. Países importantes, como a Itália, sofreram com a estagnação econômica por um longo período. A Grécia, cuja economia sofreu uma contração de um terço durante a década seguinte à crise de 2007, levará décadas para superar, mesmo que remotamente, o impacto do brutal *Diktat* de austeridade. Mesmo fora da Europa e em sociedades de alto crescimento, como a China, as taxas de crescimento estão diminuindo ou estagnando. Esse fenômeno revela bloqueios estruturais de crescimento. De fato, a fase excepcionalmente longa de prosperidade, que chegou a um impasse desde o início de 2019, não teve as fases de *boom* econômico e inflação, ou *boomflação*. As taxas de juros permaneceram baixas e o motor do investimento nunca decolou adequadamente. Há certa confusão entre os economistas sobre os motivos subjacentes. Esse é o caso, especialmente porque o motor mais importante do crescimento, ou seja, o aumento da produtividade da mão de obra, está em frangalhos há algum tempo. Apesar do imenso emprego da tecnologia, as taxas de crescimento da produtividade do trabalho estão diminuindo cada vez mais nos antigos centros capitalistas. Essa é a razão pela qual economistas como Richard J. Gordon (2016) falam de estagnação secular com taxas de crescimento relativamente baixas. A recessão do coronavírus, a guerra da Ucrânia e o retorno da inflação à Europa continental mudaram fundamentalmente parâmetros econômicos importantes, mas nada disso alterou o fraco crescimento. Pelo contrário, novos riscos de crescimento foram adicionados. Há algumas indicações de que o aumento dos preços do petróleo, do gás, da eletricidade, mas também dos alimentos, esconde um problema mais profundo: o fim previsível dos preços mínimos de bens essenciais, que são o resultado da superexploração nas cadeias de valor transnacionais. Considerando que a era dos recursos baratos – recursos naturais baratos, dinheiro barato, mão

de obra barata, bem-estar, alimentos e energia – está chegando ao fim (Patel; Moore, 2018), podemos presumir que a era do crescimento econômico rápido e permanente terminou de uma vez por todas nos antigos centros capitalistas. James Galbraith prevê até mesmo um "efeito de cadeia de estrangulamento", o que significa que a eficiência de uma economia com uso intensivo de recursos e energia só pode ser aumentada "enquanto os recursos permanecerem baratos" (Galbraith, 2014, p.99; Galbraith, Dörre, 2018). Mas quando os tempos se tornam mais voláteis e os preços das matérias-primas e da energia aumentam, o horizonte de tempo para lucros e investimentos é reduzido:

> [...] o excedente ou lucro total é menor do que o que estaria disponível para a grande empresa em condições estáveis. Como os lucros são menores, os conflitos distributivos – entre os trabalhadores, a gerência, os proprietários e as autoridades fiscais – tornam-se mais intensos. A confiança em bons resultados diminui. Nessas condições, menos projetos grandes serão realizados, e talvez nenhum. (Galbraith, 2014, p.102)

(2) Desigualdade: Na ausência de medidas redistributivas, o crescimento fraco amplia a desigualdade. A concentração de riqueza e renda aumenta, as desigualdades específicas de classe se tornam mais pronunciadas, o poder de mercado dos proprietários de riqueza aumenta e a probabilidade de transformá-lo em poder de lobby aumenta de forma significativa. Os efeitos desse mecanismo social podem ser confirmados empiricamente hoje. Os lucros das 2 mil maiores corporações transnacionais e a participação da renda do trabalho no PIB mundial apresentaram, pelo menos por tendência, um desenvolvimento inversamente proporcional entre 1995 e 2005 (Figura 1). Enquanto os lucros das empresas transnacionais entre 2000 e 2013 – com exceção do ano de crise de 2009 – aumentaram constantemente, a proporção da renda salarial no PIB diminuiu de modo contínuo – novamente, com exceção dos anos de crise. Desde então, eles aumentaram de maneira ligeira, mas permanecem em um nível relativamente baixo (Gallagher, Kozul-Wright, 2019, p.12). Em termos simples, isso significa que os ganhos do crescimento econômico, se houver algum, são distribuídos de forma extremamente desigual.

O chamado Gráfico do Elefante (veja a Figura 2) ilustra a participação fortemente desproporcional do bolo do crescimento detida por uma minoria minúscula da população mundial adulta, enquanto os 50% inferiores

Figura 1: O gráfico do crocodilo. Lucro das 2 mil maiores empresas transnacionais e participação na renda global do trabalho, 1995-2015 (variação em pontos percentuais do PIB)

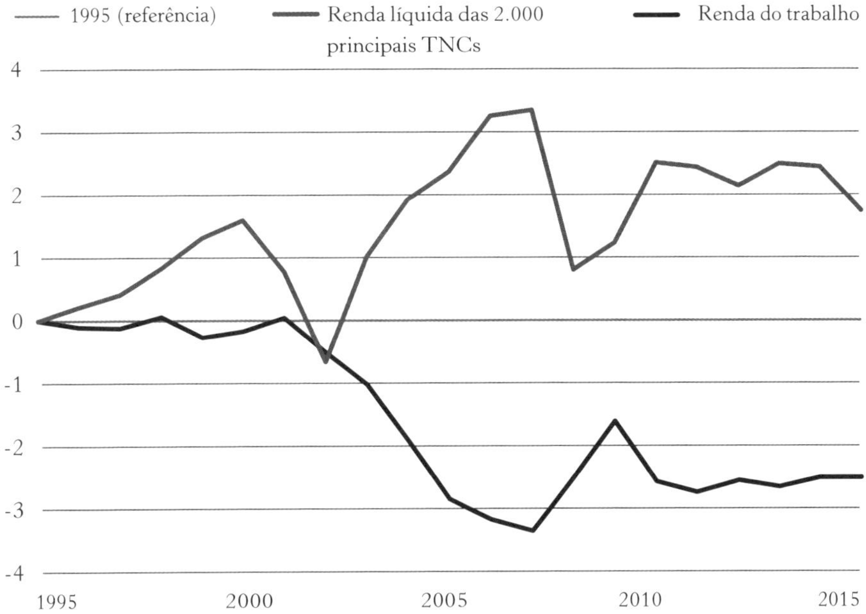

Fonte: Gallagher; Kozul-Wright (2019, p.12).

dos recebedores de renda participam muito abaixo da média ou até mesmo perdem. O 1% mais rico entre a população adulta global foi responsável por 27% do crescimento do aumento da riqueza entre 1980 e 2016, enquanto os 50% mais pobres detêm uma participação de crescimento de apenas 12%. Os maiores perdedores são as classes baixas e as classes trabalhadoras nos Estados Unidos e na Europa Ocidental, cujas participações caíram. As razões foram identificadas pelo Fundo Monetário Internacional, com certa precisão, como sendo a mudança tecnológica, a consequente substituição de pessoal, o poder de mercado das grandes corporações e a crescente fraqueza dos sindicatos (FMI, 2017).

Deve-se acrescentar que o aumento da riqueza e da desigualdade de renda em quase todas as sociedades nacionais coincidiu, nas últimas três décadas, com uma diminuição das desigualdades entre os Estados-nação. Já se foi o tempo em que os cidadãos mais pobres dos países ricos ainda eram mais ricos do que as populações dos países em desenvolvimento. O

Figura 2: A curva do elefante da desigualdade e do crescimento globais. Distribuição de renda global e crescimento da renda real, 1980-2016

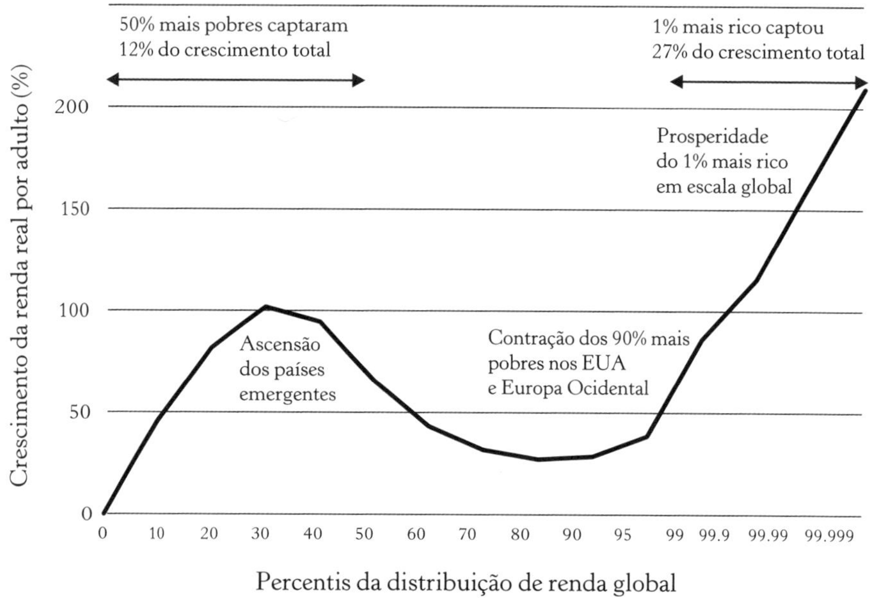

Fonte: Relatório sobre a desigualdade mundial, 2018 (Gallagher, Kozul-Wright, 2019, p.18).

mundo dos países ricos também está cada vez mais dividido em centro e (semi)periferia. A Alemanha, um dos países mais ricos do mundo, tornou-se, de fato, uma das sociedades mais desiguais da Europa e da OCDE (Kaelble, 2017, p.176), não apenas em relação à distribuição de renda e riqueza, mas também em termos de moradia, saúde, educação e distinção social. As desigualdades verticais, em grande parte específicas de classe, atingiram níveis tão consideráveis que estão se tornando um sério impedimento ao crescimento (Fratzscher, 2016).

(3) Metabolismo global: igualmente significativo é o fato de que o aumento das desigualdades específicas de classe dentro das sociedades nacionais nas últimas décadas se tornou um impulsionador de grandes ameaças ecológicas. Tomemos, por exemplo, as emissões prejudiciais ao clima (Gallagher; Kozul-Wright, 2019, p.22, gráfico 4). Enquanto os 10% mais ricos da população mundial causaram um número impressionante de 49% dessas emissões por meio de seus estilos de vida luxuosos em 2015, os 50% mais pobres foram responsáveis por apenas 3%. A porcentagem de

emissões causadas pelos setores sociais mais ricos está aumentando desproporcionalmente, enquanto as dos setores mais pobres da população global estão diminuindo. Os 10% dos grupos de alta renda com a maior parcela de emissões estão em todos os continentes, sendo que 30% estão em países emergentes. O aumento das emissões de CO_2 está sendo causado, cada vez mais, pela desigualdade de renda dentro dos Estados-nação. Embora essas desigualdades tenham sido responsáveis por cerca de 30% das emissões globais em 1998, esse número subiu para 50% em 2013. Os 50% das classes de renda mais baixas na Europa e na América do Norte atingiram níveis próximos ou até mesmo iguais aos das metas climáticas de Paris para 2030. Em contrapartida, o 1% mais rico emitiu 26% a mais em 2019 do que há trinta anos, e o 0,01% mais rico emitiu até 80% a mais. A principal causa do aumento do ônus das emissões é o investimento, não o consumo individual (Chancel, 2022). Em termos mais diretos, isso significa que a produção de bens de luxo para as classes mais altas e seu consumo se tornou um dos principais impulsionadores das principais ameaças ecológicas, que, por sua vez, afetam principalmente os grupos sociais mais pobres do mundo.

III

Tendo como pano de fundo esses desenvolvimentos, podemos definir com mais precisão o que constitui a novidade histórica da crise econômica-ecológica da pinça. Pelo menos os primeiros países industrializados e ainda afluentes do Norte global se tornaram capitalismos pós-crescimento. Suas economias crescem apenas a taxas muito lentas e a riqueza produzida é distribuída de forma cada vez mais desigual. No entanto, estamos lidando com algo maior, algo que é mais do que apenas uma grande crise de acumulação de capital. A crise do "aperto em pinça" significa que o que antes era o meio mais importante para superar as crises econômicas, ou seja, a geração de crescimento econômico de acordo com os critérios do PIB, quando operacionalizado com base em combustíveis fósseis e acompanhado por um maior consumo de recursos e energia, inevitavelmente leva a um acúmulo de grandes perigos ecológicos. Entre 1980 e 2016, as emissões globais prejudiciais ao clima dobraram (Gallagher; Kozul-Wright, 2019, p.7). Aliás, no passado recente, o único período em que as emissões diminuíram foi o ano de crise de 2009, resultante da queda na produção industrial. A última vez que o consumo de energia realmente diminuiu foi durante a década de 1980, e os balanços atuais de recursos estão revelando danos irreversíveis aos sistemas circulatórios ecológicos fechados.

Embora muito disso já seja conhecido há algum tempo, o conflito social ecológico está adquirindo uma nova qualidade, já que o tempo restante para agir está se esgotando. De acordo com um estudo recente do IPCC, que investiga um cenário de aumento de 1,5 grau Celsius nas temperaturas globais, precisamos de sistemas econômicos totalmente livres de emissões de carbono até 2050 (IPCC, 2018). A realização dessa meta implica mudanças cuja extensão histórica corresponde, no mínimo, à da primeira Revolução Industrial. Uma diferença significativa, no entanto, é que, desta vez, a tarefa é encontrar uma saída de emergência, um remédio para as consequências socialmente prejudiciais do crescimento econômico rápido e permanente que foi colocado em movimento durante a Revolução Industrial. A forma dominante de crescimento econômico está cada vez mais se transformando de uma suposta bênção econômica em uma maldição ecológica. Essencialmente, a única saída para esse dilema é uma revolução na sustentabilidade. As metas de sustentabilidade ecológica e social, portanto, constituem testes decisivos para todas as concepções futuras e layouts sociais que prometem escapar da crise do "aperto em pinça". E os critérios correspondentes são, de fato, bastante simples. Em primeiro lugar: a pegada ecológica está sendo reduzida? As emissões estão sendo reduzidas? Há uma redução no consumo de recursos e energia? Em segundo lugar: a qualidade de vida – disponível para todos e para as gerações futuras – está aumentando? (Grober, 2013, p.269). Os Objetivos de Desenvolvimento Sustentável (ODS) da ONU – independentemente de todas as críticas legítimas ao processo de seu estabelecimento, bem como de sua natureza comprometedora e relativamente não vinculativa – podem, de qualquer forma, ser operacionalizados politicamente. Eles constituem um padrão pelo qual as ações reais das classes dominantes e dominadas podem ser avaliadas. Por esse motivo, o antigo conflito de classes industriais se transforma irreversivelmente em um conflito de transformação socioecológica. As dinâmicas de conflitos ecológicos e sociais específicos de classe têm efeitos independentes. No entanto, há alguns campos em que as características comuns de ambas as dinâmicas de conflito são óbvias.

Vamos começar (1) com a produção das principais ameaças ecológicas e a distribuição assimétrica do poder de decisão: a maior parte da produção de emissões, do esgotamento de recursos e do consumo de energia é causada pelo setor de produção capitalista da economia de mercado. O "o quê", o "como" e o "por quê" relacionados à produção, no entanto, continuam a ser determinados – como era o caso na época de Marx – pelos membros das classes que detêm a propriedade privada e os meios de produção e que têm capital produtivo à sua disposição. Na Alemanha, por exemplo, seu número tem se mantido constantemente em torno de 1,3% da população total. Isso significa que uma pequena classe de proprietários de capital e gerentes de alto nível decide sobre a produção e a composição material de um suprimento de bens e serviços e, em última análise, também sobre o consumo. No capitalismo, as classes dominantes exercem a soberania exclusiva do produtor. Os resíduos são gerados principalmente por processos econômicos. A pura fixação em bens de consumo ignora a importância dos investimentos quando se trata de emissões, energia e consumo de recursos. Além disso, não há soberania do consumidor. Os consumidores comuns não são mais livres do que os produtores. Suas necessidades são manipuladas pela publicidade, e suas decisões de compra costumam aderir ao consumo posicional, que transforma o ato de comprar em uma confirmação simbólica do status social almejado. Essa assimetria de poder de decisão, em última análise, apoia-se em uma divisão de classe baseada na propriedade, excluindo não apenas os assalariados, mas também os proprietários e gerentes de pequenas e médias empresas (PMEs), que não podem tomar decisões elementares sobre "o quê", "como" e "por quê" da produção. O setor de fabricação de automóveis e suprimentos associados, em grande parte estruturado como PMEs no pequeno estado da Turíngia, com seus 68 mil empregos, é um excelente exemplo: a maioria das empresas depende inteiramente dos fabricantes finais em suas decisões relacionadas à produção. Nem mesmo os proprietários ou gerentes têm qualquer influência nas decisões elementares sobre produtos, condições de produção ou preços. A força de trabalho, por outro lado, é totalmente dependente desses não tomadores de decisão. Nesse contexto, o mundo fantástico de uma sociedade de consumo sem classes que causa, coletiva e democraticamente, grandes ameaças ecológicas, não passa de "uma abstração vazia" (Foster et al., 2011, p.364).

Isso fica ainda mais claro quando consideramos (2) os custos da transformação socioecológica. As elites capitalistas tendem a buscar principalmente medidas de conformidade com o mercado para combater as mudanças climáticas – comércio de emissões, precificação de CO_2 e tributação correspondente do consumidor. Vejamos, por exemplo, o imposto sobre o CO_2, uma medida também exigida por movimentos contra as mudanças climáticas, como o Fridays for Future. Mesmo que esse imposto estivesse vinculado a pagamentos de compensação, ele não é uma medida ecologicamente suficiente nem socialmente sustentável. A Suíça, de fato, introduziu ambos – um imposto sobre CO_2 e uma compensação social associada. E, no entanto, o modelo econômico do país e os estilos de vida predominantes estão longe de ser sustentáveis. A pegada ecológica da Suíça é aproximadamente igual a três planetas, e as emissões fizeram com que os ativistas climáticos proclamassem uma emergência climática. Isso mostra que medidas exclusiva ou principalmente de conformidade com o mercado, como impostos sobre o consumo, não alcançarão a sustentabilidade social nem ecológica. Em geral, a realização de metas de sustentabilidade ecológica aumentará os preços de, por exemplo, recursos naturais, bens duráveis e alimentos orgânicos. Supondo que haja uma mudança para produtos duráveis, que podem ser produzidos com menos recursos e menos energia, no futuro as pessoas poderão comprar menos bens e serviços com o mesmo dinheiro. No entanto, os produtos disponíveis serão de melhor qualidade em termos de sustentabilidade. Diante desse cenário, qualquer apelo à austeridade ecológica ou solicitação para que os sindicatos moderem as demandas por salários e renda é simplesmente contraproducente. Sob condições capitalistas, eles só levariam a um aumento nos lucros das empresas, promoveriam um fluxo de recursos para os segmentos altamente especulativos dos mercados financeiros, aumentariam a percepção de injustiça sentida por grande parte das classes assalariadas e possivelmente levariam os trabalhadores para os braços da direita radical, que nega totalmente as mudanças climáticas causadas pelo homem. Em outras palavras, isso seria exatamente o oposto da sustentabilidade social e ecológica. Os salários e a renda de uma grande parte dos assalariados teriam que aumentar consideravelmente para que, por exemplo, os preços justos de bens duráveis, alimentos produzidos de maneira orgânica ou férias baseadas no turismo sustentável permanecessem ou se tornassem acessíveis para a grande maioria. Condições de trabalho boas e ecologicamente sustentáveis nas cadeias de valor e nos países do Sul global podem ser implementadas de modo mais fácil quando a concorrência suja do Norte é impedida. Isso exigiria – tanto em nível nacional quanto internacional – salários dignos bem acima do limite de salários baixos. Para que isso ocorra, certamente será necessária uma luta de classes vinda de baixo, que, por assim dizer, teria que criar as condições sociais para a sustentabilidade ecológica em primeiro lugar.

Se essa perspectiva é realista, dada a diminuição da economia política da força de trabalho, ninguém sabe. Já há sinais claros de que a transformação em curso (3) leva a uma desvalorização ecológica que também abrange a propriedade e as oportunidades sociais, em especial as das classes assalariadas empregadas nas indústrias de combustíveis fósseis. Os trabalhadores braçais e o pessoal administrativo que entrevistamos na mina de lignito lusitana [carvão marrom; Köster et al., 2020, n=41] contam uma história poderosa que parece subjetiva para eles; que consideram ser a verdade. Eles afirmam que a lignite e a empresa de energia LEAG (responsável pela mineração de lignite e geração de eletricidade) se tornaram extremamente importantes para a região. Na Lusácia, muita coisa está ligada à LEAG: suas condições de trabalho "semelhantes a um farol", níveis salariais comparativamente altos, boas oportunidades de emprego e treinamento e o fato de que não apenas os fornecedores, mas também o artesanato e os serviços dependem dela. A lista também inclui o financiamento de eventos culturais e o efeito positivo que a empresa tem sobre as finanças públicas da região. É por isso que é impossível para os funcionários, suas famílias e seus amigos imaginar um futuro brilhante em um mundo sem lignito. A decisão – ecologicamente essencial e politicamente confirmada – de acabar com a mineração de lignito é, em consequência, vista como uma ameaça ao seu próprio futuro e representa uma perda de controle sobre suas próprias vidas. Nossos entrevistados da Alemanha Oriental temiam nada mais do que um segundo período de desindustrialização comparável à experiência pela qual a região passou após a reunificação alemã. Eles são apoiados nessa visão por uma política corporativa e sindical de fazer tudo o que estiver ao seu alcance para adiar o fechamento da mina pelo maior tempo possível. O resultado é que a força de trabalho do LEAG adotou uma mentalidade de cerco. A incerteza em relação ao futuro é acompanhada por um sentimento de desvalorização coletiva, como se vê na fala de um funcionário do LEAG: "Durante a RDA, éramos heróis nacionais [...] E agora somos idiotas, ou os vilões da Alemanha, porque tivemos que ficar ali ouvindo as pessoas nos repreenderem por sermos nazistas, assassinos, poluidores e Deus sabe o quê! [...] E isso dói".

Aos olhos daqueles que são contra a mineração de lignito, essa história apaixonada é uma narrativa que foi cuidadosamente elaborada pela empresa e pelo IG BCE com o objetivo de tentar adiar o fim da mineração de carvão e da eletricidade movida a carvão pelo maior tempo possível. Eles alegam que a mídia, ao longo de vários anos, concentrou quase que totalmente sua atenção no lignito e que sua importância econômica para a região foi dramaticamente exagerada. Considerando a escassez de empregos e de habilidades na Alemanha, eles argumentam que é improvável que os trabalhadores tenham dificuldades no mercado de trabalho e que a tecnologia existe para garantir que a suspensão da mineração de lignito e da geração de eletricidade possa, sem dúvida, ser realizada em um curto espaço de tempo.

Embora haja muitos argumentos nessa contranarrativa que são indubitavelmente verdadeiros, também é verdade que, entre esses ativistas antilignito, encontramos também alguma forma de mentalidade de cerco. Em uma entrevista com um ativista contra a mineração, o entrevistado afirmou que o diálogo entre os oponentes da lignite e os funcionários da LEAG seria inútil, pois qualquer abordagem produtiva seria "destruída" pela equipe de relações públicas da empresa e do IG BCE. Também é importante observar que os ativistas contra a lignite, que muitas vezes vivem em situações precárias, consideram as condições de emprego e a qualidade de vida dos funcionários do LEAG como "privilegiadas". A prosperidade modesta, um emprego permanente, uma casa modesta e um carro particular tornam-se símbolos de uma acusação a uma determinada classe social alimentada por argumentos ecológicos sobre sustentabilidade. Um dos resultados disso é que ambos os lados se retraem em suas bolhas. Os conflitos travados ao longo de eixos ecológicos e sociais e/ou baseados em profissões levam ambos os lados a suas próprias realidades polarizadoras. Os ativistas contra a lignite, que podem ser encontrados em todos os partidos democráticos da Alemanha, acreditam que, com novas maiorias políticas no Parlamento alemão (ou seja, com os Verdes envolvidos no governo), talvez seja possível acabar com a mineração de lignite já em 2030. Os funcionários da LEAG, por outro lado, expressaram o desejo de combater o que eles chamam de "histeria climática" com a ajuda do partido de direita radical AfD. O endurecimento de tais atitudes é resultado tanto de políticas orientadas por interesses, cujo foco principal é manter o *status quo*, quanto de uma demonização das minorias nos movimentos ambientais, que os funcionários das minas de lignito agrupam como inimigos na luta pela sustentabilidade ambiental. A retirada de ambos os lados para seus respectivos campos acaba tornando ainda mais difícil para os atores políticos encontrarem uma saída para a crise climática. Para vários funcionários do LEAG e suas redes sociais, votar no AfD é um ato de autodefesa: conter o que eles consideram uma "histeria climática". No entanto, na melhor das hipóteses, isso também resultará em um atraso: um atraso que acabará fazendo com que sua presença seja sentida como uma mudança estrutural radical quanto mais for adiada.

IV

Os eventos que estão ocorrendo em uma mina de lignito de um setor em declínio podem se repetir em uma escala muito maior e com um impacto praticamente imprevisível na cadeia de valor do setor automotivo. Nosso estudo de 2023 mostra como o perigo é grande.[5]

"As pessoas têm uma raiva incrível!", diz Michael Lacher, ex-gerente da VW Kassel-Baunatal, a segunda maior fábrica do grupo na Alemanha. "Não há nazistas em meu ambiente. Mas alguns gostariam de dar uma lição àqueles que fazem políticas ruins. A melhor maneira de provocá-los no momento é com o AfD", concorda Carsten Bätzold, presidente do conselho de trabalhadores da mesma fábrica até 2022. Nas pesquisas realizadas em julho de 2022, a Alternativa para a Alemanha, de direita radical, está à frente do SPD e dos Verdes. Na Turíngia e na Saxônia, é até mesmo o partido mais forte. Uma causa importante é a profunda incerteza e o descontentamento que emanam das turbulências que estão por vir e que já estão ocorrendo no setor, a economia manufatureira. Todo o setor automotivo e de fornecedores está enfrentando uma reviravolta que não poderia ser mais fundamental. Há

5 Para o estudo no qual este artigo se baseia, um total de 108 pessoas foram entrevistadas em ambas as fábricas em conversas individuais e em grupo com duração de até três horas. Os pesquisadores envolvidos nas pesquisas foram Steffen Liebig, Kim Lucht, Johanna Sitell, funcionários estudantes e estudantes de um projeto de pesquisa de ensino.

uma necessidade e um desejo de abandonar o motor de combustão interna e adotar o acionamento elétrico. A descarbonização, a digitalização e a conversão de grandes partes do processo de fabricação estão acontecendo ao mesmo tempo. Como a força de trabalho está lidando com esses desafios? Qual é o efeito político da perda iminente de empregos? E existe o perigo de que a direita radical se aproprie da questão da transformação? Escolhemos uma maneira incomum de responder a essas perguntas. Nossa equipe de pesquisa entrevistou funcionários da VW Kassel-Baunatal, bem como da Opel Eisenach. Os resultados da sondagem sociológica aprofundada foram discutidos com gerentes, comitês de trabalhadores, representantes de lojas e também no contexto de uma reunião de cidadãos em Baunatal.

Em Baunatal, no norte de Hessen, há mais de 15 mil funcionários da Volkswagen para cada 28 mil habitantes. Na classificação de transformação, o distrito ocupa o quinto lugar entre as regiões particularmente afetadas por mudanças estruturais. No decorrer da mudança de motores de combustão para os *e-drives*, a fábrica de componentes pode perder vários milhares de empregos. Em Eisenach, a uns bons 100 quilômetros de distância, os temores em relação ao futuro não são menores. Embora o Stellantis Group tenha prometido à fábrica da Opel, com seus 1.200 funcionários, a produção de um veículo totalmente elétrico, ainda há um congelamento das contratações. Apenas os trabalhadores temporários, que são registrados como custos de material, foram recentemente autorizados a voltar à fábrica. É incerto se a Opel Eisenach conseguirá dominar a transformação automotiva a longo prazo. A conclusão central de nosso estudo pode ser resumida da seguinte forma: a conversão para a mobilidade eletrônica está em pleno andamento em ambas as fábricas, mas a atitude da força de trabalho é ambivalente. Os gerentes estão convencidos da tecnologia. A força de trabalho também sabe que a mudança para os acionamentos eletrônicos pode garantir o futuro de suas fábricas. Porém, quanto mais próximo do chão de fábrica, mais fortes são as críticas ao carro elétrico. Por trás dessas críticas, no entanto, não está apenas o ceticismo em relação a uma mudança técnica, mas também um descontentamento muito mais profundo que a direita radical está explorando.

Vamos começar com a mudança de direção. Em parte, a crítica dos trabalhadores à mobilidade elétrica vem da esperança de que os combustíveis eletrônicos e o hidrogênio verde possam tornar sustentável o transporte individual por carro. Mas muitas críticas também podem vir de ativistas climáticos: exploração excessiva e destruição da natureza na aquisição de lítio e cobalto, aumento da demanda de eletricidade que atualmente é gerada a partir de carvão e gás natural, ou seja, combustíveis fósseis, além dos altos preços dos carros elétricos. Mas enquanto os líderes do conselho de trabalhadores, especialmente em Baunatal, estão defendendo sistemas de transporte sustentáveis com menos tráfego de carros, muitos funcionários no chão de fábrica chegam a uma conclusão diferente. Eles dizem que é correto combater as mudanças climáticas, mas de forma mais lenta e com mais competência. "Para mim, o motor de combustão interna é, atualmente, uma das coisas mais limpas que existem", diz um funcionário em Eisenach, falando com o coração de muitos de seus colegas. As críticas aos caros carros elétricos também são ferozes porque os trabalhadores daqui geralmente vêm de áreas rurais. "Não posso usar o transporte público de Bad Langensalza para Eisenach. Como posso fazer isso? Teria que pegar o trem para Gotha. De Gotha para Eisenach. Assim. E o ônibus, ele passa por todos os vilarejos. Sim, estou na estrada há cem anos", disse um funcionário da Opel, descrevendo sua viagem.

As políticas do "governo verde", bem como as propostas do movimento climático, parecem fora de contato com a vida. "Sim, algo precisa ser feito para proteger o clima, certo? Isso não está totalmente errado. Mas os ativistas do clima são radicais demais e limitados demais ao transporte individual. Isso sempre criará uma contrapressão contra esses ativistas do clima. E eu digo: Não é à toa que há adesivos por toda parte, pendurados acima do tubo de escape. 'Vá se foder, Greta!'". É assim que um trabalhador sindicalizado se posiciona. O fato de a oposição dos trabalhadores aos ativistas climáticos e ao "governo verde" ser tão dura se deve ao fato de que eles têm algo a perder aqui. Ambas as fábricas são faróis industriais em suas regiões. O salário é comparativamente bom, e as condições de trabalho em geral são melhores do que nas áreas vizinhas. Os 3.800 brutos que você pode ganhar na Opel são extremamente raros para um trabalhador na Turíngia.

Na fábrica da VW, o salário é significativamente melhor e aqueles que fazem parte da força de trabalho principal não têm medo de perder seus empregos. Uma garantia de emprego de longo prazo e uma garantia de estoque de quinze anos para componentes contribuem para a sensação de segurança. Na fábrica da Opel, a situação é bem diferente. "Tenho medo de não conseguir manter o padrão que construí com minha esposa assim!", diz um trabalhador em Eisenach. É por isso que transformação tende a não ser uma palavra para os trabalhadores "no chão de fábrica". Para as pessoas em Eisenach, o termo representa a desindustrialização após a reunificação. Em Baunatal, ele lembra os tempos em que Bernhard, então membro da diretoria da VW, declarou que a produção de componentes era supérflua e queria vender a produção em Baunatal. A mudança está acontecendo rápido demais para os trabalhadores, em especial porque está associada ao medo de perder status. Status significa mais do que um bom salário. Tem a ver com a dignidade do trabalho, que é física e psicologicamente exigente, e com a possibilidade de levar uma vida boa de acordo com suas próprias ideias. Como a transformação ameaça o que torna a vida agradável, ela é sentida como uma restrição da liberdade pessoal. Tudo isso também alimenta o sentimento de pertencer a um grande grupo social cujos interesses dificilmente são levados em conta de maneira pública: "Os trabalhadores quase não são notados, definitivamente!", dizem eles, e: "Bem, os problemas da população normal não são realmente levados em conta. A alegação de normalidade esconde experiências multifacetadas de desvalorização: como trabalhador, como 'Ossi' ou até mesmo como pertencente a um modo de vida industrial que supostamente está condenado".

A percepção de desvalorização é uma porta de entrada para a aparente rebeldia da AfD. Mas tanto em Eisenach quanto na fábrica de Kassel, o AfD está longe de ter maioria. Isso é garantido por conselhos de trabalhadores e sindicalistas para os quais o antifascismo faz parte de seu DNA político. Qualquer pessoa que se envolva em atividades racistas ou extremistas de direita nas fábricas pesquisadas deve contar com ventos contrários. Em alguns casos, a situação é completamente diferente no setor de fornecedores de pequeno e médio porte. Quanto mais se penetra nas cadeias de suprimentos, maiores são as zonas livres de codeterminação e sindicatos. Nessas empresas, o AfD tem um jogo fácil.

Ainda há tempo para tomar contramedidas. Isso também se deve ao fato de a AfD estar demonstrando uma incompetência impressionante. Qualquer pessoa que distribuísse panfletos em frente ao portão da fábrica de Eisenach – como aconteceu – promovendo a manutenção do motor a diesel poderia imediatamente emitir um atestado de óbito para a fábrica. Não seria diferente em Baunatal. Infelizmente, o público em geral dificilmente toma conhecimento desse fato, porque a produção, o trabalho industrial e os sindicatos raramente têm sido um tópico de discussão há muito tempo. Isso é fatal porque os interesses elementares de um grande grupo relevante para o sistema são ignorados. Com uma participação de 34% da população entre 18 e 65 anos, a classe trabalhadora convencional ainda forma a maioria relativa; os autônomos, os assalariados e a classe média juntos representam menos de 28%.

Está claro que qualquer pessoa que queira combater a popularidade do AfD deve abordar as causas reais da desvalorização percebida. À luz dos resultados do estudo realizado em Baunatal e Eisenach, acreditamos que três abordagens políticas são indispensáveis. Primeiro, todos aqueles que perderem seus empregos durante a transformação precisam de garantias de segurança que excluam a perda de status. A intolerável discriminação do leste, que continua a existir em termos de salários e condições de trabalho, deve ser finalmente superada. Em segundo lugar, para conseguir isso, é necessária uma política industrial de longo prazo. Se a energia deve vir de fontes renováveis, são necessárias turbinas eólicas e aço para as turbinas eólicas. Para que o aço seja produzido sem emissões, é necessária uma economia de hidrogênio que seja o mais ecológica possível. Em suma, uma sociedade sustentável também se baseia no artesanato e na indústria. Uma das principais fraquezas dos sindicatos e da esquerda política é que eles têm pouco a oferecer nesse campo. É por isso que, em terceiro lugar, a honestidade é necessária. Apesar de todas as críticas justificadas à mobilidade eletrônica, uma coisa é certa: até mesmo as melhores ideias de conversão levam tempo. Em Baunatal, o "Kassler Way", uma cooperação institucionalizada entre a gerência, o conselho de trabalhadores e a força de trabalho, garantiu que o curso fosse definido desde o início para os acionamentos eletrônicos. A codeterminação fortemente desenvolvida claramente torna as fábricas inovadoras.

V

Há uma lição a ser aprendida com esse fato. Na força de trabalho, a competência é importante. Eles estão cansados da salubridade politicamente calculada e preferem a conversa franca. As forças de trabalho estão abertas à proteção climática se os funcionários e os cidadãos estiverem envolvidos. Conselhos de trabalho e sindicatos fortes não são suficientes, mas são indispensáveis para um debate voltado para o futuro nas fábricas, para garantir empregos na transformação e para uma mudança de rumo em favor do trabalho ecologicamente sustentável.

O que os estudos de caso da lignite devem nos ensinar é que as políticas de classe que se concentram no nível operacional e corporativo e que usam sobretudo a força organizacional para defender interesses específicos da empresa podem rapidamente se tornar impopulares entre a população em geral. Os funcionários do LEAG, de modo inadvertido, resumem isso perfeitamente sempre que reclamam que é impossível encontrar alguém que simpatize com suas preocupações fora de sua área local. Uma política de classe transformacional e com visão de longo prazo, que preveja os sindicatos e os partidos de esquerda como os principais atores na implementação de metas de sustentabilidade e justiça climática, poderia potencialmente combater essa perda de sustentabilidade futura. Não posso dizer com certeza o que uma política de classe transformadora, social e ecologicamente sustentável precisaria alcançar, mas existem algumas ideias por aí. Um New Deal Verde, conforme proposto pelos socialistas democráticos nos EUA e globalmente pela UNCTAD, oferece muitas sugestões interessantes. Alexandria Ocasio-Cortez e seus colegas progressistas estão pedindo uma descarbonização rápida e radical da economia, juntamente com compromissos apoiados pelo governo em relação a empregos e benefícios para os funcionários que trabalham com combustíveis fósseis e que perderem seus empregos. O objetivo não é promover empregos inadequados e mal remunerados, mas empregos socialmente úteis que sejam bem remunerados e não impliquem perda de status. Os sindicatos alemães ainda se esquivam de tais exigências porque essas garantias são impossíveis no sistema capitalista. Mas não são essas exigências utópicas excessivas, o fato de que o acordo menciona implicitamente os limites de um sistema social expansivo que se baseia no que Hannah Arendt chamou de "acumulação de propriedade" (Arendt, 2006, p.328) e que, em última análise, não pode ser sustentável – não é isso que torna essas exigências tão atraentes em primeiro lugar? Um New Deal Verde só poderá ser implementado se novas coalizões forem formadas, se as alianças com campanhas ambientais e de mudança climática, como a Fridays for Future, forem fortalecidas e se os recursos sociais e as fontes de poder forem ampliados. Em outras palavras: a luta de classes precisa voltar a se engajar politicamente e lutar por interesses universais.

Isso seria possível, por exemplo, se houvesse uma disputa sobre a possibilidade de dar status constitucional às metas de sustentabilidade ecológica e social. Eles deveriam, por exemplo, ser consagrados na Lei Básica Federal

Alemã, nas constituições dos estados federais e na Carta dos Direitos Fundamentais da União Europeia. Talvez seja possível incluir essas metas também na legislação trabalhista, nas constituições corporativas e, se possível, em acordos coletivos. Os atores empresariais que desrespeitarem as regras de sustentabilidade poderão enfrentar a compra compulsória ou a desapropriação de seus negócios, mas, acima de tudo, terão de enfrentar a redistribuição e a democratização do poder de decisão econômica (Dörre, 2022). Essa abordagem criaria as instituições de uma democracia transformadora que incluiria estruturas econômicas. A introdução de tal sistema permitiria deliberadamente a experimentação de formas não capitalistas e pós-capitalistas de fazer negócios. Tudo isso certamente não significaria que a revolução da sustentabilidade estará em pleno andamento, mas poderia significar uma margem de manobra legal e institucional adicional que, de fato, levaria, entre outras coisas, a que os assalariados tivessem maior poder dentro da sociedade.

Atualmente, é quase impossível prever se essas mudanças serão possíveis. As democracias bonapartistas do mundo ocidental se baseiam na necessidade de uma revolução sustentável que não pode ser expressa em um contexto político apropriado. A velha ordem mundial capitalista está desmoronando, porém o novo sistema ainda é fraco demais para se impor. Em um impasse como esse, um interregno, setores das classes subalternas tendem a voltar seu interesse para novos Bonapartes, para partidos de lei e ordem, para a etnização do social e para a negação da mudança climática. Se essa tendência autoritária conseguir se firmar, não estaremos mais lidando com o "isolamento institucional" do conflito de classes, conforme analisado por Dahrendorf. A erosão de sua estrutura institucional e o declínio do poder organizacional dos sindicatos remeteram essa ideia firmemente ao passado. Em vez disso, podemos nos ver confrontados com uma marginalização pública dos conflitos de classe que – como no caso dos coletes amarelos na França – podem assumir a forma de conflitos não convencionais, espontâneos e fora do padrão. Mas seja qual for o futuro, o que permanece verdadeiro é que as classes e as lutas de classes não são a única força motriz da história, mas continuam sendo cruciais. E elas só podem aspirar a uma mudança social universal e inovadora diante de uma crise econômica e ecológica se fizerem da revolução da sustentabilidade, há muito esperada, sua principal preocupação.

Referências bibliográficas

ARENDT, H. 1958. *The Origins of Totalitarianism*. Cleveland/New York: Meridian Books.

BECK, U. (1992). *Risk Society*: Towards a New Modernity. London: Sage.

BOURDIEU, P. (1984). *Distinction*: A Social Critique of the Judgement of Taste. Cambridge: Harvard University Press.

CHANCEL, L. (2022). Global carbon inequality over 1990-2019". *Nature Sustainability*, 2022, Issue 5, p.931-8.

DÖRRE, K. (2020). Gesellschaft in der Zangenkrise. Vom Klassen- zum sozial-ökologischen Transformationskonflikt. In: ______. et al. (orgs.). *Abschied von Kohle und Auto?* Sozial-ökologische Transformationskonflikte um Energie und Mobilität. Frankfurt: Campus, p 23-69.

______. (2022). *Die Utopie des Sozialismus*: Kompass für eine Nachhaltigkeitsrevolution. Berlin: Matthes & Seitz, 2.exp.ed.

DAHRENDORF, R. (1959). *Class and Class Conflict in Industrial Society*. Stanford: Stanford University Press.

ERIBON, D. (2013). *Returning to Reims*. Cambridge/London: MIT Press.

EUROFOUNDS (2020). Industrial Relations: Developments 2015-2019. Challenges and prospects in the EU series. Publication office of the European Union. Luxembourg.

FOSTER, J. B.; CLARK, B.; YORK, R. (2010). *The Ecological Rift*: Capitalism's War on the Earth. New York: Monthly Review Press.

FRATZSCHER, M. (2016). *Verteilungskampf*: Warum Deutschland immer ungleicher wird. Munich: Hanser.

GALLAGHER, K. P.; KOZUL-WRIGHT, R. (2019). *A New Multilateralism for Shared Prosperity*: Geneva Principles for a Global Green New Deal. Boston/Geneva: Boston University/Global Development Policy Center/United Nations Conference on Trade and Development.

GALBRAITH, J. K. (2014). *The End of Normal*: The Great Crisis and The Future of Growth. New York: Simon & Schuster.

______; DÖRRE, K. (2018). The great financial crisis and the end of normal. *Berliner Journal für Soziologie*, v.28, n.1-2, p.39-54.

GORDON, R. J. (2016). *The Rise and Fall of American Growth*: The U.S. Standard of Living since the Civil War. Princeton, NJ: Princeton University Press.

GROBER, U. (2013). *Die Entdeckung der Nachhaltigkeit: Kulturgeschichte eines Begriffs*. Munich: Kunstmann.

IMF. (2017). *Annual Report*: Promoting Inclusive Growth. Washington: International Monetary Fund.

IPPC. (2018). *Global Warming of 1.5° C*: Summary for Policy Makers. Switzerland: Intergovernmental Panel on Climate Change.

KAELBLE, H. (2017). *Mehr Reichtum, mehr Armut*: Soziale Ungleichheit in Europa vom 20. *Jahrhundert bis zur Gegenwart*, Frankfurt a. M.: Campus.

KÖSTER, Jakob et al. (2020). Nach der Braunkohle. Konflikte um Energie und regionale Entwicklung in der Lausitz. In: DÖRRE, K. et al. (orgs.). *Abschied von Kohle und Auto?*

Sozial-ökologische Transformationskonflikte um Energie und Mobilität. Frankfurt: Campus, p.71-127.

MARX, K. (1975 [1852]). The Eighteenth Brumaire of Louis Bonaparte, *Marx/Engels Collected Works (MECW)*, v.11, New York: International Publishers, p.99-197.

______. (1976 [1867]). *Capital Volume One*. Transl. by Ben Fowkes. London: Penguin Books.

PATEL, Raj; MOORE, Jason W. (2017). *A History of The World in Seven Cheap Things*: A Guide to Capitalism, Nature, and The Future of The Planet. Oakland, California: University of California Press.

THERBORN, G. (1987). Auf der Suche nach dem Handeln. Geschichte und Verteidigung der Klassenanalyse. *Prokla* 66, p.128-60.

THIEN, H.-G. (2019). *Die Verlorene Klasse*: ArbeiterInnen in Deutschland. Münster: Westfälisches Dampfboot.

12
TERRITORIALIZANDO AS CLASSES: UM ESTUDO SOBRE ESTRUTURAÇÃO E AÇÃO COLETIVA DO OPERARIADO NO DISTRITO DE SETÚBAL

*Elísio Estanque**
*Daniel Gameiro Francisco***

1. Repensando a teoria das classes

Inscrever as classes no território passa por um exercício conceptual que nos ajude a deslocar a abordagem das *classes sociais* de um registro abstrato para uma "descida à terra", num esforço de enquadramento nas particularidades de um dado espaço geográfico. Por outras palavras, trata-se de pensar a dinâmica das classes como incrustadas num tecido social concreto e espacialmente delimitado, em vez de as conceber como entidades que só têm sentido como reificações impostas pela teoria (mas na verdade vazias de substância). O tema das classes sociais e lutas de classes sempre foi rodeado de profundas controvérsias teóricas, desde os clássicos até hoje.

A perspectiva que subjaz a este texto persegue uma leitura sociológica que valoriza o legado histórico, não só a história factual, mas em linha com a concepção marxista, segundo a qual cada geração carrega nas suas costas a história das gerações anteriores marcando-lhe o destino social. Dir-se-ia que as experiências – e vivências – do passado se incorporam no subconsciente de cada povo, de cada coletividade, assumindo-se como uma espécie

---

* Centro de Estudos Sociais da Universidade de Coimbra; professor visitante na UNESP/ Franca (2022-2023), SP, e na Universidade Federal da Bahia/ UFBA (2023-2024).

** Faculdade de Economia da Universidade de Coimbra.

de DNA que vincula o presente ao passado incrustado na memória coletiva, isto é, um código genético estruturante das identidades, dos costumes, valores e modalidades de ação.[1] Essa lógica pode ser pensada em diferentes escalas de análise. A memória histórica, mesmo quando omissa pelos poderes instituídos, não deixa de operar nos subterrâneos do subconsciente coletivo de uma sociedade. Sem dúvida que é do cruzamento entre tempo e espaço que falamos quando abordamos os processos de estruturação, nomeadamente no que se refere à formação ou recomposição da classe trabalhadora. Podemos, portanto, situar a questão em escalas muito diferentes, sendo que o caso aqui em questão corresponde a uma região portuguesa em concreto: o distrito de Setúbal.

As marcas do território na industrialização

As variações, dinâmicas e heterogeneidades induzidas pelo sistema capitalista global reenviam para o centro da análise as variáveis *espaço* (onde?) e *tempo* (quando?), isto é, os contextos impõem que se associem os territórios à lógica dos comportamentos econômicos, tal como os múltiplos elementos de subjetividade laborais e empresariais, fazendo das cidades e regiões autênticos quadros coletivos modeladores das estratégias produtivas e dos territórios que muitas vezes operam segundo uma lógica própria de organização econômica (Reis, 1992). A partir daqui, o que interessa é uma análise dos fatores constitutivos dos diferentes tipos de espaços econômicos, que vão dos recursos materiais às identidades culturais, da geografia física às estratégias de internacionalização privilegiadas, dos saberes técnicos locais aos compromissos laborais e lutas sindicais, tudo consubstanciado em modelos mistos de materialidade e fenomenologia, capazes de se afirmar a nível nacional e global como contexto diferenciado de desenvolvimento.

Há cerca de quatro décadas, ainda no início da globalização, assistiu-se a uma série de crises econômicas e também a uma aceleração da

1 Refiram-se a propósito os trabalhos de W. E. B. Du Bois, um sociólogo afro-americano, hoje apontado como merecedor de integrar o cânone dos clássicos da sociologia, tendo a sua obra iniciado uma discussão de grande atualidade como a abordagem crítica do racismo e do colonialismo na sua interseccionalidade com a classe e o género (veja-se Du Bois, 2021; Patrícia Hill Collins, 2016; e Michael Burawoy, 2021).

inovação tecnológica que levaram a reconfigurações profundas nos modelos de emprego e ao fim do fordismo. Em países como a Itália essas transformações deram lugar a uma interessante reconceitualização em torno das relações industriais. Conceitos como os de "distritos industriais" e "três Itálias" (Bagnasco, 1977), ou de "sistemas produtivos locais" (Garofoli, 1983) evocam a correspondência entre uma determinada organização econômica e um meio social (familiar, profissional, comunitário), na respectiva estruturação do complexo território/empresas/instituições. Estes autores concebem o fenômeno como uma "construção social do mercado", teorizando a emergência de um fenômeno territorial no qual começaram a dinamizar-se novas articulações entre agentes territoriais e programas econômicos.[2] De resto, o conceito de "distrito industrial" fez um caminho mais vasto, impondo a ideia de que é o número e o tipo de empresas em cada espaço, com a sua densidade e especialização, que permite ou não falar de "distrito industrial" – sabendo-se que cada um destes aspectos é específico, dotado de caraterísticas próprias, irredutíveis e intransferíveis, por estar ligado não só a um espaço, mas a uma historicidade única. Não se trata, portanto, de afirmar uma autonomia plena de um dado espaço, tanto mais que os poderes econômicos que para lá canalizam projetos e investimentos se inserem na lógica capitalista estrutural que atrás aludimos. Trata-se sim de um *enjeux* societal, no sentido touraineano, no qual a ação coletiva se inscreve no espaço, um espaço de contradições e redes relacionais em que os diferentes atores plasmam as suas identidades e referentes culturais, ainda que o contexto seja caracterizado por uma forte conflitualidade. Se a formação de uma classe – numa concepção thompsoniana – se forja na ação e na experiência subjetiva, é principalmente esse patrimônio de lutas e formas tácitas de resistência que compõem o processo de estruturação da classe trabalhadora no distrito que adiante abordaremos.

As ações de resposta a uma crise obedecem quer a condicionantes de forças políticas externas quer a dinâmicas endógenas de desenvolvimento, em que as caraterísticas econômicas e sociológicas são quase indistintas. A variável central é cultural, isto é, são os valores partilhados no que concerne à regulação de interesses e conflitos (de classe, designadamente), a

2 Os autores referiam-se à chamada "Terceira Itália", a Itália que não é a das grandes conurbações industriais do Norte italiano, nem a Itália subdesenvolvida, agrícola e fragmentada do Sul, fortemente marcada pela baixa produtividade e a corrupção.

par da articulação técnica das empresas umas com as outras, segundo lógicas de hierarquia (dependência) ou cooperação (parceria), apostadas na produção em cadeia de um determinado bem econômico ou conjunto de produtos de natureza industrial. Nesta linha, enquanto Beccatini (1991, 1994) teoriza os distritos industriais "marshalianos", e Garofoli os "sistemas produtivos locais" (in Benko; Lipietz, 1992), a modelização ideal-típica destes conceitos mostra, essencialmente, como o sucesso econômico tem que ver com a mistura de elementos contraditórios, vide a forte inovação tecnológica estimulada por empresas de ponta e de base tecnológica criando produtos altamente diferenciados no mercado global, conjugada com relações tradicionais de parentesco e vizinhança fundadas na entreajuda, de empresas ligadas a métodos tradicionais (trabalho em domicílio, contratação informal de tarefas...).

Os "sistemas produtivos locais",[3] cujas partes constitutivas são a força de trabalho, os meios de produção, os métodos de organização da produção, a estrutura da propriedade e o tipo de controlo da atividade produtiva, não são indiferentes também à qualidade da vida sociopolítica e institucional. Sabe-se, de fato, como as performances materiais e técnicas estão em conjugação ou interação (positiva ou negativa) com as instituições que regulam os compromissos sociais e a aprendizagem ou a difusão (transmissão) do saber industrial junto das novas gerações, tudo justificando, no final, a originalidade de determinadas trajetórias de desenvolvimento em determinados territórios (Reis, 1992). Produção econômica e reprodução social das comunidades formam aqui uma profunda dialética ou simbiose em que os fenômenos da cultura e da memória (coletiva) – uma espécie de dispositivo cognitivo coletivo – são determinantes.

Num espaço de concentração geográfica e setorial as PMEs se articulam com grandes unidades produtivas, podendo modelar contextos marcados pela inovação e seu potencial competitivo (Benko; Lipietz, 1992; Reis, 1992). Estaremos perante o que foi designado por "clusters", um fenômeno urbano, mas também rural, detectável em muitos países do mundo, especialmente aqueles ditos "em desenvolvimento" (no Brasil, por exemplo, em Santa Catarina ou na Paraíba). Exemplos deles apontam para a complementaridade entre as dinâmicas territoriais e industriais, renovando e complexificando as teorias do desenvolvimento, sob o fundo da crise do keynesianismo e do

---

3 Tema que em Portugal foi abordado por José Reis, no início dos anos 1990 (Reis, 1992).

Estado-providência, mas também dos toyotismos e silicon-valleyismos, mediante a percepção da produção como fenômeno intrinsecamente situado, em que uma conjugação (propícia ou desfavorável) de fatores e atores, de saberes e instituições, responde a desafios de ordem global.

Embora no registro anterior seja sobretudo familiar a abordagem da economia e o discurso gestionário, o nosso enfoque afasta-se dessa leitura para inquirir sobre as particularidades de um processo de formação classista, marcado por etapas e experiências contraditórias, umas ditadas por forças e poderes macrossituados, outras por dinâmicas e redes pautadas pela memória e pelo patrimônio local, como adiante procuramos ilustrar com o caso de Setúbal. Neste contexto, importa atender à dimensão histórica e captar as etapas de um processo que, no caso de Portugal, evoluiu rapidamente de um clima de euforia em torno da combatividade do operariado em marcha pela revolução socialista, cuja extensão se projetava no chamado "sindicalismo de classe", para uma fase depressiva e de impotência. Como mostraremos, a desmobilização sindical dos trabalhadores, a partir dos anos 1980, traduz as dificuldades da ação corporativa e dos parâmetros contratuais globais para continuarem a dirigir o mundo do trabalho, uma tendência que pareceu apontar para que o movimento operário perdesse o estatuto de "sal da terra" (Touraine et al., 1984; Wieviorka, 1994).

Entre Marx e Bourdieu: reconceitualizando a luta de classes

Perante as grandes perplexidades do mundo atual, as ciências sociais e a sociologia têm procurado ultrapassar velhas rivalidades teóricas ou antagonismos paradigmáticos fúteis e promover o diálogo para entender um mundo cada vez mais complexo e indecifrável. Assim, por exemplo, colocar Karl Marx a "conversar" com autores como Edward P. Thompson, Karl Polanyi, W. E. B. Du Bois, Pierre Bourdieu, Frantz Fanon, ou M. Burawoy talvez seja mais útil para o conhecimento do mundo, para uma atualização da teoria social crítica, do que insistir no radicalismo discursivo que alimenta polarizações irreconciliáveis. Sabemos que nos grandes temas da sociologia clássica, no caso particular da teoria das classes, a corrente marxista clássica sai enriquecida se incorporar alguma influência weberiana. Como em tempos referiu Erik Wright, weberianizar o marxismo é uma melhor opção para a sociologia do que continuar a alimentar conflitos teórico-ideológicos que hoje perderam sentido. O olhar que pretendemos dirigir a uma região portuguesa (situada nas proximidades de Lisboa) procura justapor a análise de classes e a variável espacial como duas dimensões interligadas, nas quais as estruturas sociais são concebidas na sua dinâmica territorial e temporal. Sob essa perspectiva, procuramos paralelamente conjugar os níveis micro-macro de modo a visibilizar processos de contaminação recíproca entre o individual e o coletivo, que é, como quem diz, indagar as dinâmicas de construção social da realidade num quadro territorial que exprime modalidades distintas de ação.

Inspirando-nos em recentes abordagens conduzidas, entre outros, por Michael Burawoy (2018, 2021, 2022), exploramos aqui uma leitura dos conceitos de *classe* e de *lutas de classes* que pretende ir além do velho sentido abstrato destes conceitos. Desde Marx e Lênin, a *classe* define-se pela posição ocupada nas *relações sociais de produção*, isto é, a posse ou não da propriedade dos meios de produção distingue as duas classes antagônicas, trabalhadores assalariados e capitalistas. Foi, no fundo, com base nessa visão dicotômica marxista que começou a ser construído – no plano teórico, mas também na prática – o grande conflito histórico entre as classes fundamentais no capitalismo moderno. Prosseguindo o diálogo entre Marx e Bourdieu, proposto por Burawoy, interessa-nos aqui uma outra abordagem que consideramos mais em sintonia com a realidade do século XXI e as características particulares do contexto em análise.

Mais de cem anos após a mítica Revolução bolchevique, é necessário procurar compreender como as condições materiais de existência – no caso da classe operária – são ou não determinantes da formação da classe, e da sua consciência ou identidade. É necessário, porém, ir além dos habituais conceitos abstratos e reificados de tão repetidos no jargão da esquerda. Pensar que as "condições materiais" devem ser concebidas não apenas no estrito sentido da esfera produtiva, mas também – e talvez principalmente, como argumentou E. P. Thompson (1988) – nos contextos de sociabilidade e, diríamos mesmo, nos territórios onde as relações sociais são estruturadas no seu quotidiano. Já M. Burawoy, nas suas obras *Manufacturing Consent* (1979) e *The Politics of Production* (1985), ofereceu-nos o conceito de *relações sociais na produção*, com isso mostrando, a partir da sua observação no ambiente fabril, que, mais do que a definição abstrata dos antagonismos de classe com base no conceito marxista de *relações sociais de produção*, existe uma diversidade de dinâmicas no interior da produção, nas quais se forjam múltiplas afinidades e identidades dentro de uma mesma classe. E isso permite mostrar, desde logo, a intersecção entre classe, gênero e etnia, por exemplo. Nessa medida, importa pensar os processos de construção da classe trabalhadora a partir de uma conexão na qual se conjugam, de um lado, as práticas coletivas desencadeadas pelo movimento operário desde a Revolução Industrial e, de outro lado, o poder simbólico da narrativa – da própria *linguagem de classe* – em torno do potencial transformador (emancipatório) da classe trabalhadora. Embora a concepção teórica de partida seja inspirada em Karl Marx e F. Engels e posteriormente, em V. I. Lênin, a materialização substantiva da classe como sujeito coletivo só ganhou corpo após o triunfo, isto é, perante a experiência triunfante da Revolução Bolchevique, que assim funcionou como um combustível decisivo, e modelo de referência, da *classe-para-si*, aliás, consignado no célebre grito do *Manifesto comunista*: "Proletários de todo o Mundo, Uni-vos!". A Revolução de Outubro passou a ser escrita com iniciais maiúsculas, elevando o assalto ao Palácio de Inverno conduzido pelos bolcheviques ao estatuto de modelo exemplar para as classes trabalhadoras à escala mundial. Mais de cem anos passados, a reflexão que esse acontecimento extraordinário nos oferece terá de ir além da sua habitual narrativa glorificadora, por muito que a sua mitificação seja, a diversos títulos, compreensível. Nessa perspectiva, a emulação de uma ideia de *vanguarda* salvífica cedeu o passo a uma necessidade de reposicionamento junto da *retaguarda*. A exaustão da primeira conduziu a uma ressignificação da segunda.

Essa deslocação pressupõe uma viragem teórico-epistemológica que requer uma reinterpretação de aspetos decisivos do marxismo ocidental. O modo como pretendemos discutir a relação entre a linguagem de classe e a realidade concreta exige, nos tempos atuais, um esforço de questionamento de elementos simbólico-discursivos que vai das clássicas formulações marxistas sobre a *classe* à relação dialética enunciada por Pierre Bourdieu (1987, 1989, 2013) a propósito das "disposições" e subjetividades, além da relação ambivalente entre o que o sociólogo francês designou como a *classe no papel* e as *práticas de classe*, ou seja, entre a *teoria da prática* e a *prática da teoria*.[4] Conforme a formulação do autor,

4 Convém, além disso, ter presente a consciência crítica de Bourdieu quanto ao protagonismo da sociologia e à inevitável tensão entre a sua influência na sociedade e as reações que suscita

> a tradição marxista comete a mesma falácia teórica de que o próprio Marx acusou Hegel: ao igualar classes construídas, que só existem como tais no papel, com classes reais constituídas na forma de grupos mobilizados possuindo autoconsciência absoluta e relacional, a tradição marxista confunde as coisas da lógica com a lógica das coisas. A ilusão que nos leva a crer que as classes teóricas são automaticamente grupos de classes reais constituídos por indivíduos unidos pela consciência e pelo conhecimento de sua condição comum e prontos para se mobilizar em busca de seus interesses comuns tentará se fundamentar numa de várias maneiras. Por um lado, pode-se invocar o efeito mecânico da identidade de condições que, presumivelmente se devem consolidar com o tempo. Ou, seguindo uma lógica completamente diferente, pode-se invocar o efeito de um "despertar da consciência" (*prise of awareness*) concebido como a realização da verdade objetiva, ou qualquer combinação destes dois fatores. (Bourdieu, 1987, p.8)

Dentro dessa perspectiva, pensamos que uma abordagem que dê boa conta do fenômeno de estruturação da ação coletiva e suas modalidades identitárias, pode (e deve) incorporar os contributos essenciais do patrimônio teórico da sociologia das classes, mas sem ignorar as grandes mudanças sociais dos últimos cem anos. Importa desde logo assumir que, visto do tempo presente, a interpretação sociológica desses fenômenos obriga-nos a um maior distanciamento quanto a visões protodoutrinárias (eivadas de dogmatismo ideológico), desadequadas em face de um modelo industrial hoje em acelerada erosão. Bem sabemos que na Europa o campo marxista foi desde sempre um campo fértil em controvérsias. Em especial desde a ascensão do stalinismo, a necessidade de atualização teórica sofreu contributos e avanços importantes dentro do próprio campo marxista, na sequência de propostas e debates inovadores (Escola de Frankfurt, Rosa Luxemburgo, Gramsci), que mais tarde tiveram continuidade, nomeadamente com os novos filósofos da corrente "socialismo ou barbárie" (Castoriadis, Henry Levi, Morin etc.).

---

da parte dos campos em que prevalece a defesa positivista da norma instituída: "Quanto à sociologia, indissoluvelmente ligada, na percepção dos guardiães da ordem jurídica, ao socialismo, ela encarna a reconciliação maléfica da ciência e da realidade social contra a qual a exegese da teoria pura representa a melhor proteção" (Bourdieu, 1989, p.253).

Na sociologia, as acesas polêmicas desses tempos[5] atingiram um pico de acirrados confrontos que marcaram as décadas de 1960-1970 no Ocidente, e cujo clímax coincidiu com a Revolução Portuguesa do 25 de abril de 1974. Com efeito, nessa época, Portugal tornou-se uma referência (ou até um laboratório, dada a variedade de dinâmicas de base e movimentos sociais) onde muitos ativistas, socialistas, comunistas, trotskistas e alguns herdeiros do maio de 68 viram ali uma possível concretização dos seus ideais revolucionários. Daí que o país se revelasse um terreno propício para a disseminação do vernáculo marxista, em particular na sua versão mais ortodoxa. Não por acaso, foi o país onde um Partido Comunista, que permanece até hoje ideologicamente fiel ao modelo soviético, ganhou uma tão expressiva força eleitoral (nomeadamente mediante a sua influência no campo sindical, apesar do lento e inexorável declínio).

Marx e o cânone de Burawoy

Num dos seus *papers* mais recentes, Burawoy (2022) propõe-nos a metáfora de "caminhar em duas pernas" ("*walking on two legs*") para justificar a importância do diálogo entre os clássicos:

> Esse andar sobre duas pernas também foi uma característica da canonização de Marx na década de 1970. Por outro lado, houve conversas marxistas que levaram à releitura de Durkheim – com foco em seu radicalismo embutido na perfeição da divisão do trabalho representada como uma espécie de socialismo de guildas, deslocando assim a teoria do consenso – e para a releitura de Weber, levando para o foco nas relações de dominação, descentralizando assim sua teoria da ação social. Por outro lado, os sociólogos marxistas também promoveram um marxismo sociológico que tomou os escritos de Marx em novas direções, novas teorias do Estado, do processo de trabalho, de classe. Por exemplo, Erik Wright (1979). (Burawoy, 2022, p.573)

---

5 Envolvendo nomes como N. Poulantzas, E. Wright, A. Touraine, A. Giddens, Richard Hyman, além de outros do lado weberiano, como Ralf Milliband, J. Goldthorpe, Frank Parkin, R. Dahrendorf, A. Giddens etc.

Por exemplo, o esforço de reconceitualização empreendido por Erik Wright desde meados da década de 1980 teve repercussões que se intensificaram após a queda do Muro de Berlim e o fim da URSS (Wright, 1985, 1993). Mais recentemente, nomes como M. Burawoy, Klaus Dörre ou Ricardo Antunes trouxeram contributos que recolocaram o campo marxista no caminho de uma atualização que mantém o essencial da crítica ao capitalismo, mas deixa de parte as premissas evolucionistas e deterministas das décadas passadas. Nalguns casos, como o de Wright, foi visível a aproximação ao pensamento weberiano ao reconhecer a importância das desigualdades de status como critério indissociável das assimetrias de poder e até dos mecanismos de exploração. Esse esforço vem nos últimos tempos frutificando e estimulando *conversas* promissoras entre o pensamento marxista e a escola construtivista de Bourdieu (Burawoy, 2014) e, mais recentemente, agregando temáticas como a questão racial, desigualdades de gênero e pós-colonialismo colocadas em diálogo com perspectivas mais clássicas que integram o cânone da sociologia.

Veja-se a propósito o agora relembrado W. E. B. Du Bois, um sociólogo e intelectual ignorado pela academia durante décadas, mas recentemente revalorizado por autores como Patrícia Hill Collins (2016) ou Michael Burawoy (2021), considerado o primeiro afro-americano a colocar em discussão a questão racial e o colonialismo na sua interseccionalidade com a classe e o gênero, pelo que a recuperação desses contributos para os atuais debates pós-coloniais enriquece o patrimônio teórico da sociologia e atualiza a nossa memória histórica.[6] Por outro lado, a crítica ao modelo ocidental de conhecimento é corolário do questionamento e reinterpretação do colonialismo. As chamadas "Epistemologias do Sul", na linha teórica de Boaventura de Sousa Santos (2020, 2021, 2022) apelam justamente a essa necessidade de diálogo e convergência entre mundos "epistêmicos" antes considerados antagônicos, mas que podem abrir espaço ao encontro de saberes divergentes ou a uma

---

6 Como sabemos, as atuais discussões em torno do colonialismo, da memória e das políticas de identidade alcançaram grande impacto perante um sistema capitalista que, em muitos aspectos, apresenta sinais de irreversível decadência. Além de Boaventura Santos, também Walter Mignolo ocupa lugar de relevo nesses debates: "Ao ligar a descolonialidade com a identidade em política, a opção descolonial revela a identidade escondida sob a pretensão de teorias democráticas universais ao mesmo tempo que constrói identidades racializadas que foram erigidas pela hegemonia das categorias de pensamento, histórias e experiências do ocidente [...]" (Mignolo, 2008, p.297).

"ecologia de saberes". Por isso se apela a um pluralismo epistemológico no interior do campo científico e fora dele, já que é fundamental assumirmos que "existe uma incompletude de todos os saberes [...] condição de possibilidade de diálogo e debate epistemológico entre diferentes formas de saber e de ignorância. O que cada saber contribui para esse diálogo é o modo como orienta uma dada prática na superação de uma dada ignorância. O confronto e o diálogo entre saberes permitem transformar práticas diferentemente ignorantes em práticas diferentemente sábias" (Santos, 2022, p.294).

Colocar Karl Marx a "conversar" com autores como W. E. B. Du Bois, Karl Polanyi, Pierre Bourdieu, Frantz Fanon ou M. Burawoy talvez seja mais útil para o conhecimento do mundo, para estimular a ressonância e o encontro fraternal entre os povos, do que insistir no radicalismo discursivo fundado em abstrações irreconciliáveis. Perante as grandes perplexidades do mundo atual, as ciências sociais e a sociologia devem saber transcender velhas rivalidades teóricas ou antagonismos paradigmáticos fúteis, e promover o diálogo. Assim, um caminho possível para avançarmos apoia-se num exercício de aproximação entre contributos de vários autores, inclusive esses mencionados. No livro de Burawoy *Marx encontra Bourdieu* (2013), publicado no Brasil, este autor já contribuíra para abrir portas nessa direção. A tarefa não é fácil, mas pode ajudar na pretensão que aqui buscamos, a de interligar, de um lado, uma visão construtivista e mais próxima do nível micro/meso, de modo a dar visibilidade a dinâmicas coletivas a partir de baixo e, de outro lado, manter o foco nas dinâmicas estruturais do capitalismo a fim de preservar a concepção crítica sobre um sistema que continua a estruturar e determinar barreiras sociais e assimetrias de poder tendentes a perpetuarem-se no tempo e no espaço. E é de espaço que falamos quando direcionamos a análise para as divisões e demarcações sociais que dividem os grupos para garantir a continuidade das lógicas de espoliação. Klaus Dörre (KD) encontrou inspiração em autores como Robert Castel e Pierre Bourdieu – que noutros paradigmas seriam nomes incompatíveis – para mostrar como o atual sistema de expropriação levado a cabo pelo capitalismo global promove subclasses e setores mantidos abaixo do sentido mínimo de segurança. Ao mesmo tempo que são moralmente denegados e vítimas de preconceito.

Do Estado-providência ao precariado

Pensando na experiência do modelo social europeu, convém lembrar que a partir do pós-guerra se generalizou uma concepção de mercado de emprego que conferia dignidade e respeitabilidade social ao trabalhador assalariado. Mas não esqueçamos que, mesmo nessas três décadas de fordismo, ainda que fosse o período áureo de coesão social, as clivagens de classe não só permaneceram como, à sua sombra, persistiram exclusões de setores fundamentais, como por exemplo o "exército" de mulheres cuidadoras cujo trabalho doméstico, informal, não remunerado, deu contributo decisivo para o bem-estar social dos trabalhadores incluídos, desse período. Sem isso, não teria sentido falar-se de um período de "pleno emprego" que, na verdade, nunca foi verdadeiramente "pleno". Convém, portanto, lembrar o direito de "propriedade social" de que fala R. Castel, que permaneceu como um recurso acessível aos assalariados, quer da indústria quer dos serviços, conquistas essas que, como é sabido, tiveram como base as lutas sindicais do operariado desde finais do século XIX. Apesar dos limites desse modelo de segurança social, o certo é que esse "poder integrador" cobriu boa parte da classe trabalhadora da Europa, e até mesmo os segmentos excluídos beneficiaram-se disso e foram de algum modo integrados.

Naturalmente que na presença de um movimento operário forte, como no caso de França ou de Inglaterra, as dinâmicas de mudança evidenciaram maior conjugação entre as lutas sociais e os compromissos de classe. No campo da sociologia, como sabemos, foi marcante a divisão entre uma perspectiva europeia, mais crítica e engajada, por influência do marxismo, enquanto na América do Norte prevaleceu a perspectiva liberal do empreendedorismo e da "meritocracia", princípios centrais da corrente estrutural-funcionalista. Este paradigma ganhou adeptos, sobretudo nos EUA, enquanto na Europa a institucionalização do conflito e as reformas desencadeadas no terreno socioeconômico reforçaram os mecanismos de diálogo social, o que fortaleceu o modelo social europeu. Assim, sob a influência da social-democracia, o pluralismo político tornou-se o eixo central da democracia liberal. Os consensos sistêmicos e organizacionais surgiram triunfantes durante décadas, sobretudo no pós-guerra, beneficiando-se do sucesso do modelo de gestão desenvolvido por Frederick W. Taylor e expandido por Henry Ford desde princípios do século XX. Pode dizer-se que o regime *taylorista-fordista* se tornou dominante à escala internacional, mas foi no contexto europeu que – dada a herança social-democrata e a força das lutas operárias e sindicais – a dinâmica reformista e a abordagem sociopolítica mais frutificaram, inclusive no próprio tecido industrial. Paradoxalmente, a concentração industrial promoveu a massificação e a alienação do trabalhador, mas ao mesmo tempo fez germinar a consciência coletiva e identidades de classe que erigiram o operariado em protagonista central do capitalismo moderno, não apenas em contextos revolucionários, mas também em períodos de estabilidade e harmonia social, como foi o caso dos trinta anos dourados na Europa Ocidental (J. Goldthorpe, A. Touraine, Meiksins-Wood, D. Lockwood, A. Gorz).

Em contraste com esse período, o modelo neoliberal que se impôs no mundo a partir da década de 1970 veio erodindo paulatinamente um vasto leque de direitos e políticas sociais de inclusão, enquanto os setores organizados e o sindicalismo perderam fulgor e se deixaram acantonar em profissões em que a lógica corporativa substituiu a velha luta de classes. Aos poucos, novas segmentações foram sendo desenhadas na esfera laboral, estabelecendo zonas demarcadas entre camadas mais integradas e outras mais precárias e excluídas. A luta de classes passou a operar num plano distinto. Transcendeu as subjetividades, as ideologias e a própria orientação estratégica dos atores em disputa no terreno, traduzindo-se numa recomposição e desarticulação das lutas laborais perante uma força de trabalho submetida a condições laborais deploráveis, sem direitos nem voz. Vários segmentos e *subclasses*, tal como o próprio trabalho assalariado no seu conjunto, foram objeto de uma autêntica metamorfose ao longo das últimas décadas, seguindo uma tendência irreversível de crescente vulnerabilidade. Numa perspectiva semelhante a Serge Paugam (2000), Klaus Dörre (2022) refere a existência de (i) uma zona de *integração* com relações de trabalho reguladas; (ii) uma zona de *dissociação*, que abrange os grupos excluídos do trabalho assalariado regular; e (iii) uma zona de *precarização*, em crescimento, que se estendeu a uma enorme variedade de condições.

Como denunciou Ricardo Antunes, nasceu e consolidou-se nas últimas décadas uma nova "classe-que-vive-do-trabalho" na qual grassa, sob diversas formas, a exploração e a precariedade, inclusive agora com as plataformas digitais a ajudarem ainda mais na sua expansão à escala global. Parece-nos exagerado conceber tal processo no sentido de Guy Standing (2014), que pensou esses segmentos precários como uma "classe em formação", porque na verdade só com uma grande dose de voluntarismo revolucionário poderemos imaginar que este "exército de precários" algum dia dará origem a um ator coletivo capaz de se organizar politicamente. Cremos que nem com a maior das boas-vontades se pode vislumbrar nesses setores algum esboço de identidade coletiva ou resquícios da cultura de resistência das antigas fábricas satânicas das regiões de Yorkshire ou Manchester.[7] Acresce que essa "classe-que-vive-do-trabalho", que é constituída por uma miríade quase ilimitada de condições, de formas contratuais, informalidades, tráfico de mão de obra, trabalho doméstico, plataformização etc. etc. não pode deixar de fora o pequeno empreendedor, o microempresário, o homem do quiosque que trabalha intensamente com a sua família para poder viver do seu pequeno negócio. A posse de uma pequena propriedade, comércio, indústria ou serviços não significa menosprezar esse *trabalhador* que umas vezes acumula riqueza e prospera, noutras apenas subsiste à custa do seu intenso esforço, sacrifício e dedicação. Ele integra, de fato, a classe que vive do trabalho, ainda que em sua subjetividade ele se afaste do velho ideal de um operário-massa plenamente formatado pela experiência da exploração fabril, à semelhança do proletariado do século XIX.

Classes, subclasses e processos

A questão das *subclasses* é um termo que precisamos também ressignificar, porque ele é por vezes derivado do modelo abstrato de Marx, num quadro analítico em que as divisões de classe derivavam diretamente das reações de produção capitalistas. Erik Olin Wright, por exemplo, tomando como centro da sua "análise de classes" o conceito de exploração, que distingue de "opressão não exploradora", assume que a subclasse corresponde a "uma categoria de agentes sociais que são economicamente oprimidos, mas que não são explorados de uma maneira estável dentro da produção

7 Quando as primeiras revoltas do operariado – nomeadamente o movimento ludista – foram espoletadas num conjunto de ações radicais (embora de índole defensiva, lutas contra o maquinismo e de defesa do emprego) que nas primeiras décadas do século XIX protagonizaram as primeiras ações do que viria a ser o movimento operário da Inglaterra (Thompson, 1988).

capitalista" (Wright, 1994, p.30). Por outras palavras, a abordagem de Wright sobre este conceito, centrada na sociedade americana dos anos 1980 e inspirada em William Wilson (1982), refere as mudanças em curso nas cidades americanas nessa década, onde estaria a ocorrer, por um lado, uma intensificação da divisão classista entre a população afro-americana e, por outro, a proliferação de setores sociais desqualificados e sem possibilidade de aceder ao mercado de trabalho e que passaram a ocupar as zonas degradadas dos centros urbanos, dando lugar a *subclasses*. Como se sabe, o capitalismo atual deslocou para a margem, ou para fora da esfera produtiva, os grandes volumes de transferência de riqueza, e, portanto, os mecanismos de exploração (ou transferência de riqueza entre classes), pelo que as novas cadeias de valor ampliaram o seu alcance e aceleraram seus ritmos de acumulação. Daí a necessidade de ir além da velha "matriz" de mapeamento das "localizações de classe" e procurar acompanhar a resiliência das desigualdades classistas na escala global mediante um enfoque teórico mais flexível, que dê conta dos processos históricos dos regimes de expropriação das últimas décadas. Quer isto dizer que os atuais processos de estruturação das classes ganharam em aceleração, complexidade e fluidez e perderam em homogeneidade, identidade e ação coletiva. Uma fluidez que não obedece aos acasos da natureza nem deve ser vista – no sentido de Zygmunt Bauman – como expressão de uma "sociedade líquida", mas antes indissociável das forças do poder econômico que, nesta fase, impõem os parâmetros e a direção para onde fluem os caudais da mudança. Por isso, é fundamental situar o problema em escalas de análise, que se conjugam sob conexões diversas, sempre deixando claro que se trata de processos não só altamente complexos como marcados por inúmeras disputas e contradições, onde se desenham profundas divisões e desigualdades.

Já em trabalhos anteriores usamos o estudo de Leslie Sklair (2000) em que ele contrapõe às *subclasses* a noção de *sobreclasses*, tendo então postulado que enquanto as primeiras eram tendencialmente de base local, enraizadas e fixas num dado espaço, as últimas corresponderiam essencialmente aos grandes beneficiários da globalização, sendo que, naturalmente, os privilégios e vantagens de uns se relacionam com a privação e exclusão de outros. Desse ponto de vista, importa ter em atenção os modos de fixação e fluidez do capital no tempo e no espaço. A referência ao "espaço dos possíveis" sugerida por Pierre Bourdieu – para quem os diferentes tipos de "capital" são indissociáveis – salienta a complexidade da atuação do Estado, por intermédio do campo jurídico e de outros agentes econômicos na construção de uma dada legitimidade e do princípio normativo de dominação. Nessa perspectiva, o jogo de forças é expressão de lutas simbólicas entre, de um lado, as pressões do poder econômico dominante no sentido de ampliar a ação de privatização ou "flexibilização" dos direitos laborais (impondo dinâmicas de retrocesso) e, de outro, a capacidade dos atores vinculados a um dado setor ou território que puxam o poder político e o Estado para resistirem à mercantilização e travarem a voragem de acumulação capitalista. "Deste modo, as expropriações nunca são determinadas exclusivamente pelas elites do poder, e sim filtradas por sistemas institucionais volumosos, modificados por atritos e disfuncionalidades em vários campos sociais, além de serem influenciados por atores obstinados e resistentes de baixo" (Dörre, 2022, p.176).

Porém, na perspectiva de Klaus Dörre (KD) é importante recuperar o vínculo à estrutura do capital financeiro para estabelecer um elo com o movimento global de expropriação capitalista. Em todo o caso, quer KD quer EOW recuperam elementos como a "respeitabilidade social" ou a "economia moral" como dimensões que se inscrevem em relações assimétricas de poder e dominação. Para Dörre, as subclasses encontram-se "no limiar da respeitabilidade social", mas elas derivam de uma lógica de causalidade que opõe a "fortuna dos fortes" à "necessidade dos fracos", o que permite descrever a formação contemporânea de subclasses como "uma expropriação impulsionada pelo mercado financeiro" (Dörre, 2022, p.174). Se o capitalismo precisa, para se manter, de uma constante expansão dos mercados, resulta que essa expansão, sendo condição necessária para garantir o crescimento, recoloca o problema da absorção de excedentes como a força motriz da economia global. Donde essa voragem para a expansão e o crescimento impulsiona sempre mais e mais formas de expropriação, o que acontece à custa da canibalização das zonas não capitalistas, quer em recursos naturais, quer em força de trabalho.

Numa perspectiva diferente, mas que pode conjugar-se com esta, a abordagem de E. P. Thompson (1988) sobre o conceito de classe social opõe-se à visão estrutural e abstrata de Marx e de seus seguidores como L. Althusser e N. Poulantzas. Aquele historiador recoloca em novos termos o problema da relação estrutura/agência, ou seja, o problema da sempre tensa conexão entre o legado histórico e o potencial de empoderamento de cada geração. No caso da história do operariado esse debate ganhou maior relevo após a marca thompsoniana no estudo da formação da classe operária inglesa. Em Thompson a noção de *classe* já não deriva da estrutura abstrata das relações sociais de produção, mas antes de um processo de construção por intermédio da experiência concreta por coletivos operários concretos. É nas subjetividades e vivências em lutas coletivas, mas também em subjetividades e sentimentos partilhados que os trabalhadores criam laços de pertença, formas de afirmação e cumplicidades nomeadamente no contexto fabril onde a autoridade patronal se faz sentir. É nas situações adversas do quotidiano do trabalho que, inevitavelmente, germina todo um conjunto cumulativo de subjetividades em estruturação no qual as práticas coletivas são mais marcantes do que a componente propriamente político-ideológica (Aguiar, 2011).

Expropriação capitalista e o papel do Estado

Entre os determinantes sistêmicos do capitalismo e as articulações derivadas de sistemas produtivos de base local, importa captar os contornos desses processos de desestruturação/restruturação da classe trabalhadora. O desafio passa por justapor esse registo estrutural, no qual a ação do Estado é elemento central, mas cujas implicações no plano micro e prático envolvem o contributo (ativo ou passivo) dos atores locais inseridos no seu contexto, com todo o seu patrimônio de memórias e lutas sociais. É nesse plano que a atuação individual na vida local e no território, nos espaços de proximidade, decorre não só das condições materiais, mas também das "disposições incorporadas", que conjuntamente determinam o planejamento futuro da vida familiar e pessoal, sempre marcado pelos dilemas e "tensões entre inovação e segurança, entre mobilidade e apego, entre cálculos de rentabilidade econômica e suas condições sociais, características da socialização do mercado capitalista" (Dörre, 2022, p.175). Na verdade, se há uma relação de causalidade entre a "sorte dos fortes" e a "miséria dos fracos", isso se deve à pressão exercida no plano estrutural por parte dos interesses capitalistas que, ao longo das últimas décadas, lograram realizar os seus intentos de superar as barreiras à acumulação (associadas aos direitos laborais, mas também à presença da propriedade pública e outras políticas sociais) "através da privatização da propriedade pública, bem como da desregulamentação financeira e a flexibilização dos mercados de trabalho" (Dörre, 2022, p.177). Os últimos trabalhos de Erik Olin Wright vão no mesmo sentido, ou seja, no sentido de mostrar como a luta de classes do século XXI assume contornos bem mais complexos que no passado.

"As lutas para aprofundar e revitalizar a democracia podem, portanto, ser pensadas por seu potencial diluidor [...] do caráter capitalista do aparelho estatal" (Wright, 2019, p.132). Deixemos de lado a visão leninista de um Estado-instrumento ao serviço da burguesia, como se fosse uma entidade homogênea. Mesmo a visão gramsciana, em que o Estado é o "destilador da luta de classes" e instância central da reprodução social,[8] não permite captar a enorme complexidade do Estado e o seu papel nas atuais sociedades democráticas. No passado, a ideia subjacente revertida na vulgata marxista passou a conceber a "luta de classes" como correspondendo a dois exércitos em confronto no campo de batalha. As lutas sociais de hoje, ainda que por vezes dirigidas à defesa de setores particulares, envolvem mobilizações, denúncias públicas e conflitos de grande amplitude e variedade, em que as origens e condições de classe, ou as "subclasses", são caracterizadas pela sua enorme heterogeneidade e fluidez. Além disso, o modo como são ativados os recursos acionados em favor dos grupos subalternos, ainda que resultantes de movimentos de base ou segmentos precários, requerem – caso sejam bem-sucedidas – a implementação de medidas que não podem descartar o papel do Estado. Seja por meio de políticas públicas como a promoção do trabalho digno, seja por meio de um sistema fiscal eficiente e mais justo, no qual pode ocorrer uma efetiva transferência de recursos que contrarie as tendências dominantes alinhadas ao neoliberalismo. Se, por um lado, o capitalismo

---

8 Antonio Gramsci, como sabemos, acrescentou novas linhas de complexidade ao pensamento de Karl Marx sobre o Estado capitalista. Para o autor italiano, a premissa weberiana que via o Estado como "monopólio da violência legítima" e meio de exercício da coerção não bastava para compreender a perpetuação da ordem social burguesa. A divisão marxiana entre infraestrutura (o econômico) e superestrutura (o político e o jurídico) é substituída pela ideia de hegemonia, assegurada pelo Estado, em que aquelas dimensões se encontram dialeticamente misturadas. A produção de consensos e de consentimento é parte decisiva da função do Estado capitalista. Com todas as suas contradições internas o Estado garante a produção, reprodução e disseminação dos valores e normas vigentes na sociedade, incidindo simultaneamente nas esferas política, social e cultural (Gramsci, 1968).

global intensificou desigualdades e deu continuidade ou aperfeiçoou os instrumentos de expropriação, com especial incidência nos países do Sul global, fazendo expandir o consentimento e resignação sobre toda uma nova classe-que-vive-do-trabalho, induzindo portanto novos exércitos de servos voluntários; por outro lado, nas sociedades onde vigora (ainda) a democracia política e os cidadãos se movimentam na denúncia das injustiças ou conquista de direitos, os progressos alcançados como resultado dessa ação – tensa e conflitual – colocam em confronto as lutas sociais e a ação das instituições democráticas (em que o papel do Estado é decisivo).

A luta de classes tornou-se fragmentária e difusa, mas não aleatória. Obviamente que ela se inscreve na mesma lógica de sempre onde as transferências de riqueza, bem como as assimetrias de poder e *status* espelham o abissal contraste entre o "azar dos fracos" e a "sorte dos poderosos". Todo o ódio da direita neoliberal e do populismo de extrema direita contra as políticas públicas e a ação reguladora do Estado é bem o exemplo dessa luta antagônica, e isso ocorre tanto no hemisfério Norte como no Sul, inclusive na América-Latina. Se no passado, como alguns argumentam, as políticas da social-democracia europeia promoveram políticas sociais que acabaram por "domesticar" o capitalismo e, no final, fortalecer os mercados, não deixa, no entanto, de ser importante reconhecer os impactos positivos de muitos programas sociais na vida de milhões de trabalhadores ao impor restrições ao mercantilismo. Acresce que o desenvolvimento de leis laborais inclusivas, previdência social, mobilização do direito do trabalho e das instâncias de negociação, programas diversos de desenvolvimento, desde o *New Deal* até aos recentes programas no âmbito da UE em defesa do ambiente, da transição digital e do trabalho digno (leis de combate à precariedade, regulação das plataformas) etc. podem tornar-se, hoje como no passado, poderosas ferramentas capazes de refrear o capitalismo e inclusive corroer a lógica dominante e o próprio sistema. E isso reflete-se igualmente em todo um conjunto de avanços no plano da inclusão social, no combate e criminalização do preconceito racial, da homofobia, da discriminação da mulher etc., exemplos em que justamente o debate público democrático, a ação de movimentos sociais em diversas causas (feminismo, pacifismo, direitos humanos, racismo, homofobia, entre outros) conduziram o aparelho jurídico e o Estado a agir em defesa dos setores excluídos, cujos efeitos práticos são bem visíveis em muitos países.

A esta luz, propomos a título de hipótese a seguinte formulação: *se na escala micro ou individual o conceito de 'habitus' nos ajudou a compreender como os códigos sociais incorporados transportam as marcas classistas, formatam os esquemas de classificação e estruturam estilos de vida e subjetividades particulares, faz sentido proceder a um exercício de "escavação arqueológica" em torno da história social e industrial da região de Setúbal, a fim de abrir caminho a novas linhas de interpretação dos contornos e reconfigurações que este distrito revela na atualidade, tomando a formação e estruturação da classe trabalhadora como eixo central.* Pode dizer-se que é no conjunto de experiências culturais incorporadas que se consolidam, no plano subjetivo e da consciência coletiva, as *disposições* que modelam a matriz de referências, representações e práticas classificatórias capazes de dar corpo a uma classe. Neste contexto, os contributos de Pierre Bourdieu e Bernard Lahire podem conjugar-se quanto à importância quer de um "*habitus* originário" [origem de classe], quer quanto às marcas que as experiências de *trajetória* inscrevem no ator – o coletivo ou o indivíduo –, redefinindo-lhes uma dada prática ou disposição incorporada e que, portanto, está para além da mera subjetividade (Lahire, 2005). Pelo que se conhece acerca dos processos, fluxos e composição da força de trabalho do distrito de Setúbal, parece-nos que esta conceitualização se ajusta à matriz industrial da região.

Este percurso analítico inscreve-se numa visão que, recusando determinismos que no passado fizeram escola, busca compreender a dinâmica de mudança nestas regiões como resultado de um legado histórico que, estando inscrito na cultura e no território, deriva de transformações nas quais a indústria marcou, ao longo dos tempos, as lógicas e os poderes locais com base na injunção entre forças econômicas, identidades comunitárias e (re)qualificações da força de trabalho. O modo como a modernização capitalista se inseriu no território deu lugar a diferentes regimes fabris e modelos de desenvolvimento industrial cujas características – no fundo, os processos de estruturação da classe trabalhadora de cada região – seguiram caminhos distintos embora, em ambos os casos, a conflitualidade e o consentimento tenham constituído variáveis indissociáveis uma da outra. São esses processos que apresentamos em seguida.

2. A classe nos territórios da memória – o caso de Setúbal

A história do distrito de Setúbal[9] e de seu processo de industrialização confunde-se com as particularidades da sua classe trabalhadora, suas raízes históricas e seu desenvolvimento desde o último terço do século XIX, o período que corresponde à primeira fase de industrialização do país. Nessa primeira fase, foi sobretudo a partir dos núcleos industriais e dos poderes econômicos sediados em Lisboa que, graças à importância da atividade portuária, diversas indústrias nasceram ou deslocaram-se da margem norte para a margem sul do Tejo, beneficiando-se, por um lado, da proximidade da capital de onde provinham os maiores investimentos; e, por outro, da atratividade que as novas unidades produtivas começaram a exercer sobre populações que fugiam da miséria e das atividades agrícolas em declínio no Alentejo e Algarve. Como atestam alguns estudos focados nesse período, a "mão de obra operária é maioritariamente recrutada fora do próprio distrito de Setúbal. São exemplos disso as comunidades de corticeiros, vindos da faixa litoral do Alentejo, da periferia da Serra Algarvia, e que começam a instalar-se desde os fins do século XIX. Mas também a mão de obra adulta da CUF, essencialmente constituída por um campesinato em fuga para a capital, originário da Beira Alta, Beira Baixa, mas sobretudo do Alentejo e do Algarve" (Almeida, 1988, p.452).

A par de muitas outras regiões costeiras de Portugal, a península de Setúbal, constitui um território que podemos classificar de *distrito industrial*, dotado de características particulares que se prendem com o modo como aí se cruzam uma variedade de recursos e empreendimentos. De um lado, fatores de natureza histórica ligados ao processo de industrialização, com particular importância da indústria conserveira, desde meados do século XIX, e, de outro lado, fatores ligados ao desenvolvimento industrial no período do Estado Novo, incluindo bolsas de características fordistas, em que a atividade portuária, mas também a indústria de sabões e cimentos (a CUF) tiveram um papel relevante ao longo do século XX.

9 A península é uma vasta região situada a sul da capital (entre a margem esquerda do Rio Tejo e a margem direita do Rio Sado). Setúbal é a capital de um "distrito" no sentido formal de divisão administrativa e territorial. Porém, a noção de "distrito industrial" que aqui empregamos refere-se sobretudo à lógica sistêmica estruturada por uma malha industrial e suas redes e interconexões vinculadas ao espaço de uma dada região.

Um levantamento histórico do desenvolvimento industrial em Setúbal realizado por Ana Alcântara (2010) ajuda-nos a enquadrar a realidade industrial setubalense na sua fase inicial, em finais do século XIX. A indústria conserveira, a indústria química e a indústria portuária constituem os três setores mais influentes no desenvolvimento industrial do distrito desde finais do século XIX. 1854 foi o ano de fundação da primeira fábrica de conserva. Como é comum ocorrer com diversos produtos comercializáveis na escala internacional,[10] as guerras tiveram um impacto direto na atividade econômica. Assim foi com a Primeira Guerra Mundial (1914-1918), que significou para a indústria conserveira portuguesa um grande *boom* de produção, dado o enorme aumento da procura provocada pela guerra, o que se traduziu na multiplicação do número de fábricas em Setúbal e, logo, na entrada em uma lógica de produção em larguíssima escala.

O Sindicalista

Semanario defensor da classe trabalhadora

EDITOR — Alfredo D. Laureano
PROPRIEDADE DO GRUPO SINDICALISTA
Composição e impressão
CASA DOS TYPOGRAPHOS — Rua de S. Bento, 458
Officina movida a electricidade

Anno I — N.º 16
Lisboa, 26 de fevereiro de 1911
DIRECTOR — ANTONIO EVARISTO
Redação e administração — Rua de S. Bento, 458
LISBOA — PORTUGAL

ASSINATURAS
(PAGAMENTO ADIANTADO)

Anno	600 réis
Semestre	300 »
Trimestre	150 »
Avulso	10 »

Publica-se aos domingos

AO POVO OPERARIO

O MOVIMENTO GREVISTA EM SETUBAL

O que originou o movimento — A greve geral das mulheres — Anna de Castro Osorio e o seu feminismo — A intervenção da força armada — A greve geral dos trabalhadores das fabricas e dos caixoteiros — O encerramento da associação das mulheres — A expulsão dos camaradas Jorge Coutinho e José do Valle

Setubal é, mais uma vez, theatro d'um grandioso movimento, movimento de solidariedade para com as operarias das fa- [...] que os industriaes teem cedido já em demasia, não podendo mais, etc., etc. Mas as nossas camaradas, mantendo-se firmes, [...] moveria os corações mais duros, fazendo chorar os olhos mais habituados a vêr a podridão social. Confessamol-o sem pejo: [...] hora, por entre a multidão de famintos, a legião de martyres da concupiscencia dos homens da sua classe.

À semelhança de muitas outras urbes, as tendências evolutivas de Setúbal estão intimamente relacionadas com a transferência "de mão de obra, que vivia dispersa nas áreas rurais, em direção a pontos selecionados do território, as cidades. Esta mobilidade geográfica foi acompanhada de uma

10 Como adiante se refere, foi igualmente o caso da indústria do calçado, com a necessidade de abastecimento de calçado para os exércitos no campo de batalha.

mudança na ocupação, com passagem do exercício da atividade no setor primário para o secundário" (Salgueiro, 1992, p.343). Num período em que a sociedade portuguesa se caracterizava pelo atraso e a maioria da população vivia do setor primário, a estagnação foi o traço mais marcante da agricultura, atividade basicamente de subsistência e sem investimento no sentido da sua modernização. O setor tornou-se importante sobretudo enquanto fonte de fornecimento de mão de obra migrante do interior rural em direção ao litoral. A relação causa/efeito que existe entre a emergência do modo de produção fabril em um determinado local e o crescimento desse aglomerado urbano é muito bem representada pelo caso de Setúbal. A implantação e disseminação de fábricas de conserva estabeleceu um ponto de viragem em relação a um padrão de crescimento lento que a caracterizara até então. Consequentemente, também a evolução oitocentista do traçado urbano da cidade foi fortemente marcada pelas zonas de concentração das infraestruturas fabris e habitacionais, ligadas à indústria conserveira e, paralelamente, pela política de Obras Públicas fomentada por volta do ano de elevação de Setúbal a cidade, em 1860.

O legado industrial herdado do século XIX ajudou a formatar as experiências do operariado local enquanto classe. Foi nesse contexto que os diversos surtos grevistas envolveram os trabalhadores, e nomeadamente as trabalhadoras da indústria conserveira de Setúbal. Condições de trabalho deploráveis, salários miseráveis, com as operárias a receberem salários muito inferiores aos dos homens, abusos de assédio e violações de jovens nos escritórios dos empresários, diretores e chefes, situação a que, na época, as operárias se viam obrigadas a aceitar, resignadas por falta de alternativas.

> As nossas filhas são muitas vezes chamadas ao escritório, demorando-se tempo imenso, ficando nós em ânsias por saber o que se passa; vemo-las vir chorosas, e, ai de nós, já sabemos – é a desonra, a desfloração e ninguém os pune. Rapariga bonita tem de ser amante do industrial, do gerente e de todos os que a querem prostituir. Se alguma resiste, vem a multa, a pancada e, por fim, o despedimento que é o princípio da fome.[11]

11 Depoimentos recolhidos no trabalho de Álvaro Arranja, *Mataram Mariana... dos Fuzilamentos de Setúbal à Ruptura Operariado-República*. (Setúbal, Centro de Estudos Bocageanos, 2011) e disponibilizados no jornal *O Sindicalista* (*Esquerda.Net*, acesso em: 14 mar. 2022).

Às vésperas da República, o movimento operário e as classes populares da região de Lisboa ocuparam um papel importante, ajudando a impulsionar o movimento republicano (Rosas, 2009), mas pouco depois da queda da monarquia, a questão social ganhou outra visibilidade e a conflitualidade disparou.

O período da Primeira República foi, de fato, um contexto de fortes mobilizações nos principais núcleos industriais do país, e Setúbal ganhou aí grande relevância. Logo no primeiro ano de vida do regime republicano, intensos conflitos grevistas (greve e também *lock out*) ocorreram na cidade, causando violenta repressão pelas forças policiais (a Guarda Nacional Republicana, GNR, recém-criada). Em fevereiro de 1911 o descontentamento alastrou-se em diversas fábricas. Segundo o jornal sindical *O Germinal* (de 25 de fevereiro desse ano), "estão em greve todas ou quase todas as classes operárias de Setúbal [...] levadas pela maneira desprezadora porque têm sido tratadas as suas companheiras em luta". No dia 13 de março duas das principais fábricas estavam em greve (Mariano Lopes e Chancerelle), tendo os patrões recorrido à proteção armada e requisitado o transporte do peixe para o caminho de ferro por carroças, tentando quebrar a luta grevista. Na sequência, ocorreram confrontos que culminaram na morte de dois operários conserveiros, Mariana Torres e António Mendes.

Uma das referências incontornáveis nessa região é, sem dúvida a Companhia União Fabril (CUF),[12] cuja atividade e dinamismo industrial são na verdade impressionantes e que arrancaram logo na primeira década do

12 Em 1916 o complexo industrial do Barreiro da CUF tinha cerca de 2 mil trabalhadores; em 1940, cerca de 6 mil trabalhadores; em 1965, cerca de 12 mil; e, no final dos anos de 1960, cerca de 20 mil trabalhadores. Atualmente integrando o Grupo José de Mello, a CUF é ainda o maior operador privado de cuidados de saúde em Portugal, remontando as suas raízes a 1945, ano em que foi inaugurado o primeiro Hospital CUF. Com o primeiro alvará concedido em 1864 autorizando a produção de sabões, óleos vegetais e adubos, sua unidade produtiva do Barreiro (margem sul do Tejo) só em 1908 deu início à sua atividade. Foi, todavia, sobretudo a partir da década de 1930, com o início do Estado Novo, que o grupo CUF (beneficiando-se da proteção do regime) se expandiu e multiplicou o número de fábricas pelo país. Em 1937 empregava cerca de 16 mil trabalhadores, inclusive adotando medidas de beneficência e atividades de tempo livre para os funcionários, em linha com a doutrina corporativista de Salazar/António Ferro (instituída a partir da criação da Fundação Nacional para a Alegria no Trabalho – FNAT – em 1935). Em meados da década de 1960, a CUF era o maior grupo industrial da Península Ibérica e o quinto maior conglomerado químico da Europa. Em 1975, a CUF foi nacionalizada e, em 1977, passou a designar-se por Quimigal, sendo, no final da década de 1980, sujeita progressivamente a um processo de desindustrialização. (Wikipédia, Disponível

século XX.[13] Aquando da morte do seu fundador, Alfredo da Silva, em 1942, a fábrica já era o mais importante grupo financeiro-industrial da Península Ibérica, com investimentos em dezenas de empresas e cerca de 70 mil trabalhadores empregados. Devido aos laços de cumplicidade política desenvolvidos por Alfredo da Silva com a ditadura salazarista, a empresa prosperou tendo por base a proteção de seus mercados, o crédito oficial subsidiado e a intensa repressão aos sindicatos. Em termos gerais, é possível dizer que o esforço de industrialização e a transição ao modelo corporativista em Portugal foram subsidiados pela repressão aos trabalhadores e pelos baixos salários. Nas palavras de Fernando Rosas:

> Uma industrialização historicamente assente na sobre-exploração da força de trabalho, em grande medida semicamponesa, com largo peso de mulheres e crianças, analfabeta, sem formação técnica de qualquer espécie e privada de liberdade de associação e expressão sindicais. Salários baixíssimos e longas jornadas de trabalho, conjugados com as várias modalidades de protecionismo estatal, foram viabilizando a maioria das empresas dos setores industriais tradicionais. De uma forma geral, eram escassas as preocupações patronais com o investimento tecnológico, a formação do pessoal ou a adoção de esquemas assistenciais, uma vez que se sobrevivia e até se prosperava ao abrigo da concorrência e da reivindicação e à custa de um operariado que, em boa parte, ia buscar à terra o complemento do salário que o empresário não pagava. (Rosas, 1994, p.885)

Um modo de regulação corporativo e despótico imposto pela cúpula do Estado salazarista por meio do chamado "condicionamento industrial", assim como pelo total desmantelamento dos antigos sindicatos autônomos

---

em: https://pt.wikipedia.org/wiki/Companhia_Uni%C3%A3o_Fabril. Acesso em: 2 set. 2022).

13 Segundo Ana Nunes de Almeida, que estudou famílias operárias e a demografia no Barreiro, "a CUF lança no Barreiro a produção têxtil pesada e cria as suas próprias oficinas metalomecânicas. Entretanto, a 'família cufista' (expressão que Alfredo da Silva gostava de utilizar, referindo-se aos operários das suas fábricas) crescia a olhos vistos: pouco mais de 100 indivíduos em 1907, rondam já os 2.000 dez anos depois e são cerca de 6.000 nos finais dos anos 1930. A CUF recorre, paralelamente, a uma política de fixação do operário à fábrica. Constroem-se logo em 1907 os primeiros bairros operários para alojamento de pessoal admitido nas várias frentes de produção; cria despensas, refeitórios, moagem e padaria, e mesmo um grupo desportivo e cultural" (Almeida, 1988, p.450).

da Primeira República (1910-1926), organizou-se em torno das péssimas condições laborais, da perseguição aos sindicalistas e de pequenas concessões em termos do acesso à chamada "obra social cufista", isto é, escolas, moradias e hospitais, mas apenas para aqueles operários que aceitassem a superexploração nas fábricas. Em todo o caso, importa registrar o crescimento industrial da península ao longo do século XX, em particular a partir dos anos 1950, onde, quer a atividade portuária, quer a indústria metalomecânica se multiplicaram rapidamente,[14] inclusive alguns projetos de maior dimensão ligados a investimento estrangeiro.

A indústria e os estaleiros navais

No período final do Estado Novo a economia portuguesa abriu-se claramente aos mercados internacionais, em especial com a adesão à EFTA, em 1959, abrindo-se a um desenvolvimento industrial significativo, com a subsequente secundarização do setor agrícola, o que coincidiu com a intensificação de fluxos migratórios do interior para o litoral. No caso de Setúbal, foi sobretudo a mão de obra de assalariados rurais do Alentejo que teve maior impacto na recomposição do operariado da região. Trazendo na bagagem os traumas da miséria e da repressão política desde o pós-guerra, uma marca político-ideológica forjada na resistência e nas lutas grevistas sob influência do Partido Comunista Português (PCP) na clandestinidade, esse legado alentejano dos "levantados do chão" (Aguiar, 2011) transportou para os estaleiros e outros setores industriais de Setúbal alguns dos ingredientes mais decisivos para cimentar uma cultura classista com grande potencial de resistência.

---

14 Ainda na primeira metade do século XX, vale a pena referir o dinamismo industrial do município. Um estudo recente da Câmara Municipal de Setúbal aponta alguns dados ilustrativos, entre os quais se destacam: a fábrica de Cimentos Sociedade de Empreendimentos Comerciais e Industriais, Limitada (SECIL), no Outão, e a fábrica de produtos químicos SAPEC. Mais modernamente começaram a laborar a Indústria Nacional de Papel (INAPA), e a Papéis Revestidos (PAREL), dentre outras. Por exemplo, a metalurgia pesada e a de construção automóvel (ligeiros e pesados), muito dinâmicas a partir da década de 1960, com empresas como a IMA, a Movauto, a Companhia Portuguesa de Motores e Camiões (Barreiros), o Entreposto Industrial de Automóveis, a Imperex, a Proval (AAVV/ CMS, 2021, p.62).

A indústria da região, e até, num certo sentido, o grande impulso de modernização industrial – de um país ainda amarrado aos hábitos de vida rurais – ocorreram na fase final do Estado Novo, na sequência da referida adesão à EFTA e ao abrigo do Segundo Plano de Fomento promovido ainda durante o governo de Salazar. Foi, com efeito, nesse período que se instalaram na península os estaleiros da Lisnave (em Almada, fundada em 1961) e a Siderurgia Nacional (no Seixal), empresas como a H. Perry & Son (em Cacilhas), as novas oficinas da Caminhos de Ferro/CP (no Barreiro), para além, evidentemente, da CUF.[15] A Lisnave viria a expandir-se para a margem sul (com os novos estaleiros da Margueira, em Almada, inaugurados em 1967),[16] verificando-se um enorme crescimento quer em número de operários (atingindo em 1973 um total de 7.715 trabalhadores, em que mais de 80% já trabalhavam na Margueira), quer em volume de negócios, além de um grande dinamismo quanto à inovação tecnológica e gestionária, incluindo diversos programas de formação profissional.[17] Além disso, algumas regalias sociais/salariais, nomeadamente com amplos refeitórios e balneários. Essas regalias surgem na sequência de lutas e ações reivindicativas, e negociais no âmbito da Comissão Interna de Empresa (C.I.E.), um órgão criado em 1971 com vista a apaziguar e prevenir conflitos, posto por representantes eleitos pelos trabalhadores e nomeados pela Administração. A expansão da construção e reparação naval, em que a Lisnave foi líder, avançou com a construção do estaleiro da Mitrena (em 1973), no estuário do Sado, em Setúbal, que comporta hoje o maior pórtico do mundo, com capacidade para movimentar até 500 toneladas (muito acima da tonelagem operada no estaleiro sediado em Almada, que é de 300 toneladas) e onde foram progressivamente concentradas as atividades da Lisnave (sendo que os estaleiros da Margueira acabariam mais tarde por ser encerrados, em 2000).

---

15 A Lisnave, cujas origens remontam ao início do Estado Novo (1937) pela mão do fundador da CUF (Alfredo Silva), que ganhou a concessão do Estaleiro Naval da Administração Geral do Porto de Lisboa, situado na Rocha do Conde Óbidos (na capital), e que em 1961 (ano da sua fundação oficial) tinha como presidente da Administração José Manuel de Mello.

16 Inauguração com toda a pompa da época, com a presença do presidente Américo Thomaz.

17 A esse impressionante crescimento e sucesso econômico não é certamente alheio o fato de em 1967 ter sido encerrado o Canal do Suez, fazendo que o tráfego de navios de grande porte passasse a recorrer mais à rota atlântica; e por outro lado, os capitais internacionais dos investidores suecos e holandeses na empresa terão também estimulado a inovação tecnológica e uma gestão mais atenta à formação de recursos humanos.

Foi nessas empresas de maior porte e significado econômico, e que mais investiram em tecnologia e em recursos humanos, que se concentrou a maior força e capacidade organizativa da classe operária no distrito de Setúbal (Soares, 2000). Convém, todavia, recordar que uma parte significativa dessas atividades industriais foram irradiadas a partir do polo de Lisboa, dada a maior concentração empresarial, inclusive ligada à indústria metalomecânica e à atividade do comércio naval. Sobretudo a partir da segunda metade do século XX, foram-se aos poucos expandindo para a periferia muitos dos novos projetos, criando uma cintura industrial que, galgando o Tejo para sul, se foi instalando nos territórios da Península de Setúbal. Em todo o caso, também na margem esquerda do rio, e nalguns casos sediadas no próprio concelho de Setúbal, setores como a indústria eletrônica (montagem de telefones com a Plessey Automática/AEP, fábrica sediada em Corroios), o setor cimenteiro e de pasta de papel (SOCEL e sua associada INAPA), a construção e reparação naval (com a Setenave) e no setor automóvel com a Movauto, IMA, Barreiros e Motores, Entreposto Industrial e Renault, todas sediadas em Setúbal.

Lutas operárias

Na década de 1970, os tipos de unidades industriais diversificam-se significativamente no distrito, e o setor dos serviços cresceu rapidamente. Porém, apesar de alguns combates e lutas grevistas dos operários da região ocorridas ainda no regime de Salazar-Caetano, foi principalmente a explosão social que se seguiu ao 25 de Abril de 1974 que permitiu a este operariado impor-se como uma referência e um exemplo num país recém-saído de uma longa ditadura. Alguns dos primeiros estudos sociológicos dessa fase de viragem democrática focaram-se justamente nos temas do trabalho e das lutas da classe trabalhadora. Para além daquelas do passado histórico mais distante, das lutas e da opressão acumulada durante décadas, das condições miseráveis entre a classe trabalhadora, a germinação de uma cultura de resistência entre os principais setores industriais, nomeadamente por influência do Partido Comunista e da sua persistente ação na clandestinidade – que teve forte expressão nesta região – foram aspectos decisivos que ajudaram a forjar uma subjetividade operária e um sentido militante em amplos setores do operariado.

O clima de descontentamento relativamente a condições de trabalho, salários, horários de trabalho e horas extraordinárias, bloqueio e sentimento de injustiça quanto a carreiras e critérios de promoção eram algumas das reivindicações dos trabalhadores que vinham de trás, se bem que na maioria dos casos apenas de forma latente. O caso da Lisnave/estaleiros da Margueira é exemplo de uma luta que começou em finais de 1973, quando, além dos aspectos referidos,[18] a acentuada amplitude das categorias profissionais e a sua extrema hierarquização vinham suscitando a indignação e ao crescente sentimento de injustiça dos operários (Patriarca, 1977). Porém, daí não resultou um confronto aberto com a administração. Tratou-se de uma luta defensiva, difusa, que passou por pequenos boicotes, recusa das horas extraordinárias, uma espécie de "greve de zelo" que, no entanto, teria consequências já no início de 1974, quando a administração aceitou algumas das exigências dos trabalhadores, incluindo uma atualização salarial que praticamente nivelava os salários com os praticados noutras empresas no setor metalúrgico. Refira-se ainda que nesse período que precedeu a Revolução de Abril, para além do controle corporativo dos sindicatos por parte do Estado, prevalecia uma enorme variedade de estruturas sindicais. Segundo Patriarca, só na Lisnave, os 8.275 trabalhadores distribuíam-se por 27 sindicatos, o que é revelador não só da diversidade existente, mas também da influência das forças organizadas (o PCP, em particular) junto do operariado e as suas táticas para influenciar e controlar os sindicatos do regime.[19] Uma

18 No artigo, Fátima Patriarca refere uma passagem de conversas entre representantes dos trabalhadores, reproduzida na revista da Lisnave, de agosto de 1974, um diálogo ocorrido numa mesa-redonda com delegados do serviço de casco: "[...] o atual sistema de promoções não favorece os mais competentes, mas, indiscriminadamente, os mais oportunistas [...] um operário maçariqueiro, embora fosse considerado dos melhores elementos da seção, não foi promovido só porque não fazia prolongamentos [...] Ora, o que sucedia era que o indivíduo que fazia prolongamentos era geralmente o menos válido profissionalmente [...]" (Patriarca, 1977, p.620).

19 Segundo Patriarca, "Os próprios operários metalúrgicos (84,8 % dos efetivos) dividiam-se por dois sindicatos (Lisboa e Setúbal), consoante pertenciam à Rocha (811) ou à Margueira (5.212). Outros trabalhadores ligados à produção (operários ou técnicos) repartiam-se por 14 sindicatos, enquanto o pessoal não diretamente ligado à produção se dividia por outros 11". Em todo caso, refira-se a situação excepcional do Sindicato dos Metalúrgicos de Lisboa, um dos mais fortes na Lisnave, que já nessa altura tinha uma direção eleita. Mas é claro que o espaço de ação do sindicalismo era reduzido e sujeito à repressão do regime (ainda) vigente, disposto a punir quando as lideranças conseguiam escapar ao controle corporativo (Patriarca, 1977, p.622).

parte do descontentamento da força de trabalho, contudo, era esbatida pela existência da Comissão Interna de Empresa (C.I.E.), criada em 1971, apesar da sua escassa credibilidade junto do coletivo operário. Como que antecipando o que vinha a seguir, esta fase foi até considerada o prenúncio de "uma nova etapa do movimento operário e sindical português" (Patriarca, 1977, p.623).[20] Com efeito, no período que antecede o 25 de Abril, entre outubro de 1973 e março de 1974, assiste-se a uma série de conflitos laborais apesar das condicionantes de um regime em fim de ciclo. Os próprios Serviços de Ação Social do Ministério das Corporações e Previdência alertavam para o surto de instabilidade que se vinha agravando desde outubro de 1973.

> A partir de janeiro de 1974 assiste-se a um despertar de interesse pelas questões sindicais entre os operários metalúrgicos da Margueira. Desde cerca de 1971 que existia neste estaleiro um grupo de metalúrgicos a desenvolver uma ação semiclandestina de dinamização e consciencialização sindicais. Nos fins de 1973 e princípios de 1974, esses militantes vão desempenhar uma ação importante na contestação da direção do Sindicato dos Metalúrgicos de Setúbal e na mobilização dos trabalhadores para as eleições sindicais e para as negociações do C. C. T. As assembleias do Sindicato, algumas das quais realizadas no Barreiro, vão conhecer uma elevada participação de trabalhadores, entre os quais muitos operários da Margueira. (Patriarca, 1977, p.623)[21]

No próprio dia do golpe militar os trabalhadores da Lisnave viveram intensamente os acontecimentos através da rádio, como de resto aconteceu no país inteiro (nas fábricas, nos campos e nos quartéis), e dois dias depois enviaram até uma nota de saudação à Junta de Salvação Nacional e ao MFA. Como refere Patriarca, fora entretanto derrubado um regime político opressivo, pelo que "o clima na rua era febril, mudara a relação de forças entre classes sociais. Mesmo tateando, os operários (e não só) intuem que se iniciou um período em que 'quase tudo parece possível' e em que 'quase tudo' vai estar em jogo" (Patriarca, 1977, p.624). Logo, mesmo no

20 Cf. notas 18 e 19, atrás.

21 Os estaleiros da Margueira ocupavam 6972 trabalhadores em 1974, crescendo rapidamente para 8.123 em 1978; enquanto na Setenave o número de operários subiu de 2.415 em 1974, para 6.757 em 1980 (Santos, 2017).

calor dos acontecimentos as assembleias de trabalhadores multiplicaram-se em diversos setores e o movimento sindical transcendeu as reivindicações materiais para priorizar objetivos organizativos e ficar vulnerável à influência de disputas partidárias. Reuniões amplas e altamente participadas trataram de extinguir estruturas ligadas ao anterior regime (como o exemplo da CIE, na Lisnave) para dinamizar um sindicalismo agora livre e que naquela conjuntura, apesar do esforço organizativo, foi levado por arrasto no caudal das dinâmicas de base, paralisações, protestos espontâneos, manifestações de rua e, pouco depois, ocupação de fábricas. A linguagem de classe revestiu-se rapidamente das cores marxistas e a politização começou a generalizar-se.

Estudos e levantamentos da época, conduzidos por Marinús Pires de Lima (1977a, 1977b) e outros pesquisadores do ISCTE-UL[22] em finais de 1974, quando a democracia se apresentava ainda sob ameaça, ofereceram um interessante mapeamento das principais ações grevistas e mobilizações populares que se seguiram ao 25 de Abril. Foram essas as principais forças que travaram as tentativas de retrocesso (28 de setembro de 1974 e, em 1975, o 11 de março) em uma conjuntura revolucionária na qual as dinâmicas de base suplantaram as organizações partidárias, inclusive as mais enraizadas no mundo operário, como o PCP. Com o país em agitação permanente, o ano de 1975 foi marcante, tanto pelo ativismo cívico e político em todos os setores da sociedade, como pelas múltiplas clivagens partidárias, divergências no seio do Movimento das Forças Armadas e toda a conflitualidade ideológica que tanto induziu a ação coletiva como cavou rupturas inconciliáveis. O período entre o 11 de março e o 25 de novembro desse ano (que ficou conhecido pela sigla PREC), com um governo provisório de hegemonia comunista (com o general Vasco Gonçalves como primeiro-ministro) atingiu o clímax da efervescência político-ideológica evidenciando as profundas divisões quer no seio do MFA, quer no conjunto do país.

Em uma primeira fase, marcada por fortes pressões em favor da estatização da economia, ocupações de casas devolutas, tentativas golpistas de sentidos opostos, interferência clara das duas grandes potências internacionais

---

22 Estes foram alguns dos nomes que dinamizaram esse tipo de estudos logo no momento da revolução: David Miranda, Maria de Lourdes Lima dos Santos, Vitor Matias Ferreira, Fátima Patriarca, Isabel Bentes, Isabel de Carvalho, Duarte Pimentel e Maurício Barra.

(EUA e URSS) na política nacional e no campo laboral em concreto, as tensões multiplicaram-se, desde as dinâmicas de base em oposição aos partidos, saneamentos de dirigentes e quadros conotados com o anterior regime, fuga de empresários até às novas experiências de autogestão e ocupações de fábricas pelos trabalhadores etc. etc. Posteriormente, em uma segunda fase, de finais de 1975 até finais da década, uma profunda ruptura viria a marcar a conflitualidade laboral ao deslocar-se do campo partidário (PS *versus* PCP) para o campo sindical, após iniciativas legislativas para impor a chamada "unicidade sindical", e posterior recuo, com a criação de uma segunda federação sindical (UGT, de influência socialista e social-democrata, de 1978) que se afirmou como contra-hegemônica em relação à federação dominante no movimento sindical português, de influência comunista (CGTP-Intersindical Nacional, fundada em 1970). Essa constituiu a primeira grande ruptura sociolaboral que deixaria marcas indeléveis no sindicalismo e no seio da classe trabalhadora, acelerando a tendência de fragmentação e fragilização da própria ação coletiva.

Da crise dos anos 1980 às promessas da VW/Autoeuropa

Na viragem da década o clima político era de refluxo e a economia do país estava à beira do colapso. Nesse contexto, a década de 1980 foi marcada por profundas viragens paradigmáticas com grande repercussão na economia global. Perante o esgotamento do modelo taylorista-fordista, com um Estado-providência frágil e incapaz de responder estrategicamente à situação de crise e à restruturação industrial induzida pela economia transnacional, o país entrou em crise. Em linha com novas tendências na política internacional, desde o "pragmatismo" da "terceira via" de Tony Blair (e A. Giddens) à ascensão de R. Reagan e M. Thatcher abrindo caminho ao neoliberalismo global. A rápida intensificação da competitividade internacional, lado a lado com os apelos à flexibilização dos modelos laborais e a crescente automação, obrigou ao desmembramento dos núcleos tradicionais de concentração industrial, que atingiu profundamente o distrito de Setúbal quer no setor portuário (Lisnave e Setenave), quer no setor metalomecânico (criação da Autoeuropa) e outras atividades a eles acopladas, abrindo caminho a uma ampla restruturação do modelo industrial da região, desencadeando uma profunda crise social que viria a transformar a configuração do operariado industrial no seu conjunto.

Apesar da natureza semiperiférica de Portugal (Santos, 1993) e do país se debater ainda com assimetrias e atrasos gritantes, a perspectiva de integração na Comunidade Europeia, animada pelo governo de Cavaco Silva e seu discurso liberal, deu origem um clima algo paradoxal. Por um lado, o desemprego e a pobreza geravam frustração e ressentimento em muitas camadas desapossadas; por outro, uma retórica "meritocrática" difundida pelo poder em exercício pareceu tocar a nova geração de jovens em que a cultura "yuppie" casava com a expectativa dos benefícios da entrada na CEE (1986). Esse clima contribuiu para o endividamento geral das famílias, revelando as contradições de uma sociedade "dual", uma população cada vez mais litoralizada e um "Estado heterogêneo" ou "paralelo", conforme o cunhou Boaventura de Sousa Santos (1990). As novas dinâmicas então emergentes, como o *toyotismo*, as exigências de maior flexibilização, as novas formas de subcontratação obrigaram a um desmembramento geral e à fragmentação ou implosão das grandes unidades industriais, fazendo emergir o que foi então designado por "paradigma territorialista", ou seja, a recusa do centralismo e a impotência do Estado obrigaram a que as iniciativas de desenvolvimento descentralizado a partir de baixo, acentuando as capacidades endógenas em territórios diversificados (Amaro, 1991). Foi nesse contexto que cresceram a economia subterrânea e as novas condições precárias de prestação de trabalho assalariado, muitas vezes ilegais (como os chamados falsos Recibos Verdes)[23] e diversas outras formas de terceirização e precariedade. Tudo isso, somado a situações de profunda crise em regiões industriais (além do distrito de Setúbal, também, por exemplo, no Vale do Ave, no Norte do país), foi conduzindo o operariado, cujas lutas já vinham recuando desde meados da década de 1970, a um processo de fragmentação e adaptação no qual a velha aura de rebeldia e de forte politização

23 Os Recibos Verdes eram livrinhos disponibilizados pelo sistema fiscal a quem se inscrevia como trabalhador em nome individual (equivalente à categoria PJ, que existe no Brasil), destinados ao exercício de atividade liberal, mas que, em Portugal foram instrumentalizados por muitos empregadores que mantinham assalariados seus dependentes como prestando serviços ao abrigo desse estatuto, dando azo a inúmeros abusos e contribuindo para o crescimento da precariedade. A contestação a esses abusos nos anos 1990 marcou o arranque dos movimentos sociais inorgânicos, de que foi exemplo a associação Fartos destes Recibos Verdes (FERVE).

no chamado "sindicalismo de classe" começou a se esbater e entrou irremediavelmente em refluxo.

O operariado da região de Setúbal, e em concreto o setor metalúrgico, permaneceu ativo em todo esse processo e protagonizou momentos e lutas de grande intensidade que, de algum modo, exprimem as dinâmicas, forças, e também as fraquezas e contradições da classe operária da região. Vale a pena recuperar aqui a perspectiva de E. P. Thompson, atrás referida, e colocá-la em diálogo com Pierre Bourdieu para lembrar como, mais do que as contradições de classe geradas nas relações sociais de produção, a ação coletiva não existiria como orientação estratégica do operariado não fosse a sua experiência, constante e repetida, nas esferas de sociabilidade nas quais o controle disciplinar e o ritmo produtivo se esbatem ou desaparecem. Tal como nos bairros operários de Yorkshire ou Manchester na Inglaterra da Revolução Industrial, é nos ambientes de informalidade, como as tradicionais tabernas e outros espaços de convívio entre os operários, que o sentido de partilha, de pertença a um coletivo e, portanto, a força da classe como ator, ganha substância. As atmosferas da taberna ou, no caso, do refeitório como o da Lisnave, são exemplos de experiências indutoras de subjetividades em que floresce a identidade coletiva.

Recorremos aqui a uma pesquisa de dissertação de mestrado de João Pedro Oliveira Santos, a qual recolheu alguns depoimentos ilustrativos do significado desse ambiente. Como a expressão que utiliza no título deste artigo, *a malta do ferro* – como os próprios operários metalúrgicos gostam de se autoidentificar –, torna-se uma força coletiva que se forja na luta, mas essa luta contém elementos de convivialidade, de dramatismo e também de êxtase coletivo e celebração e glória quando as ações são vitoriosas. As conquistas subjetivamente valorizadas não são apenas de ordem material ou salarial, mas também transportam um poder simbólico que o operário incorpora no seu *habitus* de classe como constitutivo do seu "eu" que é, ao mesmo tempo, um "nós" (individual e coletivo). No início dos anos 1980, quando a instabilidade e a crise se acentuam e se refletem na produtividade, o refeitório da Lisnave passou a servir não só para as refeições e reuniões de trabalhadores, mas também como uma espécie de "depósito" para onde os operários cujas tarefas escasseavam eram enviados. Por esse motivo, os próprios trabalhadores batizaram esse espaço como "o desemprego", ou seja, como afirmava um dos entrevistados:

> O refeitório enchia... quando a gente não tinha trabalho ia para lá... para o chamado desemprego [...] havia situações em que eram 100 ou 200, mas havia outras em que havia lá milhares, por isso é que há uma fase nesse plano que era também para criar [...] o pessoal falava uns com os outros, estava organizado, havia aqueles que jogavam às cartas, havia aqueles que liam, havia os que dormiam, e havia aqueles que falavam, falava-se muito, então o patrão, nesta... digamos reorganização, uma das reivindicações do patrão era pôr-nos em casa, não é? Ir para casa com salário porque se tivesse ali também tinha o salário e quando houvesse trabalho vinha [...]. (Santos, 2017, p.51)

Era ali que circulavam as informações, que se discutia a situação da empresa, do sindicato e da Comissão de Trabalhadores que foi instituída logo após o 25 de Abril.

Numa primeira fase, de ascensão das lutas sociais e de hegemonia do PCP nos órgãos do poder, verificou-se uma atitude de travagem (*feinage*) por parte das estruturas sindicais da CGTP,[24] que chegou a promover um "dia de trabalho para a nação" e até uma manifestação "contra a greve pela greve", ou seja, procurando travar as dinâmicas de base e a influência de grupos mais radicais ligados à extrema esquerda.[25] Daí que tanto as dinâmicas de greve ou manifestações espontâneas como a multiplicação dos órgãos de base (as famosas CTs – Comissões de Trabalhadores) foram consideradas em diversos setores como fatores de divisionismo, isto quando o partido dominante na correte sindical hegemônica (o PCP) julgou ter ao seu alcance o controle do poder político e do aparelho de Estado.

Perante um quadro em que a crise financeira se começava a fazer sentir (e que conduziu ao primeiro pedido de resgate ao FMI), durante a vigência do governo do "bloco central" liderado por Mário Soares, os efeitos da

---

24 A central mais próxima do Partido Comunista Português. Na época mantinha o acrônimo "CGTP-IN", Confederação Geral dos Trabalhadores Portugueses/ Intersindical Nacional; mais tarde permaneceu apenas como CGTP.

25 Segundo Marinús Pires de Lima, logo após a formação do Primeiro Governo Provisório surgiram as primeiras advertências contra as "greves inoportunas" e o "caos econômico", sintetizando a ação de travagem do Partido Comunista: "textos publicados na imprensa diária e partidária, mesas-redondas na R. T. P., a manifestação contra 'a greve pela greve' (1º de Junho), organizada pela Intersindical com o apoio do P. C. P., a concordância da direção do Sindicato dos Metalúrgicos com o salário mínimo de 4.500$, quando em muitas empresas do setor se reivindicavam 6.000$, exigência já anterior ao 25 de Abril" (Lima, 1977, p.860).

retração econômica no contexto industrial, designadamente no distrito de Setúbal (e em particular no setor metalúrgico e metalomecânico, em que se inclui a indústria naval e portuária), acentuaram rapidamente a situação de recessão e de *dumping social* que atingiu duramente a península.[26] Porém, essa tendência evoluiu a par e par com duas lógicas paralelas no plano da ação coletiva. Podemos aí observar um efeito paradoxal que vai ao encontro das nossas hipóteses interpretativas em termos da recomposição da luta de classes, que se traduz numa readaptação da classe trabalhadora em função das dinâmicas sociopolíticas de então, neste território industrial. Por um lado, assistiu-se a uma crescente fragmentação industrial e ao mesmo tempo a uma divisão interna no campo sindical;[27] por outro lado, enquanto se vivia uma fase de refluxo das lutas operárias e recuo do sindicalismo perante a recuperação das forças econômicas do capital, acentuava-se uma orientação ideológica de *resistência*, mas crescentemente minada por sentimentos de *desistência* (e necessidades de subsistência) por parte de muitos trabalhadores.[28]

Todavia, apesar de já se ter entrado, desde finais dos anos 1970, numa nova fase de retração da ação coletiva e até de crise social profunda – como

---

26 Recorde-se que o desemprego na região passou de 10% em 1981 para 20% cinco anos depois. Isto num contexto em que o setor metalúrgico e metalomecânico ocupava próximo de 50% do emprego do distrito, correspondendo a 28 mil postos de trabalho, como indica a pesquisa de 1986, *Evolução Recente dos setores Metalúrgico e Metalomecânico na Península de Setúbal*, da Direção Geral da Indústria (apud Santos, 2017, p.29).

27 Para além do surgimento de uma corrente alternativa à CGTP-IN, com a criação da UGT (União Geral dos Trabalhadores, fundada em 1978), que entretanto agregou alguns sindicatos importantes no setor dos serviços (como os bancários e outros nos setores da educação e da saúde), abriu-se o caminho para um sindicalismo mais orientado para o diálogo tripartido e o "compromisso de classes", o que facilitaria a instituição do Conselho Permanente de Concertação Social (criado pelo Dec.-Lei 74/84, de 2 de março de 1984), atualmente designado Conselho Econômico e Social (CES), que permanece até hoje com representação paritária das três instâncias – sindicatos, associações patronais e Estado – e principal fórum de diálogo, definidor das linhas gerais de orientação de políticas econômicas e sociais no campo das relações laborais (embora sem poder decisório).

28 Recorde-se ainda que esse esforço no sentido da "institucionalização do conflito" envolveu um papel ativo do Estado (na época com um Governo do bloco central) e ocorreu praticamente à véspera da integração de Portugal na Comunidade Europeia. Por razões óbvias a CGTP, com representação maioritária junto da classe trabalhadora e sob a hegemonia do Partido Comunista nas suas estruturas, opôs-se abertamente à criação desta nova entidade por entender tratar-se "um sistema de relações coletivas inspirado no corporativismo e frontalmente contrário à Constituição e que seria sobretudo útil ao Governo" (Marques; Ferreira, 1991, p.26).

no caso do distrito de Setúbal – houve, ainda assim, momentos importantes que evidenciam o *reajuste* na dinâmica da luta de classes. No dia 12 de fevereiro de 1982 ocorreu a primeira greve geral (convocada pela CGTP) em que o setor metalúrgico da região participou ativamente, mas num contexto em que as contradições e os sinais de recuo já eram bem evidentes. A UGT opôs-se a essa greve, que chegou a considerar como atentatória contra a democracia, mas aqueles que aderiram ainda ali vislumbraram uma réstia de esperança na luta coletiva. Recorrendo ao estudo de Santos (2017) vejam-se os comentários de um jovem operário que, em entrevista (Vitor R., em 2 de abril de 2016), recorda a concentração de grevistas junto à portaria dos estaleiros de Mitrena, onde reinava ainda um espírito de luta em mistura com momentos lúdicos de convivialidade:

> estávamos ali, ouvíamos a rádio e podíamos ligar a pedir músicas... então, era engraçado, vinha um dizia "eh pá, pede a música do Zeca", depois havia pessoal "opa mete lá aí oh tempo volta para trás" [resposta] filho da puta, facho e tal, é termos um bocado a percepção de, como é que hei de dizer, cria de fato um impacto em ti que é, não és só tu dentro da empresa, depois... olhas para a rua e não vês transportes a circular, e as pessoas com que te cruzas, e via-se na altura que era algo que foi conseguido. Uma greve geral é isto; é, está tudo parado e depois conversares quando chegavas a casa, ias ao café "éh pá, lá também ninguém foi"; "éh pá, realmente o pessoal quando quer consegue fazer algumas coisas"... (Santos, 2017, p.53)

Um ano e pouco mais tarde, em 7 de julho de 1983, inicia-se uma nova greve dos trabalhadores da Lisnave que assumiu contornos de grande tensão e violência, com intervenção policial na empresa que ocupou o estaleiro durante sete semanas e que culminou com uma derrota clara dos trabalhadores. Desde o início que era já uma luta por minimizar perdas, em que se reivindicavam tão só o pagamento de parte de salários em atraso e garantias de não despedimento. Houve, como era comum na época, os piquetes de greve, mas de reduzida eficácia, visto que uma parte crescente dos trabalhadores permaneciam em casa, deixando o papel ativo para os militantes mais persistentes. Entretanto, perante a inevitabilidade da restruturação e redução de pessoal, muitos trabalhadores aceitaram a proposta de rescisão por mútuo acordo enquanto uma minoria resistiu até ao fim.

A descrição da memória de um desses resistentes (Francisco T., entrevistado em 10 de abril de 2016) assume contornos algo dramáticos, reconhecendo (a posteriori) que se tratou de

> uma luta perdida mas o pessoal tinha que lutar para defender o posto de trabalho, depois veio a polícia e meteu a malta fora e depois houve a assembleia geral, tudo isto levou entretanto, só ficam 100 e tal gajos que são despedidos, o resto assina tudo, assinou tudo, é evidente, se eu tivesse, eu e os outros 100 e tal tivéssemos assinado, em vez de mil tínhamos recebido 3 mil ou 4 mil. Pronto, quem perdeu fui eu; quer dizer, ... eu perdi e os outros todos perderam, mesmo ganhando aquele mais não sei quanto não é? (Santos, 2017, p.55)

Apesar da derrota e do recuo que parecia irreversível, ainda surgiu, em 9 de fevereiro de 1984, um conflito de grandes proporções, desta vez envolvendo várias empresas (Lisnave, Setenave e H. Perry & Son) e que, além da greve total, incluiu uma manifestação com corte de trânsito e ocupação da Ponte 25 de Abril. Citando ainda a mesma fonte, veja-se a descrição daquele cenário contado pela então deputada do PCP, Odete Santos:

> Eram 11 horas da manhã e milhares de trabalhadores inundaram a autoestrada, perto da Ponte 25 de Abril. Bandeiras negras enlutavam o sol. Contava-me entre os que, serenamente, aguardavam que a manifestação chegasse ao fim. Do respeito pelo protesto dos trabalhadores falava o silêncio das centenas e centenas de veículos imobilizados, só cortado pelo som das ambulâncias que passavam com a ajuda dos manifestantes. Os rostos falavam de situações trágicas: de mobílias vendidas ao desbarato para garantir o pão de cada dia; de crianças a definhar; de mais um livro que não se pode comprar para a escola; de um brinquedo que não se pode ter, de um sorriso que se perde na angústia dos olhos. Era o protesto de quem sabe que Abril, longe e perto, está em mãos erradas. (Santos, 2017, p.55-6)

Na preparação dessas ações, nas assembleias em que a greve e o protesto foram decididos, já na voz de alguns militantes mais politizados, se pressentiam os lamentos em face das atitudes hesitantes dos trabalhadores, a denunciar a crescente fragilidade e até algum derrotismo, em contraste com o entusiasmo contagiante do período revolucionário:

> o pessoal que vai, não vai organizado da mesma maneira. Para já nem toda a gente ia de fato-de-macaco; essa é logo a primeira. Portanto, havia malta, na assembleia geral permanente, onde muitos deles estavam "a civil", sem fato de trabalho, estão ali coiso e tal, não vai haver trabalho, de um momento para o outro vão-se embora [...]. Aqui a gente está num movimento em que estamos a ver que estamos a perder; nós estamos a perder, estamos a resistir pelo posto de trabalho e pelo salário, para a renda da casa, para a eletricidade, não é?... (Santos, 2017, p.56)

Da referida manifestação de 1984 resultaram confrontos com a polícia, incluindo mais de uma dezena de feridos, mas os operários, os militantes principalmente, assumem que este conflito, apesar de culminar com posteriores acordos nos quais deixaram cair as reivindicações iniciais, e dos mais de 10 mil postos de trabalho perdidos no espaço de uma década, consideraram que esta última ação, apesar das fragilidades da mobilização e da derrota da greve, ajudou a preservar alguma dignidade da classe operária desse setor. Parece claro que esta terá sido uma espécie de estertor da "luta de classes", ou melhor, dessa velha combatividade própria da antiga radicalidade do movimento operário, em que a ação reivindicativa se estendia muito para lá das reivindicações materiais, o que em boa medida remete para essa espécie de *consciência coletiva*, como lhe chamaria Durkheim, no sentido em que existem sentimentos, normas e representações enraizadas, as quais espelham as "disposições" incorporadas por um conjunto de experiências partilhadas ao longo de gerações.

Conclusão

Se olharmos os dados recentes da evolução da estrutura do emprego no distrito (entre 2000-2018), verifica-se que o peso dos setores tradicionais na estrutura do emprego, como a indústria e a construção, decaiu em cerca de 25%, a agricultura perdeu cerca de 32,5%, enquanto em setores como comércio, restauração e transportes aumentou em 26,2%, a administração pública e serviços sociais cresceram 18,2%, nas atividades científicas e tecnológicas o peso do emprego cresceu em 64,8%, e, por fim, um setor como o da informação e comunicação cresceu 82%. E quanto a níveis educacionais, a porcentagem de população do distrito com ensino superior passou de 11,7% em 2011 para 17,1% em 2021, enquanto a população com ensino secundário e pós-secundário evoluiu de 16,8% para 24,6% (segundo dados do Observatório Nacional de Luta Contra a Pobreza).[29] Este é apenas um breve esboço de um retrato que reflete a transformação do emprego nas últimas duas décadas.

Mas, antes de chegarmos até aqui, é fundamental não perder de vista o processo de industrialização das últimas quatro ou cinco décadas. Associados à expansão da cintura industrial, os bairros periféricos de Lisboa, nomeadamente na margem Sul, foram crescendo ao longo do último meio século suportados por intensos movimentos demográficos, em que confluíram fluxos do interior rural em direção ao litoral ao mesmo tempo que os núcleos de militância operária que vinham germinando no contexto fabril se foram disseminando entre as comunidades de residência, dispersas pelos municípios do distrito, com epicentro na cidade de Setúbal e nos núcleos urbanos mais próximos de Lisboa. Por exemplo, o fato de o Partido Comunista ter tido uma implantação dominante nos municípios do distrito durante décadas é também reflexo de uma cultura operária estruturada a partir da história industrial da região, uma história feita de lutas constantes desde o século XIX, como vimos. Esse legado acompanhou a expansão da malha empresarial, sobretudo a partir da segunda metade do século passado, a par das migrações internas vindas do interior nas quais pontificaram os assalariados rurais alentejanos. Isso permite-nos conceber tais trajetórias coletivas como constitutivas de uma *classe social* de tipo weberiano cujas "experiências de classe" vão ao encontro da concepção de E. P. Thompson (1988).

Com efeito, a região de Setúbal e da margem Sul do Tejo, desde os anos 1960 tornou-se um dos principais baluartes industriais do país, com a particularidade de, neste caso, os ventos do Sul (Alentejo) trazerem consigo um *habitus* fundado em anteriores resistências em uma terra de latifúndio, onde pontificava o assalariamento rural e alguns núcleos de atividade mineira (por exemplo, as minas de pirites em Aljustrel, onde no início da década de 1960 ocorreu um movimento grevista que deixou marcas) que, desde cedo, experimentaram o drama da pobreza, mas cultivaram culturas de resistência na base da comunidade, contra a exploração e repressão do

29 Disponível em: https://on.eapn.pt/territorio-em-numeros/setubal/. Acesso em: 23 jan. 2023.

regime salazarista. A indústria naval em particular, com a Lisnave e Setenave à cabeça, e mesmo as concentrações urbanas na margem Sul do Tejo, Almada, Seixal, Montijo, Barreiro etc., crescerem em população à custa de uma força de trabalho que trouxe consigo essas influências e essa disposição coletiva orientada para a resistência. Daí o alcance decisivo no movimento sindical "de classe", que ganhou estrutura com a implantação da CGTP junto do operariado da região.

Podemos, perante esta matriz cultural e histórica, questionar os sentidos mais recentes da ação coletiva para, no fundo, pensarmos de que modo se expressa hoje a luta de classes junto dos segmentos operários do distrito de Setúbal. Autores como Renaud Sainsaulieu (2014 [1977]) ou Geert Hoffsted (2001) dedicaram décadas ao estudo das implicações entre o trabalho fabril e as identidades operárias. A referência por exemplo ao caso da fábrica Autoeuropa[30] pode ilustrar a expressão desse encontro entre o lado de dentro e o lado de fora da empresa. Mais do que as redes e interdependências que um "sistema produtivo local" tende a densificar por meio das relações econômicas num dado território, trata-se aqui de uma dupla lógica, em que as culturas das coletividades locais incidem no regime fabril, ao mesmo tempo que a própria cultura de empresa pode "exportar" os seus valores para o exterior, para o ambiente envolvente, a família, as relações de vizinhança, o associativismo, enfim, os ambientes de bairro onde ocorrem as interações quotidianas. A referida empresa do grupo VW configura um *case study* que nos permite pensar o cruzamento dessas duas lógicas: a instalação da unidade fabril num momento em que as comunidades da região tinham sido atingidas por uma profunda crise social, um projeto promovido com apoio estatal e apresentado como moderno e exemplar, acolheu facilmente a adesão da classe trabalhadora, até porque a própria estratégia de recrutamento procurou evitar efeitos de contágio da anterior cultura. Os investimentos na qualificação e na formação da força de trabalho passaram, evidentemente, por critérios seletivos exigentes.[31] Mas mesmo os segmentos que ficaram

30 Uma montadora do grupo alemão da Volkswagen, criada em 1991, cujas primeiras contratações ocorreram entre 1992 e 1993, tendo começado a laborar em 1995.

31 Conforme referido em um estudo recente, promovido por uma equipe do CES, "a empresa beneficiou de um contexto particular – o da região de Setúbal – marcado por um elevado desemprego e baixos salários. No rescaldo da crise social profunda dos anos oitenta, as baixas expectativas por parte dos trabalhadores facilitaram a aceitação das condições oferecidas. Por

de fora não deixaram de olhar com interesse para as condições de trabalho (e salariais) oferecidas pela empresa. Cremos que aqui terá ocorrido um "curto-circuito" no que respeita aos códigos de conduta e subjetividades da nova força de trabalho. Sem dúvida que os novos contornos são tendencialmente adaptativos, ou seja, mais apegados ao diálogo e ao consentimento do que à velha cultura militante que atrás ilustramos de forma fragmentária. Parece evidente que tal tendência decorre da implosão do anterior modelo industrial, dos recentes períodos vividos sob desespero em face do espectro da pobreza e dos altos níveis de desemprego no setor operário (muito por conta da recomposição do setor metalomecânico), a par de uma nova lógica de assentimento por parte das gerações mais jovens e mais qualificadas. Se o velho operariado era portador de um *ethos* ou *disposição* inscrita nos seus *habitus* e cultura de resistência, por outro lado, essa cultura começou a esbater-se, como vimos, perante a vivência recente de uma aguda crise e as dificuldades da ação coletiva. Na ressaca dessas expectativas de militância, a Autoeuropa surgiu para muitos trabalhadores como uma nova e promissora etapa na sua carreira profissional.

Deve referir-se, no entanto, que apesar dessa contaminação ter sido criteriosamente evitada no ato do recrutamento, a memória do velho *ethos* militante e sindicalista não deixou de continuar latente na atmosfera dos ambientes populares e, desse modo, contagiou as dinâmicas emergentes das novas gerações de trabalhadores. Embora mergulhada numa cultura de empresa em que prevalece uma maior disposição para o diálogo, o certo é que a conflitualidade na empresa rapidamente ressurgiu, agora combinando as dinâmicas de base (mediante a CT/ Comitê de Fábrica) com essa herança difusa do sindicalismo de classe.

Referências bibliográficas

AAVV/CMS. (2021). *Setúbal, uma Baía Aberta ao Mundo*: retrato socioeconómico do concelho. Equipa coordenada por Nuno Marques. Setúbal: Câmara Municipal de Setúbal/ Gabinete de Apoio ao Empresário.

---

outro lado, as contratações visaram um perfil sociodemográfico bastante específico: jovens com idades até 35 anos, níveis de escolaridade mais elevados do que os padrões tradicionais e preferencialmente sem qualquer experiência laboral anterior" (Costa et al., 2020, p.98).

ALMEIDA, A. N. de (1988). Perfis demográficos e modos de industrialização: o caso do Barreiro. *Análise Social*, v.XXIV, n.100, 1988, p.449-60.

AGUIAR, J. V. (2011). *Levantados do chão*: a formação da classe trabalhadora alentejana (1926-1974). *Lutas Sociais*, n.27, p.41-4.

ALCÂNTARA, A. (2010). Conservas de Portugal. Museu digital da Indústria Conserveira. Revista *MUSA – Museus, Arqueologia & Outros Patrimónios*, v.3, p.237-47.

AMARO, R. R. (1991). Lógicas de espacialização da economia portuguesa. *Sociologia – Problemas e Práticas*, n.10, p.161-82.

ARRANJA, A. (1911). *Mataram Mariana... dos Fuzilamentos de Setúbal à Ruptura Operariado-República*. Setúbal: Centro de Estudos Bocageanos.

BAGNASCO, A. (1977). *Tre Italie*: la problematica territoriale dello sviluppo. Bologna: Il Mulino.

BECCATTINI, G. (1991). Italian Industrial Districts: problems and perspectives. *International Studies of Management & Organization*, Spring, v.21, n.1, The Italian Alternative: Flexible Organization and Social Management. II: Theoretical Analyses, p.83-90.

______. (1994). O Distrito Marshalliano: uma noção sócio-econômica. In: BENKO, G.; LIPIETZ, A. (org.). *As regiões ganhadoras*. Distritos e redes: os novos paradigmas da geografia econômica. Oeiras: Celta Editora, p.45-58.

BENKO, G.; LIPIETZ, A. (orgs.). (1994). *As regiões ganhadoras*. Distritos e redes: os novos paradigmas da geografia econômica. Oeiras: Celta Editora.

BOURDIEU, P. (1987). What Makes a Social Class? On the Theoretical and Practical Existence of Groups. *Berkeley Journal of Sociology*, p.1-17.

______. (1989). *O poder simbólico*. Lisboa: Difel.

______. (2008). *A distinção*: crítica social do julgamento. São Paulo: Edusp.

______. (2013). *O senso prático*. Petrópolis, Rio de Janeiro: Vozes.

BURAWOY, M. (2022). Walking in Two Legs: Black Marxism and the Sociological Canone. *Critical Sociology*, v.48, n.4-5, p.571-86.

COSTA, H. et al. (2020). *Poderes sindicais em debate*: desafios e oportunidades na Autoeuropa, TAP e PT/Altice. Coimbra: Almedina.

GRAMSCI, A. (1968). *Maquiavel, a política e o Estado moderno*. Rio de Janeiro: Civilização Brasileira.

LAHIRE, B. (2005). Patrimônios Individuais de Disposições: Para uma sociologia à escala individual. *Sociologia, Problemas e Práticas*, n.49, p.11-42.

LIMA, M. P. de. (1977a). Transformação das relações de trabalho e acção operária nas indústrias navais (1974-1984). *Revista Crítica de Ciências Sociais*, v.18/19/20, p.538-46.

______. (1977b). A acção operária na Lisnave: análise da evolução e temas reivindicativos. *Análise Social*, v.XIII, n.52, p.828-99.

MARQUES, M. M. L.; FERREIRA, A. C. (1991). A concertação económica e social; A construção do diálogo social em Portugal. *Revista Crítica de Ciências Sociais*, n.31, p.11-41.

MIGNOLO, W. D. (2008). Desobediência epistêmica: a opção descolonial e o significado de Identidade em Política. *Cadernos de Letras da UFF*, Dossiê: Literatura, língua e identidade, n.34, p.287-324.

DIREÇÃO-GERAL DA INDÚSTRIA. (1986). *Relatório da Evolução Recente dos setores Metalúrgico e Metalomecânico na Península de Setúbal.* Lisboa: Ministério da Indústria.

DU BOIS, W. E. B. (2021 [1953]). *As almas do povo negro.* São Paulo: Editora Veneta.

PAUGAM, S. (2000). *Le Salarié de la précarité*: les nouvelles formes de l'intégration professionnelle. Paris: Presses universitaires de France.

REIS, J. (1992). *Os espaços da indústria*: a regulação económica e o desenvolvimento local em Portugal. Porto: Afrontamento.

ROSAS, F. (1994). Estado Novo e desenvolvimento económico (anos 30 e 40): uma industrialização sem reforma agrária. *Análise Social,* v.XXIX, n.128, p.885.

______. (2009). A crise do liberalismo oligárquico em Portugal. In: *História da Primeira República Portuguesa.* Lisboa, Tinta da China.

SANTOS, B. de S. (1990). *Estado e sociedade em Portugal (1974-1988).* Porto: Afrontamento.

______. (2020). A new vision of Europe. Learning from the Global South. In: SANTOS, Boaventura S.; MENDES, José M. (orgs.). *Demodiversity*: toward Post-Abyssal Democracies. New York/London, Routledge, p.31-53.

______. (2021). Desmercantilizar, descolonizar y despatriarcalizar. *El País,* 28 fev.

______. (2022). *O futuro começa agora*: da pandemia à utopia. São Paulo: Boitempo.

SANTOS, M. de L. L. dos; LIMA, M. P. de; FERREIRA, V. M. F. (1975). As lutas sociais nas empresas e a Revolução do 25 de Abril: da reivindicação económica ao movimento político. Revista *Análise Social,* v.XI, n.42-3, p.266-335.

SANTOS, J. P. O. (2017). *"Somos operários, é malta do ferro"*: desindustrialização, classe e memória operária em Setúbal. Dissertação de Mestrado em História Contemporânea. Lisboa: FCSH/UNL.

______. (2017a). Operários depois do movimento operário: o caso da região (pós-)industrial de Setúbal. Revista *Lugar Comum,* n.19, p.2-22.

SKLAIR, Leslie. (2000). *The Transnational Capitalist Class.* London/New York: Blackwell.

THOMPSON, E. P. (1988). *A formação da classe operária inglesa.* São Paulo: Paz e Terra, v.I-II.

TOURAINE, A.; WIEVIORKA, M.; DUBET, F. (1984). *Le Mouvement ouvrier.* Paris: Fayard.

WILSON, W. J. (1982). *The Declining Significance of Race*: Blacks and Changing American Institutions. Chicago: The University of Chicago Press.

WRIGHT, E. O. (1994). Análise de classes, história e emancipação. *Revista Crítica de Ciências Sociais,* n.40, p.3-35.

13
A democracia modifica as discussões sobre a "*barreira de cor*"? Como a política de desigualdade mudou no Brasil e na África do Sul[1]

Gay Seidman[*]

Há cerca de trinta anos, disseram-me que tentar comparar os movimentos trabalhistas emergentes no Brasil e na África do Sul seria como comparar "maçãs e laranjas, o sol e a lua". O Brasil, no caso, era uma "democracia racial" onde o dinheiro importava mais do que a cor da pele. Por outro lado, como alertou-me um renomado estudioso, as rígidas hierarquias raciais do *apartheid* significavam que, na África do Sul, a classificação racial de um indivíduo moldava todos os seus direitos legais, desde o voto até o local de residência, e até mesmo o emprego que poderia ter.[2]

Hoje em dia as coisas mudaram. Embora as hierarquias geradas pela escravidão racial e o colonialismo de assentamento tenham moldado as desigualdades raciais de forma fundamental, as políticas governamentais nos últimos trinta anos criaram novas possibilidades e reformularam a

---

1 Agradeço a Glauco Arbix e Stephen Stern pelas sugestões e comentários em versões anteriores, e a Janaina Saad pela tradução para o português.

* Professora no Departamento de Sociologia da Universidade de Madison-Wisconsin, EUA.

2 Anos depois, essa mesma pessoa me contou que eu a havia convencido de que os dois movimentos eram surpreendentemente semelhantes – ambos foram resultados de padrões semelhantes de industrialização e urbanização autoritária e surgiram de movimentos trabalhistas que lutavam por direitos políticos e sociais para comunidades da classe trabalhadora, bem como melhores salários e condições de trabalho.

maneira como os ativistas discutem e tentam abordar as desigualdades marcantes em seus países.

Ainda que a África do Sul permaneça uma das sociedades mais desiguais do mundo, muitos sul-africanos negros ingressaram na elite do país e na sua pequena classe média.[3] A democracia que se instalou desde o fim do *apartheid* ofereceu oportunidades reais. Apesar dos persistentes legados do *apartheid* nas divisões raciais, os sul-africanos negros que conseguem encontrar empregos estáveis no governo ou no setor privado levam uma vida bastante diferente daqueles que não têm as capacitações nem as conexões necessárias para sair da pobreza. Porém, em julho de 2021, após meses de paralisação induzida pela pandemia, milhares de cidadãos pobres saquearam shoppings e fábricas e dezenas foram mortos pela polícia ou por vigilantes locais que "protegiam" seus bairros. As imagens desses negócios arruinados, assim como os políticos e comentaristas negros que narravam os acontecimentos na televisão enfatizaram uma realidade diferente: a pobreza arraigada, as altas taxas de desemprego e os serviços públicos inadequados significam que, para milhões de negros sul-africanos, inclusão e acesso a oportunidades reais continuam sendo "um sonho adiado" (Gevisser, 2021).

Se as diferenças de classe parecem ter se tornado mais evidentes na África do Sul, no Brasil as desigualdades raciais têm se destacado cada vez mais. Apesar das repetidas afirmações de Bolsonaro, o Brasil nunca foi a "democracia racial" na qual ele insiste: até 1985, pessoas analfabetas eram proibidas de votar – regra que limitou o eleitorado de 1930 a apenas 25% dos adultos, no qual a maioria era de brancos. Foi apenas em 1988 que a nova Constituição finalmente garantiu franquia universal para todos os brasileiros maiores de 16 anos (Bethell, 2000, p.8-9). Durante os últimos trinta anos, um movimento negro cada vez mais visível e atuante tem insistido que o Brasil deve reconhecer sua longa história com a escravidão racial e abordar os padrões persistentes de exclusão.

Na atualidade, um número crescente de brasileiros considera que as políticas governamentais devem levar em conta a maneira como a história de discriminação racial do Brasil molda os padrões atuais de exclusão econômica e social. Não por acaso, mais brasileiros se identificam como negros do que no

3 Ver, por exemplo, "Report of the Expert Panel into the July 2021 Civil Unrest", 29 nov. 2021; Lebakeng (2021).

passado. Entre 2010 e 2020, conforme dados do Instituto Brasileiro de Geografia e Estatística (IBGE), o percentual de brasileiros que se consideram brancos caiu de 48% para 43%, enquanto os que se identificam como pretos ou pardos subiu de 51% para 56% (apud McCoy; Traiano, 2020).

Em 1903, W. E. B. Du Bois escreveu que "o problema do século XX é o problema da linha de cor"; porém Du Bois também insistiu que as interações entre raça e desigualdades econômicas não são estáticas, e sim são moldadas e remodeladas por histórias e contextos específicos (Morris, 2015, principalmente p.37-42). A dinâmica dessas mudanças é semelhante em ambos os países, mas com importantes diferenças. Como argumentarei, na África do Sul a classe social tornou-se muito mais relevante nos debates políticos do que antes, em parte devido ao surgimento de uma nova elite negra, que veio ressaltar a maneira como a classe social, assim como a raça, molda a vida de indivíduos. No Brasil, por outro lado, a forma como a exclusão racial restringe as oportunidades tornou-se cada vez mais visível nos debates políticos. Isso se deve primeiramente à resposta dos governos progressistas às demandas de ativistas negros e, mais recentemente, à posição de brasileiros conservadores que rejeitam qualquer reconhecimento do papel que a exclusão racial tem desempenhado na sociedade brasileira.

Os legados do colonialismo de assentamento ainda são importantes em ambos os países

Antes de discutirmos as recentes mudanças nos debates políticos nacionais, contudo, é importante assinalarmos algumas semelhanças nas trajetórias históricas dos dois países. Em ambos os casos, padrões de exclusão e marginalização ainda persistem e continuam a moldar as experiências de indivíduos e famílias. Dadas suas longas histórias de assentamento colonial, desapropriação de comunidades indígenas e escravidão racial, não nos surpreende que desigualdades gritantes ainda marquem o Brasil e a África do Sul.

A democracia foi finalmente instituída em ambos os países no final do século XX, mas uma vez no poder, os dois governos recém-eleitos enfrentaram escolhas difíceis. Em vez de arriscar uma desvinculação com a economia global, da qual ambas as economias dependiam, seus governos populares optaram por trabalhar com as empresas existentes. Dessa forma, tanto o governo sul-africano quanto o brasileiro permaneceram fortemente dependentes da exportação de minerais e produtos agrícolas enquanto prometiam elevar as condições de vida dos mais pobres por meio de uma grande expansão de serviços sociais como saúde e educação.

No início dos anos 2000, enquanto os dois países se beneficiavam do *boom* global das *commodities*, seus governos expandiram os gastos públicos com as comunidades pobres, melhorando consideravelmente os serviços públicos como educação e ampliando, cada vez mais, as transferências de renda para as camadas mais pobres. Em 2010, o Brasil ganhava atenção global pela forma como os programas "pró-pobres" do Partido dos Trabalhadores contribuíram para redução da pobreza absoluta. A África do Sul, por sua vez, expandiu o programa de "subsídio social", ao ponto de englobar quase metade das famílias do país (Seidman, 2010).

Apesar das transferências monetárias fornecerem apoio básico para milhões de famílias, hoje o valor do pagamento em ambos os países tende a ser pequeno – menos de US$ 50 por mês – enquanto a pobreza e o desemprego se propagam de forma acelerada. Tanto na África do Sul quanto no Brasil, a riqueza e o acesso ao capital ainda refletem suas raízes históricas de exclusão: ainda hoje, grandes empresas, minas e plantações têm maior probabilidade de pertencer a descendentes de colonos brancos do que a pessoas que se identificam como negras, indígenas ou pardas.

Esse padrão é especialmente visível na África do Sul, onde quase todas as terras mais férteis do país ainda pertencem aos brancos. Os fazendeiros negros permanecem amplamente limitados às áreas do antigo "bantustão", composto principalmente por terras relativamente inférteis, que eram destinadas à população negra sob o *apartheid*. Em 2017, a população branca possuía cerca de 72% das terras agrícolas da África do Sul, enquanto os sul-africanos negros (que representavam cerca de 80% da população do país em 2022) possuíam apenas cerca de 4% (Departamento Rural e de Reforma Fundiária Sul-Africana, 2017).

Embora o Brasil não tenha explicitamente empurrado os agricultores negros para reservas segregadas, seus padrões de propriedade de terras se assemelham às desigualdades baseadas no *apartheid* da África do Sul. Em 2020, um estudo conjunto do Reino Unido e da ONU encontrou que o Brasil tem uma das maiores concentrações de propriedade de terras do mundo, com 0,3% dos agricultores controlando 25% das terras agrícolas. Como na África do Sul, a concentração de terras é mais extrema em áreas mais rentáveis para a agricultura comercial. O estudo observa que "10% das maiores propriedades ocupam 73% da área agrícola do Brasil, enquanto os 90% restantes das propriedades de menor escala ocupam apenas 27% da área" (Pinto et al., 2020). E apesar de os padrões de concentração de terra no Brasil geralmente não serem relatados em termos das identidades raciais dos proprietários, hoje em dia é amplamente reconhecido que a maioria das grandes plantações no Brasil ainda pertence a descendentes de colonos brancos, enquanto agricultores rurais pretos e pardos têm maior probabilidade de serem pequenos proprietários ou arrendatários.[4]

Evidentemente o antigo mito da democracia racial no Brasil complica os esforços para incluir categorias raciais nos dados oficiais. Ainda hoje, debates sobre como reconhecer e medir categorias raciais, as quais têm sido relativamente flexíveis, dificultam a medição de padrões raciais de exclusão (Wood; Carvalho, 1988) – sobretudo porque, como diz um velho ditado popular brasileiro, "o dinheiro embranquece", e os brasileiros mais ricos estão muito mais propensos a se identificarem como pardos ou brancos do que como pretos, independentemente do tom de pele.[5] Porém, sendo o último país do mundo a proibir oficialmente a escravidão racial (em 1888), o Brasil manteve a exclusão racial através de décadas de peonagem imposta aos antigos escravizados e por uma falha generalizada em fornecer direitos legais de propriedade por meio de títulos de propriedade aos camponeses pretos e pardos – um forte contraste com os direitos de "apropriação" concedidos aos colonos de ascendência europeia (Wolford, 2010). Talvez mais importante ainda tenha sido a negação do direito ao voto para brasileiros analfabetos – os quais eram em maioria pessoas negras e pardas – até que a Constituição de 1988, como mencionamos, finalmente garantisse o direito de voto universal para adultos (Gethin; Morgan, 2021). Em outras palavras, os brasileiros analfabetos obtiveram cidadania plena apenas seis anos antes da África do Sul eleger Nelson Mandela como seu primeiro presidente eleito

4 Ver, por exemplo, Muriel Bowen (2021).

5 O mito da "democracia racial" no Brasil tem enganado até mesmo alguns cientistas sociais mais ponderados, que falharam em reconhecer que o fracasso do Brasil em criar ou impor categorias raciais oficiais não significava que as políticas oficiais tratavam todos os brasileiros igualmente. Ver, por exemplo, Degle (1971); A. Marx (1998).

democraticamente em 1994 – um fato que muitas vezes é negligenciado nas comparações entre os dois países.

No entanto, não obstante as eleições democráticas, as hierarquias raciais que sempre restringiram o acesso à riqueza e ao poder ainda se refletem nos setores privados dos dois países. A história da propriedade de terra está intimamente relacionada à concentração de riqueza e propriedade e, em ambos os países, a riqueza e os negócios ainda são amplamente controlados pelos brancos. Desde o fim do *apartheid*, muitos sul-africanos negros com maiores níveis de educação encontraram oportunidades no setor governamental, e as políticas pós-*apartheid* levaram grandes empresas a fazer parcerias com empreendedores negros; contudo, os sul-africanos brancos – os quais hoje representam apenas cerca de 8% da população do país – ainda dominam os cargos mais altos nas principais corporações do país. Da mesma forma, no Brasil, as pessoas que se autoidentificam como pretas e pardas tendem a ganhar salários menores e têm menos chance de ocupar cargos gerenciais em comparação com a população branca. Em 2018, o IBGE, principal centro estatístico brasileiro, informou que os trabalhadores brancos empregados receberam, em média, salários 73,95% maiores do que os brasileiros pretos e pardos empregados. Mesmo entre as pessoas com ensino superior completo, os trabalhadores brancos ganhavam cerca de 45% a mais, em média, do que os trabalhadores pretos e pardos com a mesma qualificação. Talvez o mais revelador seja o fato de que, também de acordo com o IBGE, embora os trabalhadores pretos e pardos estivessem significativamente sub-representados em cargos gerenciais, eles estavam super-representados na população desempregada e subutilizada, assim como no setor informal (Agência IBGE, 2019).

A geografia também permanece racializada: em ambos os países, os legados da exclusão racial continuam visíveis nas cidades, assim como nos padrões de propriedade de terras. Tanto no Brasil como na África do Sul, no final do século XX, famílias rurais pobres migraram para as cidades em busca de empregos. Entretanto, as geografias urbanas ainda refletem padrões de exclusão de longa data. Áreas urbanas ricas, de maioria branca, tendem a ser bem servidas e próximas aos centros urbanos. Já as comunidades pobres – em grande parte não brancas – tendem a estar mais distantes dos centros urbanos, e seus moradores lutam para ter acesso a serviços básicos, desde eletricidade e água, até coleta de lixo e transporte público.

Isso, logicamente, não diminui a importância da democracia. Desde o fim do regime militar no Brasil em 1988 e o fim do *apartheid* na África do Sul em 1994, os governos eleitos democraticamente têm feito esforços conjuntos para combater a pobreza extrema. Nos anos 2000, o Partido dos Trabalhadores no Brasil ganhou atenção global pelo seu programa Bolsa Família, o qual consistia em pequenas transferências monetárias para famílias pobres. Essa política foi desenvolvida em combinação com outras medidas, incluindo a triplicação do salário mínimo legal e grandes esforços para melhorar o acesso à saúde e à educação, principalmente entre as camadas sociais mais pobres.

Da mesma forma, desde o fim do *apartheid*, a expansão dos programas de bem-estar social na África do Sul – anteriormente limitados aos brancos – impactou diretamente as famílias mais pobres do país. Desde o início dos anos 2000, pagamentos diretos em dinheiro para famílias com filhos pequenos e aposentados têm sido cruciais para a sobrevivência de muitas famílias de baixa renda. Em 2022, quase metade dos domicílios negros sul-africanas obtinham mais da metade de sua renda mediante subsídios estatais, embora o valor médio mensal de $30 por pessoa (Human, 2022) dificilmente seja suficiente para tirar essas famílias da pobreza.

Com governos democraticamente eleitos no poder, ativistas brasileiros e sul-africanos tornaram-se mais expressivos. Habitantes de comunidades pobres começaram a exigir direitos sociais que até então lhes haviam sido negados. No início dos anos 2000, protestos contra o fracasso dos governos municipais em fornecer bens públicos básicos às comunidades pobres tornaram-se um fenômeno comum, desde os protestos de prestação de serviços na África do Sul até as ocupações de terras e "rolezinhos" no Brasil, onde vídeos de jovens ativistas dançando em shoppings sofisticados chamaram a atenção para a exclusão persistente no país.[6]

Em parte como resposta à pressão popular, as discussões sobre desigualdade tornaram-se ainda mais intensas; mas nos últimos anos, o foco das demandas dos ativistas em ambos os países mudou de forma surpreendente. Na África do Sul, onde as divisões raciais já foram centrais na configuração de identidade política e de reivindicações, os líderes negros eleitos democraticamente enfrentam movimentos populares que enquadram suas demandas

---

6 Ver Julian Brown (2015); Marcel Paret (2021); Brian McCann (2014); Osmundo Pinho (2018).

em termos de diferenças de classe. No Brasil, onde as desigualdades eram discutidas quase exclusivamente em termos classistas, os ativistas hoje tendem a focar nos padrões históricos de exclusão racial, exigindo políticas que abordem diretamente a forma como a exclusão racial tem moldado as oportunidades de vida dos cidadãos.

A alteração da dinâmica entre raça e classe nos chama a atenção para transformações nos discursos políticos. Nas seguintes seções, descreverei as mudanças nos discursos dos ativistas na África do Sul e no Brasil, argumentando que tais mudanças refletem uma alteração na dinâmica de raça e classe e ilustram como mudanças nas circunstâncias e no discurso podem remodelar os debates populares e reformular as reivindicações, às vezes de formas surpreendentes.

Como a pobreza molda as oportunidades na África do Sul de hoje

Na África do Sul, a democracia alterou as reivindicações populares, de forma que os cidadãos pobres começam a exigir que um governo eleito democraticamente crie oportunidades e forneça novos serviços para as comunidades negras pobres. Mas, em contraste com a era do *apartheid*, as desigualdades de classe são cada vez mais centrais para essas demandas.

A herança social e econômica deixada pelo *apartheid* continua moldando a vida da maioria da população sul-africana. Mesmo hoje, poucos sul-africanos negros herdarão alguma riqueza de seus pais. Contudo, 25 anos de democracia permitiram que alguns sul-africanos negros tivessem acesso a novas oportunidades e as desigualdades no país agora refletem o status de classe assim como de raça. Em 2015, cerca de 57% dos 6% mais ricos eram brancos – em um país onde os brancos representam apenas cerca de 8% da população total. Porém, em uma clara mudança em relação à era do *apartheid*, cerca de um quarto dos domicílios entre os 6% mais ricos eram africanos e outros 17% eram *coloured* ou asiáticos (Makegtla, 2018). Alguns antigos ativistas que lutaram contra o *apartheid* se enriqueceram de forma espantosa – incluindo, notavelmente, Cyril Ramaphosa, um líder trabalhista que era conhecido por sua capacidade de negociar com a poderosa indústria de mineração. Com sua transição da política para o setor privado em meados da década de 1990, após a eleição de Mandela, Ramaphosa cresceu sua fortuna com investimentos e participação em diretorias corporativas antes de retornar à política, primeiro como vice-presidente e depois como presidente em 2019.

E mais, Ramaphosa não está sozinho; no final da década de 1990, muitos sul-africanos negros conseguiram encontrar oportunidades por meio da construção de vínculos com empresas, ainda administradas principalmente por brancos; outros estabeleceram novos negócios. Embora os sul-africanos negros estejam significativamente sub-representados na elite do país, houve uma mudança drástica na população rica visível da África do Sul. Com centenas de milhares de negros trabalhando em empregos governamentais estáveis, como funcionários públicos, professores ou políticos, além daqueles que criaram seus próprios negócios, a transformação na faixa de renda dos 20% mais ricos da África do Sul se torna visível nos clientes que frequentam os shoppings mais caros do país e os edifícios corporativos.

Apesar de os sul-africanos brancos ainda terem chances significativamente maiores de obter os recursos, a educação e as conexões necessárias para encontrar oportunidades no setor privado em comparação a seus compatriotas negros, uma classe média e alta cada vez mais diversificada mudou o caráter dos antigos centros urbanos brancos da África do Sul. Com o fim do *apartheid*, a maioria dos sul-africanos negros em ascensão social passou a habitar bairros anteriormente brancos, na esperança de encontrar melhores moradias, melhor acesso a empregos e, mais importante, melhores escolas para seus filhos.

O deslocamento de famílias negras para bairros que eram anteriormente brancos permite que os filhos dessas famílias negras mais ricas frequentem escolas locais – escolas que, sob o *apartheid*, eram limitadas a alunos brancos. Mesmo depois de décadas de governança democrática, as antigas escolas brancas são quase todas mais bem financiadas e mais bem equipadas do que as escolas em antigos *townships* ou bantustões. Historicamente, os alunos negros estavam limitados a escolas e currículos que foram reconhecidamente concebidos para, como disse em 1955 o então ministro da Educação Bantu Hendrik Verwoerd, garantir que "os nativos sejam ensinados desde a infância a perceber que a igualdade com os europeus não é para eles" (apud Behr, 1988). Desde o fim do *apartheid*, as escolas públicas sul-africanas foram autorizadas a cobrar taxas adicionais, contribuindo de forma explícita para a persistência da desigualdade educacional, uma vez que famílias em bairros mais ricos (principalmente áreas que sob o *apartheid* eram restritas a brancos) em geral estão dispostas a pagar mais para manter escolas locais do que famílias em áreas pobres (sobretudo negros). Da mesma forma, é bem mais provável que escolas particulares de elite estejam localizadas em áreas anteriormente brancas, e apenas as famílias com melhores condições financeiras é que podem pagar suas mensalidades.

Contudo, é inegável que as desigualdades raciais persistem, mesmo dentre as classes média e alta. Muitas famílias negras de classe média estão fortemente endividadas, dependendo de hipotecas e empréstimos para sustentar um estilo de vida que antes lhes fora negado. Por muito tempo excluídos do setor privado, muitos profissionais negros de classe média e alta não têm acesso ao tipo de capital econômico e conexões sociais que lhes dariam acesso aos níveis superiores da elite empresarial.

Entretanto, na década de 2010, as classes média e alta da África do Sul tornaram-se cada vez mais diversificadas. Um dos caminhos para a aquisição de riqueza passou diretamente por conexões políticas. Após a eleição de Mandela, alguns ativistas negros proeminentes, incluindo Ramaphosa, foram convidados a ingressar nos conselhos de empresas encabeçadas por empresários brancos, principalmente porque as empresas buscavam laços mais fortes com o novo governo do Congresso Nacional Africano (CNA). Em meados da década de 1990, o CNA adotou a política pública conhecida como *Black Economic Empowerment* (BEE), oferecendo tratamento preferencial em processos de compras governamentais para empresas controladas parcial ou majoritariamente por negros. Na medida em que os contratos governamentais representam um grande segmento da economia da África do Sul, essa intervenção criou um incentivo importante para que as empresas controladas por brancos buscassem incorporar parceiros negros.

Embora um pequeno número de sul-africanos negros tenha se enriquecido por meio desses laços, o programa BEE foi duramente criticado por aqueles que acreditam que ele falhou em lidar com as persistentes desigualdades herdadas do *apartheid*. Muitos observadores rejeitam o que chamam de "Empoderamento da Elite Negra", alegando que a política ajudou apenas uma pequena minoria, sem criar novas oportunidades para a maioria dos sul-africanos pobres. Como questionou o Arcebispo Desmond Tutu, "o que é o empoderamento negro quando ele parece beneficiar não a grande maioria, mas uma elite que tende a ser reciclada?". Em um contexto de pobreza generalizada, segundo ele, o BEE apenas exacerba o ressentimento popular, uma situação descrita por ele como um "barril de pólvora" (BBC, 2004).

Sem acesso ao capital ou conexões políticas, muitos sul-africanos negros com algum nível de educação ainda veem os empregos no governo como o caminho mais provável para ingressar na classe média – um modelo de ascensão social de longa história na África do Sul, assim como na maioria dos países pós-coloniais. Sob o *apartheid*, os "líderes tradicionais" podiam oferecer cargos nas administrações dos bantustões aos seus seguidores; hoje, as redes de clientelismo que controlam o acesso a empregos estáveis no governo são centrais para as disputas faccionais que abalam o CNA, pois os empregos estatais continuam sendo um dos caminhos mais palpáveis para pessoas ambiciosas de comunidades marginalizadas entrarem na classe média, e o controle sobre esses empregos é muitas vezes profundamente ligado a políticos poderosos (Picard, 2005).[7]

Mas quaisquer que sejam os desafios que as novas classes média e alta negras da África do Sul enfrentem, suas vidas hoje são visivelmente diferentes da pobreza e das altas taxas de desemprego que caracterizam os antigos *townships*, os assentamentos irregulares e as antigas áreas de bantustões, onde a maioria dos sul-africanos negros ainda vive (Makgetla, 2018). É bastante provável que as crianças que moram em áreas pobres frequentarão escolas públicas com recursos inferiores e taxas de graduação muito mais baixas do que as escolas frequentadas por crianças que vivem em áreas anteriormente brancas. Em 2015, enquanto 90% dos alunos em 15% das escolas mais ricas – quase todas em áreas anteriormente brancas – passaram no exame final conhecido como *exame matric*, apenas 62% foram aprovados em 25% das escolas mais pobres. As escolas mais ricas estavam quase todas localizadas em áreas anteriormente brancas, enquanto as mais pobres estavam localizadas sobretudo em antigos bantustões. Os padrões de admissão em universidades refletem uma dinâmica semelhante: enquanto mais da metade dos alunos nas escolas 15% mais ricas obtiveram notas altas o suficiente em seus exames finais para ingressarem em universidades públicas, menos de 20% dos alunos nas escolas 25% mais pobres obtiveram esses resultados em 2015 (Makgetla, 2018).

7 Ver também Chipkin et al. (2022).

Esses dados não devem levar-nos à conclusão de que a raça deixou de influenciar as condições de vida de um indivíduo. Para cada aluno negro que se formou em uma universidade sul-africana entre 2010 e 2022, havia seis formandos brancos.[8] Os alunos negros hoje são maioria nas universidades do país, mas as persistentes disparidades raciais ainda afetam suas chances de se formarem. Em 2019, apenas 4,3% dos sul-africanos negros de 18 a 29 anos estavam matriculados em uma instituição de ensino superior – um aumento de um ponto percentual em relação a 2002 e muito abaixo da proporção de matriculados entre os sul-africanos brancos, que estava próxima de 20% (Statistica, 2021).

Alunos universitários de famílias negras e pobres frequentemente estão sobrecarregados com altas dívidas, muitas vezes exacerbadas pela expectativa de que eles ajudarão os membros da família com menos condições – um outro legado persistente do *apartheid*, muitas vezes considerado um "imposto negro" informal sobre as famílias de classe média.

O sistema de taxas universitárias da África do Sul tem um impacto ainda mais marcante sobre os alunos que não conseguem se formar – um número equivalente a quase metade daqueles que se matricularam (New24, 2021). No final de 2015, as universidades públicas da África do Sul foram abaladas pelo movimento *Fees Must Fall* (As Taxas Devem Cair), no qual ativistas estudantis enfatizaram o impacto das altas mensalidades sobre os alunos, em especial estudantes negros de baixa renda. Assim como os protestos de prestação de serviços em comunidades pobres, as manifestações ligadas ao movimento *Fees Must Fall* trouxeram à tona os desafios econômicos persistentes enfrentados até mesmo por estudantes negros bem-sucedidos e suas famílias. Além de enfrentarem elevadas taxas de desemprego e menos oportunidades por não possuírem diploma, ainda se espera que esses estudantes que abandonam a universidade paguem seus empréstimos individuais – um fardo realmente pesado.

É importante realçar que a maioria dos sul-africanos negros não ingressa na universidade, e para aqueles que vivem em áreas previamente delimitadas para negros durante o *apartheid*, as condições tornaram-se cada vez mais difíceis. Estudantes negros que vivem em áreas pobres, antes denominadas

8 Dados apresentados pelo antigo Diretor Geral de Estatística da África do Sul, Pali Lehola (apud Leshoro, 2022).

para famílias negras e *coloured*, têm a probabilidade bastante reduzida de obter acesso às universidades, em comparação com aqueles que vivem em áreas anteriormente brancas, e, portanto, podem frequentar escolas historicamente brancas. As taxas de desemprego nacional giram em torno de 30% e tendem a ser piores em áreas marginais. Serviços básicos inexistentes ou pouco confiáveis, como eletricidade, água ou transporte público, provocam protestos frequentes exigindo a "prestação de serviços", os quais tendem a refletir tensões locais muito mais do que movimentos políticos organizados. As táticas usadas nesses protestos muitas vezes resultam em ferrovias incendiadas e estradas bloqueadas, complicando ainda mais os longos trajetos enfrentados pelos trabalhadores que vivem nessas áreas e que, por sorte, têm acesso a um emprego.

Assim como em grande parte do mundo, o desemprego e a extrema pobreza que permeiam as comunidades carentes se tornaram ainda mais visíveis durante a pandemia. Cerca de 14 milhões de sul-africanos, ou aproximadamente 24% da população, viviam na pobreza antes da pandemia; no final de 2020, 2 milhões de sul-africanos perderam seus empregos, e em abril de 2020, cerca de 47% dos domicílios não contavam com dinheiro suficiente para comprar alimento (Megannon, 2022). Salários e remunerações eram mais comuns como a principal fonte de renda no quintil 5 (77,3%) com as transferências/pensões sendo mais comuns no quintil 1 (62,3%).

Em 2022, um terço da população do país relatou ter perdido o emprego ou a principal fonte de renda por causa da pandemia; as perdas de empregos foram maiores entre aqueles com idade entre 26 e 35 anos e entre as famílias mais pobres do país. Ainda que o programa de subsídios sociais da África do Sul tenha se expandido para lidar com o impacto da pandemia, a profundidade da pobreza era formidável: conforme dados da Stats SA (2022), em 2021, embora a maioria dos pagamentos de subsídios sociais girava em torno de US$ 20 por mês, os subsídios representavam entre um quarto e dois terços do rendimento domiciliar entre os 60% mais pobres da população (ver Figura 1, a seguir).

Como teria previsto Du Bois, o problema da barreira de cor persiste na África do Sul; porém, entre os protestos e debates políticos atuais é tão provável identificarmos temas relacionados a pobreza e exclusão econômica – e seus efeitos sobre a qualidade de vida – quanto temas que abrangem a discriminação racial. Enquanto alguns observadores culpam as divisões internas

Figura 1 – Os salários e as remunerações foram as principais fontes de rendimento mais comuns no quintil 5 (77,3%), sendo as subvenções mais comuns no quintil 1 (62,3%)

Principal fonte de rendimento por quintil de rendimento, 2021

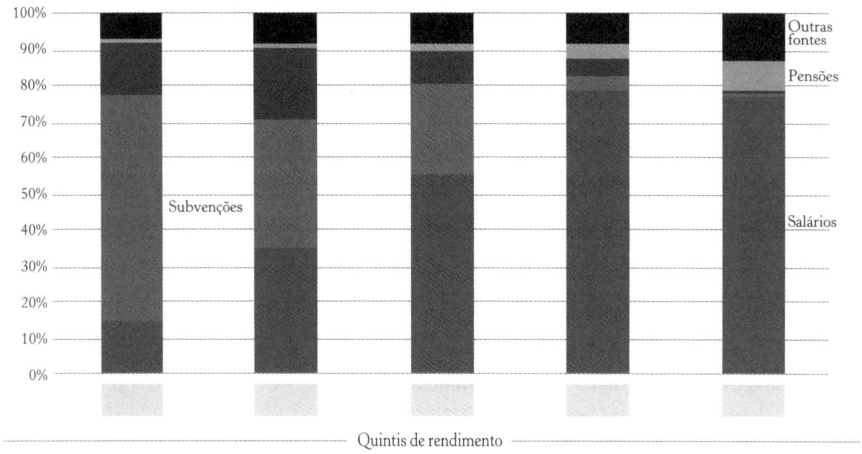

Fonte: General Household Survey, 2021.

do CNA pelo surto de saques em julho de 2021, outros alegam que, ainda que as divisões políticas dentro do CNA[9] possam ter aberto as portas para os tumultos, o desespero das comunidades pobres do país tornou-se cada vez mais visível.[10]

As políticas de raça e classe no Brasil

Se os debates sul-africanos se concentram cada vez mais na necessidade de reconhecer e abordar a desigualdade econômica, o diálogo em torno da desigualdade no Brasil se concentra progressivamente nos padrões persistentes de exclusão racial. Apesar de as desigualdades econômicas permanecerem cruciais para a política brasileira, desde a democratização ativistas tornaram-se mais atentos ao papel dos padrões raciais do país na formação da pobreza e da exclusão. Políticos de todas as tendências, por sua vez,

9 Ver, por exemplo, Chipkin et al. (2022).

10 Ver, por exemplo, Christopher McMichael (2022).

estão mais dispostos a mencionarem as desigualdades raciais do Brasil – uma mudança surpreendente em um país que por muito tempo foi considerado um exemplo excepcional de harmonia racial.[11]

Durante os quinze anos em que o Partido dos Trabalhadores ocupou a presidência, de 2003 a 2018, os esforços do Brasil para enfrentar a grande desigualdade no país ganharam reconhecimento internacional. Por meio do que costumamos chamar de "políticas pró-pobres", incluindo uma ampla expansão dos programas de saúde, educação e transferência de renda, o país obteve êxitos notáveis na redução da pobreza absoluta. Nesse sentido, milhões de famílias pobres começaram a ver caminhos para ascender a uma classe média em rápida expansão. Até 2011, essas mudanças sociais tinham atraído ampla atenção: por exemplo, quando a revista pró-empresarial *The Economist* escreveu, em novembro de 2011, que um dos países mais desiguais do mundo havia conseguido aumentar simultaneamente o PIB e a renda de seus cidadãos mais pobres e que estava a caminho de alcançar o Objetivo de Desenvolvimento do Milênio da redução da pobreza até 2015, uma década antes do previsto.

O artigo sobre a redução da pobreza publicado no *The Economist* (2011) mal tocou na atuação do governo para combater a discriminação racial, mas em 2010, questões sobre discriminação racial tinham se tornado um componente importante nas discussões do PT sobre como garantir novas oportunidades para os brasileiros pobres. A partir da década de 1970, e especialmente à medida que o país se democratizava, ativistas e acadêmicos negros passaram a fornecer mais dados e discutir publicamente sobre as hierarquias raciais no Brasil, pressionando por uma maior atenção em relação à interação entre raça e classe.

No início dos anos 2000, esses esforços começaram a mudar os debates dentro do PT até que, na década de 2010, os processos de admissão em universidades tinham se tornado um elemento central dessa campanha. Com base no argumento de que aumentar o acesso de estudantes pretos e pardos (especialmente estudantes de comunidades mais pobres) ao ensino superior fortaleceria as vozes negras, ativistas pressionaram o governo a criar políticas de ações afirmativas para admissão em universidades públicas do país – entre as quais se encontravam algumas das universidades mais prestigiosas

---

11 Ver, por exemplo, Anthony Marx (1998).

do Brasil (Mesquita, 2021). Já em 2012, o PT havia desenvolvido um sistema de cotas com o objetivo de aumentar a diversidade nas universidades públicas do Brasil, que oferecia metade das vagas nessas universidades para estudantes que pudessem comprovar visivelmente que eram pretos, pardos ou indígenas e que haviam frequentado escolas públicas de ensino médio (Paischel, 2016, especialmente caps. 5-6).

Embora tenha sido uma política controversa, o novo sistema de admissão provocou uma mudança notável na composição dos ingressantes nas universidades. Quando a Lei de Cotas foi integralmente implementada em 2017, quase 40% dos alunos em universidades públicas ingressaram por meio de medidas de ação afirmativa, em comparação com 13% em 2012. Cerca de 46% se declaravam pardos ou indígenas. Em 2018, os brasileiros que se autodeclaravam pretos ou pardos representavam 50,3% do número total de estudantes que frequentavam as universidades públicas – bem acima dos 3,6% em 1988 e dos 16,4% em 2008 (Bertolin; McCowan, 2022, p.76-7).

O fato de que o acesso a universidades tenha ganhado uma dimensão mais igualitária não significa que a desigualdade racial tenha desaparecido do sistema de ensino superior brasileiro, já que muitos brasileiros frequentam universidades privadas que, portanto, não estão sujeitas à lei de cotas. Enquanto 30,7% dos jovens brancos estavam matriculados em instituições de ensino superior em 2018, a taxa de matrícula para pretos e pardos era de apenas 15,1% e 16,3% de suas respectivas populações. Talvez ainda mais revelador, conforme matéria da *The Economist* em 2021, apenas 33% dos graduados pretos e pardos do ensino médio estavam matriculados em universidades, em comparação com 52% dos graduados brancos do ensino médio.

No entanto, em um país onde apenas cerca de 11% da população possui um diploma universitário, a expansão das cotas raciais nas prestigiadas universidades públicas do país teve um enorme impacto – não apenas ao oferecer novas oportunidades a muitos indivíduos, mas também ao ampliar a discussão sobre raça na sociedade. Como da Silva e Larkins apontam, as cotas educacionais "exigiram que os brasileiros falassem abertamente sobre raça, diferença racial e desigualdades no acesso a oportunidades" (Silva; Larkins, 2019, p.899).

Além de aumentar o acesso, essas políticas e debates parecem ter tido um impacto sobre como os indivíduos veem sua própria identidade: pesquisas sugerem que atualmente mais brasileiros se identificam como pretos ou pardos do que em qualquer outra época. Na última década, a porcentagem de brasileiros que se descrevem como brancos caiu de 48% para 43%, enquanto o número de pessoas que se identificam como pretos ou pardos aumentou de 51% para 56% (McCoy; Traiano, 2020)[12] – uma mudança significativa em um país onde, historicamente, os brasileiros que aspiravam a um status mais elevado tendiam a evitar reconhecer qualquer herança indígena ou africana.

O escopo da transformação vai além da identidade individual, de forma que as conversas sobre desigualdade no Brasil têm cada vez mais reconhecido o modo como a raça, tal como a classe, tem moldado as desigualdades do país. Em um estudo recente sobre a maneira como instituições, inclusive universidades públicas e burocracias governamentais, examinam o fenótipo racial dos requerentes de ação afirmativa, da Silva descobriu que essas "medidas redistributivas e reparatórias" "mudaram o que significa ser negro no Brasil" (Silva, 2022, p.23).[13] Hoje, os brasileiros que reconhecem as acentuadas desigualdades do país estão muito mais propensos a aceitar que mérito individual e trabalho árduo não explicam a persistência da pobreza, e a apoiar a ideia de um engajamento ativo do governo. Luciana Brito escreve:

> No imaginário social e nas esferas da saúde, da política, do emprego e, sobretudo, da educação e da moradia, observam-se dois Brasis distintos. Um é um país de pessoas privilegiadas, enquanto o outro é um país de pessoas cujas vidas são marcadas pela pobreza, ausência de direitos múltiplos, e experiências pessoais de eventos violentos e traumáticos motivados pelo ódio racial. (Brito, 2022)

Contudo, em meados da década de 2010, quando a queda dos preços globais das *commodities* passou a abalar a economia brasileira, brasileiros de cunho conservador se opuseram crescentemente aos esforços do PT para reduzir a pobreza, e as políticas voltadas para o combate às desigualdades raciais tornaram-se um alvo importante nesse sentido. Ao invocarem o antigo mito da "democracia racial" no país, Jair Bolsonaro e seus apoiadores insistiam que a sociedade brasileira há tempos se encontrava livre de discriminação, afirmando ainda que, como a sociedade brasileira sempre foi racialmente "misturada", os formuladores de políticas não precisavam

---

12 Ver também Andrew Janusz (2020).

13 Para a discussão completa, ver Silva (2022, cap.5).

abordar a longa história de exclusão racial, nem os padrões persistentes de marginalização até hoje presentes (Fry, 2000, p.2). Esses argumentos ajudaram a mobilizar uma oposição conservadora ao PT nas eleições presidenciais de 2018 e, sem dúvida, contribuíram para a surpreendente vitória de Bolsonaro.

Desde então, o governo liderado por Bolsonaro procurou explicitamente desmantelar programas de combate à desapropriação de comunidades indígenas, assim como aqueles destinados à abertura de novas portas para a população negra. Os comentários de Bolsonaro no que tange a questões de raça foram apontados como "os sintomas mais grosseiros e fortemente racializados de uma determinação mais ampla do governo Bolsonaro em reverter o progresso dos últimos quarenta anos em relação à justiça social e direitos humanos" (Treese, 2021). A postura de Bolsonaro em não reconhecer as desigualdades raciais no país, bem como suas repetidas declarações "reafirmando o fenômeno socialmente constituído da antinegritude, enfatizando linhas de inimizade já estabelecidas em torno dos espaços vividos pelas populações negras e vinculando a violência contra as populações negras a ideias de progresso nacional" (Bledsoe, 2019, p.165) refletem uma rejeição chocante dos recentes esforços para lidar com a discriminação e exclusão racial no Brasil.

O teor racista do "apito para cães" usado por Bolsonaro e a resposta entusiástica de seus apoiadores parecem refletir o que Patrícia de Santana Pinho chama de "brancura ferida": a raiva das políticas públicas que abriram novas portas para os brasileiros pobres, especialmente negros. A maior capacidade dos brasileiros pobres e negros de "consumir produtos e acessar espaços que antes eram proibidos" e a maior visibilidade de brasileiros negros em shoppings e universidades previamente entendidos como espaços inacessíveis para essa população parecem, nas palavras de Pinho, ter "expulsado a branquitude de sua confortável e poderosa posição de relativa invisibilidade e neutralidade" (Pinho, 2021).

Como exemplo dessa "brancura ferida", Pinho menciona a fúria da classe média contra as políticas pró-pobres de Lula, incluindo as transferências de renda para famílias pobres. Em 2017, Pinho entrevistou várias mulheres de classe média que culpavam tais políticas pelo fato de elas não poderem pagar uma empregada doméstica. Uma das mulheres entrevistadas por Pinho exclamou: "Preciso de uma empregada! Preciso desesperadamente de uma empregada! Mas com o governo oferecendo o Bolsa Família, as pessoas pobres não estão disponíveis para trabalhar como empregada doméstica!" (Pinho, 2021, p.75). À medida que a pobreza absoluta diminuía, argumenta Pinho, as mulheres pobres poderiam exigir salários mais altos; por sua vez, o número cada vez menor de brasileiras dispostas a servirem como trabalhadoras domésticas colocava aquilo que fora considerado como um indício de status social da classe média fora do alcance de algumas famílias aspirantes, alimentando suas frustrações.

Enquanto os apoiadores de Bolsonaro tendem a negar o papel da exclusão racial na formação das desigualdades, muitos brasileiros continuam clamando pela importância das desigualdades raciais, e essas vozes têm ganhado força em debates políticos. Historicamente, como observou Antônio da Silva, embora os ativistas políticos negros na Bahia "demonstrassem considerável consciência da existência da desigualdade racial e da importância de assumir um papel ativo para melhorar a situação", os candidatos a cargos políticos raramente propunham políticas específicas de raça. Esses, por sua vez, promoviam promessas de uma visão mais liberal de igualdade, "reunindo eleitores por trás de uma narrativa de educação e progresso moral para todos" e "promovendo a igualdade de direitos baseada na neutralidade de diferenças" em vez de enfatizar a "política da diferença" (Silva, 2022, p.129-37), a fim de construir uma base eleitoral mais ampla.

Em 2022, porém, enquanto o ex-presidente Lula da Silva tentou expandir seu apelo para atrair eleitores moderados e centristas – uma decisão razoável, dada a ansiedade generalizada sobre a possibilidade de que os aliados de Bolsonaro tentassem um golpe militar –, muitos brasileiros foram mais explícitos em defender a centralidade de questões raciais em comparação com eleições anteriores. Empregando o que John French (2020) chamou de "política da astúcia", Lula nomeou um político de centro-direita como seu candidato à vice-presidência e, em seus discursos durante a campanha, ele parece focar mais na necessidade de remover Bolsonaro do que em políticas específicas ou identitárias.

No entanto, as persistentes demandas por políticas de combate à desigualdade racial, como elemento-chave nos esforços para amenizar a pobreza, permaneceram cruciais para a agenda política do partido. Comentando a campanha de 2022, a revista *Time* destacou a maneira como as desigualdades raciais no Brasil surgiram como um aspecto fundamental da eleição de 2022:

> De acordo com Douglas Belchior, organizador da Coalizão Negra por Direitos, os programas antipobreza e de acesso à educação de Lula deram a ele um forte histórico em relação à melhoria de vida dos brasileiros pretos e pardos, que representam 56% da população e 75% dos mais pobres do país. Mas hoje, os brasileiros negros e indígenas estão pedindo uma ação mais direcionada para desfazer o legado generalizado da escravidão e do colonialismo. O próximo governo de Lula precisará colocar mais ênfase sobre o antirracismo e corrigir "algumas falhas graves" de governos anteriores do PT nas políticas de policiamento, diz Belchior. "Voltar ao ponto imediatamente anterior a Bolsonaro não é suficiente para nós. Temos que avançar a partir de onde os governos do PT pararam", diz. "E Lula ouviu muitos ativistas, intelectuais e políticos negros. Ele sabe que a reconstrução do Brasil passa pelo combate ao racismo." (Nugent, 2022)

O ponto de Belchior tem relevância além das campanhas presidenciais: dada a ampla disposição dos brasileiros para discutir o legado da exclusão racial, parece improvável que políticos, buscando construir uma ampla base eleitoral, consigam restituir o mito da "democracia racial" ao centro do discurso popular. Duas décadas de políticas de ação afirmativa tiveram um impacto real, fortalecendo as vozes de brasileiros com formação universitária que se identificam como pretos e abrindo debates públicos sobre a melhor forma de lidar com as desigualdades, ainda gritantes, do país.

As mudanças nas dinâmicas de raça e classe são importantes?

Em 1906, apenas três anos depois de ter escrito que "o problema do século XX é a linha de cor", W. E. B. Du Bois foi convidado por Max Weber para contribuir com um ensaio para um jornal alemão. Esse artigo, que aparentemente só foi traduzido para o inglês em 2006, acrescenta uma nuance importante a um conceito que com frequência se utiliza para sugerir que Du Bois acreditava que o impacto da raça tinha permanecido estático ao longo do tempo. Em seu ensaio de 1906, Du Bois argumenta de modo explícito que amplos movimentos sociais poderiam e deveriam abordar as desigualdades de raça e classe simultaneamente. Observando uma mudança na "ideologia do povo americano" ligada à "(1) crescente desigualdade na distribuição de riqueza, (2) ascensão do imperialismo e (3) "linha de cor", e prenunciando sua adesão ao socialismo pós-Segunda Guerra Mundial, Du Bois argumentou que os populistas americanos do final do século XIX e o movimento socialista do século XX de Eugene Debs ofereciam um modelo para desafiar a distribuição injusta de riqueza.

Que a massa dos americanos percebe e reflete sobre o crescimento das diferenças de classe, especialmente nas relações econômicas, fica evidente nos resultados das últimas três eleições presidenciais. Esse voto não é de forma alguma pensado ou lógico, mas reflete um sentimento generalizado e profundo que pode ser expresso nas seguintes palavras:

> Se numa terra de oportunidades ilimitadas um grupo de pessoas trabalha em conjunto para o seu sustento e se um homem acumula mais riqueza com os frutos desse trabalho do que jamais será capaz de gastar, enquanto os outros dificilmente conseguem viver de maneira respeitável, esta se torna uma distribuição injusta do lucro. E se com base nessa distribuição injusta são construídos crescentes privilégios de classe e raciais, então a injustiça se torna duradoura e um crime. (Du Bois, 2006)

Um século depois, as palavras de Du Bois ainda ressoam através do tempo e dos continentes. Tanto na África do Sul quanto no Brasil, cidadãos frustrados que acreditam que "com base nessa distribuição injusta são construídos crescentes privilégios de classe e raciais" continuarão a exigir que as políticas governamentais abordem antigos padrões de exclusão. Ao mesmo tempo, os debates em andamento sobre como remediar as desigualdades continuarão indubitavelmente a agitar a política e a dividir os partidos em ambos os países.

Referências bibliográficas

AGÊNCIA IBGE. (2019). Pretos e pardos são mais escolarizados, mas a desigualdade em relação aos brancos permanece. 13 nov. Disponível em https://agenciadenoticias.ibge.gov.br/en/agencia-press-room/2185-news-agency/releases-en/26015-blacks-and-browns-are-more-educated-though-inequality-in-relation-to-white-persons-remains. Acesso em: 16 nov. 2023.

BBC. (2004). Tutu warns of "powder keg". 23 nov. 2004. Disponível em: <http://news.bbc/" http://news.bbc.co.uk/2/hi/africa/4035809.stm>.

BEHR, Al. L. (1988). *Education in South Africa*: Origins, Issues and Trends 1652-1988. Pretoria: Academica, p.36.

BERTOLIN, J.; MCCOWAN, T. The persistence of inequity in Brazilian higher education: Background data and student performance. In: Tavares, O. et al. *Equity Policies in Global Higher Education*: Reducing inequality and increasing participation and attainment, p.76-7.

BETHELL, L. (2000). Politics in Brazil: From elections without democracy to democracy without citizenship. *Daedalus*, v.129, n.2, p.8-9.

BLEDSOE, A. (2019). Racial antagonism and the 2018 Brazilian presidential election. *Journal of Latin American Studies*, v.18, n.2, p.165.

BOWEN, M. (2021). *For Land and Liberty*: Black Struggles in Rural Brazil. London: Cambridge University Press.

BRITO, L. (2022). Portraits of Black Politics and Resistance in Brazil: introduction to the NACLA report special issue. *Whose Brazil? Black Politics and Resistance in an Imperiled Democracy.* NACLA Report, 17 jun.

BROWN, J. (2015). *South Africa's Insurgent Citizens*. [s.l.]: Zed Books.

CHIPKIN, I. et al. (2022). Dangerous elites: Protest, conflict and the future of South Africa. *Southern Africa Security Studies*, n.49, 18 mar.

DEGLER, C. (1971). *Neither Black nor White*: Race Relations in Brazil and the United States. [s.l.]: University of Wisconsin Press.

DEPARTAMENTO RURAL E DE REFORMA FUNDIÁRIA SUL-AFRICANA. (2017). *Land Audit Report 2017* version 2. Disponível em https://www.gov.za/sites/default/files/gcis_document/201802/landauditreport13feb2018.pdf.

DU BOIS, W. E. B. (2006). Die Negergrage in den Vereinigten Staaten (The Negro Question in the United States). *CR: The New Centennial Review*, winter, v.6, n.3.

FRENCH, J. (2020). *Lula and the Politics of Cunning*: From Metalworker to President of Brazil. University of North Carolina Press.

FRY, P. (2000). Politics, nationality, and the meaning of "race" in Brazil. *Daedelus*, v.129, n.2, p. 83-118.

GETHIN, A.; MORGAN, M. (2021). Democracy and the Politicization of Inequality in Brazil, 1989-2018. *World Inequality Lab 2021*. Disponível em: https://wid.world/document/democracy-and-the-politicization-of-inequality-in-brazil/.

GEVISSER, M. (2021). What happens to a Dream Deferred? *Daily Maverick*, 18 jul. 2021.

HUMAN, L. (2022). Finance minister announces social grant increase; nearly one in two South Africans now receives a social grant. *Ground-Up*, 23 fev. Disponível em: https://www.groundup.org.za/article/finance-minister-announces-2022-social-grant-increases/.

JANUSZ, A. (2020). Thousands of Brazilian candidates "switched" racial identities this year. *Washington Post*, 8 dez.

LEBAKENG, T. (2021). Fighting to stay alive in a broken country: No jobs, no food breeds contempt for the law. *Daily Maverick*, 14 jul. 2021. Disponível em: https://www.dailymaverick.co.za/article/2021-07-14-fighting-to-stay-alive-in-a-broken-country-no-jobs-no-food-breed-contempt-for-the-law/.

LESHORO, D. (2022). Poor education and wealth disparity perpetuates inequality in South Africa. City Press, 26 jun. Disponível em: https://www.news24.com/citypress/business/poor-education-and-wealth-disparity-perpetuates-20220624.

LOVEMAN, M. (2014). *National Colors*: Racial Classification and the State in Latin America. New York: Oxford University Press.

MAKGETLA, N. (2018). Inequality in South Africa. *New South African Review 6: The Crisis of Inequality*, p.15.

MARX, A. (1998). *Making Race and Nation*: A comparison of South Africa, the United States and Brazil. London: Cambridge University Press.

MCCANN, B. (2014). *Hard Times in the Marvelous City*. [s.l.]: Duke University Press.

MCCOY, T.; TRAIANO, H. (2020). He Grew up White. Now he identifies as Black: Brazil grapples with racial redefinition. *Washington Post*, 15 nov.

MCMICHAEL, C. (2022). July's riots report exposes SA's failed neoliberalism. *New Frame*, 17 mar. Disponível em: https://www.newframe.com/july-riots-reports-exposes-sas-failed-neoliberalism/.

MEGANNON, V. (2022). Unemployed South Africans depended on COVID relief. *Washington Post*, 19 ago.

MESQUITA, G. (2021). The rise and fall of the anti-racism agenda in Brazil from Lula to Bolsonaro. *Brasiliana: Journal for Brazilian Studies*, v.10, n.1, p.49-76.

MORRIS, A. (2015). *The Scholar Denied*: W. E. B. Du Bois and the Birth of Modern Sociology. Berkeley: University of California Press.

NEWS24. (2021). Is taking a gap year the answer to decreasing South Africa's high dropout rate? *News24*, 22 jan. Disponível em: https://www.news24.com/parent/learn/learning-difficulties/is-a-gap-year-the-answer-to-decreasing-sas-high-university-dropout-rate-20210122.

NUGENT, C. (2022). Brazil's most popular president returns from political exile with a promise to save the nation. *Time Magazine*, 4 maio.

PAISCHEL, T. (2016). *Becoming Black Political Subjects*: Movements and Ethno-Racial Rights in Colombia and Brazil. [s.l.]: Princeton University Press.

PARET, M. (2021). *Precarious Citizenship*. [s.l.]: Cornell Press.

PICARD, L. (2005). *State of the State*: Institutional Transformation, Capacity and Political Change in South Africa. [s.l.]: Wits University Press.

PINHO, O. (2018). Black Bodies Wrong Places: Rolezinho, moral panic, and racialized male subjects in Brazil. In: SEIGEL, M. (org.). *Panic, Transnational Cultural Studies, and the Affective Contours of Power*. [s.l.]: Taylor and Frances.

PINHO, P. de S. (2021). Whiteness has come out of the closet and intensified Brazil's reactionary wave. In: JUNGE et al. (orgs.). *Precarious Democracy*: Ethnographies of Hope, Despair and Resistance. [s.l.]: Rutgers University Press.

PINTO, L. F. G. et al. (2020). Quem são os poucos donos das terras agrícolas no Brasil: O mapa da desigualdade. *Sustentabilidade em Debate*, n.10, abr. Disponível em: https://www.imaflora.org/public/media/biblioteca/1588006460-sustentabilidade_terras_agricolas.pdf.

SEIDMAN, G. (2010). Brazil's pro-poor strategies: What South Africa could learn. *Transformation: Critical perspectives on South Africa*, n.72/73, 2010.

SILVA, A. da; LARKINS, E. (2019). The Bolsonaro Election, Antiblackness, and changing race relations in Brazil. *Journal of Latin American and Caribbean Anthropology*, v.24, n.4, p.899.

SILVA, A. J. B. da. (2022). *Between Black and Brown*: Anti-Racist Activism in Brazil. Rutgers University Press.

STATISTICA. (2021). Disponível em: https://www.statista.com/statistics/1115545/student-participation-rates-in-south-africa-by-population-group/.

STATS SA. (2022). What do South African households look like? 23 jun. Disponível em: https://www.statssa.gov.za/?p=15473.

SUTTNER, R. (2022). ANC crisis may foreshadow its demise and deepen state turmoil. *Daily Maverick*, 21 nov. Disponível em: https://www.dailymaverick.co.za/article/2022-11-21-anc-crisis-may-foreshadow-its-demise-and-deepen-state-turmoil/.

The Economist. (2011). Poverty, inequality and growth in Brazil. 1º nov.

______. (2021). Race in Brazil: One city, two worlds. 14 ago.

TREESE, D. (2021). The challenges for anti-racists in Bolsonaro's Brazil. *Journal of Iberian and Latin American Studies*, v.27, n.2, p.213-33.

WOLFORD, W. (2010). *This Land is Ours Now*: Social Mobilization and the Meanings of Land in Brazil. [s.l.]: Duke University Press.

WOOD, C. H.; CARVALHO, J. A. M. de. (1988). *The Demography of Inequality in Brazil*. London: Cambridge University Press.

14
Desigualdades e violências de gênero: crises e (re)produção de (in)visibilidades

*Madalena Duarte**

Introdução

A violência de gênero é, tal como foi definida na Declaração e Plataforma de Ação de Pequim, da Organização das Nações Unidas (ONU), em 1995, uma grave violação dos direitos humanos. Várias têm sido as recomendações de organismos europeus e internacionais, ao longo das últimas duas décadas, no sentido de se intensificarem os esforços por parte dos Estados para eliminar todas as formas de violência de gênero, com a consciência de que esta impede o acesso das vítimas à educação, ao mercado de trabalho e à independência financeira, colocando-as em maior risco de exclusão social, marginalização ou pobreza (Parlamento Europeu, 2011). Embora esse conceito englobe diferentes formas de violência – tráfico sexual, violação, assédio, mutilação genital feminina etc. –, essas diretrizes têm vindo a enfatizar a violência nas relações de intimidade (mais comumente designada como violência doméstica).

Sabemos, hoje, que os contextos de crise – seja econômica, ambiental, política e/ou de saúde pública – tendem a atingir com maior incidência quem é mais vulnerável e a potenciar cenários de agudização de múltiplas violências, entre as quais a violência de gênero. A pandemia causada pela

* Faculdade de Economia da Universidade de Coimbra (FEUC); e Centro de Estudos Sociais (CES)

covid-19 evidenciou tal preocupação. Os dados iniciais demonstraram um aumento significativo de casos registrados pelos órgãos de polícia criminal e organizações estatais e da sociedade civil em países social e culturalmente tão diversos como a China, Austrália, França, Alemanha, Estados Unidos, África do Sul ou Brasil (Campbell, 2020; UN Women, 2020a, 2020b). Portugal não foi exceção. Entre 19 de março e 15 de junho houve um aumento de cerca de 180% dos pedidos de ajuda de vítimas em situação de violência doméstica para a linha de apoio da Comissão para a Cidadania e a Igualdade de Gênero com relação ao primeiro trimestre de 2019.[1] O alarme social causado por esses números contribuiu para o reforço de medidas destinadas a mitigar as consequências da pandemia nas vítimas (na sua maioria mulheres); mas até que ponto essa crise pandêmica impulsionou uma verdadeira reflexão sobre a violência de gênero em alturas de crise? Embora o mundo ocidental pareça ter despertado para a inevitável ligação entre um contexto de pandemia e o agravamento da violência de gênero, certo é que esse nexo de causalidade estava longe de ser uma novidade. Vários estudos evidenciaram, por exemplo, que durante o surto de Ébola de 2014-2016 na África Ocidental, as mulheres e as moças estiveram sujeitas a mais violência sexual, coerção e exploração, em particular na sequência da imposição de quarentenas (Onyango et al., 2019). Já havia, pois, sinais, de que as questões de gênero não podem ser negligenciadas no frenesi de uma epidemia. As respostas biomédicas não podem esgotar a atenção dos/as decisores/as políticos/as e peritos/as, devendo estes estar igualmente dedicados às estruturas sociais e ao modo como estas (re)produzem vulnerabilidades. Neste texto procuro contribuir para a ainda necessária reflexão nesta matéria, tendo como ponto de partida o contexto português.

A covid-19 e a violência nas relações de intimidade

A violência nas relações de intimidade tem sido objeto de diversas políticas dirigidas à sua prevenção, criminalização e ao apoio às vítimas que, como demonstram os estudos, são maioritariamente mulheres. Pode mesmo

1 https://www.publico.pt/2020/06/16/sociedade/noticia/covid19-pandemia-agudizou-situacoes-violencia-domestica-ja-existentes-1920817.

afirmar-se que o tratamento legal desse tipo de violência é uma prioridade na maioria dos países ocidentais, facilitando a intervenção do Estado e dos organismos da sociedade civil em tais situações. Em Portugal têm sido várias as medidas implementadas ao nível da prevenção, formação dos/as profissionais, repressão e da proteção e apoio às vítimas. Não obstante "o esforço que tem vindo a ser desenvolvido em termos de implementação de medidas públicas destinadas ao seu combate, falta definir as grandes linhas estruturadoras do próprio sistema de intervenção" (Dias, 2008, p.167) e, acrescento, fazer um diagnóstico das causas sistêmicas que contribuem para a (re)produção de um quadro de relações sociais que, ainda que não promova, compactua com essa violência. A crise pandêmica comprovou essa necessidade.

Como forma de conter a propagação do vírus, a maioria dos governos apelou ao distanciamento social, sendo o confinamento uma medida de exceção imposta em vários países. A mensagem "Fica em casa" rapidamente se disseminou, tornando evidentes duas tensões no que à violência doméstica diz respeito: (i) a tensão entre a necessidade de proteção de um vírus que ameaça a saúde pública e a assunção da violência doméstica também como um problema de saúde pública; e (ii) a tensão entre a insegurança do espaço público marcado pela propagação do vírus e a fictícia proteção do espaço privado. De fato, a violência nas relações de intimidade evidencia que as geografias sociais do medo das mulheres são muitas vezes deslocadas do espaço público para o espaço privado, onde a violência corrompe o conceito de intimidade. E, como demonstram as estatísticas,[2] a violência tende a agudizar-se após longos períodos de convivência familiar, como no final das férias de verão ou de Natal, ocorrendo muitos assassinatos de mulheres precisamente no final desses períodos. O contexto de isolamento social provocado por esta pandemia propiciou um desses momentos de convivência prolongada entre agressor e vítima, com a agravante de ser marcado por estresse emocional, ansiedade e incerteza relativamente ao presente e ao futuro (Duarte, 2020; Duarte et al., 2020). O confinamento possibilitou igualmente um maior controle do agressor sobre a vítima, os seus movimentos e o seu trabalho, o que, consequentemente, reforçou a já existente assimetria de poder entre agressor e vítima, afetando a sua saúde física e mental. Em suma, as medidas de confinamento que surgiram na sequência da pandemia parecem ter

2 Ver http://www.umarfeminismos.org/index.php/observatorio-de-mulheres-assassinadas.

criado, na opinião de alguns/mas peritos/as, uma "tempestade perfeita" no que diz respeito à violência nas relações de intimidade (Bettinger-Lopez; Bro, 2020). Um inquérito *on-line* conduzido pela Escola Nacional de Saúde Pública, da Universidade Nova de Lisboa, entre abril e outubro de 2020, mostrou precisamente não só que existe uma relação entre a ocorrência de violência durante o contexto pandêmico e um histórico de vitimação (dois terços das vítimas já haviam sofrido algum ato abusivo anteriormente), como também que surgiram casos de vítimas que nunca tinham sofrido violência doméstica anteriormente (um terço das vítimas) (Dias et al., 2020).

As próprias estratégias de sobrevivência e resiliência cotidianas desenvolvidas pelas vítimas para sua própria proteção, mas também dos seus dependentes, em particular crianças, esteve condicionada, pelo menos nos primeiros meses. Desde logo, a quarentena fragilizou as redes primárias e secundárias das vítimas. O isolamento contribuiu para um maior afastamento da vítima dos seus familiares, amigos, vizinhança e colegas de trabalho, como também constrangeu o acesso às redes de apoio institucionais, necessariamente com menos recursos humanos e serviços presenciais altamente condicionados.

Dentre esses apoios temos de destacar os serviços de saúde que centraram os seus recursos no auxílio imediato às vítimas da covid-19. Contudo, como já referi, também a violência doméstica tem consequências devastadoras para a saúde e para o bem-estar das vítimas, muitas exigindo um acompanhamento sistemático por parte de diversos serviços de saúde. Vários estudos apontam a violência como fator de risco para a doença mental (Vicente, 2006) e para diversas doenças crônicas, doenças sexualmente transmissíveis, problemas digestivos etc. (Heise, 1994). Não só várias vítimas podem ter visto tal acompanhamento suspenso, como, mesmo em situação de necessidade, podem ter evitado deslocar-se a qualquer unidade de saúde pelo receio da contaminação pelo vírus (Lokot; Avakyan, 2020).

Em abril de 2020, o governo português desencadeou um plano de contingência em matéria de prevenção e combate à violência doméstica que passava por: 1) reforçar a capacidade de resposta da Rede Nacional de Apoio às Vítimas de Violência Doméstica (RNAVVD); e 2) promover a divulgação dos serviços de apoio e canais para pedir ajuda e reforço deles. Como exemplo dessas medidas refira-se à criação de um serviço de e-mail para responder a perguntas e pedidos de apoio relacionados com essa matéria; e a inauguração de duas novas estruturas de acolhimento de emergência com mais de cem vagas.

Estas foram medidas desenvolvidas em mais países. Aliás, analisando as respostas da maioria dos países, Alencar et al. (2020) chegaram a quatro eixos de atuação principais: a manutenção, expansão e inovação dos serviços públicos de atendimento às mulheres; a garantia de rendimento para as mulheres; o reforço de campanhas de sensibilização sobre violência de gênero; e o aumento de parcerias com a sociedade civil. Tal tendência de atuação institucional tornou claro dois aspectos. Em primeiro lugar, que a prestação de serviços, bem como o trabalho de prevenção da violência de gênero, é possível, e as crises não podem ser usadas como desculpa para suspender (mesmo que temporariamente) serviços essenciais e aumentar as vulnerabilidades daqueles grupos que já foram duramente atingidos pela situação. Isso significa que perante qualquer situação de risco/crise deve estar já contemplada uma perspectiva de gênero no conjunto de medidas e serviços essenciais prestados durante qualquer emergência. Esses serviços devem ser priorizados na fase mais precoce da crise para minimizar os riscos para as mulheres e moças. Além disso, é fundamental incluir as mulheres nos processos de tomada de decisão, para que as suas necessidades sejam compreendidas e incorporadas nas respostas (Neetu et al., 2020). Depois, que os governos têm necessariamente de encontrar soluções mais inovadoras para os seus serviços de apoio sobre esta matéria (Grevio, 2021).

Sendo tais medidas indispensáveis e bem-vindas, não deixam de levantar questões mais amplas sobre o seu potencial de capacitação. A UN Women (2020b) formulou um conjunto de recomendações diretas aos governos não só para lidar com a covid-19 num contexto imediato, como também para ter em conta numa sociedade pós-pandêmica. Essas recomendações, partindo de uma perspectiva de igualdade de gênero e de reforço dos direitos das mulheres, incluíram: um maior financiamento para a divulgação de informação e para os serviços de apoio às vítimas; políticas econômicas de promoção da igualdade de gênero; e, numa perspectiva interseccional de que falarei mais à frente, medidas específicas de acesso à proteção social para todas as mulheres migrantes.

Crises e violências de gênero: o olhar holístico que persistimos em não ter

Uma análise dos impactos da covid-19 na desigualdade de gênero não pode ser restrita à esfera privada, porque também não o é o patriarcado. As mulheres nunca são agentes simplesmente econômicos como os homens podem ser, uma vez que elas tradicionalmente são vistas como mães ou esposas (ou potenciais mães ou esposas) (Smart, 1999, p.135). Enquanto o homem negocia a sua força de trabalho *per se*, a mulher está sempre dependente daquilo a que se chamou relações de reprodução, ou seja, está dependente da sua posição na estrutura familiar (Smart, 1999). Daqui resultam pelo menos duas consequências: (1) as mulheres são desfavorecidas num mercado competitivo e com vista à acumulação máxima do lucro por se entender que as ausências provocadas pela maternidade ou pelo papel de mãe são prejudiciais; (2) a inserção das mulheres no mercado de trabalho é sempre vista como melhorando a situação econômica da família, mas prejudicando a harmonia familiar e o seu papel de mães (embora a classe social possa aqui assumir-se como fator distintivo). Não esquecer, ainda, a resistência do direito em regular as relações de produção e de trabalho que se estabelecem na esfera privada, prejudicando a conciliação entre vida familiar e vida profissional e, também ou mormente, conduzindo a uma expropriação e desvalorização do trabalho doméstico das mulheres, seja em casa, seja em empresas familiares. Essa realidade tem implicações também ao nível da violência que ocorre no espaço doméstico e numa relação de intimidade.

Como tem demonstrado Nancy Fraser (1989), é necessário ter atenção com a rigidez imposta à dicotomia entre esfera privada e esfera pública, já que há influências mútuas entre o Estado, o mercado (tradicionalmente esfera pública) e a família. Assim, não só a esfera privada, e a família em particular, é um espaço de violência e discriminação, como tal esfera absorve e reproduz os processos de exploração e exclusão, material e simbólica, que ocorrem na esfera pública. Recorrendo uma vez mais aos dados do inquérito já citado, foram as pessoas com mais dificuldades econômicas ou cuja atividade profissional foi mais prejudicada pelo contexto pandêmico que referiram ter sido vítimas de violência doméstica durante esse período (Dias et al., 2020). Para as mulheres, o contexto de pandemia vem, assim, reforçar um contexto socioeconômico já marcado pela precariedade, pela atrás analisada exigência de conciliação da vida familiar com a vida profissional, por uma valorização desigual das funções de mulheres e de homens e pela feminização do trabalho não pago.

Em primeiro lugar, os papéis de gênero continuam a relegar as mulheres para o trabalho doméstico, não remunerado nem valorizado econômica e/ ou socialmente. No que diz respeito às tarefas domésticas, são as mulheres que assumem a grande maioria das tarefas domésticas cotidianas, como lavar e cuidar da roupa (77,8%), limpeza da casa (59,3%) e preparar as refeições (65,0%); já os homens têm a seu cargo tarefas mais ocasionais, como pequenos arranjos e restauros da casa (78,3%) (INE, 2020). A desigualdade, quer na distribuição de tarefas, quer nas responsabilidades parentais, leva a que, necessariamente, homens e mulheres apresentem uma diferença significativa nas suas horas ocupadas e nas horas de lazer. As horas despendidas com a prestação de cuidados e as tarefas domésticas representam, para as mulheres, uma afetação de tempo diário de 4 horas e 23 minutos e, para os homens, de 2 horas e 38 minutos (Perista et al., 2016, p.8). Esses dados são particularmente preocupantes quando temos em consideração que Portugal combina uma taxa de atividade feminina elevada – cerca de 73% – com uma baixa proporção de mulheres empregadas a tempo parcial (11%).[3]

A imposição de medidas como o teletrabalho e o ensino a distância vieram, pois, reforçar um contexto familiar já marcado pela desigualdade e por uma elevada exigência de conciliação da vida familiar com a vida profissional. Como demonstram alguns estudos realizados recentemente sobre a matéria, foram as mulheres, e sobretudo aquelas com filhos/as em idade escolar, que estiveram sujeitas a uma maior pressão na gestão cotidiana e a uma significativa dificuldade durante a crise pandêmica em articular as tarefas profissionais com as domésticas e as educativas (Silva et al., 2020a, 2020b). O cenário tornou-se mais dramático tendo em conta que, quer as estruturas de apoio institucional às famílias e equipamentos sociais (como os jardins de infância, os centros de atividades de tempos livres, os centros de dia de apoio a idosos/as etc.), quer as redes de apoio informal (como a família mais próxima ou vizinhos), foram condicionadas.

Essa dificuldade traduziu-se numa maior ansiedade e estresse, em dificuldades de concentração, e em tempos fragmentados e interrompidos de

3 https://ec.europa.eu/eurostat/web/lfs/data/database.

trabalho, com impactos claros na produtividade. A presença dos homens em casa não se traduziu, em regra, numa distribuição mais equilibrada das tarefas domésticas, mas sim num aumento do trabalho invisível, desvalorizado e não remunerado das mulheres (Vieira; Duarte, 2022).

Em segundo lugar, é fundamental ter presente a persistência de uma feminização do cuidado, sobretudo a idosos/as e crianças, seja formal ou informa. Sabemos que a sociedade-providência, que colmata muitas falhas de um Estado social por si frágil, tem um rosto maioritariamente feminino. Ora, tal cuidado, tão relevante no setor da saúde, acabou por assumir proporções ainda mais relevantes, em prejuízo das cuidadoras, para atenuar a debilidade dos serviços de saúde, quer a cargo do Estado, quer inclusive do mercado. Ou seja, a conciliação já difícil para muitas mulheres da vida profissional com a vida familiar foi agravada pelo teletrabalho, com um agregado familiar em permanência em casa, mas também pelas condições exigentes do trabalho doméstico e de tarefas relacionadas com o cuidado.

Acresce a esse cenário, ainda, o fato de muitos serviços que foram considerados essenciais, e que por isso se mantiveram num regime presencial – e, inclusive, com horários mais exigentes –, como as profissões na área da saúde, a prestação institucionalizada de cuidados e a assistência social, o trabalho nos hipermercados ou os serviços de limpeza, têm uma taxa de feminização muito significativa.

Por fim, não podemos esquecer a posição da mulher no contexto do mercado capitalista. Em Portugal, o trabalho precário é assumido sobretudo pelos mais jovens e pelas mulheres: 40% dos menores de 35 anos têm vínculos precários e mais de metade são mulheres.[4] A esse dado soma-se a persistência de uma significativa discrepância salarial entre homens e mulheres em trabalho igual ou de valor igual considerando as remunerações base no setor privado e no setor empresarial do Estado. As medidas implementadas para conter a propagação do vírus têm já consequências visíveis nessa posição. Vemos já que aumentou, para todos e todas, a precariedade laboral, mas também o desemprego, a desregulação e, consequentemente, a pobreza e a exclusão social. Mas o que a crise econômica e financeira de 2008 nos mostrou é que essas consequências têm profundos impactos na desigualdade de gênero (Ferreira; Monteiro, 2015; Ribeiro et al., 2015) e o mesmo se

4 https://ec.europa.eu/eurostat/web/lfs/data/database.

antecipa relativamente à presente pandemia. Como nos dizem Lopes e Coelho (2020), a recente "informação sobre a evolução socioeconômica mostra que o afastamento forçado do local de trabalho, o desemprego e a perda de rendimento estão a afetar desproporcionalmente as mulheres".

De fato, um estudo realizado pela CGTP (2021) com base em indicadores do INE, relata que em 2020 o desemprego real atingiu cerca de 600 mil trabalhadores, tendo o número de mulheres trabalhadoras desempregadas correspondido a mais de metade do total do desemprego real – 53%). Quando olhamos para o trabalho precário, e de acordo com o mesmo estudo, vemos que 49% do total de pessoas com vínculos precários que perderam o posto de trabalho foram mulheres, grande parte sem acesso a subsídio de desemprego. A situação é ainda mais grave quando sabemos que cerca de 85% das famílias monoparentais estão a cargo de mulheres e que as políticas sociais existentes não têm sido suficientes para fazer face às carências destas famílias.

A pandemia agravou, portanto, um ciclo já vicioso, e historicamente frutífero, que coloca em diálogo o Estado, o mercado e a família. Por um lado, a violência sofrida na esfera privada tem consequências na esfera laboral e produtiva das vítimas. Alguns estudos (Duarte, 2019) têm demonstrado que a violência doméstica provoca perda de produtividade e faltas (sistemáticas) ao trabalho na sequência de episódios de violência que, além da perda salarial, podem conduzir à perda de promoções ou mesmo à demissão. Num contexto de pandemia, tais consequências podem ser mais imediatas. Por exemplo, o agressor mais facilmente controla e prejudica a produtividade da vítima se esta estiver em regime de teletrabalho. Por outro, os contextos de precariedade e fragilização econômica da mulher são também mais propícios à manutenção de assimetrias de poder e menos propícios a que as vítimas denunciem práticas abusivas. Em suma, a violência contribui efetivamente para a vulnerabilização social, econômica, cultural e política de muitas mulheres e, por sua vez, essa vulnerabilização concede a manutenção do abuso.

Se ainda não fosse evidente – que era –, a pandemia mostrou que qualquer medida em termos de política pública, social ou legislativa, no âmbito da violência de género, terá de ser dirigida não apenas para a vulnerabilidade das mulheres na família e no casamento, mas para o reforço dos direitos das mulheres também na esfera pública; não apenas contra a violência, mas também contra a exploração econômica (Smart, 1999). Por outras palavras, se a maioria dos estudos sobre violência doméstica mostra consistentemente que a dependência econômica e a pobreza aumentam o risco de abuso doméstico, em especial de violência física, como se poderá efetivamente ajudar as mulheres com medidas assistencialistas? (Bograd, 2005; Brewster, 2002). A par do reconhecimento do direito à identidade e à diferença, a redistribuição de recursos materiais é prioritária (Fraser, 1989).

Olhares interseccionais

Paul B. Preciado (2020) – refletindo sobre o conceito de biopolítica de Michel Foucault e sobre a ligação entre comunidade e imunidade sugerida por Roberto Esposito –, escreveu que a gestão política das epidemias tende a criar uma utopia de comunidade. Essa comunidade comporta deveres, mas também privilégios; é inclusiva, porém reproduz e intensifica ativamente os processos de marginalização de diversos grupos sociais. Neste ponto é importante recuperar as teorias da interseccionalidade (Crenshaw, 1991). O caráter permanente da desigualdade e injustiça social que afeta as mulheres cruza-se com outras formas de violência sistêmica e discriminação ativamente (re)produzidas, o que leva a que certas mulheres se encontrem ainda mais expostas à precariedade, à pobreza e com um menor acesso aos serviços e recursos disponíveis. A covid-19 é transversal a todas as mulheres, no entanto há desigualdades sistêmicas que podem agravar os seus impactos. A pandemia atual tem-se revelado particularmente grave para as mulheres mais velhas e de classes sociais mais baixa. E também para as mulheres imigrantes, refugiadas, racializadas, de minorias étnicas e culturais, de orientações sexuais não normativas, com deficiência, mulheres trans, entre muitas outras, que se encontram mais nas margens da sociedade. Se a violência nas relações de intimidade é, por si só, uma obscuridade da vida familiar, a hipótese que levanto é que tal é ainda mais marcante quando falamos nas "outras" mulheres que, apesar da identificação de gênero, são excluídas, passiva e ativamente, da utopia de comunidade de que falou Preciado.

Para aprofundar um pouco mais este ponto, e na impossibilidade de abordar todos os grupos referidos, destaco aqui as mulheres imigrantes, sobretudo as do Sul Global, e as mulheres racializadas. Há vários processos de invisibilização que devem ser tidos em conta. Em primeiro lugar, a violência sofrida por essas mulheres é, não raras vezes, entendida como cultural e não como tendo base na desigualdade de gênero (Dasgupta, 2005). Por essa mesma razão, as medidas que se referem à proteção e apoio às vítimas de violência numa relação de intimidade acabam, na prática, por ser menos efetivas junto dessas mulheres. Em segundo lugar, tais mulheres correm um maior um risco de verem essas medidas a centrar-se nas questões culturais e a negligenciar outros problemas que afetam as suas vidas e que não são culturais, mas sociais e econômicos, como o emprego, a habitação, a educação e a saúde. O enfoque em questões culturais facilmente pode conduzir a uma desresponsabilização do Estado do país receptor, em termos de necessidade de ampliação e efetivação das suas políticas sociais. Depois, essas são mulheres que acabam por ter um menor acesso à maioria dos serviços de apoio às vítimas e um maior desconhecimento dos direitos que lhes assiste o seu estatuto de vítima.

As sociedades pós-pandêmicas também devem aqui ser consideradas, uma vez que em estudos anteriores foi já analisado o modo como a violência racializada e de gênero surge com maior evidência sempre que se impõem medidas econômicas mais restritivas e o desemprego aumenta. Nessas alturas, alguns grupos tornam-se ainda mais vulneráveis e precários, enquanto outros, embora não escapem a esses processos, afirmam uma relação de direito com o espaço nacional (Carastathis, 2015). Sara Ahmed (2004) explica bem o modo como as emoções, tais como o ódio, contribuem para assegurar determinados coletivos, mediante processos de racialização e genderização, ao mesmo tempo que geram um sujeito ameaçador e cuja proximidade ameaça não só tirar algo do sujeito que imagina o medo (empregos, segurança, riqueza), mas para ocupar o lugar do sujeito.

Essas mulheres enfrentam problemas adicionais que, se não forem abordados, põem em causa a intervenção do Estado na sua proteção antes, durante e após a crise pandêmica.

"Vai ficar tudo bem"?

Boaventura de Sousa Santos (2020) diz-nos que esta pandemia nos permite ver a "normalidade como exceção". A violência de gênero, e em particular a violência nas relações de intimidade, é paradigmática da banalização de um estado que devia ser de exceção. O autor olha para as crises globais, nomeadamente para a crise financeira, para explicar que o que devia ser percebido como passageiro transforma-se em permanente, relativizando-se as soluções porque também não se questionam mais as causas. Ora, se é certo que o vírus proporcionou uma maior atenção midiática para com a violência nas relações de intimidade, o patriarcado não saiu enfraquecido, porque em momento algum foi questionado. Nessa esteira, será que as medidas que, em bom tempo, foram desenvolvidas e implementadas em diversos países (como o aumento das campanhas de prevenção em diversos locais, a adaptação das estruturas de atendimento e acolhimento às vítimas, o reforço das respostas institucionais etc.), sobretudo a partir do segundo trimestre de 2020, são respostas realmente transformadoras?

Para as vítimas de violência numa relação de intimidade, o final da pandemia não permite o regresso a uma normalidade que possamos aceitar enquanto sociedade. A concretização da ideia mais disseminada e romantizada desta crise – "Vai ficar tudo bem" – depende também da nossa atenção e atuação relativamente às condições e processos que contribuem para a vulnerabilização cotidiana dessas mulheres e da nossa luta, enquanto cidadãos/ãs e cientistas sociais, por políticas de dignidade, cidadania, redistribuição e reconhecimento. Tal atuação tem de ser holística, percebendo que são muitas as zonas de contato entre o patriarcado e outros sistemas de opressão, seja o capitalismo e/ou o colonialismo. Como procurei demonstrar, e na sequência de vários outros estudos, não há políticas emancipatórias que não atuem também ao nível do mercado de trabalho. A precarização das mulheres no espaço da economia e no espaço da intimidade alimenta-se e fortalece-se, agravando a manifestação das dimensões patriarcais em ambos. Depois, o reconhecimento dessas fragilidades tem de ser feito de modo transformador e não (ou pelo menos, não apenas) assistencialista. Finalmente, há grupos de pessoas, neste caso de mulheres, que já estavam sujeitas a processos dramáticos de vulnerabilidade e exclusão social antes da pandemia e que viram a sua situação agravada por meio de um conjunto de mecanismos ativos resultantes desta pandemia que, com base nas lógicas biomédicas, as remeteram ainda mais para as margens da sociedade e para a invisibilidade. Falamos de marcadores de gênero, mas também de classe, racialidade, nacionalidade e geração. Estes grupos são uma "metáfora de sofrimento humano" (Santos, 2020) e exigem, da parte do Estado e da sociedade, um entendimento da condição da precariedade da Outra (Butler, 2011).

Referências bibliográficas

AHMED, S. (2004). *The Cultural Politics of Emotion*. New York: Routledge.

ALENCAR, J. et al. (2020). Políticas públicas e violência baseada no género durante a pandemia da COVID-19: Ações presentes, ausentes e recomendadas. *Diretoria de Estudos e Políticas Sociais*, n.78.

BETTINGER-LOPEZ, C.; BRO, A. (2020). A Double Pandemic: Domestic Violence in the Age of COVID-19. *Gender-Based Violence*, n.3. Disponível em: https://digitalcommons.wcl.american.edu/wlpviolence/3.

BOGRAD, M. (2005). Strengthening Domestic Violence Theories. Intersections of Race, Class, Sexual Orientation, and Gender. In: *Domestic Violence at the Margins. Readings on race, class, gender and culture*. New Jersey: Rutgers University Press, p.275-89.

BREWSTER, Mary P. (2002). Domestic Violence Theories, Research, and Practice Implications. In: *Handbook of Domestic Violence Intervention Strategies. Policies, Programs, and Legal Remedies*. Oxford: Oxford University Press, p.23-48.

BUTLER, J. (2011). Vida precária. Contemporânea. *Revista de Sociologia da UFSCar*. n.1, p.13-33.

CAMPBELL, A. M. (2020). *An increasing risk of family violence during the Covid-19 pandemic*: Strengthening community collaborations to save lives. Forensic Science International Reports.

CAPRIOLI, M.; BOYER, M. A. (2001). Gender, Violence, and International Crisis. *Journal of Conflict Resolution*, v.45, n.4, p.503-18. Disponível em: https://doi.org/10.1177/0022002701045004005.

CARASTATHIS, A. (2015). The Politics of Austerity and the Affective Economy of Hostility: Racialised Gendered Violence and Crises of Belonging in Greece. *Feminist Review*, v.109, n.1, p.73-95. Disponível em: https://doi.org/10.1057/fr.2014.50.

CGTP. (2021). *Estudo 6 CGTP na pandemia*: emprego, precariedade, desemprego e pobreza das mulheres. Disponível em: http://www.cgtp.pt/images/images/2021/02/ESTUDO-6_Emprego-precariedade-desemprego-pobreza-mulheres.pdf.

CRENSHAW, K. W. (1991). Mapping the Margins: Intersectionality, Identity Politics, and Violence against Women of Color. *Stanford Law Review*, v.43, n.6, p.1241-99.

DASGUPTA, S. (2005). Women Realities: Defining violence against women by immigration, race and class. In: *Domestic Violence at the Margins*: Readings at the Intersections of Race, Class, Gender & Culture. New York: Rutgers University, p.55-70.

DIAS, I. (2008), Violência e género em Portugal: abordagem e intervenção. *Cuestiones de género*, n.3, p.153-171.

DIAS, S. et al. (2021). *Violência nas relações de intimidade em tempos de Covid-19*: desigualdades de género e (novos) contornos da violência doméstica? Escola Nacional de Saúde Pública, Universidade Nova de Lisboa. Disponível em: https://www.ensp.unl.pt/wp-content/uploads/2021/04/relatorio-publico-vdcovid19-protected-site.pdf.

DUARTE, B. et al. (2020). A relação entre violência de gênero e pandemia covid-19. *Revista Relicário*, v.7, n.14, p.5-14.

DUARTE, M. (2020). O impacto da covid-19 na violência nas relações de intimidade: pistas para reflexão. In: *Um olhar sociológico sobre a crise covid-19*. Lisboa: Observatório das Desigualdades, p.148-57.

______. et al. (orgs.). (2019). *Prevenção e combate à violência contra as mulheres e violência doméstica nas entidades empregadoras*: guião de boas práticas. Lisboa: CIG.

FERREIRA, V.; MONTEIRO, R. (2015). Austeridade, emprego e regime de bem-estar em Portugal: Em processo de refamilização? *Revista ex aequo* "Dossier: Austeridade e Regimes de Bem-estar e de Sexo/Género", n.32, p.49-67.

FRASER, N. (1989). *Unruly Practices*: Power, Discourse and Gender in Contemporary Social Theory. Minneapolis: University of Minnesota Press.

GREVIO. (2021). *Second General Report on Grevio's Activities*. Disponível em: https://rm.coe.int/grevio-s-second-activity-report-2021/1680a2165c.

GUERREIRO, M. D.; PATRÍCIO, A. J.; CASTRO, L. (2021). *Dias de confinamento e de violência, a resposta dos serviços de apoio a vítimas de violência doméstica em tempos de pandemia covid-19, em Portugal*. Lisboa, CIES-IUL, Instituto Universitário de Lisboa.

HEISE, L. (1994). Violência de gênero. *Cad. de Saúde Pública*, n.10, p.146-55.

LOKOT, M.; YEVA, Avakyan. (2020). Intersectionality as a lens to the covid-19 pandemic: implications for sexual and reproductive health in development and humanitarian contexts. *Sexual and Reproductive Health Matters*. Disponível em: https://doi.org/10.1080/26410397.2020.1764748.

LOPES, M.; COELHO, L. (2020). (Des)igualdades entre mulheres e homens. In: *Palavras para lá da pandemia: cem lados de uma crise*. Coimbra: CES. Disponível em: https://ces.uc.pt/publicacoes/palavras-pandemia/?lang=1&id=30082.

NEETU, J. et al. (2020). Lessons Never Learned: Crisis and Gender-Based Violence. *Bioethics*, v.20, n.2, p.65-8.

ONYANGO, M. A. et al. (2019). Gender-Based Violence Among Adolescent Girls and Young Women: A Neglected Consequence of the West African Ebola Outbreak. In: *Pregnant in the Time of Ebola. Women and Their Children in the 2013-2015 West African Epidemic*. Springer: Cham, p.121-32.

PERISTA, H. et al. (2016). *Os usos do tempo de homens e de mulheres em Portugal*. Lisboa: CESIS.

PRECIADO, P. B. (2020). Aprendendo com o vírus. Disponível em: https://situ.media/2020/04/01/paul-b-preciado-aprendendo-com-o-virus/.

RIBEIRO, R. et al. (2015). Unemployment and gender equality within the family in Portugal. *Revista ex aequo* "Dossier: Austeridade e Regimes de Bem-estar e de Sexo/Género", n.32, p.69-85.

SANTOS, B. S. (2020). *A cruel pedagogia do vírus*. Coimbra: Edições Almedina.

SILVA, P. A. et al. (2020a). *Trabalho e desigualdades no Grande Confinamento*. Estudos CoLABOR, 2.

______. (2020b), *Trabalho e desigualdades no Grande Confinamento (II)*. Estudos CoLABOR, 3. CoLABOR.

SISTEMA DE SEGURANÇA INTERNA. (2021). *Relatório Anual de Segurança Interna 2020*. Lisboa.

SMART, C. (1999). *Law, Crime and Sexuality*. Thousand Oaks, CA: Sage.

UN WOMEN (2020a). *Violence Against Women and Girls*: the Shadow Pandemic. United Nations: Disponível em: https://www.unwomen.org/en/news/stories/2020/4/statement-ed-phumzile-violence-against-women-during-pandemic.

______. (2020b). Press release: UN Women raises awareness of the shadow pandemic of violence against women during COVID-19. Disponível em: https://www.unwomen.org/en/news/in-focus/in-focus-gender-equality-in-covid-19- response/violence-against-women-during-covid-19.

VICENTE, L. B. (2006). Custos psicológicos nas mulheres vítimas de violência. In: *Prevenir ou remediar*: os custos sociais e económicos da violência contra as mulheres. Lisboa: Edições Colibri, p.95-109.

VIEIRA, C.; DUARTE, M. (2021). Tempos de pandemia: é uma questão de gênero? Pensar a intervenção social nas desigualdades estruturais em épocas de crise. In: *Manual para a intervenção social*: da teoria à ação. Edições Sílabo, p.141.

15
A habitação em Portugal entre direitos e lutas: identidades e reivindicações em contexto de gentrificação e turistificação[1]

Guya Accornero[*]

A habitação em Portugal: dinâmicas recentes e processos longínquos

Há alguns anos, as paredes de muitos prédios antigos de Lisboa, em ruínas e vazios, encheram-se da escrita "Tanta gente sem casa, tanta casa sem gente". Estávamos na metade da década de 2010 e, como alguns relatórios apontavam, na altura existiam no país "544 mil prédios devolutos, dois terços fora do mercado da habitação".[2] Entretanto, para quem visite as cidades portuguesas agora, parece evidente que muitos daqueles prédios foram recuperados, renovados e prontos a acolher gente no seu interior. Por exemplo, o número de prédios devolutos em Lisboa era de 4.689 em 2009 e desceu para 3.246 em 2019 (Câmara Municipal de Lisboa), ou seja, 1.443 menos em

1 Uma versão anterior deste texto saiu em francês em: Christophe Roux, Marie-Hélène Sá Vilas Boas e Victor Pereira (orgs.), *Le Portugal depuis la révolution des oeillets. Dynamiques politiques et sociales*. Paris: L'Harmattan, 2022. A autora obteve a autorização prévia dos editores para publicar a versão em português no corrente formato.

* Instituto Superior de Ciências do Trabalho e da Empresa – Instituto Universitário de Lisboa (ISCTE-IUL).

2 A legislação portuguesa afirma que "considera-se devoluto o prédio urbano ou a fracção autônoma que, durante um ano, se encontre desocupada, sendo indícios de desocupação a inexistência de contratos em vigor com empresas de telecomunicações, de fornecimento de água, gás e electricidade e a inexistência de faturação relativa a consumos de água, gás, electricidade, e telecomunicações" (Aprova a definição do conceito fiscal de prédio devoluto, Decreto-Lei nº 159/2006).

apenas dez anos. É inegável que, em si, se trate de um progresso significativo no desenvolvimento urbano. Entretanto, o que parece menos evidente é que "a gente" que ocupou ou está prestes a ocupar aqueles prédios seja aquela mesma "tanta gente sem casa" à qual a frase original se referia.

Se temos em consideração uma das descrições clássicas do processo de gentrificação, podemos facilmente entender o que aconteceu àqueles prédios devolutos. Nas palavras de Peter Marcuse, "abandono e gentrificação são polos opostos [...] o abandono deriva de um rápido declínio do valor da propriedade, a gentrificação de um rápido crescimento" (Marcuse, 1986, p.195). A teoria do *rent-gap*, elaborada pelo geografo Neil Smith, segundo a qual o que atrai novos moradores e investidores seria a diferença entre o valor atual de um imóvel e o seu valor potencial (Smith, 1987), explica esse fenômeno. Assim, "o abandono leva alguns proprietários mais abastados fora da cidade, enquanto ao mesmo tempo leva outros a gentrificar áreas perto do centro [...]" e, por sua vez, "a gentrificação atrai os proprietários mais abastados de outras áreas para a cidade" (Marcuse, 1985, p.196).

Dessa maneira, se em muitos casos, em Portugal e em especial em Lisboa, os novos moradores foram as camadas sociais comuns nas primeiras fases de gentrificação, os assim chamados pioneiros, como estudantes, jovens profissionais sobretudo na área da cultura, artistas (Zukin, 1987; Vivan; Charmes, 2008), em outros e de forma crescente trata-se de residentes abastados, tanto que os próprios pioneiros, e não apenas os residentes mais antigos, estão a ser expulsos dessas mesmas áreas. Nas fases mais recentes, o fluxo de novos residentes inclui muitos cidadãos estrangeiros, enquanto muitos dos antigos prédios devolutos se transformaram em hotéis ou residências turísticas. Nesse sentido, o processo de gentrificação em Portugal, e em muitas outras partes do mundo, tem características transnacionais que eram em parte desconhecidas no passado (Sequera; Nofre, 2020). Isso foi favorecido principalmente pela globalização dos mercados, incluído o imobiliário, pela difusão da assim chamada "platform economy" (Cocola-Gant; Gago, 2021), pela mobilidade crescente no interior da União Europeia e por específicas políticas nacionais, das quais falaremos difusamente neste estudo. É preciso também acrescentar que esta fase do processo é "levada para a frente mais por empresas de promoção imobiliárias de que pelos proprietários e ocupantes individuais que foram protagonistas das primeiras ondas do processo" (Hackworth, 2002, p.816). O papel crescente de fundos internacionais de investimento imobiliário no mercado português adiciona mais um elemento ao quadro (Tulumello; Dagkouli-Kyriakoglou, 2021).

Entretanto, se olharmos para trás, vemos que os problemas ligados à habitação em Portugal não são novos, como não são novas as lutas pelo direito à habitação. Apenas três dias depois do golpe de estado de 25 de Abril 1974 que acabou com quarenta anos da ditadura do Estado Novo, os moradores do bairro da Boavista, em Lisboa, ocuparam casas vagas e recusaram-se a sair, apesar de intimados pelos militares e pela polícia (Ramos Pinto, 2013). Foi o início de uma série de lutas que, juntamente com aquelas levadas adiante noutros setores (nos campos, nas fábricas, nos meios de comunicação, no terceiro setor, por exemplo), contribuíram para tornar a transição portuguesa numa revolução. De fato, os movimentos sociais do PREC (Processo Revolucionário em Curso, 1974-1975) marcaram profundamente as origens da democracia portuguesa (Accornero, 2013, 2013a, 2016, 2019, 2019a; Costa Pinto, 2006; Palacios Cerezales, 2003), contribuindo para um radical corte com o passado e para a adoção de fundamentais direitos sociais, além de políticos e civis, que ficaram impressos na Constituição de 1976. Entre estes, referido no art. 65, há o direito "a uma habitação de dimensão adequada, em condições de higiene e conforto e que preserve a intimidade pessoal e a privacidade familiar".

Nesse contexto, as Comissões de Moradores foram uns dos atores mais relevantes no processo de mobilização social que caracterizou o período. Por outro lado, elas tiveram um papel fundamental no desenvolvimento de projetos institucionais destinados a conter os problemas ligados à habitação. Durante o PREC, um programa particularmente relevante, e original pela sua lógica virada ao envolvimento direto e ativo da população local, foi o Serviço de Apoio Ambulatório Local (SAAL), instituído por despacho em 31 de julho de 1974, no qual se estabelecia:

> Em face das graves carências habitacionais, designadamente nas grandes aglomerações, aliadas às dificuldades em fazer arrancar programas de construção convencional a curto prazo – na medida em que estes programas supõem terrenos preparados, projetos e preparação de concursos e garantia de disponibilidade financeira por parte do Estado ou autarquias locais –, está o Fundo de Fomento da Habitação a organizar um corpo técnico especializado, designado "Serviço de Apoio Ambulatório Local" (SAAL), para apoiar, através das câmaras

municipais, iniciativas de populações mal alojadas no sentido de colaborarem na transformação dos próprios bairros, investindo os próprios recursos latentes.

O SAAL foi particularmente incisivo no Porto, onde os projetos foram desenvolvidos no centro urbano, com intervenções que, ainda que muitas vezes pontuais e fragmentadas, implicavam um modelo radical de cidade e de planeamento e uma crítica à política de realojamento das populações nas zonas degradadas (Bandeirinha, 2007). Em Lisboa, por outro lado, o programa teve um cariz menos desenvolvido e profundo. De fato, na capital as soluções adotadas inseriram-se mais no sulco de projetos já iniciados nos últimos anos do Estado Novo. Assim, a maioria das operações decorreram em zonas periféricas, onde foram construídos blocos coletivos segundo uma tipologia anterior à Revolução (Restivo, 2014).

Apesar da sua carga inovadora e da apreciação internacional, e ainda que tivesse conseguido resultados encorajadores (170 projetos concluídos que envolveram 40 mil famílias), o programa SAAL ficou alastrado pelo fim do processo revolucionário, e terminou definitivamente em outubro de 1976. Foi preciso aguardar até 1993 para ver a implementação de um novo grande plano nacional dedicado à habitação: o Programa Especial de Realojamento (PER), instituído especialmente para as áreas metropolitanas de Lisboa e Porto mediante o Decreto-Lei nº 163/93, visando proporcionar aos municípios condições para: "a erradicação das barracas existentes, concedendo apoios financeiros para a construção, aquisição, ou arrendamento de fogos destinados ao realojamento de agregados familiares residentes nessas barracas e habitantes similares". As barracas representavam de fato um problema particularmente grave no país. O seu número tinha começado a aumentar amplamente com a imigração interna no país, da campanha para a cidade, e sobretudo a partir do início dos anos 1960. Entretanto, foi depois da queda do regime em 1974 e do cumprimento do processo de descolonização em 1975 que o problema se intensificou drasticamente, com a chegada dos "retornados" portugueses da África e, principalmente a partir dos anos 1980 e 1990, com o incremento de imigração das antigas colônias (Malheiros; Fonseca, 2011).

Assim, o decreto reconhecia que "o problema da habitação, sendo sem dúvidas um dos mais importantes, pelo reflexo na qualidade de vida das populações, encontra-se longe de estar resolvido", sendo sobretudo urgente a "erradicação das barracas, uma chaga ainda aberta no nosso tecido social, e conseguinte realojamento daqueles que nelas residem".

Ainda em curso, o PER encontra-se sem dotação orçamental desde 2009, devido também às restrições orçamentais no contexto da crise. O programa envolveu 28 municípios, 19 da área metropolitana de Lisboa e 9 da área metropolitana do Porto. O total de barracas identificadas em 1993 foi de 42.034, por um total de 48.767 fogos, correspondentes a 155.417 indivíduos (Allegra et al., 2017). O PER teve um enorme embate na configuração territorial e humana das duas maiores cidades portuguesas e nele convergiram problemáticas cruciais de um país de recente democratização, descolonização e modernização e o debate sobre os seus resultados ainda está aberto. De fato, como uma recente investigação demostrou:

> Apesar dos indiscutíveis resultados alcançados pelo PER, vários pontos de tensão emergiram ao longo do tempo: a definição do problema das barracas por via da linguagem higienista; a consciência precoce sobre as externalidades negativas associadas a políticas de realojamento de larga escala; o uso problemático de dados censitários para reunir informação sobre a população residente em barracas e regular o acesso ao programa; e finalmente, os resultados mistos das ações PER em termos de consequências sociais e territoriais (the PER / o PER: https://expertsproject.org/the-per/)

Mais recentemente, um novo programa foi aprovado em maio de 2018, chamado Nova Geração de Política da Habitação (NGPH). Como alguns especialistas salientaram, "a NGPH coloca uma grande ênfase no papel das câmaras municipais através da retórica da 'governança local', que já estava presente nas propostas de políticas de habitação do passado" (Allegra; Colombo, 2019, p.10). Como vimos, o PER também atribuía grande responsabilidade à administração local – especialmente aos municípios – na gestão dos realojamentos. Sendo isso com certeza um lado positivo, ele representa também um ponto particularmente delicado, pois "é preciso perguntar até que ponto [...] as câmaras municipais estão preparadas e podem/querem efetivamente concretizar as ambições da NGPH" (Allegra; Colombo, 2019, p.10).

Ainda que o programa seja objeto de críticas, sobretudo pelo seu alcance reduzido, por não ir além de uma lógica que se considera mercantilista, e por não reformular de forma profunda a situação habitacional em Portugal, é inegável que as NGPH foram também o resultado das pressões exercitadas pelos movimentos sociais e por diferentes ativistas, expertos e personalidades públicas (Mendes, 2018). Estes atores contribuíram para colocar na agenda a profunda agravação das condições da habitação em Portugal, as quais, já endemicamente críticas, deterioraram-se drasticamente a partir dos finais da década de 2000. Iremos falar desses atores e do seu papel mais à frente neste estudo, mas antes é importante descrever qual é o contexto em que eles se encontraram a agir.

Lisboa na tempestade da gentrificação e do turismo

"Todos lembramos bem que a habitação foi o epicentro da erupção da crise econômica global de 2008, em lugar de ser o principal foque das políticas urbanas" (Clos, 2017). No caso de Portugal, diferentemente de outros países da Europa do Sul e sobretudo da Espanha, a crise da habitação explodiu de fato depois da crise econômica e financeira, e com diferentes razões. Mas os resultados não foram menos graves: como alguns autores referem, Portugal está no meio de uma "tempestade perfeita"[3] no que diz respeito à habitação, devido à intersecção de processos globais (como as ondas longas da crise econômica e financeira de 2008, a seguinte intensificação da gentrificação e da turistificação) com políticas nacionais. Entre estas últimas, as políticas de austeridade implementadas a partir de 2010 e intensificadas no contexto do Memorando assinado com a assim chamada Troika (BCE, FMI e EU) em 2011 tiveram um peso determinante em afetar o direito à habitação no país, assim como outros direitos sociais no campo da educação, da saúde e do trabalho, ao mesmo tempo que muitos cidadãos já estavam a sofrer as consequências da crise em termos de emprego e rendimento. Na época chamada de pós-austeridade, indicativamente a partir do governo socialista liderado pelo primeiro-ministro António Costa implementado a seguir das

3 Esta expressão foi eficazmente utilizada pelo geografo português Luís Mendes – um dos principais estudiosos da gentrificação no país – em vários eventos públicos e num artigo publicado no *Jornal Económico* em 1º de agosto de 2018 intitulado "Gentrificação e turistificação da cidade ou... É a financeirização da habitação, estúpido!".

eleições de outubro 2015 (Accornero; Ramos Pinto, 2020), os problemas da habitação foram agravados pela continuação de políticas nacionais voltadas a atrair investidores e residentes estrangeiros, como o programa "golden visa" e o programa "residentes não habituais" (Quintela, 2014). Essas políticas, adotadas pelo governo anterior, foram mantidas e em alguns casos incrementadas nos anos a seguir, quando também começaram a dar os seus "resultados". Assim, a inversão parcial da austeridade levada adiante pelo governo socialista de 2015 não tem melhorado a situação na habitação, e até algumas das razões que estão na base da boa performance econômica do país nos anos recentes, como o turismo crescente, têm contribuído para acentuá-la (Tarsi, 2016).

Efetivamente, o turismo, junto com a chegada de investidores e residentes estrangeiros – os quais têm um capital de compra bem maior da média local – atraídos por políticas de de-taxação favoráveis,[4] foram considerados como as forças motrizes da rápida recuperação depois dos anos da crise e da austeridade. Já em 2016, Portugal conseguiu manter o seu déficit abaixo de 3% do PIB requerido pelas regras europeias, enquanto, no mesmo ano, o desemprego caiu até 11%, ou seja, o valor mais baixo desde 2010 e o PIB aumentou em volume 3,5% em 2017 e 2,4% em 2018.[5] Como acenei, o turismo foi uma das forças motrizes de tal recuperação. As receitas turísticas no país aumentaram de 10.303 milhões de euros em 2014 para 16.614 milhões de euro em 2018, representando o PIB cerca de 37% mais de que em 2013 (quando representava o 5,4%), sendo o principal setor exportador.[6]

Entretanto, esses dados macro apenas refletem parte da situação. Com efeito, os custos sociais do milagre português recaíram sobre o setor mais frágil da sociedade, que ainda estava a sofrer dos efeitos da crise e da

4 Essas medidas foram adotadas por intermédio do Decreto-Lei nº 249/2009, de 23 de setembro, que criou o regime fiscal para o residente não habitual (ver: https://www.portaldascomunidades.mne.pt/images/GADG/IRS__Regime_Fiscal_Residente_Não_Habitual.pdf). O objetivo foi, no contexto da crise econômica e financeira, atrair capital e investimentos estrangeiros.

5 INE, Contas Nacionais https://www.ine.pt/xportal/xmain?xpid=INE&xpgid=ine_destaques&DESTAQUESdest_boui=354411207&DESTAQUESmodo=2&xlang=p

6 Business Turismo de Portugal, 'Desempenho Turistíco', http://business.turismodeportugal.pt/pt/Conhecer/Apresentacao/Desempenho_Turistico/Paginas/default.aspx. Os dados do INE, referido pelo governo português, apontam para uma porcentagem ainda maior: 13,7%.

austeridade (imigrados, jovens, idosos). A habitação é uma das áreas em que esses custos são mais evidentes, e nas quais as tradicionais desigualdades da sociedade portuguesa sobressaem com mais evidência. Em 2016, a relatora especial das Nações Unidas para o Direito à Habitação, Leilani Farha, visitou Portugal e referiu, no seu documento, "condições que ninguém teria esperado ver, e com certeza não num país desenvolvido" (Farha, 2017, p.10). O relatório mencionava diretamente os efeitos das medidas de austeridade que "resultaram no crescimento dos níveis de pobreza, na diminuição dos benefícios sociais, no aumento dos sem abrigo e num drástico incremento da inacessibilidade das habitações, dos espaços e dos serviços urbanos" (Fahra, 2017, p.5). Farha evidenciava também como tal situação era agravada pelos "efeitos da expansão da indústria do turismo [...] resultando na deslocação de moradores pobres e na falta de acessibilidade" (Fahra, 2017, p.14).

As razões na base desta situação são multíplices. Em 2012, no meio da crise e da austeridade, e como parte das condições estabelecidas pelo memorando assinado com a Troika (BCE, FMI e EU) em 2011, o governo de centro-direita liderado por Pedro Passos Coelho introduziu uma reforma chamada Novo Regime do Arrendamento Urbano (NRAU) com drásticas e imediatas consequências na vida dos moradores. Muitas das assim chamadas "rendas congeladas" foram extinguidas e os apartamentos ao abrigo delas entraram no mercado livre.[7] Outras modificações também afetaram a segurança dos moradores, sobretudo aquelas relativas ao tempo dos contratos de arrendamento, que, se antes deviam durar por um período mínimo de cinco anos, passaram a poder ser de qualquer período. Considerando que aumentos significativos do valor da renda (ou seja, não apenas o aumento anual devido à inflação) podem ser introduzidos apenas ao caducar do contrato e na altura da renovação, percebe-se como essa mudança contribuiu para o crescimento exponencial do custo do arrendamento. Isso acrescenta-se ao fato de que o próprio aumento significativo do número de contratos de arrendamento de apenas um ano já teve em si um embate drástico na segurança e estabilidade de muitos moradores. Isso porque, se o senhorio não pode – se não em circunstâncias bem específicas – despejar o inquilino

7 Com a reforma do NRAU de 2017 foram introduzidas derrogas ao cancelamento das rendas congeladas, no caso de moradores com mais de 65 anos, com grau de incapacidade igual ou superior a 60%, ou em específicas situações de vulnerabilidade.

enquanto o contrato estiver em vigor, ele o pode fazer ao fim deste, opondo-se à sua renovação.

Outra modificação teve a ver com a transmissão do contrato: na antiga legislação, no caso de morte do inquilino, o aluguel era transmitido ao cônjuge, unido de fato, ou a algum parente, sendo que agora essa transmissão é válida apenas por dois anos. O NRAU ampliou também as possibilidades de os senhorios terminarem o contrato antes do tempo (em caso de falta ou atraso nos pagamentos, por exemplo) e introduziu um procedimento especial de despejo dos inquilinos. Para esse fim, foi criada uma nova estrutura à qual os senhorios podem recorrer para notificar os inquilinos do despejo: o Balcão Nacional de Arrendamento. É importante sublinhar que, de acordo com a legislação anterior, ninguém podia ser despejado sem uma decisão do tribunal, assim, a criação desta nova entidade introduziu um canal extrajudicial para os despejos. Entre 2013 e 2016, entraram no BNA, em média, 4.244 requerimentos de despejo por ano. Antes de existir esse balcão, entre 2008 e 2010, deram entrada nos tribunais, em média, 2.915 processos de despejo por ano. De um período para o outro, houve, portanto, um aumento superior a 45%.[8] É preciso considerar que a taxa de aprovação, durante esses anos, oscilou entre 25% e 40% segundo as diferentes áreas, sendo em Lisboa e Setúbal a taxa mais alta. Segundo dados do Ministério da Justiça referidos pelo jornal *Diário de Notícias*, 5,5 famílias foram despejadas por dia em 2016, o duplo de que em 2013 (sendo o número de indivíduos despejados 91,7% mais alto).[9] Ao mesmo tempo que a proteção dos inquilinos sofreu esses golpes, a despesa pública na habitação andou quase constantemente a descer desde 1995, ano em que era de 0,6%, atingindo em 2018 o seu mínimo histórico, quando foi de 0% sobre o PIB.[10]

Para ter uma ideia do que "tempestade perfeita" significa, no que diz respeito à crise da habitação, falta apenas mencionar que durante todo este período, diante de uma situação de deterioração crescente dos direitos dos moradores e de desinvestimento público, o custo da habitação em Portugal cresceu de forma abrupta. Em Lisboa, como afirmou o geógrafo Luís Mendes

8 Dados divulgados pelo Ministério da Justiça e referidos pelo *Público*, 27 jul. 2018.

9 Ana Margarida Pinheiro, "Rendas altas e baixos salários estão a fazer aumentar os despejos", Diário de Notícias, 30 out. 2017.

10 Pordata, 'Despesas do Estado em % do PIB: por algumas funções', https://www.pordata.pt/Portugal/Despesas+do+Estado+em+percentagem+do+PIB+por+algumas+funções-2778.

num artigo de 2018: "Nos últimos seis anos [...] os preços da habitação para arrendamento aumentaram entre 13% e 36%, e para aquisição subiram até 46%, consoante as zonas da cidade", ao mesmo tempo que a taxa de sobrecarga, ou seja a taxa do esforço mensal com a habitação, atingiu valores "entre 40% e 60% do rendimento familiar, quando a recomendada para acautelar o cumprimento das obrigações ronda os 30%" (Mendes, 2018). Dados mais recente nos dizem que, no segundo trimestre de 2022, o preço mediano de alojamentos familiares em Portugal foi €$ 1.494/m^2,[11] quando no mesmo período de 2018, o preço era de €$ 996/m^2 (sendo, já na altura, 7,6% mais relativamente a 2016).[12] As duas sub-regiões com preços mais elevados foram Algarve (€$ 2.358 /m^2) e a área metropolitana de Lisboa (€$ 2.076/m^2),[13] sendo que os valores nestas mesmas áreas eram, em 2018, de €$ 1.523/m^2 em Algarve, e de €$ 1.333/m^2 na área metropolitana de Lisboa.[14]

Se focarmos nas cidades, em vez de nas áreas metropolitanas, podemos perceber ainda mais concretamente essa mudança. O valor mediano das vendas por m^2 de alojamentos familiares – considerando Braga, Porto, Vila Nova de Gaia, Coimbra, Amadora, Lisboa, Funchal – foi, no segundo quadrimestre de 2022, de €$ 2.206/m^2, sendo Lisboa e Porto as cidades com os valores mais altos (respectivamente €$ 3.704/m^2 e €$ 2.4012/m^2). Se pensarmos que apenas quatro anos antes (primeiro trimestre de 2018) o valor mediano dos preços de alojamentos familiares vendidos em Lisboa era de €$ 2.581 e no Porto de €$ 1.379,[15] podemos mais facilmente entender a dimensão do aumento do custo da habitação no país.

---

11 INE – Estatísticas de Preços da Habitação ao nível local, 25 out. 2022, https://www.ine.pt/xportal/xmain?xpid=INE&xpgid=ine_destaques&DESTAQUESdest_boui=540873462&DESTAQUESmodo=2.

12 INE – Estatísticas de construção e habitação 2018 (dados para 2019 não disponíveis), https://www.ine.pt/xportal/xmain?xpid=INE&xpgid=ine_publicacoes&PUBLICACOESpub_boui=358628647&PUBLICACOESmodo=2.

13 INE – Estatísticas de Preços da Habitação ao nível local, 25 out. 2022, https://www.ine.pt/xportal/xmain?xpid=INE&xpgid=ine_destaques&DESTAQUESdest_boui=540873462&DESTAQUESmodo=2.

14 INE – Estatísticas de construção e habitação 2018 (dados para 2019 não disponíveis), https://www.ine.pt/xportal/xmain?xpid=INE&xpgid=ine_publicacoes&PUBLICACOESpub_boui=358628647&PUBLICACOESmodo=2.

15 Estatísticas de Preços da Habitação ao nível local, 1º trimestre de 2018, https://www.ine.pt/xportal/xmain?xpid=INE&xpgid=ine_destaques&DESTAQUESdest_boui=315156431&DESTAQUESmodo=2.

Se olharmos para o mercado de arrendamento, a situação também não é muito melhor. O valor mediano das rendas dos novos contratos de arrendamento de alojamentos familiares celebrados no país entre junho de 2021 e junho de 2022 foi de €$ 6,25/m^2, sendo este valor de 9,29 na Área Metropolitana de Lisboa e de 7,05 no Algarve.[16] Estes mesmos valores eram, em 2018, respetivamente de €$ 4,8/m^2, €$ 7,00/m^2 e €$ 5,58/m^2).[17]

Para perceber o que isso significa no panorama socioeconômico de Portugal, vale a pena referir que o salário médio bruto para os trabalhadores dependentes foi, em 2022, de €$ 1.353.[18] Este valor era cerca de €$ 200 mais alto de que em 2018 (quando era de €$ 1.142),[19] tendo, portanto, tido um crescimento de menos de 18% nesse período, bem menor do que o aumento do valor do imobiliário, que, se olharmos para os dados mais gerais, ou seja preços medianos dos alojamentos familiares vendidos no país, atingiu a taxa de 50%.

Além de dinâmicas globais, ao aumento exponencial do custo da habitação em Portugal contribui também a política nacional. Não foram apenas as medidas de austeridade adotadas no contexto da crise a afetar este setor, mas também e sobretudo, como se viu, políticas que, em parte introduzidas pelo governo de centro-direita em vigor até 2015, foram continuadas e incentivadas no pós-crise pelo governo seguinte, com o objetivo de atrair não apenas turistas, mas também novos residentes e capitais estrangeiros. Entre essas políticas, as principais são a Lei de Residentes Não Habituais e o programa Golden Visa. O primeiro programa introduz benefícios fiscais muito significativos no caso de cidadãos estrangeiros que queiram abrir uma atividade em Portugal, com redução de impostos durante os primeiros dez

---

16 INE – Valor mediano das rendas por m^2 de novos contratos de arrendamento de alojamentos familiares nos últimos 12 meses (€) por Localização geográfica (NUTS – 2013); Semestral – INE, Estatísticas de Rendas da Habitação ao nível local, https://www.ine.pt/xportal/xmain?xpid=INE&xpgid=ine_indicadores&indOcorrCod=0009817&contexto=bd&selTab=tab2&xlang=pt.

17 INE – Estatísticas de construção e habitação 2018 (dados para 2019 não disponíveis), https://www.ine.pt/xportal/xmain?xpid=INE&xpgid=ine_publicacoes&PUBLICACOESpub_boui=358628647&PUBLICACOESmodo=2.

18 https://www.ine.pt/xportal/xmain?xpid=INE&xpgid=ine_destaques&DESTAQUESdest_boui=540816172&DESTAQUESmodo=2.

19 Pordata, Salário médio mensal dos trabalhadores por conta de outrem: remuneração base e ganho, https://www.pordata.pt/Portugal/Salário+médio+mensal+dos+trabalhadores+por+conta+de+outrem+remuneração+base+e+ganho-857.

anos. Além disso, prevê o não pagamento de impostos, durante os primeiros dez anos, sobre as reformas de cidadãos europeus que venham residir no país. O programa Golden Visa é, por seu lado, "um programa de residência por investimento em Portugal" ao qual podem aceder cidadãos que não sejam europeus ou suíços, para "investir em Portugal e receber assim uma autorização de residência portuguesa para si próprio e também para os membros da sua família".[20] Os beneficiadores do programa podem, passados cinco anos, pedir e obter a cidadania portuguesa definitiva. Na nota de promoção do programa, assinala-se também que: "O programa não está na lista negra da Organização para a Cooperação e Desenvolvimento Econômico (OCDE), ao contrário de muitos outros programas da Golden Visa" e que há também a "opção de se tornar um Residente Não Habitual (RNH) de Portugal e pagar pouco ou nenhum imposto por 10 anos". Para obter os benefícios, os interessados têm várias outras opções, sendo estas as principais: transferir 1 milhão de euros para Portugal; criar dez novos empregos de tempo integral, investir 500 mil euros em imóvel (400 mil se for numa área de baixa povoação); investir 350 mil na recuperação de um imóvel; fazer um investimento na arte ou cultura de 250 mil euros, ou em pesquisa por 350 mil. A grande maioria dos requerentes, entretanto, escolhem o investimento no setor imóvel, sendo os principais beneficiários chineses, brasileiros, turcos, sul-africanos e russos.[21]

---

20 https://www.globalcitizensolutions.com/pt-pt/golden-visa-portugal/. A partir de 1 de Janeiro de 2022, deixou de ser permitido o investimento imobiliário habitacional em Porto, Lisboa e Algarve para concessão do Golden Visa.

21 Serviços de Estrangeiros e Fronteiras, "Autorização de residência para atividade de investimento (AR). Dados de 08 de outubro de 2012 a 31 de maio de 2019', https://www.sef.pt/pt/Documents/Mapa_ARI_PT_maio19.pdf. É de salientar que quer a de-taxação das pensões dos reformados europeus que escolham Portugal como país de residência, quer o programa Golden Visa estão, desde 2020, a sofrer restrições. Se no caso dos reformados, os novos requerentes serão sujeitos a uma tributação de 10%, já no caso dos potenciais requerentes dos Golden Visa as restrições serão bem mais significativas. De fato, a partir de 2021, a concessão de Vistos Gold a cidadãos estrangeiros de países de fora da União Europeia que comprem imóveis em Lisboa e Porto – nas respetivas áreas metropolitanas – deixará de estar em vigor, enquanto continuará a existir nos municípios das regiões interiores ou nas regiões autônomas. Estas mudanças, juntamente com os efeitos da crise sanitária e econômica devida ao surto pandémico de 2020, poderão provocar um recuo no drástico aumento do custo da habitação no país que tem acelerado nos últimos anos. Entretanto, ainda é cedo quer para detectar que para analisar os êxitos destes processos em curso.

No que diz respeito ao programa Residentes não Habituais, é difícil ter informações detalhadas sobre o seu perfil e nacionalidade. Entretanto, se olharmos para os dados sobre imigração no país elaborados pelo Serviço de Estrangeiros e Fronteiras (SEF) e divulgados em 2018, podemos ver que entre os países de origem dos imigrados em Portugal, pela primeira vez, há três países europeus: Reino Unido (no quinto lugar depois de Brasil, Cabo Verde, Romênia e Ucrânia), França (no sétimo lugar depois da China) e Itália (no oitavo lugar depois da França). As duas últimas nacionalidades são Angola e Guiné-Bissau. O próprio documento do SEF refere o seguinte:

> A entrada da França (em 2016) e da Itália (em 2017), o seu crescimento sustentado e consequente subida de posições na estrutura das nacionalidades mais representadas, parece confirmar o particular impacto dos fatores de atratividade já apontados em anos anteriores, nos cidadãos estrangeiros, oriundos dos países da União Europeia, como a percepção de Portugal como país seguro, bem como as vantagens fiscais decorrentes do regime para o residente não habitual. No caso particular do Reino Unido, para além dos fatores já mencionados, o efeito Brexit será uma variável importante a considerar na análise dos dados.[22]

É compreensível como a intersecção de todos esses elementos tenha criado uma situação explosiva no que diz respeito à habitação e ao seu direito. Entretanto, como em todos os fenômenos sociais, esse processo também não está ausente de complexidades, contradições e dinâmicas opostas que tornam alguns aspectos da sua concretização únicos e por vezes inesperados, assim como diferentes em cada caso.

Mudança urbana e novas identidades do conflito

Entre 2008 e 2013, no contexto da crise econômica e financeira, uma vaga mundial de protesto (della Porta, 2015; Giugni; Grasso, 2016) impulsionou a emergência de novos atores do conflito. No caso europeu, foram sobretudo os países da Europa do Sul, mais afetados pela crise e pela austeridade, a

22 Serviços de Estrangeiros e Fronteiras, 'Relatório de Imigração, Fronteiras e Asilo 2018', https://sefstat.sef.pt/Docs/Rifa2018.pdf.

conhecer os ciclos de protesto contra a austeridade mais intensos (Lima; Paz; Artiles, 2011; Baumgarten, 2013; Accornero; Ramos Pinto, 2015; Carvalho; Ramos Pinto, 2019; Accornero; Ramos Pinto, 2020). Essas mobilizações de diferentes atores, em muitos casos envolvendo também setores institucionais, contribuíram para salientar as problemáticas ligadas à habitação, assim como a mercantilização dos espaços urbanos e a desregulamentação do mercado imobiliário (Garcia-Lamarca, 2017; Lees; Annunziata; Rivas-Alonso, 2018), e, mais recentemente, o embate do turismo (Colomb; Novy, 2017). O caso da Plataforma de Afetados pela Hipoteca (PAH) em Barcelona foi um dos mais emblemáticos. Como evidenciado por Melissa García Lamarca, por exemplo, os principais atores mobilizados contra a austeridade na Espanha, os Indignados, desenvolveram também "um papel crítico em alimentar e estender as práticas espaciais e de luta de insurgência da PAH" (Garcia-Lamarca, 2017, p.2). Alguns dos fundadores de Podemos foram particularmente ativos nesse conflito e as suas origens e êxitos podem também ser detectadas nesse envolvimento nas ações urbanas locais. Tal nexo é também evidente na eleição de Ada Colau, uma das fundadoras da PAH e aliada de Podemos, à presidência da Câmara de Barcelona.

Em Portugal também as organizações pelo direito à habitação reforçaram-se durante o ciclo de protesto contra a austeridade de 2010-2013, ou seja, a mais intensa vaga de mobilizações depois do PREC (Baumgarten, 2013; Accornero; Ramos Pinto, 2015). Como vimos, os movimentos dos moradores foram cruciais durante o período revolucionário de 1974-1975, entretanto, nos anos a seguir, apesar de alguns momentos pontuais, o conflito nessa área recuou significativamente. As novas formas de luta pela habitação que emergiram mais recentemente têm características novas, em especial por enquadrar a problemática, pela primeira vez no país, no contexto da gentrificação crescente, e, cada vez mais, na turistificação.

Como se viu, entretanto, em Portugal a crise da habitação intensificou-se depois da crise e não durante, como na vizinha Espanha. Assim, se algumas das principais organizações pela defesa desse direito já existiam antes – como a associação Habita, e, claramente, o Sindicado dos Inquilinos, já criado em 1924 – e se reforçaram durante o ciclo de protesto contra a austeridade, muitas nasceram depois. Essas novas formas de ativismo enquadradas no contexto da gentrificação têm novas práticas, que também refletem o novo perfil dos seus protagonistas (em muitos casos altamente qualificados), como suporte material a moradores em risco de despejo (também no caso de demolições), assistência legal, manifestações em áreas cruciais da cidade (como os bairros de lata ou durante as sessões da Câmara Municipal), contatos e negociações constantes com as autoridades (sobretudo o governo local), realização e difusão de relatórios e eventos sobre o estado da habitação, organização de eventos em conjunto com alguns grupos profissionais, ou em colaboração com as universidades.

Uma das principais associações para o direito à habitação em Portugal é a Habita. Tendo também uma sede no Porto, ela é especialmente ativa em Lisboa, devido às suas origens e ao seu enraizamento no contexto das redes de mobilização preexistentes na cidade. A associação tem raízes na criação, em 2005, de um grupo interno à organização Solidariedade Migrante, especificamente pensado para prestar ajuda às famílias que se encontraram sem casa depois de uma vaga muito intensa de demolições de bairros de lata e expulsões na área metropolitana de Lisboa.[23] Rapidamente, essa emergência social tornou-se uma reivindicação política e o grupo criou a Plataforma artigo 65 – Habitação para tod@s, referindo explicitamente o artigo da Constituição que defende a habitação. Ao mesmo tempo, a associação começou um constante e rigoroso trabalho de investigação, informação e divulgação sobre os problemas da habitação, sobre a sua própria atuação e sobre as políticas de habitação. Tal esforço foi acompanhado pela realização de visitas guiadas nos bairros de lata, mostras itinerantes e manifestações. Por exemplo, em 2007 a associação organizou as Jornadas da Habitação, em parceria com a Ordem dos Arquitetos, as quais tiveram grande ressonância. Em 2012, o grupo original adotou o nome de Habita e, em 2014, foi formalmente criada a associação. Nos anos a seguir, Habita tem continuado o seu trabalho dúplice: por um lado, a ajuda constante – por meio de várias frentes – aos moradores despejados ou em risco de despejo; por outro, a contínua a rigorosa informação sobre o estado da habitação.[24] É evidente como esta

23 A descrição da história da Habita é baseado no estudo de Caterina Di Giovanni, 2018, 'Uma história do Habita: como se fez um colectivo activista', in André Carmo, Eduardo Ascensão e Ana Estevens (eds.), *A cidade em reconstrução. Leituras críticas, 2008-2018*, Lisboa: Outro Mundo – Le Monde Diplomatique, p.19-28.

24 Esta seção sobre a atividade, identidade e influência da Habita é baseada em análise documental, entrevistas a ativistas, e participação nos trabalhos da associação. Esta última componente refere-se sobretudo à participação em vários eventos de protesto e sobretudo nas reuniões semanais da associação durante vários meses.

tarefa necessita de importantes recursos que apenas os expertos dispõem, e vê-se nisso como a presença na associação de muitos novos moradores com profissões ligadas aos estudos urbanos, ao direito, à sociologia, são cruciais (Mendes, 2013, 2018; Accornero; Carvalho, no prelo). A Habita tem efetivamente contribuído para enquadrar a situação da habitação como problema social e para colocá-la na agenda pública e política. Por exemplo, foi a associação que promoveu, em 2016, a anteriormente referida visita a Portugal da Relatora Especial para a Habitação Leilani Fahra, assim como, no mesmo ano e na onda de tal evento, vários debates parlamentares.

Os organizadores da Habita são principalmente jovens investigadores, muitos dos quais têm prévias experiências de ativismo. A sede da associação encontra-se na zona de Intendente, uma das áreas da cidade mais sujeita à pressão da gentrificação e turistificação, com muitos antigos prédios habitados por moradores transformados em hotéis de luxo, e novos cafés a substituir antigos espaços de socialização, como o Clube Desportivo. O papel de cidadãos estrangeiros na associação – principalmente jovens estudantes Erasmus, investigadores e outros profissionais – que vivem temporariamente ou de forma permanente em Lisboa é também particularmente significativo, quer como verdadeiros organizadores com altos níveis de envolvimento, quer como apoiantes de diferentes iniciativas (Accornero; Carvalho, no prelo, 2022).[25]

As competências e recursos (sobretudo educacionais, profissionais e de mobilização-políticos) destes atores têm sido fundamentais em desenvolver a associação e consolidar as suas práticas, assim como no sucesso de várias iniciativas. A referida visita de Leilani Fahra, a discussão pública sobre habitação que tem vindo a protagonizar a vida social e política, assim como os programas políticos nas recentes eleições, e a influência nos debates sobre a adoção da NGPH são alguns dos resultados mais salientes. Os conhecimentos legais são por seu lado relevantes no caso de tentativas de despejos e demolições que não tenham fundamentos jurídicos ou que não respeitem os processos. Ao mesmo tempo, os contatos estabelecidos – graças a anos

25 Esta reflexão é baseada em três entrevistas abertas realizadas em 2018 (Simone Tulumello, Rita Silva e André Carmo) e num período de 4 meses de participação observante desenvolvida na associação Habita durante as assembleias com os moradores realizadas nas terças-feiras entre janeiro e abril de 2018.

de atividade no território que legitimaram a Habita como um interlocutor indispensável na área da habitação – com o poder local e específicos pelouros têm contribuído para maior atenção das autoridades para a situação de risco em que muitos desalojado e potencias desalojados se encontram.

A Habita é também particularmente ativa no suporte a famílias que ocupam casas, em especial casas públicas devolutas. Trata-se de famílias pobres, muitas vezes compostas por mulheres sozinhas com muitos filhos (até 4-5). A associação tem também levado para a frente outra iniciativa de diferente cariz, ou seja, reuniões semanais de discussão com os organizadores, diferentes ativistas, famílias que ocupam casas, outros moradores em dificuldades. Durantes esses eventos, são pensadas e decididas soluções em conjunto, com a contribuição quer dos ativistas e dos expertos, quer da experiência dos próprios moradores. A dinâmica desses momentos é particularmente interessante: as famílias, maioritariamente mulheres sozinhas com os filhos, mas em alguns casos também acompanhadas pelos maridos, aparecem na associação no centro da cidade e participam das reuniões lado a lado de atores muito diferentes. De forma a permitir às mulheres participar no debate e na reunião, alguns jovens (muitos dos quais estudantes, também Erasmus) tomam conta dos filhos delas.

A interação de diferentes grupos sociais – como jovens estrangeiros, Erasmus ou investigadores (os que podem ser considerados "pioneiros" da gentrificação), cidadãos vulneráveis em risco de estar sem abrigo, imigrados, moradores de bairros de lata – é uma das dinâmicas mais interessantes desses eventos. Além de fornecer informações sobre direitos, processos administrativos e sobre o que fazer praticamente em caso de despejo, as sessões oferecem suportes concretos a quem já foi afetado por isso, como partilhas de casas.[26] Por outro lado, um dos objetivos dessas reuniões é o de transformar uma emergência pessoal numa reivindicação social e política (Accornero; Carvalho, no prelo, 2022). Assim, por exemplo, os casos particulares de ocupação são reinterpretados como ações coletivas. Isso contribui quer para fazer frente à situação de risco, quer para fortalecer a solidariedade (por

26 A descrição das dinâmicas de interação durante as assembleias e reuniões de Habita são baseadas numa observação etnográfica levada para a frente durante dois períodos distintos (3 meses em 2018 e 6 meses em 2021-2022) no âmbito do projeto HOPES (FCT, PTDC/GES-URB/28826/2017).

exemplo, oferecer hospitalidade em caso de despejo), quer para salientar os aspectos conflituais ligados ao problema e dinamizar o protesto. Assim, as reuniões têm um efeito muito relevante na socialização política dos participantes, sobretudo mulheres. Muitas destas, como sublinhou Rita Silva, uma das fundadoras e coordenadoras da Habita, participaram na Marcha das Mulheres de 2018, sendo a primeira manifestação da vida delas. Essas iniciativas são também acompanhadas por outras como o Rock in riot, a primeira manifestação explicitamente contra a gentrificação em Portugal, que teve lugar a 28 de março de 2018.

Em conexão com a Habita, em 2017 foi criada a organização Morar em Lisboa, na qual o papel de profissionais da área dos estudos urbanos – arquitetos, acadêmicos, funcionários públicos – é particularmente relevante. Por outro lado, sempre em 2017, a Habita também foi envolvida na criação de outro grupo, Stop Despejos, que tem uma posição mais radical e frontal e no qual a presença de ativistas estrangeiros (sobretudo italianos e espanhóis) é ainda mais significativa. Podemos dizer que, no seu conjunto, o desenvolvimento desses atores que lutam pelo "direito à cidade" mostra a emergência de um novo movimento autônomo na cidade de Lisboa.

Conclusão

O que este estudo sugere é que estamos na frente de um novo fenômeno na história do conflito social em Portugal, ainda pouco estudado. Este deve ser entendido como o resultado das problemáticas ligadas à habitação e às desigualdades em conjunção com a modificação profunda do tecido urbano provocado por tendências como o envelhecimento, as migrações, a mobilidade urbana (muitas vezes forçada), no contexto de uma intensificação poderosa dos processos de gentrificação e turistificação. Tais dinâmicas têm também um profundo embate na própria identidade do conflito e dos ativistas e demais atores envolvidos na luta pelo direito à cidade e à habitação. Uma dessas consequências é que muitos desses atores são eles próprios novos habitantes da cidade e dos bairros em fase de gentrificação, ou seja, os antes mencionados pioneiros. O papel de alguns pioneiros ou até "gentrificadores marginais" (Rose, 1984; Mendes, 2013; Accornero; Carvalho, 2022, no prelo) nas lutas pela habitação e até contra a própria gentrificação não é um fenômeno novo. Alguns estudos relevantes foram realizados sobre os casos de Paris e Nova York (Bidou-Zachariasen; Poltorak, 2008; Abu Lughod, 1994; Mele, 2000). A investigação mostra que, atrás da etiqueta de "gentrificadores", há de fato uma realidade muito variada que "não pode ser reduzida à imagem comum de 'yuppies', sobretudo pela condição econômica de fato marginal de muitos 'gentrificadores' [...] e as suas posições de esquerda no momento do voto" (Slater, 2011, p.576). Assim, "Nem os gentrificadores nem os gentrificados se encontram sempre onde os procuramos" (Chabrol et al., 2016, p.46). Numa análise meticulosa do caso de Paris, por exemplo, estas pessoas são caracterizadas como sendo principalmente funcionários públicos, praticando alguma atividade social, estudantes, e até pessoas marginais que vivem de pequenos trabalhos. Além disso, parece que o 1968 representa uma inspiração no seu sistema de valores, e que eles atribuam especial importância às interações e redes de vizinhos, ao convívio, à luta social e política (cfr. Collet, 2005, p.4). Segundo este estudo, tais novos residentes seriam particularmente visíveis na vida do bairro, e presentes nas associações, na política e cultura local e nas atividades sociais (Collet, 2005, p.11). Outras análises sobre alguns casos nos Estados Unidos também mostram que muitos desses novos residentes, por exemplo, nem sempre têm mais recursos econômicos do que os antigos (Schlichtman, 2017; Accornero 2021), mas frequentemente mostram mais recursos para a mobilização.

Este ponto mostra a complexidade de um fenômeno que incorpora dinâmicas muito diferentes e muitas vezes contrastantes. Provocando mobilidade urbana, transformando as cidades e as identidades urbanas, a gentrificação também cria novas reivindicações, novas interpretações dos problemas sociais, novas prioridades e novas identidades e atores do conflito urbano. Por isso, a "gentrificação não pode ser entendida como uma tempestade única sobre a cidade. Ela é um processo dinâmico e complexo, constantemente em interligação com outros processos" (Schlichtman; Patch, 2013, p.12) e, ainda que seja certamente verdade que a gentrificação leve à exclusão e deslocação (Marcuse; Madden, 2016), este processo se adapta também de forma diferente às diferentes situações dos tecidos locais (Chabrol et al., 2016). Essa interação, como se viu neste estudo, provoca mudanças na dimensão micro das trajetórias individuais (ativistas, moradores, pessoas despejadas, vizinhos, categorias vulneráveis), assim como na dimensão meso das redes e organizações e das instituições locais. Como se viu, por outro lado, essas mudanças podem ter até efeitos nas dimensões mais macro das tendências globais e das políticas públicas: isto é, não são apenas efeitos delas, mas podem influenciá-las. Assim, desta perspectiva, a gentrificação pode ser vista de uma forma mais relacional, como um conjunto de dinâmicas que "não se reduzem a mecanismos de exclusão [...] atrás das relações de dominação podem também se desenvolver formas de ligação social inéditas" (Chabrol et al., 2016, p.18). Como este texto tentou mostrar, tais formas podem constituir recursos relevantes para a mobilização e até desenvolver um papel significativo na proteção dos moradores mais vulneráveis.

Referências bibliográficas

ABRILABRIL. (2018). O direito à habitação não mora aqui – entrevista ao geografo Luís Mendes. 2 ago. Disponível em: https://www.abrilabril.pt/local/o-direito-habitacao-nao-mora-aqui.

ABU-LUGHOD, J. (1994). *From Urban Village to East Village*: The Battle for New York's Lower East Side. Oxford and Cambridge: Blackwell.

ACCORNERO, G. (2013). La répression politique sous l'Estado Novo au Portugal et ses effets sur l'opposition estudiantine: des années 1960 à la fin du régime. *Cultures & Conflits*, n.89, p.93-112.

______. (2013a). Contentious Politics and Student Dissent in the Twilight of the Portuguese Dictatorship: Analysis of a Protest Cycle. *Democratization*, v.20, n.6, p.1036-55.

______. (2016). *The Revolution before the Revolution*: Late Authoritarianism and Student Protest in Portugal. Oxford/New York: Berghahn Books

______. (2019). "Everything was possible": emotions and perceptions of the past among former Portuguese antifascist activists. *Mobilization*, v.24, n.4, p.439-53.

______. (2019a). "I wanted to carry out the revolution". Activist trajectories in Portugal from Dictatorship to Democracy. *Social Movement Studies*, v.18, n.3, p.305-23.

______. (2021). Contentious buildings: The struggle against eviction in NYC's Lower East Side. *Current Sociology*, v.70, n.7, p.1066-84.

______; CARVALHO, T. (2022). Housing Social Movements between Transnational Challenges and Local Dimensions. In: TOSUN, J.; GRAZIANO, P. (orgs.) *Encyclopedia of European Union Public Policy*. Cheltenham: Edward Elgar.

______; PINTO, P. R. (2015). "Mild Mannered"? Protest and Mobilisation in Portugal under Austerity, 2010-2013. *West European Politics*, v.38, n.3, p.491-515.

______. (2020). In: LISI, M.; FREIRE, A.; TSATSANIS, E. *Political Representation and Citizenship in Portugal*: From Crisis to Renewal. Lanham (MD): Lexington, p.45-69.

ALLEGRA, M. (2017). *Um novo PER?* Realojamento e políticas de habitação em Portugal. Observa Policy Brief. Disponível em: https://repositorio.ul.pt/handle/10451/33367.

______; COLOMBO, A. (2019). A governança das políticas de habitação (co)produção do conhecimento e capacitação institucional. *Cidades, Comunidade e Territórios*, n.38. Disponível em: http://www.scielo.mec.pt/scielo.php?script=sci_arttext&pid=S2182-30302019000100004.

BANDEIRINHA, J. A. (2007). *O Processo SAAL e a Arquitectura no 25 de Abril de 1974*. Coimbra: Imprensa da Universidade de Coimbra

BAUMGARTEN, B. (2013). Geração à Rasca and beyond: Mobilizations in Portugal after 12 March 2011. *Current Sociology*, v.61, n.4, p.457-73.

BIDOU-ZACHARIASEN, C.; POLTORAK, J.-F. Le "travail" de gentrification: les transformations sociologiques d'un quartier parisien populaire. *Espaces et Sociétés*, v.1, n.132-3, p.107-24.

CAMPOS LIMA, M. da P.; ARTILES, A. M. (2011). Crisis and Trade Union Challenges in Portugal and Spain: Between General Strikes and Social Pacts. *Transfer*, v.17, n.3, p.387-402.

CARVALHO, T.; PINTO, P. R. (2019). From the "unfinished revolution" to the "defence of the revolution": framing the transition in austerity-era Portugal. In: KORNETIS, K.; CAVALLARO, M. E. *Rethinking South European Democratization in Spain, Greece and Portugal*: Lost in Transition? London: Palgrave MacMillan.

CHABROL, Marie et al. (2016). *Gentrifications*. Paris: Éditions Amsterdam

CLOS, J. (2017). Housing Policies: Affordable Homes. Message commemorating the World Habitat Day. Disponível em: https://news.un.org/en/story/2017/10/567552-affordable-housing-key-development-and-social-equality-un-says-world-habitat. COCOLA-GANT, A.; GAGO, A. (2021). Airbnb, buy-to-let investment and tourism-driven displacement: A case study in Lisbon. *Environment and Planning A: Economy and Space*, v.53, n.7, p.1671-88.

COLLET, A. Sociologie des acteurs de la gentrification des quartiers anciens centraux d'hier et d'aujourd'hui' Institut d'Urbanisme de Paris, p.1-15.

COLOMB, C.; JOHANNES, N. (orgs.) (2017). *Protest and Resistance in The Tourist City*. Abingdon: Routledge

COSTA PINTO, A. (2006). Authoritarian Legacies, Transitional Justice and State Crisis in Portugal's Democratization. *Democratization*, v.13, n.2, p.173-20.

DELLA PORTA, D. (2015). *Social Movements in Times of Austerity*: Bringing Capitalism Back into Protest Analysis. Cambridge: Polity Press.

DI GIOVANNI, C. (2018). Uma história do Habita: como se fez um colectivo activista. In: CARMO, A.; ASCENSÃO, E.; ESTEVENS, A. (orgs.). *A cidade em reconstrução*: leituras críticas, 2008-2018. Lisboa: Outro Mundo/Le Monde Diplomatique, p.19-28.

FAHRA, L. (2017). Report of the Special Rapporteur on Adequate Housing as a Component of the Right to an Adequate Standard of Living, and on the Right to Non-Discrimination in This Context: mission to Portugal. Disponível em: https://www.google.pt/url?sa=t&rct=j&q=&esrc=s&source=web&cd=2&ved=2ahUKEwiln8eH3_HmAhWJxoUKHcajBGAQFjABegQIARAC&url=https%3A%2F%2Fwww.ohchr.org%2FEN%2FHRBodies%2FHRC%2FRegularSessions%2FSession34%2FDocuments%2FA_HRC_34_51_Add.2_EN.docx&usg=AOvVaw2Q23SRbtuaVCVKNcGgFQg_.

GARCIA-LAMARCA, M. (2017). From occupying plazas to recuperating housing: Insurgent Practices in Spain. *International Journal of Urban and Regional Research*, v.41, n.1, p.37-53.

GIUGNI, M.; Grasso, M. (orgs.). (2016). *Austerity and Protest*: Popular Contention in Times of Economic Crisis. Abingdon: Routledge.

HACKWORTH, J. (2002). Postrecession Gentrification in New York City, *Urban Affair Review*, v.37, n.6, p.816-43.

LEES, L.; ANNUNZIATA, S.; RIVAS-ALONSO, C. (2018). Resisting Planetary Gentrification: The Value of Survivability in the Fight to Stay Put. *Annals of the American Associations of Geographers*, v.108, n.2, p.346-55.

MADDEN, D.; MARCUSE, P. (2016). *In Defense Of Housing The Politics of Crisis.* London: Verso.

MALHEIROS, J.; FONSECA, L. (2011). *Acesso à habitação e problemas residenciais dos imigrantes em Portugal.* Lisboa: Coleção do Observatório das Migrações.

MARCUSE, P. (1985). Gentrification, Abandonment, and Displacement: Connections, Causes, and Policy Responses in New York City. *Journal of Urban and Contemporary Law*, n.28.

MELE, C. (2000). *Selling the Lower East Side*: Culture, Real Estate, and Resistance in New York City. Minneapolis: University of Minnesota Press.

MENDES, L. (2013). Marginal Gentrification as Emancipatory Practice: An Alternative to the Hegemonic Discourse of the Creative City. RCCS Annual Review, n.5, p.140-58.

______. (2018). Gentrification and the New Urban Social Movements in Times of Post-Capitalist Crisis and Austerity Urbanism in Portugal, *Arizona Journal of Hispanic Cultural Studies*, n.22, p.199-215.

PALACIOS CEREZALES, D. (2003). *O poder caiu na rua*: crise de Estado e acções colectivas na revolução portuguesa: 1974-1975. Lisboa: ICS.

PINHEIRO, M. (2017). Rendas altas e baixos salários estão a fazer aumentar os despejos. *Diário de Notícias*, 30 out. Disponível em: https://www.dn.pt/dinheiro/rendas-altas-e-baixos-salarios-estao-a-fazer-aumentar-os-despejos-8881763.html.

QUINTELA, P. M. P. (2014). *A imigração de negócios e o desenvolvimento local num contexto de crise*. Tese de mestrado em Gestão do Território e Urbanismo, Lisboa: IGOT.

RAMOS PINTO, P. (2013). *Lisbon Rising*: Urban Social Movements In The Portuguese Revolution, 1974-75. Manchester: Manchester University Press.

RESTIVO, J. C. de A. (2014). *Habitação Pública no Porto*: intervir para requalificar. Tese de doutoramento em Engenharia Civil, Faculdade de Engenharia da Universidade do Porto.

ROSE, D. (1984). Rethinking gentrification: beyond the uneven development of Marxist urban theory. *Environment and Planning D: Society and Space*, v.2, n.1, p.47-74.

SCHLICHTMAN, J. J.; PATCH, J. (2013). Gentrifier? Who, Me? Interrogating the Gentrifier in the Mirror. *International Journal of Urban and Regional Research*, v.38, n.4, p.1491-1508.

______; ______; HILL, M. L. (2017). *Gentrifier.* Toronto: University of Toronto Press.

SEQUERA. J.; NOFRE. J. (2020). Touristification, transnational gentrification and urban change in Lisbon: The neighbourhood of Alfama. *Urban Studies*, v.57, n.15, p.3169-89.

SLATER, T. (2011). Gentrication of the City. In: BRIDGE, G.; WATSON, S. (orgs.). *The New Blackwell Companion to the City*. Hoboken: Wiley-Blackwell, p.571-85.

TARSI, E. (2016). As lógicas da exclusão urbana no contexto português: uma perspectiva Sul-Norte. *Fórum Sociológico*, v.29, n.3, p.40-52.

TULUMELLO, S.; DAGKOULI-KYRIAKOGLOU, M. (2021). Financialization of Housing in Southern Europe: Policy Analysis and Recommendations, Final report – submitted 28/01/2021. Project commissioned by the European Parliament, office of MEP José Gusmão (group The Left in the European Parliament).

VIVANT, E.; CHARMES, E. (2008). La gentrification et ses pionniers: le rôle des artistes off en question. *Métropoles*, n.3, p.23-65.

ZUKIN, S. (1987). Gentrification: Culture and Capital in the Urban Core. *Annual Review of Sociology*, n.13, p.129-47.

16
A Rede de Emancipação:
DESCOBRINDO INSTITUIÇÕES ANTICAPITALISTAS NO CAPITALISMO BRASILEIRO

Ruy Braga[*]

"O capitalismo gera anticapitalistas"

Erik Olin Wright

Embora a luta pela democratização do acesso ao sistema de ensino universitário público brasileiro seja antiga, foi somente após a participação de uma delegação brasileira na Terceira Conferência Mundial contra o Racismo, Discriminação Racial, Xenofobia e Formas Correlatas de Intolerância, promovida pelas Nações Unidas em 2001, que a questão das cotas raciais passou a ocupar o primeiro plano da agenda do governo federal. Após a eleição de Lula em 2002, as políticas afirmativas foram aprovadas em 2003 e implementadas no sistema universitário público do Brasil a partir de 2004, sendo finalmente confirmadas como constitucionais em 2012 pela Suprema Corte do Brasil.

No entanto, como é frequentemente o caso no Brasil, a aprovação de uma nova lei apenas criou uma arena de luta definida pela tensão entre legalidade e realidade, exigindo uma intensificação, em vez de um relaxamento, da mobilização popular dos atores coletivos atraídos pela nova política. Entre a aprovação do sistema de cotas e o reconhecimento de sua

* Professor da Universidade de São Paulo, SP.

constitucionalidade, as universidades públicas brasileiras passaram por um período de intensas disputas. A linha de frente da defesa da política de cotas foi representada pela aliança entre o movimento estudantil e o movimento negro (Oliveira, 2021).

Em meados da década de 2000, os alunos de graduação da Universidade de São Paulo (USP) estavam cada vez mais envolvidos no debate sobre as cotas, especialmente por causa do fracasso dessa que é a maior universidade pública do Brasil em implementar a política. Enquanto muitas universidades federais começaram a enfatizar a inclusão de alunos negros e indígenas, a USP começou lentamente a discutir um novo sistema de avaliação para alunos de escolas públicas, sem menção a critérios étnico-raciais. Essa situação fez com que os movimentos estudantis e negros da universidade atuassem em duas frentes principais: por um lado, pressionaram o Conselho Universitário por meio de alianças com setores pró-cotas da burocracia acadêmica; por outro, sensibilizaram os alunos mediante ações diretas. Uma dessas iniciativas envolveu um esforço para criar novas escolas populares preparatórias para o exame de admissão que seleciona os alunos para a USP – conhecido como "vestibular".[1]

Com a reconstrução do Cursinho da Poli (localizado na Escola de Engenharia da USP) e a criação do Cursinho Popular do Butantã, em 2005, batizado com o nome do bairro onde está localizado o campus principal da universidade, a aliança entre o movimento negro e estudantil estabeleceu o que viria a se tornar a Rede Emancipação, hoje o maior movimento nacional pela democratização do acesso ao ensino universitário.

Neste capítulo, argumentarei que, de diferentes maneiras, a história e a estrutura desse movimento social não só ajudam a entender melhor o Projeto Utopias Reais (RUP) que Erik Olin Wright propôs no início da década de 1990, mas também iluminam aspectos centrais da relação entre a sociologia marxista e os movimentos sociais emancipatórios – especialmente aqueles relacionados à transmissão de conhecimento crítico da academia para a sociedade civil. Essa circulação em expansão ajuda a entender não apenas o projeto de Erik Wright, mas também a relação básica entre ciência e utopia em sua sociologia. No Brasil, a Rede Emancipação tem tentado abordar o

1 Depois de resistir por uma década e meia a adotar um sistema de cotas raciais, a USP finalmente cedeu e introduziu políticas afirmativas no exame de admissão de 2018.

desafio representado pela relação entre o marxismo e os movimentos sociais, ilustrando como os projetos construídos em um contexto contemporâneo podem começar a criar uma utopia real.

Em sua formulação mais geral, interpreto a RUP de Erik Wright como sendo, em primeiro lugar, uma teoria capaz de identificar instituições anticapitalistas dentro do capitalismo que podem fazer parte de uma ordem socialista. No caso do sistema de cotas raciais, por exemplo, é necessário considerar a noção de "transição" subjacente às transformações radicais: como as diferentes dominações estruturais do capitalismo não desaparecerão automaticamente durante a transição para o socialismo, a mudança exigirá instituições capazes de fortalecer os arranjos emancipatórios sistêmicos. Nesse sentido, saber até que ponto uma política pública impulsionada por um movimento social simplesmente reproduz ou transforma o capitalismo é um problema complexo que não pode ser resolvido de forma abstrata. O potencial socialista de uma instituição como um partido-movimento, por exemplo, depende de muitos fatores, incluindo o radicalismo de seu programa político e a força de sua ação coletiva.

Aqui argumentaremos que, ao contrário do que afirmam alguns de seus críticos, como Riley (2020), a RUP de Wright tem um papel de destaque nos novos "movimentos partidários"[2] que surgiram nas últimas duas décadas tanto no Norte quanto no Sul global. Naturalmente, considerando as diferentes dimensões constitutivas dessa teoria, é importante localizar o espaço que essas novas experiências políticas ocupam na estrutura geral do projeto. Para os fins deste estudo de caso, vamos nos concentrar em apenas uma das três modalidades ("ruptural", "simbiótica" e "intersticial") de transformação social identificadas por Erik, ou seja, aquela que expressa com mais precisão a experiência política representada pela Rede de Emancipação: a transformação "intersticial". Ou, na estrutura apresentada por Erik (2019), o tipo de transformação social que resulta "do efeito cumulativo de movimentos dentro das regras do jogo existentes".

---

2 Por exemplo, a recente fusão entre o Movimento dos Trabalhadores Sem Teto (MTST), a Rede Emancipação e o Partido Socialismo e Liberdade (PSOL) fez com que Guilherme Boulos se tornasse um dos principais líderes da esquerda brasileira e candidato a prefeito de São Paulo nas eleições de 2020.

Se não é possível falar em "desmantelamento do capitalismo" quando nos referimos à democratização que surge dos novos "movimentos partidários" que atuam sob a hegemonia neoliberal, as transformações intersticiais provocadas por esses atores podem criar oportunidades para o "desmantelamento do capitalismo", por meio da intersecção das lutas por moradia pública, da democratização do acesso à educação pública e dos movimentos contra o racismo, bem como daqueles em favor da igualdade de gênero? Em nosso entendimento, a RUP de Wright não apenas nos ajuda a teorizar a prática social desses movimentos partidários, mas também a politizar a ciência social que sustenta seu projeto utópico. E esse vai e vem entre teoria e política merece um olhar mais atento na trajetória intelectual de Erik Wright.

Da ciência à utopia: Propondo o desafio

Jorge Luis Borges disse certa vez que cada escritor "cria seus próprios pares", mudando nossas concepções sobre o passado e o futuro de outro autor. Nesse sentido, a afirmação de Michael Burawoy (2020)[3] de que "Erik passou de uma análise de classe sem utopia para uma utopia sem análise de classe" poderia moldar definitivamente as percepções sobre a trajetória intelectual de Wright, alterando nossa interpretação do passado e do futuro de seu trabalho.

O argumento é bastante claro: Erik Wright mudou o significado do marxismo que o tornou mundialmente famoso, do trabalho meticuloso de observação da estrutura social para um trabalho não menos meticuloso de mineração de "utopias reais", ou seja, projetos, instituições e processos capazes de desafiar o capitalismo. Michael sugere que ocorreu uma espécie de "ruptura epistemológica", ou seja, em vez de passar do humanismo crítico para a ciência da história, como na conhecida interpretação de Althusser sobre o jovem Marx, Wright percorreu um caminho na direção oposta, do marxismo científico para um marxismo crítico e humanista. Aqui proponho um argumento que complementa a perspectiva de Michael, mas que exige um reposicionamento da perspectiva do observador. É como uma paralaxe: o

3 Seu ensaio foi reimpresso como Capítulo 1 neste volume.

objeto não se move de fato, mas o olho capta um ângulo ligeiramente diferente do objeto observado.[4]

Primeiro, eu diria que a ideia de uma "ruptura epistemológica" é, obviamente, bastante sugestiva. Entretanto, ela deixa passar uma questão essencial tanto no movimento de seu pensamento quanto na transformação política de Erik. Afinal de contas, ao contrário do que Althusser pensava sobre o jovem Marx, nunca houve de fato uma ruptura entre o Marx crítico-humanista e o Marx científico. A trajetória de Marx até suas *Teses sobre Feuerbach* foi, acima de tudo, política e revolucionária, impulsionada pela descoberta desse jovem hegeliano alemão do recém-formado movimento trabalhista francês (Löwy, 1972). O mesmo pode ser dito de Erik Wright: não vejo realmente uma "ruptura" na dinâmica de seu pensamento, mas uma superação dialética dos limites de seu marxismo científico, impulsionada por uma mudança política de foco, da academia para a sociedade civil.

Sabemos que, em nome do marxismo científico, Erik Wright desafiou a sociologia no campo acadêmico e foi incrivelmente bem-sucedido nessa missão. A prova disso é que, em todo o mundo, suas obras alcançaram status canônico na sociologia da estratificação social. Devemos então perguntar o que aconteceu com o ímpeto combativo de seu trabalho inicial sobre classes sociais nas décadas de 1970 e 1980, que visava derrotar a sociologia positivista? Michael observou que a relação entre o marxismo de Erik e sua sociologia, pelo menos no que diz respeito ao tema das classes sociais, gradualmente se acomodou, tornando-se mais ecumênica e pluralista (Burawoy, 2020). Em outras palavras, depois de se tornar um crítico marxista declarado da sociologia de sua geração, Erik parece ter se reconciliado com a sociologia.

Em termos dialéticos, essa acomodação acontece quando o sujeito se retrai e percebe que nunca houve realmente um conflito sério que o impulsionasse – ou seja, quando se descobre que os oponentes sempre estiveram, mais ou menos, do mesmo lado. Assim, a reconciliação preserva momentos anteriores, simultaneamente negando e conservando seus conteúdos ao elevá-los a uma nova síntese. Ou, em linguagem dialética: quando algo se torna seu oposto e, portanto, se contradiz, expressa sua essência. Esse parece ser o caso da relação entre ciência e utopia em Erik, desde a ênfase no conhecimento

4 Esse pequeno ajuste será útil para que eu possa partir do projeto de utopias reais de Erik para interpretar o objeto empírico deste capítulo.

das estruturas até o reconhecimento de que a reificação capitalista impede a realização de nosso potencial como sociedade e como espécie.

Por que a transformação de algo em seu oposto – ou seja, de um marxismo científico sofisticado e de renome mundial em um marxismo utópico não menos atraente – não é surpreendente? Primeiro, porque a utopia sempre esteve presente: Erik foi um radical em sua juventude, atraído pela combinação da luta pelos direitos civis, a mobilização contra a Guerra do Vietnã e o surgimento da contracultura (Wright, 2005). Em outras palavras, o contexto político ajuda a apreciar a presença contínua desse "estado negativo", que tenta realizar potencialidades latentes combatendo estruturas reificadas. No início, essa batalha surgiu aos olhos de Wright (1981) como um ataque à sociologia profissional positivista realizada no próprio campo sociológico, mas depois passou a atacar a própria sociedade.

Esta não é apenas a minha opinião: o fato de seu programa de pesquisa sobre classe social ter se tornado parte do cânone da estratificação social demonstra sua vitória nessa arena. Alguns dirão que seu desafio foi absorvido de alguma forma pela sociologia convencional. Eu discordo; é mais uma capitulação da sociologia do que uma absorção da análise de classe. Entretanto, mesmo essa vitória não poderia representar uma revolução nas relações de forças no campo, pois isso só pode ser alcançado por meio do que Gramsci chamou de "grande política", ou seja, mediante lutas capazes de "reproduzir ou transformar estruturas sociais, fundar ou preservar Estados etc." (Gramsci, 1991, p.21). E foi para o domínio da "grande política" que Erik se mudou no início dos anos 1990, armado com sua RUP.

Aqui vale a pena lembrar que, de acordo com uma certa tradição teórica do marxismo dialético, não são os intelectuais que, por si mesmos, "criam" conceitos arbitrariamente; sua formação é, antes, um desenvolvimento subjetivo sob a direção de intelectuais orgânicos. Esse é o problema da "unidade entre teoria e prática" proposto por Gramsci (1992, p.333): como os intelectuais orgânicos podem elaborar e tornar coerentes os problemas apresentados pelas massas? Em outras palavras, com sua RUP, Erik impregnou as experiências coletivas existentes com um flagrante potencial anticapitalista. Se esse potencial se desenvolverá ou não de forma satisfatória, revelando sua essência desalienante, não depende da vontade individual do intelectual orgânico, mas da atividade política das massas. Em última análise, essa é uma questão que somente a luta de classes pode responder.

Em outras palavras, é possível perceber na passagem da análise de classe para a RUP uma vitória dialética, que preservou o radicalismo da obra de Erik e a elevou a um patamar político mais alto: afinal, as lutas não se dariam mais no campo acadêmico, mas na própria sociedade. E, de fato, Erik nunca se propôs a "criar" arbitrariamente utopias reais, mas sim a "universalizar" sua existência, ou seja, a compreender sua "essência" emancipatória articulando-as em uma "totalidade" coerente.

Mas de que "totalidade" estamos falando? Além do escopo e dos limites das utopias reais analisadas em *Envisioning Real Utopias*, ou seja, as cooperativas de Mondragon, o orçamento participativo de Porto Alegre, o programa de renda básica universal e a Wikipédia, Erik nos legou algo ainda mais precioso: seu novo programa ofereceu um esboço do sujeito político no século XXI, capaz de totalizar os potenciais emancipatórios dessas diferentes experiências. Não se trata de uma questão da classe trabalhadora em um sentido marxista ortodoxo (Wright, 2010).

Mas como poderia surgir um novo sujeito político quando, ao mesmo tempo, surgiu o fordismo internacional e o neoliberalismo em escala mundial? A classe trabalhadora fordista parecia completamente desfeita, deixando hoje um conjunto não articulado de grupos subordinados lutando para redefinir os limites e alcançar suas próprias fronteiras de classe? Inspirado por E. P. Thompson, refiro-me a esse momento como "luta de classes sem classe", quando a crise da globalização capitalista universalizou a resistência popular aos avanços da acumulação por desapropriação, sem, no entanto, dar origem a soluções politicamente progressistas (Thompson, 1963). Talvez isso possa sugerir uma chave interpretativa para o deslocamento de classes de Erik em favor de utopias reais. Ele entendeu que as classes estão sendo refeitas em escala global e decidiu abraçar o trabalho de construir novas identidades baseadas em classes por meio do projeto de utopias reais.

Em resumo, defendo que, após o colapso do bloco soviético, Erik decidiu passar de uma análise de classe com fraca elaboração teórica sobre utopia para uma forte preocupação com a utopia, adequada a um momento de reconfiguração global das classes sociais. Aqui chegamos ao manifesto de Erik: *How to be Anticapitalist in the 21st Century* (2019). Embora seja verdade que o pensamento utópico se baseia na contradição (e possível superação) entre estados reificados e potencialidades emancipatórias, o anticapitalismo defendido por Wright não exclui os partidos políticos, mas os torna uma provável ponte entre as estratégias de baixo para cima e de cima para baixo para superar as contradições capitalistas. Nas palavras de Erik Wright (2019, p.156):

> Para que esses vários tipos de atores coletivos ligados à sociedade civil sejam eficazes o suficiente para mudar as regras ditadas pelo Estado, eles precisam estar de alguma forma conectados a partidos políticos capazes de agir dentro do próprio Estado. Em última análise, a estratégia de erosão do capitalismo depende da existência de uma rede de atores coletivos ancorados na sociedade civil e de partidos políticos comprometidos com esse projeto político... Os protestos e as mobilizações fora do Estado podem ser eficazes para bloquear determinadas políticas estatais, mas não são tão fortes e eficazes quando se trata de mudar as regras do jogo em favor de uma agenda progressista. Para que isso de fato aconteça, os protestos externos devem estar vinculados a partidos políticos e eles precisam ser capazes de aprovar leis e implementar novas regras para o jogo.

É claro que não estamos nos referindo aos antigos partidos comunistas do passado, mas aos novos movimentos partidários que se multiplicaram pelo mundo – Podemos na Espanha, o DSA/Our Revolution norte-americano, o Bloco de Esquerda português, La France Insoumise etc. Para Erik Wright, a multiplicação de movimentos partidários indicou que a própria reprodução do capitalismo cria forças anticapitalistas que combinam interesses coletivos e valores morais, como igualdade, solidariedade e liberdade. Além disso, a alienação capitalista impede o desenvolvimento do potencial humano. Portanto, a questão é como articular interesses e valores em um movimento capaz de enfrentar o capitalismo. Como a experiência socialista de "esmagar" o capitalismo por meio de revoluções políticas se mostrou problemática e insuficiente, cabe ao marxismo elaborar e tornar coerentes os problemas atuais colocados pelas massas, a fim de avançar na tarefa de emancipar a humanidade da alienação capitalista.

Para isso, Wright considerou essencial combinar duas grandes estratégias políticas. Por um lado, seria necessário domesticar e desmantelar o capitalismo, combinando o fortalecimento de formas de economia mista com uma forte regulamentação da regulação do capital: proteção social, serviços públicos, regulação financeira etc. Por outro lado, seria essencial fortalecer a resistência e as experiências de "fuga" do capitalismo, ou seja, impulsionar os movimentos sociais marcados pela ação direta e liderados por cidadãos, consumidores, ambientalistas, imigrantes, jovens, negros, cooperativas, sindicatos, trabalhadores rurais e sem-teto.

Na última página de seu último livro, Wright termina seu trabalho com duas descobertas importantes: "A insatisfação popular com o capitalismo está se expandindo" e "há esforços cada vez mais sérios para criar novas formações políticas, às vezes dentro dos partidos de esquerda tradicionais e, em outras ocasiões, na forma de novos partidos" (Wright, 2019, p.182). Da combinação dessas duas constatações surge o desafio de *como criar atores políticos que possam corroer o capitalismo*. A noção de classe continua sendo central, mesmo que tenha de ser reconceitualizada. Afinal, erodir o capitalismo implica reduzir o poder dos capitalistas. A base social mais natural para esse fim é a classe trabalhadora, cuja experiência vivida em termos de exploração e dominação cria um contexto fluido para a criação de identidades coletivas emancipatórias.

Portanto, é necessário lidar com o problema das "identidades conflitantes". Ou seja, diante da pluralidade contemporânea de identidades frequentemente conflitantes, como raça, etnia, gênero e sexualidade, como podemos forjar valores emancipatórios compartilhados capazes de unificar politicamente essas identidades, sem sufocar sua pluralidade?

Da universidade à sociedade civil: aceitando o desafio

Nos últimos quinze anos, a Rede Emancipação elaborou essa pergunta em busca de respostas para o grande desafio de atualizar uma estratégia de transformação social que resulta do efeito cumulativo dos movimentos sociais, agindo sob as regras do jogo existentes – regras que devem passar por uma ampla reforma de tempos em tempos. Formada por 72 escolas preparatórias para a universidade localizadas em comunidades pobres, áreas urbanas periféricas e favelas nos dezoito principais centros urbanos do Brasil, a Rede Emancipação se espalha pelas cinco regiões do Brasil e abriga cerca de 120 mil alunos pobres, negros e moradores de periferias urbanas.

É, de longe, o maior projeto de educação popular do Brasil, sendo totalmente gratuito, autogerido e contando apenas com o autofinanciamento por meio do apoio direto das comunidades carentes e do financiamento coletivo. A rede também tem convênios com prefeituras e universidades que lhe permitem usar as instalações de escolas públicas para aulas preparatórias para a universidade. Todos os professores, bem como os coordenadores educacionais, são voluntários.

Desde a sua criação em 2005, a Rede Emancipação tem se organizado como um movimento social enraizado na resistência ao processo de mercantilização do conhecimento que predomina no sistema universitário brasileiro. Trata-se, portanto, de um movimento social inspirado na concepção da educação universitária como um direito social e um bem público. Essa orientação geral fica evidente na defesa do acesso universal ao ensino superior público, gratuito e de qualidade no Brasil – e no foco do movimento em democratizar o acesso mediante o apoio a moradores negros e pobres de favelas no Brasil enquanto se preparam para o vestibular.[5]

No Brasil, a universidade pública é uma instituição historicamente elitista devido a um processo de recrutamento baseado em um exame de admissão, chamado "vestibular", que favorece os candidatos do sistema educacional privado. Somente após a introdução do sistema de cotas raciais, no início dos anos 2000, iniciou-se a democratização do acesso à universidade. Foi nesse contexto de ampliação do acesso que surgiu a Rede Emancipação: seu objetivo é aumentar as chances de jovens negros, pobres e moradores de favelas superarem a barreira de exclusão do "vestibular". Além disso, quando um aluno da rede ingressa na universidade pública, muitas vezes ele se torna um professor preparatório, ajudando outros alunos negros. Esse é um "círculo virtuoso" que ajuda a explicar o crescimento nacional da Rede Emancipação na década de 2010.

A principal fonte de inspiração teórica e política da rede é Paulo Freire. Guardião da educação brasileira, reconhecido internacionalmente por seu desenvolvimento de uma pedagogia crítica enraizada nas comunidades pobres, Paulo Freire defendeu a contextualização e a centralização das relações de exploração e dominação para incentivar os alunos a construírem

5 Ao longo dessa preparação, os educadores da rede atuam como sujeitos políticos, debatendo com os alunos não apenas os conteúdos curriculares que são avaliados no vestibular, mas, sobretudo, a desigualdade entre as classes sociais, o racismo estrutural, a opressão das mulheres, a homofobia e a crise ambiental.

suas próprias trajetórias como sujeitos políticos. A educação popular foi o principal campo de batalha, e a Rede de Emancipação foi formada a partir dos esforços de jovens estudantes que, depois de frequentar a universidade pública, decidiram dar continuidade a esse movimento permanecendo inseridos nas comunidades pobres. Esses jovens passaram do meio acadêmico, no qual foram treinados principalmente nas áreas de humanas, para a sociedade civil, em que se tornaram educadores populares.

Não é necessário entrar em detalhes sobre a história da formação da rede aqui, mas é importante destacar alguns aspectos. Após a criação do primeiro cursinho na Universidade de São Paulo (USP), em 2005, com a refundação do Cursinho da Poli, curso pré-vestibular do grêmio estudantil da Escola Politécnica, a rede rapidamente se expandiu para favelas e bairros periféricos da cidade de São Paulo. Em 2009, ela se expandiu para o Rio Grande do Sul com a criação da escola Che Guevara na cidade de Porto Alegre. Em 2010, um esforço redobrado levou à abertura de mais seis escolas na região de São Paulo. Nos dois anos seguintes, a rede se expandiu para outras cidades. Durante esse período, muitas de suas "aulas inaugurais" foram realizadas em locais públicos da cidade de São Paulo; além disso, no chamado "Dia da USP", os alunos da rede da cidade de São Paulo e do interior do estado foram levados para conhecer o campus principal da USP.

Na primeira metade da década de 2010, alguns momentos foram particularmente memoráveis para os ativistas e alunos da Rede Emancipação. Durante os protestos conhecidos como "Jornadas de Junho", em 2013, e após os protestos de 2015, a rede se envolveu ativamente, organizando manifestações de rua e apoiando ocupações de escolas públicas por estudantes, especialmente aquelas que abrigavam suas escolas preparatórias. Tanto os protestos de 2013 quanto os de 2015 foram marcados por demandas estudantis por "descomodificação", já que os estudantes exigiam o direito a transporte público gratuito e mais investimentos em educação pública. Considerando os vínculos estreitos desses movimentos com a Rede Emancipação, não é surpreendente que os coordenadores vejam esses momentos como centrais para a expansão nacional das escolas da Rede Emancipação, como se pode ver pela fala de Naiara do Rosário (2020), coordenadora da escola do Grajaú:

Depois de junho de 2013, nosso público ficou muito mais aberto para debater esses temas: racismo, feminismo, LGBTfobia... Em 2015, as escolas foram ocupadas e nós participamos, porque as pessoas que estavam ocupando as escolas já nos conheciam. Com o apoio deles, fizemos uma cartilha de como ocupar as escolas. E começamos a ganhar muita visibilidade nessa época, pois alunos de outros estados pediam informações sobre a Emancipação de nossas escolas em São Paulo. E esses processos de mobilização acabaram se refletindo em nossos fóruns e na criação do estatuto organizacional da rede, contendo nossos princípios e que passou a orientar a rede nacional.

Como criar atores coletivos

A nacionalização do movimento a partir de 2013 levou os coordenadores da rede a organizar reuniões periódicas, resultando na criação da Universidade Emancipa em junho de 2018. Trata-se de um projeto de formação de educadores populares cuja principal preocupação era ajudar os ativistas e educadores engajados na rede a aumentar suas habilidades políticas e pedagógicas por meio de cursos oferecidos por diferentes especialistas ligados a universidades públicas.

A Universidade da Emancipa também organizou cursos virtuais da USP e de outras universidades parceiras, como a Universidade Estadual do Rio de Janeiro. Essa característica do projeto se mostrou muito útil quando a pandemia do coronavírus chegou ao Brasil, em março de 2020. Acima de tudo, o novo contexto trouxe novos desafios, pois a rede procurou manter os alunos envolvidos com suas atividades virtuais, mesmo em condições de aprendizado previsivelmente precárias. Além disso, uma crise sociorreprodutiva de grande escala se espalhou pelas periferias urbanas e favelas do país, atingindo a renda das famílias trabalhadoras, muitas das quais passaram a conviver novamente com o flagelo da fome.

Diante disso, a Rede Emancipação organizou diversas campanhas de solidariedade ao longo de 2020, distribuindo cestas básicas e material escolar para apoiar as famílias dos alunos, incluindo kits de acesso remoto à internet. Além de contar com campanhas de financiamento coletivo, os ativistas da rede envolveram comunidades e instituições ligadas às pré-escolas, buscando garantir a distribuição de alimentos e recursos educacionais para que as aulas não fossem interrompidas. Apesar da irregularidade dos resultados, a rede conseguiu se manter ativa durante todo o período da pandemia sem interromper nenhuma escola, como reforçou Naiara do Rosário (2020):

> Como juntamos forças com o Nós da Sul (movimento de trabalhadores sem-teto da cidade de São Paulo), conseguimos mapear rapidamente as necessidades das famílias mais carentes, onde elas estavam nas regiões do bairro e assim por diante... As campanhas de solidariedade foram muito importantes para fortalecer o relacionamento com as famílias dos alunos, pois até aquele momento não tínhamos um relacionamento muito forte com as famílias... Com as campanhas, essa realidade está mudando, pois as famílias percebem que estamos do lado delas, atuando para fortalecer e defender a comunidade.

Em Brasília, a rede criou uma parceria com o movimento estudantil e grupos de jovens da periferia, destacando a importância da liderança das mulheres negras para sustentar a campanha de solidariedade, como pontuou Raquel Vieira (2020), assessora da deputada federal Fernanda Melchionna (PSOL), coordenadora de escolas nas cidades de Ceilândia, Santa Maria e Paranoá, no Distrito Federal:

> De fato, essa "política do cuidado" foi muito importante para a criação de nossa campanha de solidariedade. As mulheres negras da rede conversaram com os alunos e decidimos fazer um primeiro levantamento de quantas famílias estavam necessitadas durante a pandemia. E isso é um pouco complicado, porque é uma conversa muito íntima. Ninguém gosta de se abrir sobre isso. Mas foi essa política de cuidado, porque somos todas mulheres negras, que facilitou essa pesquisa. Depois fomos buscar recursos por meio de financiamento *on-line* e quando conseguimos distribuir as primeiras cestas básicas em parceria com o grêmio estudantil da UnB [Universidade de Brasília] e com os coletivos Juntos e Juntas, foi com base nas informações que as meninas negras trouxeram.

De fato, ao entrevistar os ativistas da rede, foi possível perceber uma reconfiguração das lutas políticas envolvendo a juventude negra: durante os governos do Partido dos Trabalhadores (PT), entre 2003 e 2016, políticas como o sistema de cotas raciais criaram um novo campo de disputas políticas para a juventude negra. Mesmo na USP, uma universidade historicamente resistente às discussões sobre cotas e também berço da Rede Emancipação, a disputa pela elaboração e implementação de um sistema mais democrático de acesso à universidade ajudou a fortalecer o movimento.

> Antes de entrar para o movimento estudantil, eu já tinha visto o pessoal da Emancipação trabalhando nas lutas do movimento estudantil na universidade pelas cotas raciais. A USP queria implantar um sistema de "mérito" e a Emancipação lutava pela inclusão social dos alunos negros. Houve uma audiência pública no parlamento estadual e eu fui porque era caloura. Foi então que entrei em contato com a rede. (Rosário, 2020)

Aqui é importante observar que, desde os governos do Partido dos Trabalhadores (2003-2016), a democratização do acesso às universidades públicas no Brasil se tornou um campo político orientado para a demanda por direitos sociais universais e capaz de ajudar as famílias trabalhadoras a superar a pobreza e a desigualdade social, como reforça, por exemplo, Maíra Cordeiro (2020), professora de português, formada pela Universidade Estadual do Pará e coordenadora da escola Rede Emancipação da Universidade Federal do Pará (UFPA):

> De fato, o sistema de cotas raciais ajudou muito o nosso movimento porque trouxe para a universidade pública estudantes com esse perfil indígena e negro. Assim, pudemos fazer a conexão entre o ativismo dentro e fora da universidade, nos bairros e na academia... Involuntariamente, a política de cotas nos deu a oportunidade de continuar a agitação após o término dos estudos na universidade. Com as cotas, veio a esperança de sair da pobreza... É isso que atrai os ativistas para nossa rede. E assim crescemos muito em Belém.

Essa expectativa de progresso individual, contudo, rapidamente se chocou com os limites de um modelo de desenvolvimento que simplesmente não conseguiu absorver muitos jovens em ocupações compatíveis com suas habilidades, em especial desde a crise econômica de 2015-2016. Enquanto na década de 2000 a principal porta de entrada dos jovens no mercado de trabalho era o setor de telemarketing, a partir de meados da década de 2010, com a crise no mercado de trabalho resultante de um aumento repentino do desemprego, os serviços de aplicativos de entrega se tornaram praticamente o único acesso à renda para jovens negros, pobres e periféricos.

Na transição de serviços de telemarketing para serviços de aplicativos de entrega, às vezes vemos um modesto aumento na renda desses jovens, mas somente à custa de jornadas de trabalho mais longas e de um aumento flagrante na insegurança no trabalho, devido aos riscos de acidentes de rua, roubos e perseguição policial. Além disso, a mudança para a informalidade afastou os jovens trabalhadores não apenas de ocupações mais qualificadas e mais bem remuneradas, mas também de políticas de seguridade social e de negociação coletiva por meio de sindicatos – enfraquecendo efetivamente a solidariedade de classe e fortalecendo o empreendedorismo individual.

Como é sabido, os jovens que estão entrando no mercado de trabalho, sobretudo os jovens negros e os que vivem nas periferias urbanas, foram os mais atingidos pelo desmantelamento do sistema de proteção ao trabalhador brasileiro – uma crise que foi aprofundada tanto pela crise do desemprego de meados de 2010 quanto pela reforma trabalhista de 2017. Não é de surpreender que os jovens negros, principalmente as mulheres, constituam o principal público mobilizado pela Rede Emancipação. Afinal, para os muitos rapazes que fazem longas jornadas no serviço de entrega, não há tempo para pensar em ir para a universidade.

Com a disseminação do desemprego e da informalidade, a educação pública era a única coisa que restava às mulheres negras que esperavam sair da pobreza. É compreensível que, dadas as experiências políticas dessa parcela da juventude brasileira, as principais dinâmicas tenham se deslocado dos sindicatos e partidos políticos – espaços tradicionais de socialização política ligados à regulamentação do trabalho – para os movimentos que atuam na luta por moradia e educação popular existentes nas comunidades pobres, negras e periféricas. Também é compreensível que os coordenadores nacionais da Rede de Emancipação busquem criar e cultivar vínculos com movimentos equivalentes em outros países:

> Em 2017, por exemplo, pessoas do *Black Lives Matter* (BLM) nos visitaram aqui no Grajaú e conheceram o nosso Espaço Carolina de Jesus. Percebemos o quanto somos parecidos... Embora haja uma diferença... A Emancipação atua de forma mais centralizada e o BLM é mais disperso do que nós. Lá, cada grupo atua de uma forma diferente... Nas nossas escolas preparatórias isso acontece

> um pouco também, tem muitas escolas que atuam de forma descentralizada. Mas, nós temos uma coordenação nacional. E parece que eles (BLM) não estão preocupados em tentar centralizar a política deles. (Rosário, 2020)

A convergência em torno da luta antirracista por meio da democratização do acesso ao ensino superior não é apenas uma forma de mitigar a desigualdade, mas também de proteger a juventude negra do assédio e da violência policial nas comunidades pobres, como destaca Vanderléa Aguiar (2020), auxiliar de enfermagem, evangélica, moradora da favela Morro dos Macacos, na Zona Norte do Rio de Janeiro, e coordenadora da escola preparatória Vila Isabel:

> Em minha igreja, sempre haverá esse obstáculo à conversa política. E a Emancipação veio com essa conversa sobre como a universidade pública pode mudar a vida desses jovens negros, sobre como o acesso à universidade pode ajudar a acabar com esse extermínio da juventude negra pela polícia... Na escola preparatória de São Gonçalo, quase 90% das mulheres são negras... Vimos apenas mulheres negras e nos perguntamos: "Mas onde estão os homens negros de São Gonçalo?". Então, com o Degasi [projeto da Rede Emancipação de educação de adultos desenvolvido dentro do sistema prisional do Rio de Janeiro], descobrimos onde eles estavam. Descobrimos que todos esses jovens estavam na cadeia... Ir para a universidade é uma questão de sobrevivência para esses jovens.

Uma estratégia anticapitalista para o século XXI: Movimentos intersticiais que se cruzam

A combinação entre a violência social associada ao racismo estrutural e as raras oportunidades de progresso sócio-ocupacional disponíveis para a juventude negra tende a reconfigurar suas expectativas em relação ao futuro, alimentando tanto um senso de injustiça social quanto valores associados à solidariedade e à igualdade. Esse conjunto de tendências políticas é elaborado diariamente pelos educadores da Rede Emancipação por meio das chamadas rodas de conversa e aulas magistrais, que discutem o racismo estrutural, a opressão feminina, as desigualdades e, acima de tudo, as formas de resistência à injustiça social pela via dos movimentos interseccionais.

Nesse sentido, se a aprovação no vestibular para jovens negros é o objetivo imediato do movimento, o processo de educação popular apoiado pelos ativistas da rede revela um projeto destinado a articular a resistência à mercantilização das condições de reprodução social das comunidades pobres e, ao mesmo tempo, fortalecer o apoio a políticas ligadas à democratização do acesso a bens públicos. Em ambos os casos, a rede visa a uma transformação intersticial que resulta dos efeitos cumulativos dos movimentos (feminismo, antirracismo etc.) que ocorrem dentro do capitalismo. O eixo que combina a resistência à mercantilização "de baixo para cima" e o fortalecimento das políticas públicas "de cima para baixo" é, sem dúvida, a interseccionalidade, como revela o depoimento de Nina Becker, professora de sociologia e coordenadora das escolas do Emancipa em Porto Alegre:

> O Emancipa Mulher foi um projeto criado inicialmente por Joana Burigo, Winnie Bueno e Luciana Genro com base em um curso chamado Laudelina de Campos Melo, ministrado por elas em homenagem às primeiras trabalhadoras domésticas sindicalizadas do país. A estratégia interseccional já estava lá: um curso feminista e antirracista em apoio à sindicalização das trabalhadoras domésticas... Assim, criamos os livros que contam a história das ondas feministas, fornecem uma síntese da pesquisa acadêmica sobre gênero, destacando a importância do feminismo na história do marxismo, e trazem discussões contemporâneas sobre gênero e trabalho, gênero e classe social, e gênero e racismo. Há cinco livros que orientam nossos educadores. (Becker, 2020)

Como um movimento social interseccional organizado por jovens mulheres negras, as preocupações com a representatividade da liderança – uma questão que havia sido relativamente ignorada quando a rede foi criada em meados dos anos 2000 – surgiram como um problema depois de 2015, durante o processo de nacionalização das escolas, conforme observou Raquel Vieira (2020):

> Sem subestimar as outras pessoas, realmente achamos que as mulheres negras precisam estar na vanguarda do movimento que enfrenta as questões que as atingem mais fortemente. Isso faz com que a coordenação se concentre na escola e no movimento educacional de uma forma mais comprometida. O contato com os alunos é mais próximo.

Como é facilmente identificado no discurso dos coordenadores do movimento, a Rede Emancipação busca se organizar em torno de um esforço para reconstruir o sujeito político por intermédio de uma educação anticapitalista apoiada na interseccionalidade. Assim, o objetivo das escolas não é apenas ajudar os alunos a passar no vestibular, mas também apoiá-los para que se tornem agentes de transformação social no estilo da pedagogia da libertação de Paulo Freire. Para isso, a rede se associa a outros movimentos sociais, em especial os ligados à defesa do meio ambiente, à moradia popular e ao combate ao racismo, incentivando o engajamento político de alunos e educadores nos bairros pobres e nas comunidades onde funcionam as escolas preparatórias. Apesar da pluralidade de iniciativas identificadas nas diversas escolas, a orientação geral é "politizar o território", organizando os trabalhadores pobres, mas em seus locais de residência:

> As questões raciais e de gênero ficaram mais evidentes quando criamos um projeto de alfabetização de adultos em parceria com o Movimento dos Trabalhadores Sem Teto (MTST) no final de 2016. Era um projeto voltado para os bairros mais periféricos da cidade, especialmente no bairro Restinga (Porto Alegre). E nosso público era formado exclusivamente por mulheres, trabalhadoras, e muitas mulheres negras que eram mães solteiras e analfabetas. O projeto nos ajudou a organizar essas mulheres e a aprofundar nossa presença no bairro. Assim, pudemos apoiar a politização dessa comunidade por meio da parceria com o MTST. (Becker, 2020)

A politização dos territórios onde o movimento atua é, acima de tudo, um reflexo da atual reconfiguração das classes subordinadas no Brasil. Desde o início da crise econômica de 2015, um aumento repentino nas taxas de desemprego, subemprego e emprego informal devastou o mais importante movimento social brasileiro, ou seja, os sindicatos. É um processo que é facilmente compreendido pelos ativistas sociais mais jovens, como Sara Azevedo, professora de Educação Física e coordenadora do Emancipa BH, em Belo Horizonte:

> O normal para nós é organizar os trabalhadores por meio do sindicato. Mas vimos que o sindicalismo aqui em Belo Horizonte é muito fraco. Os sindicalistas não falam a linguagem dos jovens, eles estão mais preocupados com o próprio

sindicato. Isso é ainda mais verdadeiro depois da reforma trabalhista que acabou com o imposto sindical.

Como era de se esperar, os efeitos do subemprego e da informalização do trabalho foram particularmente graves entre os jovens que estavam entrando no mercado de trabalho e que, em poucos anos, viram suas chances de conseguir um emprego formal evaporarem. Se na década de 2000 o setor de *call center* era a principal porta de entrada dos jovens no mercado de trabalho formal brasileiro, no final da década de 2010 o trabalho desprotegido de entrega por aplicativos é, muitas vezes, uma das únicas alternativas ocupacionais disponíveis, como vimos.

Vale acrescentar que, paralelamente ao avanço da terceirização nos anos 2000 e da informalidade nos anos 2010, houve um fortalecimento significativo nos setores populares do movimento evangélico neopentecostal. A "afinidade eletiva" entre o neopentecostalismo e o empreendedorismo popular, tanto no sentido de afastar os trabalhadores pobres da chamada "gramática dos direitos" quanto no sentido de aproximar esses trabalhadores do tradicionalismo centrado nos "valores familiares" (patriarcado, sexismo, machismo etc.), tende a disciplinar as classes subalternas, intensificando a competição por oportunidades no mercado informal.

De certa forma, a religiosidade popular ocupou gradualmente o vazio criado pelo desmantelamento das proteções trabalhistas do Brasil e pelo enfraquecimento da gramática dos direitos sociais. Se a perspectiva de um futuro melhor por meio do acesso à aposentadoria se tornou inatingível para 40 milhões de trabalhadores informais, o sistema de apoio mútuo oferecido pelas igrejas neopentecostais nas comunidades parece ser a única esperança de proteção coletiva.

Ao longo do processo de enraizamento nos bairros pobres e nas periferias urbanas, a Rede Emancipação percebeu o fortalecimento do neopentecostalismo popular como um grande enigma a ser decifrado. Afinal de contas, essa talvez seja a manifestação mais importante da atual remodelação das classes subalternas do Brasil, entrelaçando trabalho precário, comunidades e comportamento político. Em vez de antagonizar a religiosidade popular, e reconhecendo a pluralidade do campo evangélico, as escolas preparatórias da Emancipação decidiram se aproximar das igrejas que estavam abertas ao diálogo.

> Quando eu estava dando aulas particulares para os adolescentes da igreja, a Emancipação apareceu. Ficamos um pouco desconfiados... Então, fui até a aula inaugural e disse: "É disso que a gente precisa aqui na igreja!" Porque você sabe: os jovens negros da favela nunca vão pensar que a universidade é acessível... A Emancipação começou pequena e agora funciona em várias salas da igreja... Como é um projeto com voluntários e gratuito, voltado para os jovens aqui da comunidade (em Vila Isabel) que já frequentavam nossos projetos, e como as salas da igreja ficavam meio vazias durante a semana, o conselho aprovou... Jesus fala de justiça social, fala de como a sociedade deve ser, e eu falo de Jesus a partir da minha concepção social, por isso acho que a Emancipação faz o trabalho que Jesus nos mandou fazer aqui na terra. (Aguiar, 2020)

O relato de Vanderléa Aguiar reflete uma dimensão decisiva do atual momento de recomposição das classes subalternas no país, notoriamente marcado pelo avanço do neopentecostalismo popular em comunidades e favelas: uma espécie de interregno reflexivo, capaz de problematizar certos aspectos da religiosidade a partir da associação com valores como igualdade, solidariedade e justiça social. Pela abordagem intersticial da transformação social baseada na intersecção de raça, classe e gênero, a Rede Emancipação tem sido capaz de oferecer aos participantes novas perspectivas sobre o conflito normativo moldado pelo desmantelamento da solidariedade fordista e pelo fortalecimento do empreendedorismo popular.

Considerações finais

Sem teorizar essa abordagem intersticial, pelo menos no início, os ativistas que criaram a Rede Emancipação perceberam que as lutas não podiam mais ficar confinadas ao campo acadêmico, mas tinham de avançar para a própria sociedade. É difícil imaginar um exemplo de formação de agentes de mudança social mais alinhado com o desafio proposto por Erik Olin Wright no final de seu manifesto. E vale a pena destacar a forma como a rede se enraizou nos bairros em um momento em que o desmantelamento da classe trabalhadora fordista estabeleceu as condições para a reformulação das identidades coletivas dos grupos sociais subalternos, favorecendo o surgimento de novas lideranças comunitárias comprometidas com a defesa da educação, da saúde pública, do meio ambiente, da igualdade racial, da igualdade de gênero e da luta por moradia popular.

Juntas, essas experiências individuais e coletivas transformaram a rede em uma força articuladora de múltiplas resistências de caráter intersticial com políticas públicas capazes de democratizar o ensino público universitário – todas voltadas para a promoção da igualdade racial e de gênero. E a proximidade de parte significativa dessas jovens lideranças com o Partido Socialismo e Liberdade (PSOL) fez com que candidatos apoiados pela Rede Emancipação fossem eleitos, tanto em 2018 (nos casos da deputada federal por São Paulo, Sâmia Bomfim, e da deputada estadual por São Paulo, Mônica Seixas), quanto em 2020 (no caso da vereadora de São Paulo, Luana Alves).[6]

Como sabemos, Erik Olin Wright examinou meticulosamente o orçamento participativo de Porto Alegre em sua obra-prima, *Envisioning Real Utopias*. Hoje, infelizmente, a experiência que mobilizou a imaginação sociológica de tantos pesquisadores em todo o mundo não existe mais. De maneira trágica, o Sul do Brasil se tornou a região que expressou o mais forte apoio a Jair Bolsonaro, um político de extrema direita.

No entanto, mesmo diante da óbvia derrota histórica de uma de suas utopias reais favoritas, duvido que Erik seja pessimista. Afinal de contas, na cidade de origem do Fórum Social Mundial – em vários bairros de Porto Alegre –, uma nova geração de jovens agentes de transformação social está dando continuidade à tarefa democratizante do orçamento participativo por outros meios: politizando os territórios por meio de uma utopia real. O legado de Erik está em boas mãos.

Referências bibliográficas

BURAWOY, M. (2020). A Tale of Two Marxisms: Remembering Erik Olin Wright (1947-2019). *New Left Review*, n.121, jan.-fev.

GRAMSCI, A. (1992). *Selections from the Prison Notebooks*. New York: International Publisher.

6 De fato, os coordenadores do movimento estimam que, nas duas últimas eleições (2018 e 2020), a Rede Emancipação conquistou três mandatos parlamentares por meio de seus educadores eleitos, e outros quinze mandatos apoiando aliados em todo o país.

______. (1999). *Cadernos do cárcere*. São Paulo: Civilização Brasileira, v.3.

LOWY, M. (1972). *The Theory of Revolution in the Young Marx*. Chicago: Haymarket Books.

OLIVEIRA, S. de P. (2021). *Cotas raciais ou sistema universal*: um estudo sobre o acesso de estudantes negros(as) na Universidade Federal de São Paulo. São Paulo: Dialética.

RILEY, D. (2020). Real Utopia or Abstract Empiricism? Comment on Burawoy and Wright. *New Left Review*, n.121, jan.-fev. 2020.

THOMPSON, E. P. (1963). *The Making of the English Working Class*. London: Victor Gollsancz.

WRIGHT, E. O. (1981). *Class, Crisis, and the State*. London: NLB.

______. (2005). Falling into Marxism; Choosing to Stay. In: SICA, A.; TURNER, S. *The Disobedient Generation*: Social Theorists in the Sixties. Chicago: University of Chicago Press.

______. (2010). *Envisioning Real Utopias*. New York: Verso.

______. (2019). *How to Be an Anticapitalist in the 21st Century*. New York: Verso.

Entrevistas

AGUIAR, V. (2020). Entrevista concedida em 28 out. 2020.

AZEVEDO, S. (2020). Entrevista concedida em 6 nov. 2020.

BECKER, N. (2020). Entrevista concedida em 12 nov. 2020.

CORDEIRO, M. (2020). Entrevista concedida em 1º nov. 2020.

ROSÁRIO, N. (2020). Entrevista concedida em 15 out. 2020.

VIEIRA, R. (2020). Entrevista concedida em 9 dez. 2020.

SOBRE O LIVRO

Formato: 16 x 23 cm
Mancha: 27,5 x 49 paicas
Tipologia: Horley Old Style 11/15
Papel: Off-set 75 g/m² (miolo)
Cartão Triplex 250 g/m² (capa)

1ª edição Editora Unesp: 2024

EQUIPE DE REALIZAÇÃO

Capa
Negrito Editorial

Edição de texto
Marina Silva Ruivo (Copidesque)
Rita Ferreira (Revisão)

Editoração eletrônica
Sergio Gzeschnik

Assistente de produção
Erick Abreu

Assistência editorial
Alberto Bononi
Gabriel Joppert

Rettec artes gráficas e editora

Rua Xavier Curado, 388 • Ipiranga - SP • 04210 100
Tel.: (11) 2063 7000 • Fax: (11) 2061 8709
rettec@rettec.com.br • www.rettec.com.br